Dirk Baecker · Wozu Gesellschaft?

Dirk Baecker, geboren 1955, Studium der Soziologie und Nationalökonomie in Köln und Paris, Promotion und Habilitation im Fach Soziologie an der Universität Bielefeld, Studienaufenthalte an der Stanford University, Johns Hopkins University, London School of Economics and Political Sciences, Heisenberg-Stipendium der Deutschen Forschungsgemeinschaft, seit 1996 zunächst Reinhard-Mohn-Professor für Unternehmensführung, Wirtschaftsethik und sozialen Wandel, dann Professor für Soziologie an der Universität Witten/Herdecke. Ab 2007 Professor für Kulturtheorie und -analyse an der Zeppelin University, Friedrichshafen.

Dirk Baecker

Wozu Gesellschaft?

Kulturverlag Kadmos Berlin

Die Deutsche Bibliothek – CIP-Einheitsaufnahme

Die Deutsche Bibliothek verzeichnet diese Publikation in der Deutschen Nationalbibliographie; detaillierte bibliographische Daten sind im Internet unter <http://dnb.ddb.de> abrufbar

Internet: www.kv-kadmos.com
Umschlaggestaltung: Readymade, Berlin
Gestaltung und Satz: Readymade, Berlin
Printed in EU
Druck: CPI-Moravia
ISBN (10-stellig) 3-931659-99-2
ISBN (13-stellig) 978-3-931659-99-8

Inhalt

Vorwort

Die hier gesammelt vorgelegten Beiträge stammen aus verschiedenen Diskussionszusammenhängen und beziehen sich auf unterschiedliche Sachverhalte. Es eint sie die Frage nach einer intervenierenden Variablen, die im Zentrum eines typisch soziologischen Interesses steht, die Variable der Gesellschaft. Diese ist vor allem deswegen schwer zu fassen, weil sie ebenso sehr aufs Große und Ganze verweist wie auf das Hier und Jetzt. »Gesellschaft« ist hier nicht viel mehr als jene Fortsetzungsbedingung von Kommunikation, die in jeder Kommunikation mitlaufen muss, soll man überhaupt das Risiko eingehen, sich auf diese Kommunikation einzulassen. Man könnte keine Interaktion beginnen und beenden, keiner Organisation beitreten und sie wieder verlassen, keine Entscheidung treffen, keine Zahlung tätigen, kein Kunstwerk betrachten und an keinen Gott glauben, hätte man nicht eine Vorstellung davon, was gleichzeitig auch noch möglich wäre und auch möglich bleibt, sobald man sich von der jeweils gewählten Möglichkeit wieder abwendet. Die mitlaufende Beobachtung dessen, was vorher war und nachher sein kann, gerinnt uns zu jener Gesellschaft, die wir dann allerdings schneller subjektivieren und substantialisieren, als es ihrem Sachverhalt, Sozialverhalt und Zeitverhalt entspricht.

Es ist kein Zufall, dass das Thema der Gewalt in mehreren der folgenden Beiträge auftaucht. Eine gewisse Unerschrockenheit vorausgesetzt, die sich der »Theorie« verdankt und nur in ihr möglich ist, kann man an der Gewalt besser als an anderen Themen studieren, wie Ordnung und Zerfall in jeder gesellschaftlichen Operation Hand in Hand gehen, weil selbst bei der Ausübung von Gewalt Konstitutionsleistungen erbracht werden, die sicherstellen, dass es danach irgendwie weitergeht, wenn auch nicht unbedingt für beide Seiten. Dieser Umstand interessiert den Soziologen nicht, um sich noch angesichts des Ungeheuerlichen menschlicher Möglichkeiten zu beruhigen und abzuwiegeln, sondern er interessiert ihn, weil das Ungeheuerliche Teil des gesellschaftlich Möglichen ist. Es ist ebenso auf soziale

Konstitution angewiesen wie das Erfreulichere und Wünschenswertere. Die Soziologie muss sich hier neutral verhalten, was sie jedoch nicht nicht daran hindert, auch im Abbruch von etwas, auch in der Zerstörung, einen Beitrag zur Fortsetzung von etwas, eine Aufbauleistung, zu sehen. Darin liegt eine der verlässlich kontraintuitiven Erkenntnisleistungen der Soziologie, mit deren Hilfe diese der Gesellschaft auf die Spur zu kommen versucht, ohne sich dabei an das Alltagsverständnis von dieser Gesellschaft gebunden fühlen zu müssen.

Die Themen der anderen Beiträge erschließen sich aus den Beiträgen selbst. Es geht um Fragen der Politik im Zugriff der Öffentlichkeit, der Gewerkschaften als Institution zur Sicherstellung des Selbstrespekts der abhängig Beschäftigten, der Eliten als dankbaren Zurechnungsadressen für gesellschaftliche Chancen willkürlicher Entscheidungen, der sozialen Hilfe, die dort Inklusionschancen bereitstellt, wo diese andernfalls zu fehlen drohen, der Krankenbehandlung, die gesellschaftlich in einem erstaunlichen Maße auf Organisation angewiesen ist, der Erziehung, die sich überraschend schwer damit tut, die Intelligenz, ihre erklärte Zielsetzung, auch tatsächlich zu fördern, und schließlich der Kunst, des gesellschaftlichen Rückhalts für das Training der Fähigkeit, Wahrnehmung auch ablehnen zu können.

Aus dem Rahmen dieser thematischen Engführungen fallen die beiden Beiträge »Die Natur der Gesellschaft« und »Penaten«, deren erster einen allgemeinen Begriff der Gesellschaft vorstellt und deren zweiter einen Blick darauf wirft, wie es kommt, dass jedes Kalkül der Fortsetzungsbedingungen von Gesellschaft von den einen, den Männern, so ernst genommen wird, während es von den anderen, den Frauen, so amüsiert bis ungläubig zur Kenntnis genommen wird. Zur Natur der Gesellschaft gehört, dass sich der soziale Zusammenhang nicht im leeren Raum, sondern eingebettet in die Bedingungen der Reproduktion von Bewusstsein, Körper, Leben und Welt entfaltet. Zwar ist es trotz erheblicher Bemühungen von der Evolutionstheorie bis zur Neurophysiologie immer noch unklar, wie die Abhängigkeitsbeziehungen zwischen Gesellschaft, Bewusstsein, Leben und Welt zu fassen sind, doch muss man damit rechnen, dass sich die Gesellschaft nicht zuletzt auch so aufstellt, dass diese Abhängigkeitsbeziehungen nicht aus den Augen verloren werden. Der ökologischen Differenz von Gesellschaft, Bewusstsein und Leben scheint die Geschlechterdifferenz derart in die Hände zu spielen, dass hier vorschnelle Überblendung und Übereinstimmung erfolgreich ausgeschlossen werden können. Auch das wäre eine gesellschaftliche Leistung, die dort auf Unterschiede setzt, wo das Alltagsverständnis seine Hoffnungen auf Gemeinschaft richtet.

Man erwarte in den hier gesammelten Beiträgen keine ausgearbeitete Gesellschaftstheorie. Ich habe mich darauf beschränkt, immer wieder neu und anders die Gesellschaft als intervenierende Variable zu verstehen, komme darüber hinaus mehrfach auf die Möglichkeit zurück, mit der Schriftkultur, der Buchdruckkultur und der Computerkultur drei Medienepochen der gesellschaftlichen Entwicklung zu unterscheiden, und konzentriere mich im Übrigen darauf, die Gesellschaftstheorie als Einheit der Differenz von formtheoretischen, netzwerktheoretischen und evolutionstheoretischen Überlegungen zu sehen. Einige der hier vorgelegten Beiträge folgen daher ziemlich strikt dem Versuch, mich nicht restlos der Faszination durch den jeweiligen Sachverhalt zu ergeben, sondern an einem »Formular« festzuhalten, mit dessen Hilfe ich mich dazu zwinge, bezüglich eines Gegenstandes nur Überlegungen nachzugehen, die es ermöglichen, nach der Systemreferenz, der Leitunterscheidung, dem Medium, dem Netzwerk, der Evolution und dem durch all dies dann immer noch nicht auflösbaren Knoten zu fragen, der den Gegenstand in seiner Selbst- und Fremdbeobachtung konstituiert. Dieses Formular ermöglicht es mir, die Programmatik der soziologischen Forschung in den Kontext sowohl einer essayistischen Übung, unter Einschluss der Offenlegung meiner Beobachterperspektive, wie der Arbeit an Theorie zu stellen. Zuzugeben ist, dass dieses Vorgehen auch ein wenig dem Versuch geschuldet ist, den Spaß an der Sache zu steigern.

Die Natur der Gesellschaft

Ordnung und Chaos

Den folgenden Überlegungen liegt ein Naturbegriff zugrunde, der ebenso sehr mit antiken wie mit modernen Referenzen arbeitet. War für Aristoteles die Natur ein Prozess der Auseinandersetzung zwischen Perfektion und Korruption, so ist sie für die Naturwissenschaften der Moderne ein Prozess der Auseinandersetzung zwischen Ordnung und Chaos.[1] In beiden Versionen liegt der Akzent nicht etwa darauf, die Perfektion und die Ordnung oder die Korruption und das Chaos für den gleichsam »natürlichen« Zustand zu halten, um die jeweilige andere Seite der Unterscheidung zur Bezeichnung entweder göttlich oder teuflisch intervenierender Instanzen zu verwenden, so als seien entweder die Perfektion und die Ordnung oder die Korruption und das Chaos nicht natürlichen Ursprungs. Stattdessen liegt der Akzent auf dem Prozess der Auseinandersetzung selbst. Naturbeobachtung zielt darauf, Perfektion und Korruption sowie Ordnung und Chaos als die beiden Seiten einer Medaille zu verstehen.

Die Leistung sowohl des antiken wie des modernen Naturbegriffs liegt somit weniger darin, der Natur eine Tendenz entweder zum einen oder zum anderen zuzuschreiben, sondern vielmehr darin, sie als ein Geschehen zu verstehen, das als eine Oszillation zwischen den beiden Seiten der Medaille in den Zustandsbeschreibungen selbst nicht aufgeht. Insofern liegt die Leistung des Naturbegriffs zunächst einmal darin, die Verwechslung der Natur mit einem der beiden Pole, zwischen denen sich diese Auseinandersetzung abspielt, zu vermeiden. Darauf ist umso mehr zu verweisen, als es sich historisch als schwierig erwiesen hat, die Natur nicht entweder für das eine oder das andere, für Perfektion und Ordnung oder für Korruption und Chaos, verantwortlich zu machen, um so Raum dafür zu gewinnen, ihr die Gesellschaft gegenüberstellen und an ihr messen zu können. Dann war die Natur entweder jenes Ideal, das von der Gesellschaft laufend verfehlt wird, oder jenes Böse, gegen das die Gesellschaft laufend zu schützen ist.

Von diesem imago der Natur gilt es Abschied zu nehmen,[2] um stattdessen nach einer Natur der Gesellschaft fragen zu können, die gemäß der Tendenz der modernen Kognitionswissenschaften ebenso sehr als ein Prozess der Auseinandersetzung zwischen Perfektion und Korruption oder zwischen Ordnung und Chaos verstanden werden kann wie die Natur selbst. Damit sollen die erheblichen Differenzen zwischen dem antiken und dem modernen Naturbegriff ebenso wenig geleugnet werden wie die ganz unterschiedlichen Gesellschaftsvorstellungen, die von der Antike oder der Moderne in Anlehnung an entweder die eine oder die andere Seite der Unterscheidung von Perfektion und Korruption oder von Ordnung und Chaos entwickelt worden sind. Vielmehr geht es darum, sich darüber klar zu werden, dass jede Unterscheidung zwischen Natur und Gesellschaft ihrerseits bereits ein Moment der Auseinandersetzung mit der Natur, aber auch ein Moment der Reproduktion von Gesellschaft ist. Maßgeblich für die Frage nach der Natur der Gesellschaft ist daher eine genaue Kontrolle der Zurechnung von Zuständen der Perfektion und der Ordnung beziehungsweise der Korruption und des Chaos sowie die Entwicklung einer Theorie, die darüber Auskunft zu geben vermag, wie man sich diesen Prozess der Auseinandersetzung zwischen dem einen und dem anderen vorstellen kann.

Operation Gesellschaft

Vielleicht lag es nahe, vielleicht liegt darin auch ein Motiv dieses Naturbegriffs, sich den Prozess der Auseinandersetzung zwischen Ordnung und Chaos als einen Prozess des Kräftemessens vorzustellen, so als kämpfe das eine mit dem anderen und so als hätten die Ordnung ihre Streiter und das Chaos seine Streiter. So zumindest kommt es einer modernen Vorstellung entgegen, die von einer Welt der Kräfte, der Energie, der Ursachen und Wirkungen ausgeht, in der das eine gegen das andere steht und beides sich braucht, um die Welt in Spannung zu halten. Auch die Antike kennt diesen Prozess des Kräftemessens zumindest auf der Seite der Kräfte des Chaos, die als Ursache für Störungen gedacht werden und die perfekte Ordnung des Kosmos korrumpieren.[3] Auf der gegenüberliegenden Seite, auf der Seite der Ordnung, gab es hingegen keine Kräfte, sondern nur die Weisheit des Ausgleichs, auf die sich Naturkundige, Seelenkundige und Staatenlenker gleichermaßen beziehen konnten, wenn sie mit sparsamen Gesten das Durcheinander der Kräfte sortierten.[4]

Wenn heute von der Natur der Gesellschaft die Rede ist, gilt es sich von dieser Vorstellung des Kräftemessens zu verabschieden. Weder stehen sich in der Gesellschaft die Kräfte der Ordnung und die Kräfte des Chaos gegenüber, so als könne man jeweils wissen, wessen Interessen gegen wessen Leidenschaften stehen, und so als könne man bereits absehen, worauf das eine zielt und worauf das andere,[5] noch kann man annehmen, dass die Perfektion für sich selber sorgen kann, wenn man nur das Chaos hinreichend verlässlich auf Abstand hält. Dennoch sind Annahmen dieser Art bis heute immer wieder eine Quelle ideologischer Vorstellungen, sei es von »liberaler«, sei es von »sozialistischer« Seite, ganz zu schweigen von »law and order«-Ideen. In den Naturwissenschaften des 20. Jahrhunderts, vorgezeichnet durch die Thermodynamik des 19. Jahrhunderts, kommt es stattdessen zu einer Vorstellung, die Perfektion und Korruption, Ordnung und Chaos nicht auf verschiedene Kräfte, auf verschiedene Parteien, auf verschiedene Ursachen verteilt, sondern sie auf jeweils ein und dieselbe Operation bezieht, so als ereigne sich in jedem Naturereignis immer schon beides, der Gewinn von Ordnung und die Zerstörung von Ordnung. Das zumindest ist gemeint, wenn von Entropie und Negentropie, von Selbstorganisation und Selbstdesorganisation die Rede ist.[6] Das Kräftemessen, das die Tradition beobachtet, ist eine Übersetzung für die Paradoxie, die es in den Begriff zu fassen gilt und die darin besteht, dass nur zerfallen kann, was zuvor geordnet war, und nur geordnet werden kann, was gerade noch ungeordnet war.[7]

Wie aber kann man sich eine Operation vorstellen, die uno actu für Perfektion und Korruption, für Ordnung und Chaos zuständig ist? Mindestens drei Denkfiguren können bei der Antwort auf diese Frage helfen.

Erstens muss man sich die Operation als ein *Ereignis* vorstellen, dessen Ordnungsgewinn im Auftauchen besteht, und das doch das Chaos nach sich zieht, weil es sofort wieder verschwindet.[8] Wir müssen uns die Operation, mit anderen Worten, derart temporalisiert vorstellen, dass jede Operation uno actu

Ordnung herstellt und die Notwendigkeit der Wiederherstellung von Ordnung nach sich zieht. Denn zwischendurch, im Moment des Verschwindens des Ereignisses, des Zerfalls der Operation, herrscht die Unordnung. Dasselbe gilt im Übrigen auch umgekehrt: Auch wer Unordnung und Chaos produzieren will, muss erleben, dass dies mit der Produktion entsprechender Ereignisse durchaus möglich ist, dass jedoch gleich anschließend wieder die Ordnung nachwächst, weil Ereignisse sich anschließen, die die Unordnung und das Chaos in Ordnung übersetzen.[9]

Die zweite Denkfigur ist diejenige, sich jede Operation als ein *Ding* in einem *Medium* vorzustellen, um derart jede feste Kopplung zu einem »Ding« als Variante einer losen Kopplung derselben Elemente (desselben »Substrats« von Elementen) in einem »Medium« denken zu können.[10] Die Pointe hierbei besteht darin, eine Operation als eine Synthese oder Integration zu konzipieren, die die Welt (das Substrat der dafür geeigneten Elemente) jedoch nicht verbraucht, sondern reproduziert. Dazu muss jedoch das Ding früher oder später wieder zerfallen, um die Elemente wieder freizugeben, die so für weitere Formen zur Verfügung stehen. So zerfällt ein Satz, den man sich als Form der Synthese verschiedener Sinnelemente anschaut, bei jeder genaueren Betrachtung in sein eigenes Medium, in dem derselbe Satz auch anders formuliert oder ganz andere Sätze formuliert werden können.

Und die dritte Denkfigur ist die Kombination von Bestimmtheit und Unbestimmtheit in der *Form der Unterscheidung*. Jede Unterscheidung gewinnt ihre Bestimmtheit daraus, dass sie sich vom Unbestimmten absetzt, riskiert jedoch, dass diese Absetzung ihrerseits umso unbestimmter wird, je genauer man fragt, wie sie gelingen kann. In der »Form« der Unterscheidung, wie sie George Spencer-Brown konzipiert, ist die Unbestimmtheit mit eingeschlossen, die die Unterscheidung ausschließt.[11] In dieser Denkfigur wird die Differenz zwischen Beobachtung erster und Beobachtung zweiter Ordnung vorausgesetzt, um die Operation des Treffens einer Unterscheidung (Bestimmtheitsgewinn) von der Operation der Beobachtung, auch Selbstbeobachtung (Reflexion, Regulation), der Unterscheidung zu unterscheiden (Unbestimmtheitsgewinn). Hier wird ein und dieselbe Operation, wenn auch verteilt auf ihren Vollzug einerseits und ihre Beobachtung andererseits, für Bestimmtheit und Unbestimmtheit verantwortlich gemacht, mit der interessanten Konsequenz, dass Letztere nur zu haben ist, wenn Erstere vorliegt.

Für unsere Frage nach der Natur der Gesellschaft bedeuten diese drei Denkfiguren, dass wir nach einer Operation suchen müssen, die in der Lage ist, die Gesellschaft hochgradig temporalisiert (also »dynamisch«) aus ihrem eigenen Zerfall derart wiederherzustellen, dass dieser Zerfall als das Medium verstanden werden kann, in dem immer wieder neue Unterscheidungen getroffen werden und auf ihre Form hin beobachtet werden können. Die Natur der Gesellschaft besteht in einem Typ von Operation, der nicht nur Probleme schafft, indem er Probleme löst, sondern diese Probleme zugleich als Anhaltspunkte für Lösungen präpariert, deren Eindeutigkeit den Moment nicht übersteht. So hochgradig artifiziell sich diese Problemfassung anhört, so gerechtfertigt scheint sie zu sein, wenn man hinzunimmt, dass die Gesellschaft als komplex gelten darf, das heißt prinzipiell auf keine Eindeutigkeit festzulegen ist.[12] Denn dann können nur diejenigen Operationen der Natur der Gesellschaft gerecht werden, die mit der Eindeutigkeit einer bestimmten Operation die Uneindeutigkeit ihres Kontexts wiederherstellen.

Niklas Luhmann hat vorgeschlagen, diesen Typ von Operation als »Kommunikation« zu bezeichnen,[13] und hat damit einen Begriff in die Soziologie eingeführt, mit dem diese immer noch ihre Schwierigkeiten hat. Allenfalls ist man bereit, den Begriff zu akzeptieren, wenn er auf »Einverständnis« zielt, wie es Jürgen Habermas vorgeschlagen hat,[14] aber dann scheinen Konfliktdimensionen der Gesellschaft, die die Soziologie interessieren, nur schwer in diesem Begriff abgebildet werden zu können. Man kann ja nicht annehmen, dass die Konflikte außerhalb der Kommunikation entstehen und innerhalb der Kommunikation gelöst werden. Eine andere, leicht gegenläufige Sorge zielt darauf, dass Kommunikation weniger auf Einverständnis zielt als dieses vielmehr voraussetzt und nach sich zieht (qua Redundanzproduktion), ohne individuellen Chancen der Abweichung (der »Handlung«) noch irgendeinen Raum zu öffnen.[15] Diese Sorge scheint jedoch überzogen zu sein, da sie mindestens durch ihr eigenes Auftreten widerlegt wird: Wie könnte man noch sehen, dass Kommunikation einen unausweichlichen Konsens produziert, wenn dieses der Fall wäre?

Im Gegensatz zu diesen Missverständnissen des Kommunikationsbegriffs zielt Luhmanns Verständnis der Operation Kommunikation weder auf Konsens noch auf Dissens, sondern auf Ambivalenz. Das macht es allerdings nicht einfacher, den Begriff zu akzeptieren, weil die Insistenz auf Ambivalenz entweder als frivol gilt oder, aber das ist letztlich dasselbe, als ein zu früher Abbruch einer Theoriearbeit, die es sich schuldig ist, so glaubt man, eher Eindeutigkeit als Zweideutigkeit herzustellen. Für Luhmann ist Ambivalenzfähigkeit das entscheidende Merkmal von Kommunikation, und zwar von jeder Kommunikation.[16] Jede Kommunikation muss in der Lage sein, Eindeutigkeit herzustellen und wieder aufzulösen, aufzutauchen und wieder zu verschwinden, eine bestimmte Form zu produzieren und wieder ins Medium anderer Formen zerfallen zu lassen.

Warum das so ist und wie die Operation Kommunikation dies schafft, lässt sich vielleicht am besten mit der Theoriefigur der *perturbierten Rekursion* veranschaulichen, die auf den Punkt bringt, was wir hier als »Natur der Gesellschaft« diskutieren.[17] Perturbierte Rekursion bedeutet, dass die Operation der Kommunikation die Gesellschaft zugleich iteriert und perturbiert. Sie iteriert die Gesellschaft, indem aus jeder Kommunikation der Gesellschaft nichts anderes folgen kann als eine Kommunikation der Gesellschaft. Und sie perturbiert die Gesellschaft, indem diese Kommunikation im Hinblick auf die Frage, was sie kommuniziert, welche Fortsetzung sie findet und auf wen sie zugerechnet wird, interpretationsbedürftig ist, so dass die Gesellschaft, indem sie operiert, ihre eigene Ungewissheit produziert, wie es weitergeht. Man kann auch davon sprechen, dass die Gesellschaft zugleich tautologisch und paradox operiert, indem sie zum einen nichts anderes reproduzieren kann als sich selbst, zum anderen jedoch bei jeder neuen Operation eine Differenzerfahrung macht, die sie in einen Gegensatz zu sich selbst bringt. Nicht indem sie jede Störung ausschließt, reproduziert sich die Gesellschaft, sondern indem sie sie sucht, einbaut und abfedert.[18]

Das Rätsel hinter jener unvermeidlichen Ambivalenz von Kommunikation liegt darin, wie es zu jener Differenzerfahrung kommt, die die Kommunikation mit sich selber macht. Warum schwingt die Kommunikation nicht komplett ein in die Reproduktion desselben, um ähnlich wie in der platonischen Polis nur noch ihre eigene Harmonie in Übereinstimmung mit dem Gleichgewicht des Kosmos und dem Gleichgewicht der menschlichen Seele zu besingen? Wie und warum gelingt es der Kommunikation immer wieder, sich selbst zu stören?

Die Antwort auf diese Frage liegt im Begriff der Komplexität.[19] Von Komplexität auszugehen, bedeutet, jede einzelne Operation in allen ihren Dimensionen (in unserem Fall der Gesellschaft: Sinndimensionen) als selektiv denken zu müssen und dieses Problem der Selektivität nicht etwa für ein analytisches Problem oder ein Begriffsproblem halten zu können, sondern für ein empirisches, wenn nicht sogar synthetisches Problem halten zu müssen. Die Gesellschaft kann sich nur reproduzieren, wenn sie in jeder einzelnen Operation eine Reflexion auf die Selektivität der Operation mitlaufen lässt und bei Bedarf die ausgeschlossenen Selektionen wiederum selektiv zur Geltung bringt. Wir haben es in der Begrifflichkeit des Weltproblems, wie es von Martin Heidegger gefasst wird, mit dem Umstand zu tun, dass jede Operation der Gesellschaft eine Bewegung »im Ganzen« ist, nämlich eine Bewegung der Ausgrenzung in einer Umwelt, die als ausgeschlossene in der Reflexion auf die Bewegung wieder eingeschlossen wird, so dass keine Bewegung ganz bei sich sein kann, sondern jede Bewegung hochgradig »irritabel« immer schon auch bei anderem ist.[20] Heidegger spricht von der ständig mitlaufenden und unabschließbaren Notwendigkeit der »Ergänzung«.[21]

Diese Einsicht in unausweichliche Komplexität führt dazu, sich eine Natur der Gesellschaft vorzustellen, die in jeder einzelnen Operation mitsehen muss, dass sie ausschließt, was sie ausschließt, auch wenn sie nicht sehen kann, was sie ausschließt, weil sie sich auf das konzentriert, was sie einschließt. Kommunikation ist für genau diesen Anspruch an die Operation der Gesellschaft der geeignete Kandidat.[22] Die Komplexität der Welt kann von der Gesellschaft nur bearbeitet werden, wenn sie ihre Kommunikation temporalisiert, medialisiert und formalisiert.[23] Die Temporalisierung garantiert, dass jeder Ordnungsgewinn auftaucht und wieder verschwindet und so alternativen Gewinnen Platz macht. Die Medialisierung garantiert, dass kein Ordnungsgewinn ganz umsonst ist, insofern am Zerfall der Formen ein »Gedächtnis« anknüpfen kann, das diesen Zerfall nicht nur mit Vergessen begleitet, sondern von Fall zu Fall auch mit Erinnern konterkariert.[24] Und die Formalisierung garantiert, dass Bestimmtheit ohne Unbestimmtheit nicht zu haben ist, und sei es nur, dass über den Wiedereinschluss des Ausgeschlossenen das Risiko jeder Unterscheidung mitläuft.[25]

In dieser Form des Einschlusses des Ausgeschlossenen (inklusive und noch etwas dramatischer: des Einschlusses des Ausschlusses)[26] produziert die Kommunikation eine Natur der

Gesellschaft, die aus dem Zerfall ihrer Ordnung ihre Ordnung gewinnt, und produziert die Gesellschaft die Notwendigkeit einer Kommunikation, die in der Form ihrer eigenen Ambivalenz jene Irritabilität sicherstellt, die es ihr erlaubt, als Operation der Gesellschaft aufzutreten.

Die Klassiker

Spätestens jetzt ist darauf aufmerksam zu machen, in welche eigentümliche Begriffslage uns die Frage nach der Natur der Gesellschaft gebracht hat. Wir fassen in *einen* Begriff, in den Begriff der Kommunikation, worin diese Natur der Gesellschaft besteht, und arbeiten nicht mit einer Mehrzahl von Begriffen, etwa mit den Begriffen der Rolle, der Norm *und* der Handlung, um diese Natur zu bestimmen. Diese Arbeit mit nur einem Begriff erscheint eigentümlich zwanghaft, ist aber unvermeidlich, sobald wir den Begriff der Natur, so wie wir ihn hier dargestellt haben, nicht auf die Beschreibung einer Mehrzahl von Kräften, Parteien und Ursachen beziehen, sondern auf eine Operation, die für beides, für Perfektion und Korruption, für Ordnung und Chaos verantwortlich gemacht wird.

Tatsächlich jedoch, auch darauf ist spätestens jetzt hinzuweisen, kann man sich diesem Begriffszwang nur dann unterwerfen, wenn man eine Möglichkeit sieht, mit ihm produktiv zurande zu kommen. Andernfalls würde man ausweichen und sich mit anderem beschäftigen. Auf vier Ebenen können wir uns des Vorschlages für ein Verständnis der Natur der Gesellschaft, den wir hier unterbreiten, vergewissern: erstens im Hinblick auf Klassiker der Soziologie, denen zumindest nicht fremd sein darf, was wir hier versuchen; zweitens im Hinblick auf Höhepunkte der soziologischen Theoriebildung, die mit dem hier gemachten Vorschlag vereinbar sein müssen, wenn wir nicht Gefahr laufen wollen, uns unsere Natur der Gesellschaft bloß ausgedacht zu haben; drittens im Hinblick auf Theorieoptionen, die es erlauben, das hier Vorgestellte aufzugreifen und weiterzuentwickeln; und schließlich viertens im Hinblick auf ein breiteres wissenschaftliches Forschungsprogramm, das es der Soziologie ermöglicht, einigermaßen an das aufzuschließen und anzuschließen, was in der Entwicklung der Wissenschaft gegenwärtig interessiert.

Es mag überraschen und wird sicherlich der Perspektive des Autors dieses Buches zugerechnet, dass sich sowohl bei den Klassikern als auch unter den Höhepunkten der soziologischen Theorie mehr Unterstützung für das hier vorgelegte Verständnis der Natur der Gesellschaft finden lässt, als angesichts der denkbar abstrakt angelegten Überlegungen erwartet werden konnte. Tatsächlich fällt es jedoch weder unter den französischen noch unter den deutschen Gründervätern der Soziologie schwer, Anhaltspunkte für unseren Versuch zu finden, *eine einzige Problemstellung* zu identifizieren, von der aus die Reproduktion der Gesellschaft gedacht werden kann. Bekannt ist, dass mindestens Max Weber bei Gelegenheit darauf bestand, eine Wissenschaft an einer Problemstellung zu orientieren und nicht etwa an der Fülle der Themen, die möglicherweise innerhalb oder außerhalb des Rahmens dieser Problemstellung behandelt werden können.[27] Robert A. Nisbest spricht von den »unit-ideas« der Soziologie, identifiziert, mit Blick auf das »intellektuelle Feld« der Soziologie, allerdings deren fünf.[28] Durchaus üblich ist es, die Problemstellung der Soziologie ganz im Sinne der hier vorgelegten Überlegungen dort zu vermuten, wo es um Antworten auf die Frage nach den Bedingungen der Möglichkeit der sozialen Ordnung geht.[29]

Tatsächlich kommen Gabriel Tarde, Émile Durkheim, Max Weber und Georg Simmel allesamt mit einem einzigen, wenn auch jeweils mit einem anderen Begriff aus, um sich das Feld der Soziologie zu erschließen und eine Antwort auf die Frage zu geben, auf welches Problem entweder der Begriff der Gesellschaft oder diese selbst eine Antwort geben. Für Tarde ist die Gesellschaft, verstanden als Prinzip der Assoziation, die Antwort auf das Problem von Imitationskonflikten, und dies derart, dass jede Assoziation ein unruhiger Gleichgewichtszustand zwischen wechselseitigen Besitzansprüchen ist.[30] Für Durkheim ist die Gesellschaft, verstanden als Produkt ihrer eigenen Arbeitsteilung, die Antwort auf das Problem der Komplementarität des Verschiedenen, das allerdings nirgendwo repräsentiert, sondern nur abstrakt verstanden und in der Solidarität der Korporationen, unterstützt durch eine entsprechende Pädagogik des Sozialen, abgesichert werden kann.[31] Für Weber besteht die Gesellschaft, verstanden als Prozess der Vergesellschaftung und unterschieden vom Prozess der Vergemeinschaftung, in einer Typik von Beziehungen, die grundsätzlich wählbar sind und dementsprechend damit fertig werden müssen, immer wieder einem sei es zweckrationalen, sei es wertrationalen Kalkül unterworfen zu werden, für das die Auflösung einer Beziehung so nahe liegt wie ihre Beibehaltung.[32] Und für Simmel ist Gesellschaft schlechthin nur möglich, wenn sich die Menschen als Fragmente ihrer selbst begegnen und daher, wie die Formulierung lautet, ihre Art des Vergesellschaftet-Seins durch die Art ihres Nicht-Vergesellschaftet-Seins mitbestimmen lassen.[33]

So sehr auch immer die Klassiker der Soziologie sich von den Fortschrittserwartungen eines Auguste Comte und den Revolutionserwartungen eines Karl Marx distanziert haben mögen, die in diesen Erwartungen mitformulierten Differenzerfahrungen teilen sie. Allerdings beziehen sie sie zurück auf jeden einzelnen Akt sozialen Handelns, der seither, wenn man so sagen darf, mit seiner eigenen Differenz zurande kommen muss, was die Soziologie zwingt, ihre Handlungstheorien ebenso sehr als Theorie der Ausdifferenzierung wie als Theorie der Wiedereinbettung zu verstehen. Bei Talcott Parsons wird dies explizit.[34] Für ihn »ist« die einzelne Handlung Akt der Differenzierung und Integration zugleich und zumindest analytisch auch gar nicht anders möglich.[35] Die Handlung ist ein System, wie Niklas Luhmann unter Bezug auf Parsons herausarbeitet,[36] das heißt ineins die Lösung eines Problems der Ausdifferenzierung und eines Problems der Systemreproduktion, des Autonomiegewinns und der Anschlussfindung.[37] Zwar postuliert Parsons nur für seine Handlungs*theorie*, nämlich für sein Analyseschema, dass der Handlung beides gelingen muss, die Differenz und der Bezug, aber es ist nach wie vor kaum einzusehen, welchen Gewinn die Soziologie aus diesem Analyseschema ziehen sollte, wenn es in welcher Form auch immer nicht auch dem Selbstverständnis oder sogar der Selbstbeschreibung von Handlungen zugrunde liegen sollte.[38]

Erving Goffman würde sich vermutlich bis heute dagegen wehren, eine in sich geschlossene soziologische Theorie zugeschrieben zu bekommen. Zu sehr ging es ihm jeweils um das Detail der Phänomene, die er mit beispielhafter Meisterschaft untersucht hat. Aber diese Verwahrung hat vermutlich mehr mit einem unzureichenden Theorieverständnis zu tun als mit einer begründeten Ablehnung von Theorie. Das heißt, mit Goffman hätte es sich vermutlich gelohnt, darüber zu reden, was unter einer »Theorie« zu verstehen ist, nämlich nicht der Versuch der *einen* Erklärung für die Vielfalt der Phänomene, sondern ganz im Gegenteil der Versuch der Identifikation *eines* Prinzips (verstanden als soziologische Problemstellung), mit dessen Hilfe für die Vielfalt der Phänomene auch eine Vielfalt von Erklärungen gegeben werden kann. Und ein solches Prinzip findet sich bei Goffman durchaus.[39] Es ist das Prinzip der wechselseitigen Wahrnehmung (»the body to body starting point«), das, typisch soziologisch, nicht etwa alle Probleme löst, sondern alle Probleme aufwirft. Die körperliche Gegenwart des anderen (»co-bodily presence«) enthält Möglichkeiten und Risiken (»enablements and risks«), die nur durch ein soziales Management aufgegriffen und bewältigt werden können, das auf Formen der Ritualisierung, Standardisierung und Sozialisation zurückgreift, die ebenso sensibel wie robust (»Takt« und »Stigmatisierung«) mit Abweichungen zurande kommen.

Mit einer Gesellschaftstheorie des Sozialen, die Goffman fremd war, lässt sich dieser Ansatzpunkt einer Interaktionsanalyse dann abgleichen, wenn man stärker als vielleicht Goffman selbst auf die Differenz zwischen *performance* und *audience* achtet, die seinen Beschreibungen zugrunde liegt.[40] Kein soziales Handeln ohne ein Publikum, kann man seither sagen. Und das bedeutet, dass man es hier mit einer impliziten Gesellschaftstheorie zu tun hat (inklusive einer im Theorem der Differenz von performance und audience auch bereits aufgefangenen Mikro/Makro-Differenz), die jeden *unit act* einer Handlung auf die Differenz von Darstellung und Publikum zurückzubuchstabieren vermag, die ihr zugrunde liegt. Dementsprechend prekär und ambivalent muss die Handlung sein, weil sowohl die Darstellung als auch das Publikum ohne die Möglichkeit des *switchings* nicht zu denken ist,[41] so dass beide im Moment der Fokussierung ihrer Aufmerksamkeit die Möglichkeit des Wechsels der Aufmerksamkeit mitdarstellen und auch miterleben müssen. Erst vor diesem Hintergrund einer prinzipiell unruhigen Handlung verstehen sich alle Bemühungen um Ruhe und Verlässlichkeit. Aber jederzeit kann sich etwas in die Situation schmuggeln, was sie zugunsten einer anderen Situation umkippen lässt.

In der Netzwerktheorie von Harrison C. White, unserem letzten Beispiel eines Höhepunkts der soziologischen Theoriebildung, wird die bei Goffman implizite Gesellschaftstheorie explizit, auch wenn White auf die Entwicklung eines eigenen Gesellschaftsbegriffs verzichtet.[42] White braucht auch keinen

Gesellschaftsbegriff, weil bei ihm das Netzwerk selber bereits jene Stelle einer Operation einnimmt, die Ordnung und Chaos, Perfektion und Korruption gleichermaßen verkörpert. Ein Netzwerk ist für White, so die kürzeste Formulierung, eine »failed discipline«, das heißt die Möglichkeit einer Verknüpfung, die gescheitert ist, aber in der Form dieses Scheiterns, nämlich als eine Geschichte (»story«) über eine Verknüpfung (»tie«), beibehalten wird.[43] Ein solcher Netzwerkbegriff ist nur möglich, weil »network« im Amerikanischen als Substantiv ebenso wie als Verb gedacht werden kann. Auf diese Art und Weise wird es zu einer laufend aufrechtzuerhaltenden Aktivität, die, wie White analysiert, davon lebt, dass Identitäten dargestellt werden, zwischen denen sich Kontrollbeziehungen etablieren lassen. Konsequent ist dieser Netzwerkbegriff zum einen darin, dass sowohl die Identitäten als auch die Kontrollbeziehungen als netzwerkabhängig, also als prekär, gelten, und zum anderen darin, dass als diese Identitäten nicht nur Personen, sondern auch Institutionen, Praktiken, Techniken, Symbole und Geschichten in Frage kommen, so dass die Stabilität wie Instabilität des Netzwerks immer zugleich an unterschiedlichen Stellen getestet, behauptet und gefährdet werden kann.

Die Soziologie der Gesellschaft

Kaum etwas ist der Soziologie demnach weniger fremd als ein Verständnis der Natur der Gesellschaft (oder mindestens: des Sozialen), die nichts als sich selber hat, um sich aus ihrem eigenen Zerfall zu regenerieren. Dennoch ist es wichtig, dies hier auch entsprechend zu formulieren, denn ein explizites Verständnis dieser Natur der Gesellschaft liegt der Soziologie fern. Sie fühlt sich bei jeder Benennung eines konkreten sozialen Problems und jedem Auszählen einer überprüfbaren Datenkorrelation wohler als beim Nachdenken über Konstitutionsprobleme der Gesellschaft. Um die Frage nach den Bedingungen der Möglichkeit von Gesellschaft macht vor allem der Universitätsbetrieb der Soziologie nach Möglichkeit einen großen Bogen.

Möglicherweise hängt dieser Befund nicht zuletzt damit zusammen, dass die theoretischen Mittel fehlen, um mit Antworten zurecht zu kommen, die die Klassiker ebenso wie jüngeren Theoretiker der Soziologie auf diese Frage geben zu können scheinen. Das beginnt sich jedoch zu ändern. Niklas Luhmanns konsequente Temporalisierung und Operationalisierung der soziologischen Problemstellung hat einer einfachen Formtheorie des Sozialen den Weg bereitet, in der durchaus mit Anklängen an ähnliche Formulierungen bei Karl Marx und Georg Simmel die Form als Einheit der Differenz des Bestimmten und des Unbestimmten gedacht werden kann.[44] Seither kann jede einzelne Operation des Sozialen als ebenso wahrscheinlich wie unwahrscheinlich, ebenso robust wie prekär gedacht werden, so dass man sich, erst das macht diese Überlegungen ergiebig für soziologische Forschungsprogramme, um die Bedingungen kümmern kann, unter denen es einer bestimmten sozialen Operation gelingen kann, ihre Irritabilität und damit ihre Möglichkeit sicherzustellen.

Vermutlich lässt sich die Frage nach der Natur der Gesellschaft in der Phrasierung, die wir hier vorschlagen, erst aufnehmen, seit es einen Begriff der Operation gibt, der Ansprüchen entgegenkommt, die jetzt gestellt werden müssen. Immerhin brauchen wir, wenn Perfektion und Korruption, Ordnung und Chaos auf ein und dieselbe Operation wirken können sollen und an ein und derselben Operation studiert werden können sollen, einen Begriff der Operation, der diese von vornherein temporalisiert, medialisiert und formalisiert zu denken erlaubt. Ein solcher Begriff der Operation liegt im mathematischen Formkalkül vor, den George Spencer-Brown unter dem Titel *Laws of Form* 1969 erstmals publiziert hat.[45] Hier wird eine Operation als Operation einer Unterscheidung verstanden, die (a) aktuell vollzogen werden muss, um einen Unterschied zu machen, (b) im Kontext einer unbestimmten, aber bestimmbaren Außenseite auftritt und (c) auf ihre Bestimmtheit und Unbestimmtheit übergreifende »Form«, die beiden Seiten der Unterscheidung inklusive der Unterscheidung selbst und des Raums der Unterscheidung, hin beobachtet werden kann. In Spencer-Browns Notation seines Formkalküls wird der Haken verwendet, um mit Unterscheidungsoperationen dieser Art rechnen zu können:

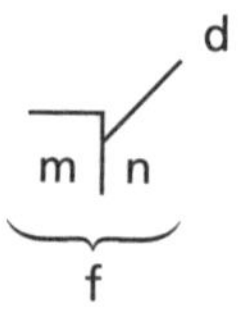

Hier haben wir die Unterscheidung (distinction) *d*, die markierte Innenseite der Unterscheidung, *m*, die nicht-markierte Außenseite der Unterscheidung, *n*, und die Form, *f*, die einen Beobachter zweiter Ordnung erfordert, der eine eigene Unterscheidung trifft, um *m*, *n*, und *d*, die drei Werte der Zweiseitenform der Unterscheidung, im Raum ihrer Unterscheidung zu beobachten:

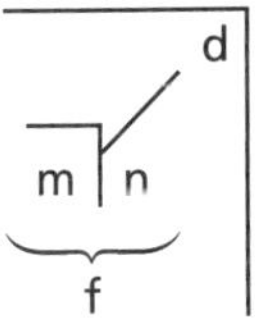

Alle Aussagen über die getroffene Unterscheidung, *d*, gelten auch für die Unterscheidung, die der Beobachter zweiter Ordnung trifft, um generalisierbare Aussagen über die Operation Unterscheidung zu machen. Der Formkalkül Spencer-Browns erfüllt damit die strikte Bedingung der Selbstreferentialität, nach der es dem Beobachter verboten ist, sich von den Aussagen auszunehmen, die er über seinen Gegenstand trifft. Dieses Verbot ist im Übrigen die Konsequenz, aber auch die Bedingung einer Auseinandersetzung mit komplexen Phänomenen, die ausschließlich im Rahmen einer Interaktion mit diesen Phänomenen, das heißt, im Rahmen von Selbstbeobachtung zugänglich sind.[46]

Die soziologische Rezeption hat mit diesem Begriff der Operation ihre Schwierigkeiten, weil der Begriff gleich zwei Anforderungen explizit macht: Zum einen legt er die Auffassung nahe, nur solche Kandidaten für die Suche nach möglichen Elementaroperationen des Sozialen zuzulassen, die in diesem Sinne als das Ausgeschlossene einschließende und damit ihre eigene Bestimmtheit im Kontext des Unbestimmten laufen lassende Unterscheidungen gedacht werden können. Das legt, wie Luhmann wiederholt betont hat, eine Entscheidung zugunsten der Elementaroperation »Kommunikation« und zuungunsten etwa der Elementaroperation »Handlung« nahe.[47] Denn die Handlung markiert zwar den Punkt der Selektion einer Mitteilung, der Selektion eines Situationsverständnisses und der Selektion eines oder mehrerer Adressaten, aber sie muss auf das in ihr mitlaufende Ausgeschlossene erst noch gelesen werden können, um als Operation im gesuchten Sinne gelten zu können. Und dies leistet erst und ausschließlich die Kommunikation.[48] Die mathematische Kommunikationstheorie von Claude E. Shannon bietet hierzu den passenden Informationsbegriff an, der im Mitlesen der Selektion einer Nachricht aus dem Auswahlbereich möglicher Nachrichten seine Pointe hat.[49] Andernorts habe ich zu zeigen versucht, dass man lediglich die Prämisse von der Determination dieses Auswahlbereich zugunsten eines unbestimmten, aber durch die Kommunikation selbst bestimmbaren Auswahlbereichs fallen lassen muss, um die mathematische Kommunikationstheorie zu einer soziologischen zu erweitern.[50]

Zum anderen jedoch erfordert dieser Begriff der Operation die Selbstimplikation auch des soziologischen Beobachters derart, dass jede seiner Aussagen über seinen Gegenstand als eine Aussage über seine Interaktion mit diesem Gegenstand gefasst werden muss, der darüber hinaus nur als komplex, das heißt als eine black box gefasst werden kann. Diese Selbstimplikation des Beobachters ist dem Soziologen zwar nicht sachlich, wohl aber methodologisch fremd. Seit Auguste Comte für eine Wissenschaft der Soziologie plädierte, »die für eine Reform der Gesellschaft notwendig ist«,[51] und seit Karl Marx die Pointe seiner Theorie des Kapitalismus in einer Revolution der Gesellschaft sah,[52] weiß die Soziologie um diese Selbstimplikation, die sie dann jedoch, um einem Fortschrittsoptimismus ebenso entgegentreten zu können wie der Utopie einer »humanen Gesellschaft« nach der Überwindung des Kapitalismus, zugunsten einer Methodologie unter Kontrolle zu bringen versuchte, der die »Objektivität« der sozialwissenschaftlichen Erkenntnis über alles ging. Aber diese Objektivität hat bereits Max Weber, der für sie warb wie kein zweiter, in Anführungsstriche gesetzt, um darauf hinzuweisen, dass sie von der Beobachtung und Kontrolle der eigenen Position nicht etwa entbindet, sondern sie, im Hinblick auf die Präzisierung der eigenen »Problemstellung«, gerade fordert.[53] Im Prinzip gibt es in der Soziologie keine andere Methodologie als die Ethnomethodologie,[54] aber es fällt ihr schwer, ihre Theorien wie ihre Methoden der empirischen Sozialforschung im Rahmen dieser Methodologie zu bewerten, solange sie über keine Gesellschaftstheorie verfügt, die über ihren eigenen Beobachterstandpunkt in dieser Gesellschaft Auskunft gibt.

Über diesen Stand der Dinge führt erst der Begriff der Selbstähnlichkeit hinaus, der in der Soziologie in jüngerer Zeit auf einiges Interesse gestoßen ist.[55] Selbstähnlichkeit bedeutet, dass der Gegenstand der Soziologie für sich wie für diese nur deswegen zugänglich ist, weil sich bestimmte Strukturen wiederholen, Strukturen nämlich, die für die Konstitution des Sozialen ebenso verantwortlich sind wie für die (ihrerseits »soziale«) Interaktion der Soziologie mit ihrem Gegenstand. Es ist die These der vorliegenden Überlegungen, dass die hier beschriebene »Natur« der Gesellschaft mit diesen selbstähnlichen Strukturen identisch ist, das heißt, wie Spencer-Brown so schön sagt, mit Erfolg mit ihr »verwechselt« werden kann.[56] Selbstähnlichkeit bedeutet, dass Anschlussbedingungen für Kommunikationen gefunden und gesetzt werden können, die unter Wahrung einer mitlaufenden Außenseite des Unbestimmten, aber Bestimmbaren, Bestimmungen setzen können, die für einen Moment einen Anschlusswert haben und dann wieder zerfallen. Und Selbstähnlichkeit bedeutet, dass wir es, wie Andrew Abbott herausstellt, mit »fraktalen Unterscheidungen« zu tun haben, die in sich selbst abgebildet und so auf ihre beiden Seiten inklusive der Treffsicherheit und Brauchbarkeit der Unterscheidung hin beobachtet werden können.[57] Dies wiederum definiert die Einsatzbedingung der Soziologie, theoretisch wie empirisch, insofern die Soziologie darin besteht, in ihrer Auseinandersetzung mit ihrem Gegenstand Unterscheidungen zu erproben, für die eine konstitutive Rolle im Gegenstand überprüft werden kann. Die Soziologie ist theoretisch wie empirisch da erfolgreich, wo sie entlang der von ihr getroffenen und beobachteten Unterscheidungen »mitrechnen« kann, wie ihr Gegenstand sich selbst konstituiert und konditioniert.[58]

Das Verhältnis der Soziologie zu ihrem Gegenstand kann so mit Spencer-Browns Begriff des re-entry, des Wiedereintritts, beschrieben werden. Das heißt, der Natur der Gesellschaft kommt die Soziologie genau dann auf die Spur, wenn sie die von ihr getroffenen Unterscheidungen als Unterscheidungen überprüft und begreift, die auch im Gegenstand getroffen werden. Wenn der Gegenstand *f* als eine endlos iterierte Folge von Unterscheidungen des markierten Zustands, *m*, vom unmarkierten Zustand, *n*, begriffen wird, und dem Gegenstand, *f*, konzediert wird, dass ihm Selbstreferenz eignet, das heißt er ein Verhältnis zu sich selbst hat, kann die Soziologie ihre Unterscheidungen als aus der iterierten Folge von Unterscheidungen herausgegriffene und von ihr, insofern sie mitkommuniziert, in den Gegenstand wieder eingeführte Unterscheidungen begreifen. Die Soziologie wird so selbstimplikativ zur Explikation der Unterscheidung ihres Gegenstands. Die Selbstähnlichkeit (b) des Gegenstands (a) ermöglicht dem Beobachter, in unserem Fall der Soziologie, die sich selbst implizierende Identifikation der den Gegenstand konstituierenden Unterscheidung (c):

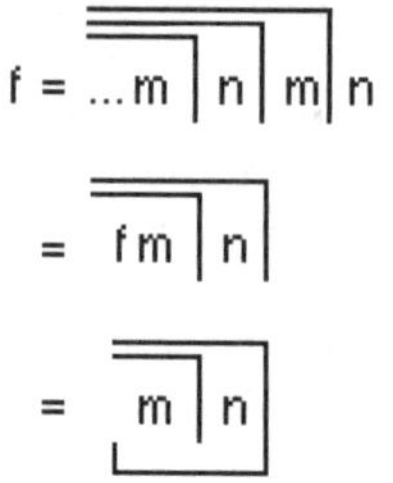

(a)

(b)

(c)

Von hier aus wäre eine neuartige, die bisherige Praxis der Soziologie jedoch nur explizierende Methodologie der Sozialforschung zu entwerfen.

Die Möglichkeit einer Kognitionstheorie

Es ist unsere Vermutung, dass wir mit dieser Skizze einer möglichen Formtheorie der Gesellschaft wissenschaftlichen Interessen entgegenkommen, die gegenwärtig außerhalb der Soziologie unter dem Titel der Kognitionswissenschaften diskutiert werden.[59] Damit ist eine die Philosophie und Psychologie, Neurowissenschaften und Künstliche Intelligenzforschung, Linguistik, Kultur und Evolutionstheorie übergreifende Problemstellung gemeint,[60] die diesseits cartesianischer Dualismen wie Denken und Sein, Geist und Natur, Subjekt und Objekt nach Operationen, Struktur und Dynamik von Erkenntnisvorgängen fragt, die nicht von ihrem Gegenstand handeln, sondern diesen Gegenstand konstituieren beziehungsweise dieser Gegenstand sind.[61]

Die Soziologie hat sich an diesem Unternehmen bisher kaum beteiligt. Vermutlich steckt sie noch tiefer in der Geschichte ihrer prekären Differenzierung gegenüber der Biologie, Psychologie und Linguistik, als ihr selbst sowohl lieb als auch bewusst ist. Wir müssen uns hier auf diese Diskussion nicht einlassen. Wichtiger ist, dass die Soziologie in dem Moment Zugang zur Diskussion der Kognitionswissenschaften bekommt, in dem sie sich zum einen darauf einlässt, Einsichten der Naturforschung zumindest auf einem methodologischen Niveau auch für die eigene Theoriebildung zur Kenntnis zu nehmen, und zum anderen mit Möglichkeiten der Begriffsbildung experimentiert, die sich an der jüngeren Forschung zur Mathematik und Logik selbstreferentieller Formen orientieren. Hierzu liegen unter dem breiten Dach der Selbstorganisationsforschung durchaus bereits Ansätze vor,[62] doch kommt es darauf an, diese besser mit den soziologischen Einsichten in die Natur der Gesellschaft, wie sie hier vorgestellt worden sind, abzustimmen, als dies bisher der Fall ist. Es ist nicht ohne Ironie, wenn die Quantenmechanik für ihre Erforschung der subatomaren Wirklichkeit eine Beobachterabhängigkeit dieser Wirklichkeit in Rechnung stellt, gegen die die Soziologie sich immer noch wehrt.[63] Und es ist erst recht nicht ohne Ironie, wenn die Mathematik dieser Quantenmechanik Netzwerkgleichungen zur Bestimmung dieser Wirklichkeit entwirft, in der idiosynkratische Beobachter (»markers who prejudice the choice in transition«) eine Rolle spielen, die der soziologischen Theorie der Individualisierung geradezu auf den Leib geschnitten zu sein scheinen.[64]

Im Anschluss an Spencer-Browns Formkalkül lassen sich ausgefeilte Arrangements von Unterscheidungen vorstellen, die im gewünschten Sinne temporalisiert, medialisiert und formalisiert sind, um für die sowohl prekäre als auch robuste Reproduktion der Gesellschaft einen Sinn und für ihre Phänomene eine die Soziologie implizierende Beobachtung zur Verfügung zu stellen.[65] Nach wie vor kommt es darauf an, dass die Soziologie zum Gegenstand »inkongruente Perspektiven« entwirft; doch erst recht kommt es darauf an, dass diese inkongruenten Perspektiven als diejenigen der Gesellschaft selber gelten.[66] Das Prinzip der Alternation, auf das sich die Kulturtheorie schon einmal eingelassen hatte,[67] gilt es jetzt für die Untersuchung der Unterscheidungspraxis der Gesellschaft fruchtbar zu machen, um davon ausgehen zu können, dass diesen Unterscheidungen Iterierbarkeit und Rekursivität, Subvertierbarkeit und Variierbarkeit gleichermaßen eignet. Gotthard Günther hat diesen Vorschlag schon einmal gemacht, Zahl und Ordnung eines Erkenntnisvorgangs nicht nur auf die Hierarchie von Ordnungsrelationen, sondern auch auf die Heterarchie von Austauschrelationen hin zu beobachten.[68] Damit gewinnen die selbstreferentiellen Verhältnisse von Natur, Bewusstsein und Gesellschaft jene Beweglichkeit, die ihre eigene Komplexität erfordert. Und nicht nur das. Nicht zuletzt kommt damit auch die aktive, »volitive« Rolle des Beobachters ins Spiel, der sich weder aus seinem Gegenstand heraushalten kann noch aus sich selber.

Kulturtheorie

Vielleicht muss man noch einen weiteren Abstraktionsschritt ins Auge fassen und den hier entwickelten Begriff einer Natur der Gesellschaft aus seinem soziologischen Kontext herauslösen und der Kulturtheorie überantworten. Unter der Kulturtheorie soll dabei eine Theorie verstanden werden, die im Anschluss an klassische Theoriepositionen von Johann Gottfried Herder bis Sigmund Freud mit mindestens drei Systemreferenzen parallel zu arbeiten vermag, mit der Referenz auf die Gesellschaft, mit der Referenz auf das Bewusstsein und mit der Referenz auf den Organismus.[69] Diese drei Referenzen werden in ein Differenzverhältnis zueinander gesetzt, das nur fallweise zur Einheit einer Kultur findet, sondern in der Regel die Kultur als ein Feld in Anspruch nimmt, in dem Inkohärenzen, Dissonanzen und Diversitäten ausgetragen werden.[70]

Während die Soziologie immer wieder dazu zu neigen scheint, die Gesellschaft als Einheit (ihrer Probleme) zu denken (oder zur Vermeidung eines Schlusspunkts der Einheit: lieber gar nicht zu denken), kann die Kulturtheorie konsequent die Gesellschaft in Differenz zu Bewusstsein, Organismus und anderen möglichen Referenzen setzen und aus dieser Differenz heraus ihre Natur und deren Unterschied gegenüber der Natur des Bewusstseins oder der Natur des Organismus beschreiben.

Der hier entwickelte Begriff einer Natur der Gesellschaft wäre dann nur der Auftakt zu einer kognitionswissenschaftlichen Kulturtheorie, die den antiken wie den modernen Naturbegriff für die Untersuchung der Unruhezustände auch des Bewusstseins oder des Organismus fruchtbar macht. Nicht zuletzt könnte man nach einer Natur der Kultur fragen und diese dort vermuten, wo Perfektion und Korruption, Ordnung und Chaos nur dann auf die Operation der Gesellschaft, die Operation des Bewusstseins oder die Operation des Organismus einwirken können, wenn alle drei und mögliche weitere Systemreferenzen dabei mitspielen, die entsprechende Unruhe auf mehrere Systeme, verbunden in struktureller Kopplung, zu verteilen.

Gewalt im System

Die Paradoxie der Gewalt

Auch in der Hinsicht ihres Umgangs mit dem Problem der Gewalt ist die Soziologie ein Kind der modernen Gesellschaft. Wie diese Gesellschaft selbst setzt sie für alles Weitere voraus, dass das Problem der Gewalt weitgehend gelöst beziehungsweise »gehegt« ist. Und wie die Gesellschaft selbst traut sie diesem Stand der Dinge nicht über den Weg. Eine der wenigen Aussagen über Gewalt, die in der Soziologie unumstritten sind, lautet, dass wir in einer Gesellschaft leben, die so gewaltfrei ist wie kaum eine Gesellschaft zuvor, die aber gleichzeitig von der Gewalt fasziniert und heimgesucht ist wie ebenfalls kaum eine Gesellschaft zuvor.[1]

Terroristische Gewaltakte, Drogenkriminalität, Familiengewalt und ethnische Konflikte sorgen für eine massenmedial betreute und verstärkte Dauerpräsenz der Gewalt in der Gesellschaft. Trotz dieser Dauerpräsenz und offensichtlich unbehelligt durch sie können jedoch gleichzeitig Politik, Wirtschaft, Recht, Erziehung, Wissenschaft, die Familie und nicht zuletzt die organisierte und die nicht-organisierte Kriminalität in dieser Gesellschaft mit langfristigen Zeithorizonten arbeiten, die den jederzeit möglichen Abbruch aller sozialer Beziehungen durch den Einbruch von Gewalt kaum in Rechnung zu stellen scheinen.

Eine Antwort der Soziologie auf dieses Paradoxon der Gewalt besteht darin, die Effekte der Gewalt zu verrechnen, sobald sie auffallen, das heißt die Gewalt im Kontext der Nicht-Gewalt, aber auch die Nicht-Gewalt im Kontext der Gewalt zu sehen. Je nach Präferenzen für oder gegen die bürgerliche Moderne wird auf immer noch nicht ganz gelungene »Zivilisierung« oder auf Widerstände gegen »Disziplinierung« zugerechnet. Beide Blickrichtungen sind möglich, und damit ist gesagt, dass die Gesellschaft die Gewalt ebenso unterdrückt wie produziert.

Die Soziologie übernimmt dieses Problem und die Paradoxie, die dahinter steht, in der Form, dass sie sich zwischen einer Verharmlosung der Gewalt und einer Dramatisierung der Gewalt systematisch nicht entscheidet. Das macht sie ebenso brauchbar wie unbrauchbar für jede öffentliche Diskussion über Gewalt. Sie ist brauchbar, wenn man nur ihre Beschreibungen einzelner Gewaltphänomene übernimmt, sei es, um auf deren Bewältigung, sei es, um auf deren Bedrohlichkeit hinzuweisen. Und sie ist unbrauchbar, wenn man die soziologische Fragestellung selbst, also den Hinweis auf die Paradoxie und die Ambivalenz in der Einschätzung der Gewalt übernimmt. Solange man die Ereignisse der Gewalt isoliert von der Frage nach ihrem gesellschaftlichen Stellenwert betrachtet, lässt sich über die familiale Gewalt oder das durch nichts zu bremsende massenmediale Interesse an der Gewalt trefflich streiten. Sobald man ernst zu nehmen beginnt, dass die Gewalt nicht nur ein Einwand gegen die Gesellschaft, ein Einwand gegen das Soziale des Sozialen, ist, sondern als dieser Einwand gegen die Gesellschaft von der Gesellschaft selbst produziert wird, wird es schwierig.[2]

In der soziologischen Theorie stehen bis heute zwei Gewaltbegriffe zur Verfügung, die nur die Wahl zwischen der Verharmlosung und der Dramatisierung des Phänomens lassen. Der Begriff der körperlich-physischen Gewalt tendiert zu einer Deflationierung des Phänomens, der Begriff der strukturellen Gewalt zu seiner Inflationierung. Entweder wird die Gewalt unterschätzt oder sie wird überschätzt. So angemessen also die Soziologie in allen Formen ihres Wissens auf die Gewalt reagiert, so unangemessen scheint die soziologische Theorie zu reagieren, wobei ich allerdings nicht ausschließen möchte, dass die angemessene Reaktion der Theorie gerade darin besteht, eine Wahlmöglichkeit zwischen Unterschätzung und Überschätzung bereitzustellen und somit in unterschiedlichen Situationen unterschiedlich reagieren zu können. Aber auch dann wäre ein dritter Gewaltbegriff wünschenswert, der über den Sinn dieser wohl platzierten Unentscheidbarkeit zwischen Unter- und Überschätzung Auskunft geben kann.

Die Suche nach einem dritten Gewaltbegriff führt mitten hinein in die Auseinandersetzung um Grundlagenfragen der soziologischen Theorie. Denn das Problem besteht darin, dass unentscheidbar ist, ob das Problem der Gewalt dort lokalisiert werden kann, wo gewalttätige Handlungen das Netzwerk des Sozialen bedrohen, oder dort, wo die Kommunikation über Gewalt dieses Netzwerk reproduziert wie jede andere Kommunikation auch. Ein dritter Gewaltbegriff ist weder allein handlungstheoretisch noch allein kommunikationstheoretisch zu konstruieren. Wir benötigen, so möchte ich im Folgenden argumentieren, einen Begriff der Gewalt im System, der dieses Dilemma aufzugreifen und zu formulieren erlaubt. Ich möchte im Folgenden zunächst einige sowohl außerhalb wie innerhalb der Soziologie bereitgestellten gesellschaftstheoretische Hinweise auf diese Gewalt im System anführen, um im Anschluss daran einen Begriff der systemischen Gewalt vorzustellen, der mit den Mitteln soziologischer Theorie zeigen kann, an welcher Stelle die Gewalt in das System eingebaut ist.

Ich bin mir darüber im Klaren, dass es kaum möglich sein wird, einen Gewaltbegriff zu formulieren, der nicht seinerseits die eine oder andere Seite des gesellschaftlichen Streites um die Definition der Gewalt stärker machen wird als die andere.[3] Um die Gewalt wird ein »Streit um Worte« (Friedhelm Neidhardt) geführt,[4] der immer auch damit etwas zu tun hat, die Gewalt bei anderen identifizieren und als die Regeln des Sozialen verletzende Zumutung qualifizieren zu können, mögliche eigene Gewalt jedoch als Abwehr, bloße Betroffenenreaktion oder Symbol stilisieren zu können. Der Begriff der Gewalt ist ein polemischer Begriff. Und die Begriffsbestimmung selber kann sich nie sicher sein, der aktiven oder passiven Polemik zu entgehen.

Große Gewalttheorien

Fast alle »großen« Gewalttheorien, wenn man so sagen darf, sind bisher außerhalb der Soziologie entwickelt worden. Das gilt nicht nur für psychologische Theorien der Aggression, auf die ich hier nicht weiter eingehen möchte, weil sie vom Problem einer soziologischen Theorie der Gewalt nur ablenken würden.[5] Sondern das gilt auch und vor allem für jene Theorien der Gewalt, die explizit oder implizit mit sozialen, mit gesellschaftlichen Referenzen arbeiten. Ich nenne nur vier dieser Theorien, die auch insofern auf der Höhe der Soziologie operieren, als sie an der Paradoxie der Gewalt, am Problem ihrer Bewältigung in der Form ihrer Reproduktion ansetzen.

Das gilt zunächst für die Geschichtstheorie Reinhart Kosellecks, die das Problem der Neuzeit in einer von Thomas Hobbes und anderen angeregten Umstellung von einer Gewalt des

Gewissens, das man sich selber schuldig ist, auf eine Gewalt der Vernunft, die man anderen schuldig ist, sieht.[6] Diese Vernunft ist zwar immer noch eine der Autorität, aber einer Autorität, die im Interesse derer liegt, die sich ihr unterwerfen, um gewaltfrei leben zu können. Zwar war es gelungen, durch die Umstellung von der Referenz auf Gewissen auf eine Referenz auf Vernunft jene Differenzierung zwischen Politik und Moral auszulösen, die die Monopolisierung legitimer Gewalt durch den Staat ermöglichte und dadurch das Problem der konfessionellen Bürgerkriege erst einmal bewältigte. Andererseits leistete jedoch ebendiese Differenzierung der Entwicklung eines kriegerischen Staates ebenso Vorschub wie der Entwicklung einer verantwortungslosen Gesinnungsethik.

Auch die Sozialphilosophie von Michel Foucault stellt auf die Umformung von Gewalt im Zuge ihrer Beherrschung ab. Foucault setzt mit seiner Archäologie[7] des Gefängnisses, des Krankenhauses und der Schule dort an, wo die gegen die Gewalt angetretene Vernunft über ihr Ziel hinauszuschießen tendiert und das Interesse an Autorität sich zu Formen von »Disziplinargesellschaften« verselbständigt, die ihrerseits als Gewaltverhältnisse beschrieben werden können. Die Hegung der Gewalt lebt von der Androhung von Gewalt: von einer Mikrophysik der Macht, die die Gewaltpotentiale längst nicht mehr nur ausschließt, sondern sie gleichzeitig auch einschließt in eine Neuformierung individuellen Verhaltens.[8] Die Bewegung ist eine doppelte. Einerseits wird das Individuum seiner eigenen Willkürgewalt beraubt. Andererseits werden Anstalten geschaffen, die die Gewalt reproduzieren und sie in eine Form bringen (der Wahnsinn und die Kriminalität), in der sie in der Gesellschaft zirkulieren kann.

Eine dritte Gewalttheorie zieht auf ihre Art die Konsequenz aus Foucaults Beschreibung der Doppelung von Ausschluss und Einschluss von Gewalt und geht wieder zurück zum Hobbesschen Ausgangspunkt und weiter darüber hinaus in eine Fiktion des Gründungsaktes von Gesellschaft schlechthin. Auch diese Theorie bezieht ihre Motive nicht aus der Soziologie. Sie greift stattdessen auf literarische Bestände zurück. Aufmerksam gemacht durch bestimmte fatale Verhaltensmuster, die sich sowohl in der romantischen Literatur wie in griechischen Dramen und im Theater Shakespeares finden, entwickelte René Girard eine anthropologische Opfertheorie der Gewalt, die die Gewalt als ebenso unvermeidbar wie rettend beschreibt.[9]

Die Gewalt, so Girard,[10] ist das unvermeidliche Ergebnis der Imitationsstruktur der menschlichen Wünsche. Menschen wünschen sich das, was sich andere Menschen wünschen. Jeder ist sich seiner eigenen Wünsche ungewiss und fordert daher den anderen, der ihn seiner Wünsche vergewissern kann, auf, ihn zu imitieren, verwandelt ihn jedoch eben dadurch, wenn das Wünschenswerte knapp ist, in einen Rivalen, den man bekämpfen muss. Solange es der Gesellschaft nicht gelingt, diese mimetische Struktur der Wünsche auf Objekte abzulenken, die ebenso knapp gehalten wie gesteigert werden können, bricht immer wieder eine Gewaltkrise aus, die die Gesellschaft umkippen lässt aus ihrer Imitations- in eine Rivalitätsstruktur und erst wieder Ruhe finden lässt, wenn sich für die rasende Gewalt ein Opfer findet, das als Schurke alle Gewalt auf sich zieht und als Held die Gesellschaft in dem Moment wieder befriedet, indem es geopfert wurde.

Was immer man von dieser These einer Opferkrise der Gewalt halten mag, wichtig scheint mir, dass man umgekehrt fragen kann, welche Mechanismen in uns bekannten Gesellschaften diesen Ausbruch der Gewalt – soll man sagen: weitgehend? – verhindert haben. Welche Objekte, die ebenso knapp wie steigerungsfähig sind, bieten sich der mimetischen Struktur der Wünsche an und verhindern, dass die Rivalität gewaltsam ausgetragen wird? Girard selbst verweist auf die christliche Idee einer zugriffsfrei gehaltenen göttlichen Liebe.[11] Andere schlagen vor, in diesem Sinne das Geld zu analysieren, das, wenn man so will, ebenso an die Stelle der Gewalt selbst wie des Objekts aller Wünsche tritt.[12]

Schließlich ist die Philosophie Jacques Derridas zu nennen, die die Gewalt als Supplement der Gesellschaft, als mitlaufende Dekonstruktion, als Wachsamkeit gegenüber ihrer eigenen Unvermeidbarkeit begreift, dem Wahnsinn so nah wie der Gerechtigkeit.[13]

Diese Gewalttheorien begleiten die Gesellschaft und ihre Soziologie wie ein dunkler Schatten, in dem die Unwahrscheinlichkeit der Gesellschaft aufgehoben ist, die durch die Gesellschaft selbst längst und immer wieder in Wahrscheinlichkeit transformiert ist. Diese Theorien konvergieren in der Einsicht, dass die Lösung des Problems der Gewalt eine Gesellschaft ist, die nichts anderes »ist« als die Lösung, die dieses Problem für sich selber findet. Wir haben es hier mit einer selbstreferentiellen Schleife zu tun, die einen Ausschließungseffekt, den Effekt der Ausschließung von Gewalt, produziert, über den die Gewalt in der Gesellschaft eingeschlossen wird. Es gibt keine soziale Ordnung, die nicht die Möglichkeit der Gewalt mit den Mitteln der Gewalt begrenzt, eingrenzt und kontrolliert.

Auf der Ebene der Gesellschaftstheorie ist auch der Soziologie dieses Phänomen der eingeschlossenen ausgeschlossenen Gewalt vertraut. So lässt zum Beispiel Norbert Elias in seiner Darstellung des Prozesses der Zivilisation des Verhaltens keinen Zweifel daran, dass es ohne die »Verhöflichung des Kriegers« an den feudalen Fürstenhöfen wohl kaum gelungen wäre, an die Stelle einer dauernd mitlaufenden Gewaltbereitschaft jenen Zwang zur Langsicht und Rücksicht zu setzen, der das Ergebnis wie auch die Voraussetzung einer Ausdehnung des Interdependenzgeflechts gesellschaftlichen Verhaltens ist.[14] Solange man mit dem Einsatz körperlicher Gewalt rechnen muss, bleibt soziales Verhalten an kurzzeitige Perspektiven gebunden und werden langfristige Perspektiven, wie sie etwa in der Territorialisierung der Macht, im Ausbau von Fernhandelsbeziehungen oder auch in der Wahrnehmung von Ausbildungschancen vorausgesetzt werden müssen, entmutigt.[15] Nahezu im gleichen Atemzug weist Elias aber darauf hin, dass die Zähmung der körperlichen Gewalt nur dazu führt, dass in der nun »guten Gesellschaft« andere Formen von Zwang und Gewalt an ihre Stelle treten können.[16]

Kein soziales System ist frei von dieser eingeschlossenen ausgeschlossenen Gewalt. Interaktionssysteme sichern die Domestizierung der Anwesenden notfalls durch Gewaltbereitschaft nach innen und außen.[17] Organisationssysteme ermutigen durch die Selektivität ihrer Entscheidungsverfahren Formen der Ausübung von Gewalt, die unabhängig von der Differenzierung zwischen Organisation und Gesellschaft kaum eine Chance der Aufrechterhaltung hätten.[18] Jedes Funktionssystem der Gesellschaft setzt nicht nur voraus, dass das Problem der Gewalt generell bewältigt ist, sondern rekurriert an bestimmten Stellen selbst auf Gewalt oder produziert Gewalt als die Schattenseite seiner selbst.

Das gilt natürlich für die Politik, deren »symbiotischer Mechanismus« die Gewalt ist: Erst die Androhung der »bloßen Möglichkeit« physischer Gewalt eröffnet der Politik jenen Optionenspielraum, der nicht nur für Dispositionen über eigenes, sondern auch über das Handeln der anderen genutzt werden kann, das heißt, mit dem Wort von Talcott Parsons, für kollektiv bindende Entscheidungen.[19]

Das Recht wird von der Gewalt insofern heimgesucht, als es seine eigene Begründung nicht ihrerseits auf Recht, sondern nur auf ein gewaltsam durchgesetztes und nachträglich als Recht legitimiertes Unrecht zurückführen kann.[20]

Die Gewalt der Wirtschaft liegt in ihren Exklusionseffekten. Einerseits ist zwar das Geld der »Triumph der Knappheit über die Gewalt«, denn es motiviert Dritte dazu, stillzuhalten, also auf Gewalt zu verzichten, wenn andere auf knappe Güter zugreifen, da er sieht, dass der Zugreifende seine Knappheit (an Gütern) nicht nur verringert, sondern zugleich (an Geld) auch vergrößert.[21] Andererseits motiviert ebendieser Triumph die Gesellschaft dazu, Wirtschaft, also Geldgebrauch zur Bedürfnisbefriedigung vorauszusetzen und Bedürfnisse, die ohne entsprechende Zahlungsfähigkeit aufkommen, unbefriedigt zu lassen, ohne dafür noch andere Problemwahrnehmungsmechanismen zu haben als eine ihrerseits hochselektive Politik und soziale Hilfe.

Und auch die Erziehung operiert über den Einschluss ausgeschlossener Gewalt, wie am Wort von der »erzieherischen Gewalt« ebenso ablesbar ist wie an der bekannten Paradoxie, dass Erziehung zur Freiheit Freiheitsentzug voraussetzt.[22]

Es fällt nicht schwer, von der modernen Gesellschaft das Bild eines Räuberkapitalismus, eines Unrechtsrechts, einer freiheitsberaubenden Erziehung, drapiert von einer das Absurde pflegenden Religion zu entwerfen, in der dann schließlich nur noch die gewaltmonopolisierende Politik für den relativen Frieden verantwortlich zu machen ist und man sich allenfalls von der Wissenschaft fragen könnte, ob sie gewaltfrei konzipierbar ist, wären die hochriskanten Technologien, die der wissenschaftliche Fortschritt erschlossen hat, nicht selbst für eine einzigartige Steigerung physischer Gewaltpotentiale verantwortlich zu machen. Das wäre dann zwar eine Karikatur der Gesellschaft, träfe aber wie jede gute Karikatur wichtige Züge dieser Gesellschaft.

Paradoxie und Tautologie

Welcher Begriff von Gewalt ist diesem paradoxen Phänomen der eingeschlossenen ausgeschlossenen Gewalt angemessen? Braucht man für dieses Phänomen überhaupt einen Begriff? Kann man es nicht bei der Beschreibung des Phänomens bewenden lassen?

Genügt nicht das Wissen um die Paradoxie, um sowohl für die Unterschätzung wie die Überschätzung der Gewalt Verständnis aufbringen zu können? Kann man von einem soziologischen Begriff der Gewalt erwarten, jene Aufklärung über Gewalt betreiben zu können, die sich selbst, die Aufklärung, an die Stelle der Gewalt zu setzen beansprucht und für diesen Anspruch mit der Entdeckung immer neuer Gewaltverhältnisse bezahlt?[23]

Man kann die Antwort auf diese Fragen offen lassen und sich darauf beschränken, ein Interesse der soziologischen Theorie an einem Gewaltbegriff zu markieren, der die Paradoxie der gesellschaftlichen Gewalt angemessener einzufangen erlaubt als die beiden Begriffe der physischen und der strukturellen Gewalt, angemessener auch als die Differenz dieser beiden Begriffe. Dieses Interesse der soziologischen Theorie ist ein Interesse an ihr selbst, an ihrer eigenen Fähigkeit zur begrifflichen Arbeit. In Frage steht, ob sie einen Begriff gesellschaftlicher Gewalt entwickeln kann, der die Gewalt weder so umstandslos zu einem Phänomen der Umwelt der Gesellschaft erklärt wie der Begriff der physischen Gewalt noch die Gewalt so umstandslos mit der Gesellschaft nahezu in eins setzt wie der Begriff der strukturellen Gewalt.

Streng genommen ist der Begriff der physischen Gewalt noch nicht einmal ein soziologischer Begriff, sondern ein Name für ein Phänomen, das empirisch vorkommt. Soziologische Qualität gewinnt dieser Name erst, wenn es um die Androhung der Möglichkeit physischer Gewalt geht. Dann wird ein Gewaltbegriff sichtbar, der Element einer soziologischen Theorie der Macht ist und, wie man bei Niklas Luhmann studieren kann,[24] das Phänomen effektiv ausgeübter Gewalt auf wiederum paradoxe Weise gleich doppelt ausschließt und einschließt, nämlich einmal darüber, dass die Macht sich selbst annulliert, wenn sie physischen Zwang tatsächlich ausübt, und zum zweiten darüber, dass die Gewalt »Handeln durch Handeln eliminiert«.

Der Begriff der physischen Gewalt wird also erst durch seine Paradoxalisierung in der Form des Einschlusses durch Ausschluss soziologisiert. Fast möchte man vermuten, dass die Bewegung des Paradoxes die Bewegung der Soziologie selber ist.

Auch der Begriff der strukturellen Gewalt, den Johan Galtung entwickelt hat,[25] ist, wie schon häufig bemerkt wurde, nicht unproblematisch. Dieser Begriff stellt auf die Differenz potentieller Möglichkeiten und aktueller Verwirklichung dieser Möglichkeiten ab und definiert jede objektiv vermeidbare Einschränkung einer Verwirklichung dieser Möglichkeiten als strukturelle, das heißt indirekte und nicht unbedingt personal zurechenbare Gewalt. Es ist dann ebenso eine Form struktureller Gewalt, wenn, mit einem Beispiel Galtungs, eine Million Ehemänner eine Million Ehefrauen in Unwissenheit hält, weil hier Verwirklichungspotentiale blockiert werden, wie es auch eine Form struktureller Gewalt ist, wenn, ein anderes Beispiel Galtungs, wissenschaftliche Erkenntnisse zur Erschließung von Möglichkeiten führen, die nicht allgemein wahrgenommen werden können.[26] Behinderungen von Möglichkeiten sind demnach ebenso Formen struktureller Gewalt wie Steigerungen von Möglichkeiten.

Immer auf der Suche nach einer Definition von Frieden eignet diesem Gewaltbegriff ein inhärenter Zug zur Verallgemeinerung, die ihren einstweiligen Höhepunkt im Begriff der »kulturellen Gewalt« gefunden hat, als die Galtung jede Form einer asymmetrisierenden, nicht reversiblen Unterscheidung bezeichnet, die sich dazu eignet, Formen struktureller und direkter Gewalt zu legitimieren.[27] Als Beispiele dafür nennt Galtung die religiöse Unterscheidung der Erwählten von den nicht Erwählten, die ideologische Unterscheidung zwischen uns und anderen, die sprachliche (logozentrische) Unterscheidung zwischen Sein und Schein, die logische Regel des tertium non datur und sogar die kosmologische Vorstellung vom big bang als Anfang aller Dinge.[28]

Dieser Galtung'sche Begriff der Gewalt ist in hohem Maße geeignet, die Produktion von Gewalt durch die Gesellschaft selbst zu erfassen. Aber er schießt über das Ziel hinaus, indem schließlich nichts mehr nicht als Gewalt bezeichnet werden kann. Denn nichts in der Gesellschaft hat und behält seine Form, wenn es sich nicht als asymmetrisierende Unterscheidung selbst davor bewahren kann, mit allem anderen eins zu werden. Die Interaktion wäre als solche Gewalt, weil sie Anwesende von nicht Anwesenden unterscheidet und diese Unterscheidung nur in engen Grenzen zur Disposition stellen kann. Die Organisation wäre Gewalt, weil sie Entscheidungen nur Mitgliedern anheimstellt und alle Nichtmitglieder von der Teilnahme an Entscheidungen ausschließt. Jedes Funktionssystem wäre Gewalt, weil es seine eigenen Grenzen, seine eigene Codierung gegen alle damit ausgeschlossenen Möglichkeiten der Kommunikation aufrechterhält. Und nicht zuletzt wäre die Gesellschaft selbst Gewalt, weil sie eine Unterscheidung um den Preis der Selbstauflösung nicht zur Disposition stellen kann: die Unterscheidung der Kommunikation von allem anderen, von Energie, Materie, Leben und Bewusstsein.

Es ist dann nur konsequent, wenn Galtung mit Gandhi den Begriff einer gewaltfreien Gesellschaft entwickelt, der in jeder Hinsicht auf Einheit abstellt: auf die Einheit des Lebens, gegenüber der die Unterscheidung von ego und alter verblasst, und auf die Einheit von Zwecken und Mitteln, die jedes Vertrauen in Kausalität auflöst.[29]

Der Begriff der strukturellen Gewalt tendiert dazu, tautologisch zu werden und schließlich mit dem Begriff der Gesellschaft in eins zu fallen, der dann nur noch ein ganz anderer Begriff ihrer selbst gegenübergestellt werden kann. Während der Begriff der physischen Gewalt auf eine Beschreibung von Gewalt hinausläuft, die sich in der Kommunikation nicht halten kann, läuft der Begriff der strukturellen Gewalt auf eine Beschreibung von Gewalt hinaus, die aus der Gesellschaft nicht mehr vertrieben werden kann. An dieser Stelle kommt man nur weiter, wenn man Paradoxie und Tautologie der Gewalt für einen Moment auf sich beruhen lässt und sich nach Grundbegriffen der soziologischen Theorie umschaut, die dem Phänomen der Gewalt wieder etwas Trennschärfe geben können. Wir suchen nach einer Unterscheidung, die die Paradoxie und die Tautologie zu entfalten geeignet sind.

Gewalt und Handlung

Zunächst bietet es sich an, am Luhmann'schen Begriff physischer Gewalt anzuknüpfen[30] und Gewalt als eine Form von Handlung zu untersuchen, denn um eine Handlung muss es sich ja handeln, wenn stimmt, dass die Gewalt »Handeln durch Handeln« eliminiert. Ein handlungstheoretischer Begriff der Gewalt wäre um so wünschenswerter, als sich nur noch auf dem Umweg über die Handlungstheorie ein nomologischer, auf Handlungsgesetze, die Identifizierung der Wirkung von Strukturen auf Handeln und eine Analyse kollektiver (im Sinne aggregierter) Phänomene abstellender Kern der Soziologie retten lässt – wie Handlungstheoretiker behaupten.[31]

Allerdings stößt dieser Versuch nicht erst bei der Beschreibung von Gewalt, sondern bereits grundbegrifflich auf eine Reihe erheblicher Probleme, deren wichtigstes bereits von Alfred Schütz gegen Max Weber eingewandt worden ist: Ein Handlungsbegriff ist nicht unabhängig von einer Sinnzuschreibung zu haben, die die Handlung überhaupt erst zu einer Handlung macht. »›Handeln‹ soll dabei ein menschliches Verhalten (einerlei ob äußeres oder innerliches Tun, Unterlassen oder Dulden) heißen, wenn und insofern als der oder die Handelnden mit ihm einen subjektiven Sinn verbinden.«[32] Diese Sinnzuschreibung wird jedoch nicht nur vom Handelnden selbst, sondern auch und vor allem von anderen vorgenommen, erfordert also eine »soziale Beziehung« im Sinne Max Webers, die nicht aus dem Handeln selbst, sondern aus der »*Chance*« besteht, »daß in einer (sinnhaft) angebbaren Art sozial gehandelt wird [...].«[33] Es ist daher, so Alfred Schütz, der Differenz von Selbstzuschreibung und Fremdzuschreibung ein größerer Stellenwert zuzuschreiben, als sie bei Weber erhält, der die »sinnhafte Existenz des anderen als schlechthin gegeben« voraussetzt.[34]

Schütz versucht, dieser Differenz zu ihrem Recht zu verhelfen, indem er den Begriff des mit einer Handlung verbundenen Sinns zerlegt in ein allen Sinn allererst konstituierendes »Handeln« einerseits und die über die Zuschreibung von Sinn konstituierte »Handlung« andererseits.[35] Das Handeln ist das im inneren Zeitbewusstsein – was vor allem heißt: von außen unzugänglich – vollzogene Handeln egos. Die Handlung dagegen ist die über Sinnzuschreibung von außen als solche identifizierte und festgehaltene Handlung alter egos. Nicht die Handlung, sondern die Sinnzuschreibung, die ein sozial unzugängliches Handeln voraussetzt, ist demnach der Grundbegriff dieser Analyse.

Will man an dieser Stelle nicht mit Schütz in eine Bewusstseinsphilosophie des Typs Bergson und Husserl überwechseln, also soziologische Theorie an eine psychische Referenz binden, bietet es sich an, mit Talcott Parsons und Edward A. Shils bei einer sozialen Referenz zu bleiben und die Handlung selbst als soziales System zu konzipieren, dessen Elemente der Handelnde, eine Handlungssituation und die Orientierung des Handelnden an dieser Situation sind.[36] Die Handlung ist somit das Produkt einer Sinnzuschreibung, die nicht ihrerseits auf eine Handlung, sondern nur auf eine soziale Beziehung, beziehungsweise genauer: auf die Differenz von Handelndem, Situation und Orientierung zugerechnet werden kann. Nicht der Handlungsbegriff wäre dann der Aufhänger für einen Gewaltbegriff, sondern der Begriff der Zuschreibung oder Zurechnung.

Tatsächlich wird man, sobald man sich in der diesen Begriff pflegenden Attributionstheorie umschaut,[37] auch wieder fündig in Bezug auf eine soziologische Untersuchung der Gewalt.[38] Man erschließt sich alle jene Forschungsfragen zum Phänomen der Gewalt, die nicht an einer Wesensbestimmung der Gewalt selbst ansetzen, sondern stattdessen fragen, wann es in der Gesellschaft zu Beobachtungen eines Verhaltens als gewalttätig kommt und worin mögliche Bedingungen liegen, die eine solche Zurechnung eher erleichtern oder eher erschweren. Das heißt, man versucht nicht, die Gewalt »selbst« zu beobachten, sondern den Beobachter, der etwas als Gewalt beschreibt.[39] Dieser Ansatz hat sich vor allem in der Erklärung familialer Gewalt bewährt:[40] In der Familie kommt es immer dann zu zyklischen Steigerungen des Einsatzes von Gewalt, wenn das Verhalten eines Beteiligten auf die Intention der Aggression zugerechnet wird, was um so wahrscheinlicher ist, je verletzbarer die Beteiligten dank ihrer intimen Kenntnisse voneinander sind, je unzugänglicher ein schlichtender (familienexterner) Dritter ist und je ruinierter die hedonistischen Erwartungen sind, die in der Familie mit der Familie verbunden werden.

Es stellt sich heraus, dass eine Zurechnung auf Gewalt in zweierlei Hinsicht eine scharfe Asymmetrisierung innerhalb der beiden wichtigsten Attributionsschematismen bewirkt: Zum einen asymmetrisiert Gewalt zwischen dem, der Gewalt erlebt, und dem, der Gewalt ausagiert. Und zugleich asymmetrisiert Gewalt zwischen einer Situation, die durch die Ausübung von Gewalt kontrolliert wird, und dem Handelnden, der diese Kontrolle ausübt. Man kann diese beiden Asymmetrisierungen zu einer einzigen zusammenfassen und als Kennzeichen von Gewalt festhalten, dass sie die Zurechnung auf einen Handelnden und dessen Intention unvermeidbar macht. Gewalt ist immer Absicht. Genau darin liegt, worauf Parsons hingewiesen hat,[41] ihr Moment einer Kontrolle der Situation. Man braucht Zurechnungen auf anderes, um dieser Kontrolle gegensteuern zu können. Und diese Zurechnung auf anderes wird um so unwahrscheinlicher, je gewalttätiger auf die Situation zugegriffen wird – bis zu jenem katastrophalen Punkt, an dem überhaupt keine Handlungen mehr möglich sind und daher gar nichts mehr geschehen kann oder etwas ganz anderes geschehen muss.

Für unsere Suche nach einem dritten Gewaltbegriff heißt das, dass für Gewalt die Zurechnung auf Handlung wesentlich ist.

Diese Zurechnung wird von einem Beobachter vorgenommen, der der Handelnde selber sein kann.

Wir müssen demnach doch noch einmal auf den Handlungsbegriff zurückkommen, wenn wir uns dem Phänomen der Gewalt mit soziologischen Mitteln weiter nähern wollen. Wir haben den Handlungsbegriff durch einen Attributionsbegriff ergänzt und müssen daher jetzt nach einem Träger der Attributionsprozesse suchen, der, wie wir gesehen haben, nicht die Handlung selber sein kann. Schütz hätte das menschliche Bewusstsein für Sinnzuschreibungen verantwortlich gemacht; Parsons hat versucht, sie im sozialen System des Handelns selbst zu verankern. Da wir an einem soziologischen und nicht an einem psychologischen (auch nicht an einem psychogenetischen) Begriff der Gewalt interessiert sind, folgen wir diesem von Parsons aufgezeigten Weg und identifizieren als den Träger der Attributionsprozesse das soziale System selbst, das wir mit Niklas Luhmann als ein Kommunikationssystem bestimmen. Das heißt, dass wir an genau der Stelle, wo Schütz in seiner Konstitutionsanalyse des mit einer Handlung gemeinten Sinns auf ein Handeln im individuellen Bewusstseinsablauf zurechnet, auf Kommunikation zurechnen.

Wir handeln uns damit eine Konsequenz ein, die schon von Luhmann gezogen worden ist, nämlich die, dass Kommunikation (übrigens ebenso wie das Schütz'sche Handeln) nicht direkt beobachtet, sondern nur indirekt und zwar: anhand von Handlungen, erschlossen werden kann.[42] Kommunikation ist ein »emergentes« Phänomen, das man nur »sehen« kann, wenn man eine entsprechende Beobachtungsebene wählt.

Wir akzeptieren diese Konsequenz, weil sie mit einem wichtigen Vorteil einhergeht. Wir können Handlungen als im sozialen System der Kommunikation für Zwecke der Selbstbeschreibung und Selbststeuerung zur Verfügung gestellte Vereinfachungen von Kommunikationen beschreiben. Eine Kommunikation ist eine Synthese von Information, Mitteilung und Verstehen, die sich als diese Synthese ausschließlich sich selbst verdankt und in der Selektivität von Information, Mitteilung und Verstehen, also auch in der Selektivität der in ihnen zum Ausdruck gebrachten Attributionen, nicht auf Handelnde, sondern nur auf die Kommunikation und deren Geschichte zugerechnet werden kann. Die Handlung vereinfacht das komplexe, in sich hochreversible, perspektivenflexible und zwischen Information, Mitteilung und Verstehen symmetrische Kommunikationsgeschehen auf ein Mitteilungshandeln (speech acts), das einerseits Asymmetrien zwischen den Handelnden (Mitteilenden und Mitteilungsempfängern) und andererseits Irreversibilitäten durch die Zeitpunktbindung von Handlungen in die Kommunikation einbaut.

Anhand dieser Asymmetrisierung und Punktualisierung steuert sich das Kommunikationssystem selbst. Anhand dieser Asymmetrisierung und Punktualisierung reproduziert sich das Kommunikationssystem autopoietisch. Und anhand dieser Asymmetrisierung und Punktualisierung unterscheidet es sich als System von allem anderen, darunter unter Umständen von anderen Kommunikationssystemen.[43]

Erst im Hinblick auf diese Differenz von Kommunikation und Handlung lässt sich meines Erachtens ein Gewaltbegriff formulieren, der die paradoxalen Tendenzen des Begriffs physischer Gewalt und die tautologischen Tendenzen des Begriffs struktureller Gewalt aufgreifen und zugleich die Paradoxie wie die Tautologie entfalten kann. Denn als Gewalt können wir jetzt eine Attribution von Kommunikation auf Handlung beschreiben, die diese Attribution nicht der Kommunikation anheimstellt, sondern durch eigenes Handeln erzwingt. Gewalt ist die Kommunikation der Unvermeidbarkeit einer Attribution auf Handlung (sogar: auf Handeln im Sinne von Schütz) unter der Bedingung der Strukturierung sowohl des Erlebens wie der Situation durch diesen Versuch der eindeutigen, strikt asymmetrischen und irreversiblen Zurechnung.

Dieser Gewaltbegriff ist weder physisch noch strukturell prädeterminiert. Er stellt weder auf die Form einer Handlung noch auf die Zumutung einer Struktur ab, sondern er stellt auf die Kommunikation einer Unvermeidbarkeit ab. Wenn eine Attribution als unvermeidbar stilisiert wird, ist dies zunächst einmal eine Vergewaltigung der Kommunikation. Eine deoptionalisierte Kommunikation, das heißt eine Kommunikation, die über eine bestimmte Palette an Attributionen nicht mehr entscheiden kann, ist keine mehr. Man kann dann nur noch Ausweglosigkeit feststellen, und hat dann drei Möglichkeiten, darauf zu reagieren. In diesen drei Möglichkeiten, auch das muss man sehen, reproduziert sich die Kommunikation.

Die erste Möglichkeit besteht darin, die Deoptionalisierung einzugestehen und die Kommunikation abzubrechen. Man gibt auf. Die zweite Möglichkeit besteht darin, Gleiches mit Gleichem zu vergelten und die weitere Kommunikation über Rekursionen des Unvermeidbaren laufen zu lassen. Das beste Mittel dazu sind Handgreiflichkeiten, die körperlich und/oder verbal getragen sein können. Und die dritte Möglichkeit ist die Wiedereinführung von Optionen, die entweder aus dem Ressourcenschatz der Situation selber oder aus Zugriffen auf externe Instanzen gewonnen werden können.

Bei all dem handelt es sich jedoch nicht nur um Vergewaltigungen der Kommunikation, sondern zugleich auch um Restriktionen von Handlungen. Wenn Zurechnungen auf Handlungen erzwungen werden, kann die kommunikative Situation nur über eine weitere Zurechnung auf eine weitere Handlung reproduziert werden. Wenn der Fokus einer Kommunikation eine Handlung ist, deren message die Unvermeidbarkeit der Zurechnung auf sie ist, kann die nächste Kommunikation dies nur entweder bestätigen und die Gewalt reproduzieren oder aber sie muss nach der Möglichkeit der Bezeichnung einer Handlung suchen, die unmissverständlich Vermeidbarkeiten signalisiert und damit den Optionenhaushalt der Kommunikation wieder vergrößert.

Solange die kommunikative Situation durch Gewalt geprägt ist, verläuft die Reproduktion dieser Situation am handgreiflichen Faden der Reproduktion von Handlungen. Erst diejenige Kommunikation, die auf eine Handlung zurechnen kann, der entweder ambage oder ambiguity oder beides zugewiesen werden kann, um Harrison C. Whites Ansatzpunkte für einen calculus of uncertainty zu zitieren,[44] also entweder soziale Umwegigkeit oder kulturelle Doppeldeutigkeit oder beides, löst sich dieser handgreifliche Faden auf und macht den gewohnten Attributionsspielräumen der Kommunikation Platz.

Zwei Beispiele können das Gemeinte verdeutlichen. Robin Fox hat das Kneipenritual der Fastschlägerei auf der irischen Tory Island untersucht und gezeigt, wie Gewaltsituationen präpariert werden können, die die Möglichkeit der Forcierung von Handlungsattributionen, das heißt die wirkliche Schlägerei, nahe legen, parallel zu einer Attributionsengführungslogik jedoch eine Attributionserweiterungslogik verfolgen, indem sie dafür Sorge tragen, dass rechtzeitig vor dem Ausbruch Optionen abgerufen werden können, die die Zuspitzung wieder auflösen.[45] »Hold me back or I'll kill him«, heißt es erst dann, wenn man sieht, dass die eigenen Freunde verhindern werden, dass man tatsächlich auf den Gegner losgeht. Damit man auch sicher ist, dass die

Freunde dieser Aufforderung folgen, werden insgeheim Mütter und Schwestern herbeigerufen, deren Gewaltvermeidungswünsche unzweifelhaft sind.

Auch der Hahnenkampf, den Clifford Geertz als singuläres Gewaltritual der harmonieorientierten balinesischen Gesellschaft beschrieben hat,[46] trägt für beides Sorge, für die Forcierung der Zurechnung und für die Wiederauflösung der Forcierung. Sinn des Hahnenkampfes, der der Anlass für Wettvorgänge ist, die strengen Zugehörigkeitsregeln zu den jeweiligen Hahnbesitzern folgen, ist es, die Möglichkeit eines Statusverlusts in einer Gesellschaft vorzuführen, die ansonsten kaum etwas intensiver befolgt als Regeln der Gesichtswahrung. Ohne jeden Zweifel lässt der verlorene Kampf den Besitzer des jeweiligen Hahns sein Gesicht verlieren, und alle können es sehen und schauen es sich an. Die Forcierung der Attribution durch Rückgriff auf Gewalt scheint hier zur Absicherung der Beobachtung des ansonsten Unbeobachtbaren und Nichtvorkommenden zu dienen. Aber genau so wichtig wie diese Beobachtungsdirektive ist der Umstand, dass der Ausgang der Kämpfe nicht erinnert wird. Die Wetten werden ausgezahlt, Gewinner nicht beglückwünscht, Verlierer nicht bedauert, und man wendet sich dem nächsten Kampf zu. »Jeder Zweikampf«, sagt Geertz, »ist eine Welt für sich, ein vereinzelter Ausbruch von Form.« Und er fügt hinzu, die Unwahrscheinlichkeit dieser Idee eines vereinzelten Ausbruchs von Form eingestehend und auffangend, dass die Art und Weise, wie die Balinesen ihr Leben einrichten und wahrnehmen, auch sonst »ein pulsierendes Ein- und Aussetzen von Bedeutung und Bedeutungslosigkeit«, von »voller« und »leerer« Zeit, aufweist.[47]

An diesen Formen einer ritualisierten Gewalt, die auf dem Umweg über eine Stilisierung der Gewalt darüber informieren, was geschehen würde, wenn die Gewalt wirklich ausbrechen würde, und insofern eine Sozialtechnik der Gewalthegung darstellen,[48] sieht man, dass Gewalt generell über die Kommunikation der Unvermeidbarkeit von Handlungsattributionen zustande kommt. Genauer: Gewalt ist diese Form der Kommunikation.

Das heißt in der Tat, dass die Gewalt ins System eingebaut ist. Sie ist die Falle, in die die Selbstvereinfachung der Kommunikation zur Handlung laufen kann, wenn es dieser Handlung gelingt, alternative Zurechnungen zu blockieren. Der Einsatz physisch-körperlicher Gewalt ist eine der wichtigsten Techniken dieser Blockade alternativer Zurechnungen. Und es kann immer dann zu Zurechnungen auf Gewalt kommen, wenn Unterscheidungen nicht nur getroffen und benutzt, sondern auch jeder resymmetrisierenden Disposition entzogen werden.

Faszinierende Gewalt

So allgemein der Begriff zu sein scheint, so spezifisch ist er: Denn kaum etwas ist in sozialen Systemen unwahrscheinlicher als die Unvermeidbarkeit der Zurechnung auf Handlung. Denn dies setzt nicht weniger voraus als die Streichung der in aller Kommunikation mitlaufenden und von aller Kommunikation reproduzierten Unentscheidbarkeit, auf welche Handlung eine Kommunikation zugerechnet werden kann. Nur ein Bruchteil dessen, was eine Kommunikation ausmacht, wird überhaupt auf eine Handlung zugerechnet. Weder die Information noch das Verstehen, sondern allenfalls die Mitteilung werden als Handlung »ausgeflaggt«, um Luhmanns Formulierung zu zitieren.[49] Selbst die gewalttätige Handlung wird im Regelfall zumindest die Selektion der Information der Kommunikation anheim stellen können und nur Mitteilung und Verstehen auf die Selbstselektion der Kommunikation einer Handlung beziehen. Es setzt die extrem enggeführten Bedingungen des Boxrings voraus, um eine Kommunikationssituation zu präparieren, von der gesagt werden kann: »It contains nothing that is not fully willed.«[50]

Der Begriff der Gewalt im System ist geeignet die Faszination einzufangen, die die Gewalt als Ereignis und in ihrer massenmedialen Verarbeitung auf die Gesellschaft ausübt. Nirgendwo sonst kann die gesellschaftliche Suche nach dem Akteur, nach der Handlung, nach der Absicht, nach der Wirkung einer Handlung, auch nach dem Bewirktwerdenkönnen einer Handlung durch Strukturen, kurz: nach dem Drama, seinem Subjekt, seinem Objekt und seiner Aktion so überzeugend in Szene gesetzt werden. Nirgendwo sonst scheint die Komplexität der Gesellschaft auf ein handlicheres Format reduziert werden zu können, scheint mehr Souveränität in der Gesellschaft gegenüber der Gesellschaft behauptet werden zu können. Die Gewalt fasziniert als eine souveräne, die Kommunikation gegen die Kommunikation wendende Vereinfachung. Vorstellungen revolutionärer Gewalt sind dafür immer wieder Beispiele.[51]

Dabei wird diese Faszination dadurch noch gesteigert, dass mit der forcierten Vereinfachung der Verhältnisse nicht etwa gewisser, sondern ungewisser wird, welchen Anschluss die Kommunikation an diese Reduktion auf Handlung durch einen Gewaltakt finden wird. Die Reduktion auf Handlung streicht so viele Optionen des Anschlusses, drängt so viele Entscheidungen als bereits getroffene Entscheidungen auf, dass es noch unwahrscheinlicher als im Normalfall wird, dass eine Folgekommunikation einen Anschluss suchen wird. Das ist der Grund, warum sich durch den Einsatz von Gewalt, obwohl und weil sie eine eindeutige Reduktion von Komplexität ist, die Ungewissheit nicht etwa reduzieren, sondern steigern lässt.

Nicht die Gewalt selbst, sondern diese gesteigerte Ungewissheit kann dann zur Motivierung von Anschlusskommunikation, und zwar einer präselegierten, auf Macht und Drama stilisierten Anschlusskommunikation, Verwendung finden. Subkulturen der Gewalt, seien sie mafiös-krimineller, terroristischer oder jugendprotest-theatralischer Art, machen sich das zunutze.[52] Die Gesellschaft starrt wie gebannt auf diese Phänomene, weil sie ihr genau diejenigen Vereinfachungen, die die Reproduktion von Kommunikation wahrscheinlicher machen, wenn sie von der Kommunikation selbst bestimmt werden können, als Steigerungen der Unwahrscheinlichkeit dieser Reproduktion vorführen. Jede Androhung von Gewalt beutet diese unwillkürliche Faszinierbarkeit der Kommunikation nur aus. Die Kommunikation erlebt den Einschluss der ausgeschlossenen Gewalt in der Form des Einschlusses ausgeschlossener Kommunikation.

Der Begriff der Gewalt im System lässt sich in eine ganze Reihe von Anschlussforschungen umsetzen. Er lässt sich auf unterschiedliche Systemreferenzen beziehen, so dass man nach Unterschieden zwischen der Forcierung der Reduktion von Kommunikation auf Handlung in verschiedenen Typen fragen kann.

Das Auftreten von Gewalt ist in Interaktionssystemen schon deswegen wahrscheinlicher als in anderen Systemen, als man es nur dort mit Anwesenden zu tun hat, die die Zurechnung auf Handlung sowohl nahe legen als auch zur Selbststeuerung der Kommunikation unverzichtbar machen. Andererseits stehen auch nur dort, wo die Selbstzurechnungsbedürfnisse der Handelnden auch auf andere Weise gepflegt werden können, Alternativen zur Forcierung durch Gewalt zur Verfügung. In Interaktionen ist Gewalt sowohl unübersehbarer als auch übersetzbarer in andere Formen der Handlungszurechnung. Jede ähnlich starke Engführung von Information, Mitteilung und Verstehen auf *eine* Handlung ist unter Umständen geeignet, eine gewaltgeladene Situation zu entspannen, etwa eine intime Geste, ein gelungener Witz und nicht zuletzt das Unterwerfungsangebot des anderen.

So leicht es in Interaktionen ist, Gewalt sowohl aufkommen als auch sich wieder beruhigen zu lassen, so schwer ist es in anderen Typen sozialer Systeme, die Gewalt überhaupt zur Engführung von Kommunikation auf Handlung einzusetzen und, wenn gelungen, sie wieder loszuwerden. Systematisch gelungen ist das nur im politischen System, das die (Androhung von) Gewalt dazu einsetzt, ihren Anspruch auf Macht zu erheben und durchzusetzen und dementsprechend zur Hauptadresse für die Formulierung von Handlungsbedarf wird, wo auch immer in der Gesellschaft dieser Handlungsbedarf auftritt. Dementsprechend unverzichtbar sind die Legitimationsanstrengungen im politischen System, das seine Kopplung an die Restgesellschaft nicht über Gewaltbereitschaft, sondern über Kommunikation sucht. Und dementsprechend anfällig ist das System für gesellschaftlich formulierte Legitimationsangebote, die von der Monopolisierung der Gewalt ablenken und die Aufmerksamkeit auf andere »Staatsaufgaben« lenken.[53]

Die Evolution des Rechtssystems ist ebenso wie die Evolution des Wirtschaftssystems davon geprägt, die Bereitschaft der Zurechnung auf Gewalt (das Unrecht des Rechts, das Eigentum als Raub) loszuwerden und an deren Stelle die kommunikative Eigenlogik eines komplexen Systems zu setzen.[54] Die evolutionäre Schwelle der Unwahrscheinlichkeit, die hier jeweils zu nehmen ist, liegt in der Zurechnung von Kommunikation auf Kommunikation anstelle einer Zurechnung der Kommunikation auf Handlungen, die es dann nahe legen, ihre eigene Forcierung zu betreiben. Diese Zurechnung der Kommunikation auf Kommunikation läuft typischerweise über die Durchsetzung symbolisch generalisierter Kommunikationsmedien wie Geld im Fall der Wirtschaft oder normative (also auch im Enttäuschungsfall aufrechterhaltene) Erwartungen im Fall des Rechts. Diese Medien leisten motivierende und selegierende Engführungen auf Anschlußkommunikationen, ohne die Kontingenz zu streichen, die der ökonomischen oder rechtlichen Kommunikation in Bezug auf ihre Informations-, Mitteilungs- und Verstehensaspekte eignet.[55] Das Recht setzt Argumentation, die Wirtschaft Interessenkalküle an die Stelle von Gewalt. Der juristische Versuch von Rolf-Peter Calliess,[56] einen Begriff der »pönalisierten Gewalt« zu entwickeln, der den Tendenzen des Rechtssystems, sich entweder auf einen allzu physischen Gewaltbegriff zurückzuziehen oder allzu bereitwillig den strukturellen Gewaltbegriff nachzuvollziehen, weil er als mit den Freiheitsrechten der Gesellschaft gegen den Staat isomorph erscheint, gegensteuern kann, setzt daher auf Selbstähnlichkeit: Als »verwerflich« im Sinne des § 240 StGB solle die Gewalt gelten, die die Typik sprachlich-symbolisch vermittelter, also argumentativer Kommunikation verwirft. Dass das Recht überhaupt auf Argumentation setzen kann und sich nicht, wie einst, direkt in die Gewalthändel einmischen muss, verdankt es der glorreichen Idee, der Politik die Kontrolle der physischen Gewalt zu überlassen. Erst jetzt kann sich das Recht, so Niklas Luhmann,[57] ganz darauf konzentrieren, Verstöße gegen das Recht zu ahnden, das heißt sich auf sich selbst zu berufen.

Der Begriff der systemischen Gewalt macht auch deutlich, warum es in der Religion, in der Wissenschaft, in der Kunst und in der Liebe relativ früh, wenn auch nicht ohne Rückfälle, gelungen ist, gewaltfrei zu kommunizieren. Die Kommunikation in diesen sozialen Systemen stellt wesentlich stärker als die Kommunikation in anderen sozialen Systemen auf Erleben anstelle von Handeln ab.[58] Reduktionen auf Handlungen liegen hier nicht nahe, weil die Kommunikation genug damit zu tun hat, das Erleben von Umweltsinn (Glauben an Gott in der Religion, Wahrnehmung von Dingen und Ereignissen in der Wissenschaft, Wahrnehmung von Wahrnehmung in der Kunst, das Erleben des Anderen in der Liebe) auf eine Art und Weise zu pflegen, die im System anschlussfähig ist. Und wenn es doch zum Einsatz von Gewalt kommt, verpufft sie, weil ihr in diesen Systemen nicht Handlungsbereitschaft, sondern Erlebnisbereitschaft entgegenkommt. Dem Kreuzzug wird nicht religiös, sondern politisch begegnet. Die gewaltsame Durchsetzung von Wahrheit wird politisch konnotiert und ist im System der Wissenschaft nur auf der Ebene der Aufrechterhaltung von Institutionen anschlussfähig. Gewalt in der Kunst wird zum Happening. Gewalt in der Liebe ruiniert die Liebe oder fördert die Leidenschaft.

Auch Organisationssysteme sind in der Regel frei von Gewalt. Sie absorbieren alle Formen der Reduktion von Kommunikation auf Handlung in der Notwendigkeit, Entscheidungen zu treffen und Entscheidungen mit den Mitteln von Entscheidungen zu reproduzieren. Jeder Einsatz von Gewalt würde dieser Notwendigkeit entgegenstehen, da man auf Gewalt nicht mehr mit eigenen Entscheidungen, sondern nur noch mit Verzicht auf eigene Entscheidungen reagieren kann. Der aktuelle Einsatz von Gewalt schließt eine »kommunikative Übertragung reduzierter Entscheidungsprämissen« aus.[59] Um so gewalttätiger kann dann allerdings eine Organisation werden, die eine enge Kopplung von Entscheidungsfähigkeit und Gewaltbereitschaft vornimmt. Das Konzentrationslager führt vor Augen, in welchem Ausmaß durch die Steigerung von Entscheidungsungewissheit mit den Mitteln der Produktion einer verwirrenden Vielfalt von Entscheidungsregeln ein Einsatz von Gewalt ermöglicht wird, der dann nicht mehr zu bremsen ist, wenn die Gewaltbereitschaft zum Indikator der Tauglichkeit des Wachpersonals wird.[60]

Man sieht mit all dem, dass der Begriff der Gewalt im System Motive des Begriffs der physischen wie der strukturellen Gewalt aufnehmen kann, ohne die Unterschätzung des Phänomens in dem einen Begriff und seine Überschätzung in dem anderen Begriff zu teilen. Denn der Begriff der Gewalt im System lenkt die Aufmerksamkeit immer wieder auf die Eigenkomplexität der Kommunikation, auf die Normalität der Perspektivenverschiebung, der Attributionsflexibilität und der Resymmetrisierungstendenzen der Kommunikation. Allerdings verzichtet der Begriff nicht darauf, die Gewalt als das in die Gesellschaft eingebaute Andere der Gesellschaft zu beschreiben. Die Gewalt ist die »andere Seite« der Kommunikation gerade insofern, als sie in der Kommunikation ausgeschlossen werden muss als das, was von der Kommunikation, die sich auf Handlungen reduziert, um sich selbst erschließen zu können, nahe gelegt wird.

Der Zirkel

Zwei Fragen sind mit den bisherigen Überlegungen noch nicht berührt worden: eine begriffliche und eine sachliche. Die begriffliche Frage betrifft das Problem, dass Begriffe immer erst dann sinnvoll in die Diskussion eingeführt werden können, wenn sie ihren Gegenbegriff gleich miteinführen. Andernfalls riskiert man, die semantischen Konfusionen nur zu verstärken, auf die der eigene Begriffsvorschlag zielt. Die sachliche Frage betrifft das nicht geringere Problem, ob und wie ein soziologischer Begriff der Gewalt das Moment des physischen und psychischen Leidens an Gewalt mitaufnehmen kann. Diese sachliche Frage lässt sich auch als Frage formulieren, ob und wie ein soziologischer Begriff überlieferte umgangssprachliche Konnotationen des Gewaltbegriffs aufnehmen beziehungsweise neue umgangssprachliche Konnotationen nahe legen kann.

Der Begriff der Gewalt im System bestimmt sich über die Erzwingung von Attributionen einer Kommunikation auf eine Handlung.[61] Ein Gegenbegriff muss daher über die Bestimmung des Offenhaltens der Attributionen von Kommunikation auf Handlung laufen. Welcher Begriff könnte diese Bestimmung leisten?

Mit der Frage des Aufnehmens der Momente physischen und psychischen Leidens in den soziologischen Begriff der Gewalt stößt man ebenfalls auf Schwierigkeiten. Soziologisch lässt sich nur rekonstruieren, wie über physisches und psychisches Leiden kommuniziert wird. Es lässt sich rekonstruieren, welche kommunikativen Anschlüsse ein Leiden bietet und welche es blockiert. Es lässt sich auch ein Verständnis dafür gewinnen, dass der Abstand der Kommunikation vom Leiden, und sei es nur: weil sie nichts als Kommunikation ist, sowohl dafür genutzt werden kann, das Leiden zu mildern, wie dafür, das Leiden zu steigern. Mit der Kommunikation kann man Mitleid, aber auch Mitleidlosigkeit demonstrieren.[62]

Aber all das bedeutet nur, dass ein soziologischer Gewaltbegriff als Begriff der Erzwingung von Attributionen sich dafür offen halten muss, dass diese Erzwingung nicht nur kommunikative Effekte hat, sondern von Bewusstseinen und Körpern in der Umwelt der Kommunikation erlitten (und bei entsprechender, möglicherweise unterschiedlicher Disposition sowohl von Tätern als auch von Betroffenen und von Zuschauern genossen) werden kann.

Der Begriff der Gewalt im System bleibt gegenbegrifflich und sachlich unterbestimmt. Das macht ihn soziologisch fruchtbar. Was einen möglichen Gegenbegriff betrifft, so ist dieser kaum vom Begriff der Kommunikation selbst zu unterscheiden. Was könnte die Kommunikation verlässlicher offen halten als diese selbst? Gibt es einen Begriff für einen Typ von Kommunikation, der dezidiert keine Attributionen auf Handlungen erzwingt?

Worauf läge dann der Akzent? Auf dem Nicht-Zwang? Auf dem Verzicht auf Attribution? Auf der Attribution auf etwas anderes als Handlung? Man ahnt, dass man mit solchen Fragen an Ursprungsmotive bürgerlicher Begrifflichkeit rührt: an den doux commerce, an das Interesse als einzig legitime Leidenschaft, an die liberale Toleranz, an die demokratische Verbindlichkeit.[63] Das heißt, man landet in einer Gegenpolemik zum polemischen Gewaltbegriff.

Diese Gegenpolemik ist eng verbunden mit einer Programmatik der Schmerzvermeidung, der Leidensminderung, der Glückssteigerung, die weder frei von ideologischen Momenten ist noch ohne Widerspruch blieb. Auch diese Programmatik ist eine bürgerliche, wie man immer daran erkennt, dass der Aristokrat oder der, der einer sein möchte, in letzter Instanz sich auf die Fähigkeit, Schmerzen zu ertragen und Schmerzen zuzufügen, zurückzieht.

Wir drehen uns im Kreise. Das ist allerdings auch nicht weiter überraschend. Die hier vorgelegten Überlegungen starteten mit der Paradoxie der eingeschlossenen ausgeschlossenen Gewalt und sie können diese Paradoxie, die diejenige der Gesellschaft selber ist, nicht auflösen, weil sie damit die dieser Gesellschaft verpflichtete Begrifflichkeit verlassen müssten.[64] Wie könnten sie das? Die einzige Leistung des Begriffsvorschlags liegt darin, die Paradoxie einerseits zu erinnern und sie andererseits durch eine Distinktion zu operationalisieren. Diese Distinktion ist die Forcierung der Attribution von Kommunikation auf Handlung. Man versteht dann, wie leicht es fällt, auf Gewalt zuzurechnen. Man braucht nur Attributionsforcierungen zu identifizieren. Man beginnt aber auch, auf Umstände aufmerksam zu werden, in denen diese Forcierungen abgelenkt, aufgefangen, vermieden werden können. Das heißt, man beginnt, Gesellschaft zu beobachten. Und das ist ein Vorteil, der sinnvoll in den gesellschaftlichen Streit um die Gewalt eingeführt werden kann.

Probleme der politischen und juristischen Bewertung der Gewaltphänomene sind damit noch nicht gelöst. Aber es kann der Faszination durch Gewalt die Aufmerksamkeit auf Nicht-Gewalt gegenübergestellt werden. Und man kann den scheinbaren Verzicht auf Gewalt als genau das: als Gewalt, beschreiben, wenn und insofern Attributionsforcierungen vorliegen. Das heißt, es kann auf Selbstverständliches aufmerksam gemacht werden. Das beruhigt möglicherweise nur Soziologen. Oder genauer: es erklärt, warum Soziologen sich nicht aufregen lassen. Aber angesichts des Zirkels, in den die Gewalt die Gesellschaft verstrickt, ist die Identifizierung einer Instanz, die den Zirkel beobachtet, schon ein Schritt zu dessen Unterbrechung. Die Soziologie hat kein Monopol auf die Beobachtung des Zirkels. Aber sie hat erfolgreich geübt, immer weitere Kreise zu ziehen.

Die Gewalt des Terrorismus

Soziologie

Der Terrorismus gehört zu jenen Phänomenen der Gesellschaft, die die soziologische Analyse schon deswegen herausfordern, weil man zögern muss, ihm die Aufmerksamkeit zu schenken, die er für sich reklamiert. Ist nicht jedes Wort über den Terrorismus bereits eines zu viel, wenn man es hier mit einer Strategie zu tun hat, die physische Gewalt ausübt, um symbolische Effekte zu erzielen, zu denen nicht zuletzt das Ausmaß gehört, in dem er ernst genommen wird? Insofern ist es vielleicht nicht nur als Manko zu verstehen, wenn die Soziologie den Terrorismus lange Zeit als historisches wie als modernes Phänomen eher vernachlässigt hat.[1] Nicht auszuschließen ist, dass hier notgedrungen eher implizit als explizit, in der Form einer latent gehaltenen Beobachtung, eine bereits zur Sache gehörende Vorsicht am Werke ist.

Immerhin geht jede Form der Aufmerksamkeit fast zwangsläufig damit einher, ein Handeln nicht nur zu beobachten und auf sich beruhen zu lassen, sondern ihm einen sozialen Sinn und zusammen mit diesem Sinn möglicherweise sogar eine auf diesen Sinn zielende Intention zu unterstellen, die in dem Moment, in dem sie unterstellt werden, bereits eine Struktur erhalten, die wiederholbar ist, weil sie eine Situation festhält, die dem jeweiligen Ereignis einen Kontext und eine Kontur verschafft.[2] Aber kann und muss dies dazu führen, dem Ereignis, dessen Wiederholung man nicht wünscht, die Aufmerksamkeit zu entziehen? Ist es damit bereits getan? Lässt man sich damit nicht auf eine Reaktion ein, die kognitiv möglicherweise überzeugt, weil sie das »Beziehungsangebot« des Terrorismus ablehnt, normativ jedoch fragwürdig ist, weil sie nicht nur die Aufmerksamkeit, sondern auch die Ablehnung verweigert?

Je genauer man dank der Kommunikationstheorie weiß, dass Beziehungen und damit auch Identitätszuschreibungen auf Akteure unabhängig von der Frage sind, ob sie durch Affirmation oder durch Negation gestaltet werden,[3] desto schwieriger wird es, die eigenen Beobachtungen so zu strukturieren, dass ihr Effekt unter Kontrolle gehalten werden kann. Schlimmer noch, seit man über eine Kommunikationstheorie sozialer Phänomene verfügt, die nachweist, dass diese Phänomene zu komplex sind, um sie noch kausal im Hinblick auf Ursache und Wirkung, Intention und Effekt, ordnen zu können, weiß man auch, dass jedes Kalkül eigener Beobachtungen vergeblich ist. Das gilt schon deswegen, weil jede Kommunikation grundsätzlich mindestens die Wahl hat, eine Kommunikation oder ihre Verweigerung zum Anlass für eigene Selektionen zu nehmen, wie man vor allem aus der Beobachtung von Eskalationsdynamiken von Ehekonflikten bis zu kriegerischen Auseinandersetzungen weiß.[4] Schon deswegen kann man schlechterdings nicht wissen, ob Aufmerksamkeit oder der Verzicht auf Aufmerksamkeit günstigere Auswirkungen auf die Wiederholung oder Entwicklung eines Phänomens haben. Jede Kommunikation muss sich, aber auch den an ihr beteiligten psychischen Systemen die operationale Geschlossenheit einer black box unterstellen, die analytische Determination und damit Vorhersagbarkeit des Verhaltens grundsätzlich ausschließen.[5]

Für eine Soziologie des Terrorismus bedeutet dies, dass sie ebenso streng wie frei davon ausgehen kann, vielleicht sogar muss, dass es für eine soziologische Theorie des Terrorismus wie auch anderer unerfreulicher Phänomene der Gesellschaft ebenso viele Gründe geben mag wie für den Verzicht auf eine solche Theorie, es jedoch letztlich darauf ankommt, Anlässe für eine solche Theorie in der Soziologie selber zu suchen. Für unerfreuliche wie für erfreuliche Phänomene der Gesellschaft gilt, dass sich die Soziologie immer und jederzeit fragen muss, ob sie über ein Verständnis dieser Phänomene verfügt oder nicht. Sie ist ihr eigenes Maß und ihre eigene Aufgabe, wie auch immer andere Beobachter in der Gesellschaft einschätzen mögen, womit sich die Soziologie beschäftigt und womit nicht und zu welchen Ergebnissen sie dabei kommt oder auch nicht.

Kompliziert wird der Umgang mit dieser eigenen Maxime erst dann, wenn sich die Soziologie auch dafür interessieren muss, dass es in der Gesellschaft einen Beobachter namens »Soziologie« gibt, der mit einem Typ von Beobachtungen aufwartet, der systematisch von Komplexität, Unvorhersehbarkeit und Selbstorganisation ausgeht, ohne deswegen auf Beobachtungen, also auf Kommunikation zu verzichten. Gegenwärtig scheint die

Soziologie auf dieses Problem nur die Antwort zu haben, dass es ihr nicht nur darum geht, Beobachtungen und Beschreibungen sozialer Phänomene anzufertigen, die als diese Beobachtungen und Beschreibungen dann unkalkulierbare Wirkungen in der Gesellschaft auslösen, sondern vor allem darum, ihr Interesse an sich selbst als ein Interesse der Gesellschaft an möglichen Spielräumen und damit an der Wählbarkeit von Beobachtung und Beschreibung auszulegen. Die Soziologie offeriert sich der Gesellschaft als theoretisch und methodisch reflektierte Form einer Beobachtung, die weder ganz frei ist, weil jeder Beobachter durch seine eigenen Strukturen auf das hin festgelegt ist, was er kann und was er nicht kann, noch ganz gebunden ist, denn jede Beobachtung stößt in dem Moment, in dem sie ihrer eigenen Selektivität gewahr wird, auf Alternativen zu sich selbst.[6] Diese Alternativen liegen in dem, was sich aus dem Blickwinkel der Beobachtung als das Andere der Beobachtung verstehen mag, das Handeln, das Träumen, der Schlaf; sie liegen aber auch in jeder Beobachtung selbst, die lernen kann, die Unterscheidungen auszuwechseln, mit denen sie arbeitet.

Jede Gesellschaftstheorie der Soziologie kann daher davon ausgehen, dass die Soziologie, insofern sie eine Theorie der Gesellschaft ist, in der sie als Gegenstand ihrer selbst vorkommt, eine Art intentionaler und attentionaler Kritik einer soziologischen Vernunft ist, der es darum geht und gehen kann, an sich selbst zu studieren, was es heißt, zu beobachten.[7] Sie ist eine intentionale Kritik der soziologischen Vernunft, insofern sie durch eine laufende Überprüfung ihrer eigenen Absichten Grundlagen dafür schafft, diese Absichten auch zu beurteilen. Und sie ist eine attentionale Kritik der soziologischen Vernunft, indem sie an sich selbst studiert, welchen Beitrag die Beobachtung eines Phänomens zu dessen Konstitution erbringen kann, wenn man davon ausgeht, dass Phänomene nicht sind, was sie sind, sondern ihre Identität nur aus den Beziehungen generieren können, in denen sie stehen.

Politik

Es ist nicht zuletzt deswegen sinnvoll, sich dem Phänomen des Terrorismus mit entsprechenden Vorsichtsmaßnahmen der Reflexion auf die eigene Beobachterrolle zu nähern, weil die physische

Gewalt, die der Terrorismus ausübt, Teil einer kommunikativen Strategie ist, die attributionale Eindeutigkeit an die Stelle kommunikativer Offenheit setzt. Wer gewalttätig wird, überlässt die Zurechnung auf Handeln nicht der Kommunikation, sondern entscheidet sie selbst. Darin besteht die eigentliche Attraktivität der Gewaltausübung: Wer sich anmaßt, aus welchen Gründen auch immer, gewalttätig zu werden, überlässt die Fragen, ob gehandelt wird und wer handelt, nicht der Kommunikation und ihrer unvorhersagbaren Dynamik, sondern beantwortet sie selbst; wer unter der Offenheit leidet, mit der eine Kommunikation sich vorbehält, auf Handlung und Handelnde zuzurechnen oder auch nicht, kann zur Gewalt als letztem Ausweg greifen, diese offenen Zurechnungen zu den eigenen Gunsten zu entscheiden.[8]

Insofern ist der terroristische Akt vor allem anderen zunächst einmal ein Akt der Ohnmacht. Zu ihm greift, wer andere Chancen der Einflussausübung nicht hat oder nicht sieht.[9] Das gilt auch und gerade dann, wenn der terroristische Akt gleichzeitig versucht, den Spieß umzudrehen und einem Staat, einer Polizei, einer Bevölkerung ihre Ohnmacht im Umgang mit dieser Gewalt vorzuführen.[10]

Diese zweideutige Logik der Ohnmacht jedoch unterscheidet den Terrorismus von der bloßen Verzweiflungstat. Der terroristische Akt ist nicht dem Faustschlag auf den Tisch oder in das Gesicht des Gegenübers zu vergleichen, mit dem jemand auf sich aufmerksam macht, der sich ständig übersehen glaubt. Er ist nicht nur der kriegerische Akt, mit dem jemand versucht, aus seiner Isolation auszubrechen,[11] so sehr er genau dies auch ist. Indem die eigene Ohnmacht nicht nur eingestanden, sondern in absolute Macht über zumindest ein tödliches Ereignis übersetzt wird, wird die Macht des Gegenübers für zumindest diesen Moment als Ohnmacht vorgeführt. Erfolgreich ist der Terrorismus darin, dass er eigene Handlungsmacht an die Stelle einer staatlichen Handlungsmacht setzt.[12]

Mit anderen Worten, noch während die Soziologie möglicherweise darüber nachdenkt, ob sie mit ihrer Aufmerksamkeit einem Terrorismus entgegenkommen kann, dem es strategisch zunächst einmal darum geht, auf Aufmerksamkeit zu stoßen, hat ein anderes soziales System als die Wissenschaft längst reagiert. Wer durch Gewaltausübung die Machtfrage stellt, bekommt es automatisch mit der Politik zu tun, weil diese, anders als die

Wissenschaft, keine Wahl hat, ob sie beobachtet oder nicht, sobald ein Ereignis auftritt, das sie in genau dem Anspruch trifft, den sie erheben muss, um ihrer gesellschaftlichen Funktion gerecht zu werden. Diese gesellschaftliche Funktion besteht in der Kontrolle physischer Gewalt durch den Monopolanspruch der Politik, das einzige soziale System zu sein, das Legitimität für die Ausübung physischer Gewalt in Anspruch nehmen kann (Polizei, Strafvollzug, Kriegführung), sowie in eins damit das einzige soziale System zu sein, das physische Gewalt androhen kann, um Macht ausüben zu können – eine Macht, die im Übrigen dann gerade darin besteht, auf die Ausübung der physischen Gewalt verzichten zu können.[13]

Das macht die Sache für die Soziologie nicht einfacher. Jetzt hat sie es nicht nur mit einer kommunikativen Strategie zu tun, der sie sich bereits unterworfen hat, wenn sie auch nur hinschaut; sondern jetzt hat sie es auch noch mit einem Automatismus der politischen Reaktion zu tun, von dem sie weiß, dass der Terrorismus genau darauf zielt, ohne der Politik das Recht absprechen zu können, tatsächlich entsprechend zu reagieren. Interessanterweise löst dies jedoch zugleich das Problem, denn jetzt kann die Soziologie ihre eigene Funktionalität der Reflexion auf die Eigendynamik der Beobachtung einer Politik zur Verfügung zu stellen versuchen, die lernt, ihren eigenen Automatismus eher als Beitrag zum Problem denn als seine Lösung zu verstehen. Mit anderen Worten, die Soziologie kann versuchen, das absolute Problem des Terrorismus, »absolut« im Hinblick auf seine Ausübung tödlicher Gewalt, zu relativieren, um der Politik eine Abstufung und Moderation der eigenen Maßnahmen zu ermöglichen. Der Knoten, den es jetzt zu lösen gilt, ist nicht die Motivation zu terroristischer Gewalt, sondern die Eskalationsdynamik, mit der sich die Politik auf diese Gewalt einlässt.

Zwei Aussagen setzt die Soziologie zu diesem Zweck in die Welt. Erstens stellt sie Untersuchungen bereit, in denen der Terrorismus zum einen als ein vielfältiges Phänomen und zum anderen als ein attributionales Phänomen geschildert wird, nicht nur an dessen Identifizierung, sondern auch Genese und Unterstützung die Politik einen größeren Anteil hat, als ihr lieb sein kann.[14] Und zweitens verweist sie darauf, dass terroristische Gewaltakte eine statistisch nach wie vor geringe, wenn nicht sogar abnehmende Häufigkeit und damit Bedeutung aufweisen, deren Steigerung nur damit zusammenhängt, dass sich Staaten finden, die Terroristen unterstützen beziehungsweise als Gegner akzeptieren.[15] Interessanterweise leiten Ökonomen aus der geringen Wahrscheinlichkeit, von einem terroristischen Ereignis betroffen zu werden, ab, dass es sich ökonomisch kaum lohnt, in die Bekämpfung der eigenen Furcht zu investieren, so dass man im Fall des Falles mit umso größerer Wahrscheinlichkeit in Angst und Schrecken versetzt wird.[16]

Das aber bedeutet, dass der Terrorismus in den Kontext des politischen Systems der Gesellschaft gestellt wird.[17] So sehr die Politik versuchen mag, den Terrorismus zu einem bloß kriminellen Phänomen zu erklären, und so sehr sie ihm in jüngerer Zeit eher religiöse und damit vermeintlich kulturelle Motive denn politische Motive unterstellt, so sehr sind beide Versuche der Distanzierung Schachzüge innerhalb eines bereits politischen Spiels, in dem es deswegen nicht nur um Mörder und Verbrecher und nicht nur um Glaubenskrieger und Kulturkämpfer geht, sondern auch um politischer Gegner.[18]

Kontrolle

Eine Art Nullpunkt der soziologischen Analyse des Terrorismus ist die Annahme, dass jeder terroristische Akt einen Versuch darstellt, Kontrolle auszuüben.[19] Spätestens mit dieser Formulierung wird der Blick über den Terrorismus als Akt der Ohnmacht, Geste der Verlegenheit und Verzweiflung hinaus auf einen staatlichen Terrorismus gelenkt, der mit wesentlich größeren Erfolgsaussichten auf die Androhung und Ausübung physischer Gewalt zurückgreift, um eine Bevölkerung in Angst und Schrecken zu versetzen und so unter Kontrolle zu halten.[20]

Aber was ist das für ein Nullpunkt? Einerseits wird hiermit der Versuch gemacht, sich einer weiteren Falle der Beobachtung zu entziehen, nämlich der Versuchung, in einer politischen Auseinandersetzung zu schnell Position zu beziehen und dadurch zu einer möglichen Eskalation eher beizutragen als ihr gegenzusteuern. Der Kontrollbegriff wird allgemein genug angesetzt, um vor jeder möglichen Bewertung des Konfliktfalls eine symmetrische Ausgangslage beobachten zu können, deren Interpunktion zugunsten etwa der Frage, wer mit der Gewalt »angefangen« hat oder von wem die Gewalt »ausgeht«, selbst bereits Teil der Konflikteskalation ist. Andererseits wird mit dem

Ausweichen auf einen allgemeineren Kontrollbegriff versucht, einer merkwürdigen Paradoxie des Rückgriffs von Macht auf Gewalt auf die Spur zu kommen, die darin besteht, dass die Ausübung von Macht darauf angewiesen ist, die Anwendung von Gewalt zwar androhen zu können, um Machtunterworfene zu einem gehorsamen Handeln bewegen zu können, das dadurch motiviert ist, dass die unerwünschte Alternative, die tatsächliche Anwendung von Gewalt, vermieden werden kann, diese Gewalt zugleich jedoch nicht tatsächlich anwenden zu müssen. Wer Gewalt anwenden muss, zeigt damit, dass seine Drohung nicht funktioniert hat, das heißt die Voraussetzung für die Ausübung von Macht nicht erfüllt ist.

Der Terrorismus sowohl eines Staates als auch einer Gruppe von Individuen oder einzelner Individuen dokumentiert daher vor allem, dass es um einen Anspruch auf Macht geht, die noch lange nicht gewonnen ist. Wenn Luhmann die Nichtausübung von Gewalt als die Nullmethodik der Macht bezeichnet,[21] so ist die terroristische Ausübung von Gewalt der Nullpunkt der Politik, weil sie den Anspruch auf Machtausübung nicht nur erhebt, sondern zugleich ruiniert. Bestenfalls produziert sie Politik als den »empty signifier« ihrer selbst,[22] dessen Motiv zum Beispiel darin bestehen kann, einen Staat dazu herauszufordern, durch eigene Gewaltausübung sein »wahres Gesicht« zu zeigen.[23]

Die in der Literatur immer wieder unternommenen Versuche, den Terrorismus als einen Ausdruck der Philosophie des Nihilismus zu verstehen,[24] können mit einer solchen Hypothese sowohl aufgenommen als auch resoziologisiert werden. Das Nichts der radikalen Zerstörung, in der das Bewusstsein des Terroristen und vor allem des Selbstmordterroristen sich zur Identifikation des Ganzen im Akt seiner Negation aufschwingt, müsste dann nicht philosophisch interpretiert werden,[25] sondern könnte als eine Figur des Politischen verstanden werden, die es immer noch und gerade in der Zerstörung mit Vorstellungen der Ordnung eines Gemeinwesens zu tun haben.

Der Terrorismus ist darin ein Versuch der Kontrolle, dass er das Scheitern der Kontrolle zusammen mit dem Anspruch auf die Kontrolle kommuniziert. Er markiert an sich selbst die Unmöglichkeit der Kontrolle als letzte Form der Behauptung ihrer Notwendigkeit. Nicht die Negation, nicht die Zerstörung, nicht der Mord sind die Zielsetzungen, um die es ihm politisch geht (zumal keine dieser Zielsetzungen »politisch« verstanden werden könnte), sondern der Kontext der Gesellschaft, in der er zur Tat schreitet, das Publikum, an dessen Entsetzen er sich wendet, möglicherweise sogar die eigene Familie, der eigene Clan, die eigene Ethnie, aus denen heraus er agiert, liefern die politischen Motive seiner Tat. In der Negation seiner Tat zielt er auf die Affirmation einer Einheit von Gesellschaft und Gemeinschaft, die zugleich als abwesend und als möglich beschworen wird.[26] Hieraus resultiert der gefährliche Rückgriff des fundamentalistisch begründeten Terrorismus auf die Religion, deren Fähigkeit, Gemeinschaft zu stiften, als dem »westlichen« Liberalismus überlegen gilt, und deren Opferbezug zur Gewalt zitiert wird, um das Gewaltmonopol des Staates in Frage zu stellen.[27]

Gesellschaft

Mit all dem ist der Terrorismus ein Geschehen inmitten der Gesellschaft. Die Gewalt, die er ausübt, kommt nicht von außen, sondern ist Teil des Umgangs der Gesellschaft mit sich selbst. Vermutlich wird man sogar sagen müssen, dass die Gewalt des Terrorismus wie jede Gewalt, die nicht nur physisch ausgeübt, sondern die auch kommuniziert wird, zu einem guten Teil so symbolisch wie real ist. Denn erschreckend ist die Gewalt, die der Terrorismus ausübt, nicht zuletzt deswegen, weil die ausgeübte Gewalt über die möglicherweise noch folgende Gewalt informiert und vor ihr warnt. Auch die tatsächlich angewandte Gewalt enthält als Teil einer Kommunikationsstrategie einen symbolischen Anteil, der darüber informiert, wie es um die Verhältnisse stünde, wenn noch mehr Gewalt ausgeübt würde, und damit droht, die Gewalt eskalieren zu lassen, wenn den Forderungen der Terroristen nicht nachgegeben wird. Noch im Moment der Ausübung von Gewalt, so unwahrscheinlich dies dem Beobachter anmutet, wird die Gewalt dosiert und moderiert, kann sie abgeschwächt, aber auch gesteigert werden, und ist sie insofern nicht schlicht Einbruch der Physis in eine ansonsten befriedete Gesellschaft, sondern längst Gegenstand und Inhalt einer Kommunikation, die Täter, Opfer und Dritte gleichermaßen erfasst.

Insofern ist der Gewaltakt Teil eines gesellschaftlichen Rituals der Gewalt, das auf die Gewalt zurückgreift, um die Gewalt zu kontrollieren.[28] Die Gewalt ist Teil des Möglichkeitenhaushalts einer Gesellschaft und muss präsent gehalten werden, um kontrolliert werden zu können. Das mag mit größerer oder geringerer Distanz zur Gewalt geschehen, inklusive der Möglichkeit, sie nur noch über ihren radikalen Ausschluss einzuschließen, aber Kontakt gehalten wird immer. Der Grund dafür ist die Verankerung der Gesellschaft in zirkulären Lösungen des Problems der doppelten Kontingenz jeder Kommunikation. Wer sich an einer Kommunikation beteiligt (erste Kontingenz), legt sich nur fest, wenn andere sich festlegen (zweite Kontingenz).[29] Die einzige Struktur, die in dieser Situation Halt gibt, ist die Struktur der Imitation beziehungsweise des mimetischen Verlangens, in der alle Beteiligten testen, wie viel Abweichung voneinander erforderlich ist, um sich auf dasselbe einlassen zu können.[30] Diese Struktur enthält die Möglichkeit der Gewalt, weil die abweichende Imitation ohne Momente der Rivalität nicht zu haben ist und dann nur der Gewaltausbruch die Differenz noch reinszenieren kann, die in der Imitation verloren zu gehen droht.

René Girard hat den Terrorismus in diesem Sinne nicht etwa als Manifestation einer Differenz (der Kulturen oder der Religionen), sondern als Krise des Modells der Differenz beschrieben.[31] Die terroristische Gewalt ist der Ausdruck einer Konkurrenz um dasselbe (Rohstoffe, politische Autonomie, religiöse Werte), nicht etwa das Ergebnis des Aufeinandertreffens des Verschiedenen. Im Gegenteil, gerade weil es um das dasselbe geht, das der Konkurrent schon hat, strukturiert ein Ressentiment das Verhältnis zu diesem Konkurrenten, das immer kurz davor steht, im anderen sich selbst zu entdecken. Jede Behauptung eines »clash of civilizations«[32] kommt da gerade recht, um sich der Differenz zu vergewissern, die schon fast keine mehr ist.

Die Weltkultur der Weltgesellschaft besteht seither darin, Differenzen (inklusive der dazugehörigen »diversity«) sowohl zu phrasieren als auch aufeinander zu beziehen, die im Spannungsfeld von Globalisierungskonflikten erforderlich sind, um mit diesen Konflikten umzugehen und sie nach Bedarf sowohl zu mäßigen als auch zu steigern. Globalisierungskonflikte sind Konflikte, die daraus entstehen, dass der Vergleichshorizont für jede Kommunikation in der Weltgesellschaft zum einen die gesamte Welt ist,[33] zum anderen jedoch sowohl die natürlichen als auch die sozialen Ressourcen zur Gestaltung und Moderation dieses Vergleichs knapp sind. Wir stecken mitten in einem Prozess der Neuformatierung von Politik, Wirtschaft, Recht und Religion, die immer wieder neu erst noch lernen müssen, mit jener Gemengelage einerseits kognitiver und andererseits normativer Reaktionen zurecht zu kommen, in denen Strukturen angepasst werden müssen, um sie konservieren zu können.[34]

Mit ihrer Funktion der Bereitstellung von Kapazitäten kollektiven Entscheidens[35] steht die Politik hier unter einem besonderen Anspruch. Sie muss diese Kapazitäten nicht nur bereithalten, ohne die Konflikte der Globalisierung leugnen zu können, sondern sie zur Regulierung dieser Konflikte erst noch ausgestalten. Der Terrorismus ist die Wahrnehmung jener politischen Option, die den Ausbruch der Gewalt an die Stelle jeden politischen Versuches setzt, die Gewalt zu hegen und in der Form ihrer Androhung unter Vermeidung ihrer Ausübung positiv zu funktionalisieren.[36] Insofern tritt der Terrorismus an genau die Funktionsstelle, die bis vor kurzem noch die politische Utopie besetzte. War die Utopie jene Negationsformel der Politik, die diese im Zuge ihrer funktionalen Ausdifferenzierung in der modernen Gesellschaft mit den realen Verhältnissen vertraut machte,[37] so wird der Terrorismus zu ihrer Negationsformel in jenem Moment, in dem es darauf ankommt, die weltweiten Bedingungen der Hegung von Gewalt neu in den Blick zu nehmen. Mithilfe des Entwurfs von Utopien als Utopien ließ sich negieren, dass die Politik anderes erreichen kann als das jeweils Mögliche; mithilfe ihres Rückgriffs auf die terroristische Option und ihres Krieges gegen den Terror macht die Politik sich klar, dass jede Politik scheitert, die es nicht schafft, Konflikte so zu bearbeiten, dass ihre gewalttätige Klärung vermieden werden kann.

Gegenüber Religion und Wirtschaft kann die Politik in der Weltgesellschaft nur unter der Bedingung auf ihrer Autonomie bestehen, dass sie die Gewalt neu inszeniert, zu deren Regelung und Übersetzung in das Medium der Macht sie angetreten ist. Die Negationsformel des Systems der Politik erfüllt die Funktion, wieder einzuschließen, was in jedem Fall ausgeschlossen bleiben muss. In der modernen Gesellschaft war dies die Utopie, so sehr diese dann auch und gerade deswegen als politische Option sowohl der sozialistischen Gesellschaft (»Kommunismus«) als auch der kapitalistischen Gesellschaft (»Liberalismus«) virulent blieb. In unserer Gesellschaft, die an die Stelle der modernen tritt und deren Charakter noch unbestimmt ist,[38] wird der Terrorismus zu dieser Negationsformel, weil er mit seinen beiden Strukturvoraussetzungen sowohl der überraschenden, ungebundenen, individuellen Aktion als auch der Netzwerkorganisation im Untergrund zumindest dann, wenn beides zur Inanspruchnahme von Gewalt führt (in deren Gelingen sich beides dokumentiert), zum einen das Problem der Politik und zum anderen eine Alternative zur je herrschenden Politik formuliert. Der Terrorismus erschreckt dort am meisten, wo es ihm gelingt, Individuen für die Ausführung kollektiver Entscheidungen zu rekrutieren, deren freier Wille politisch und ideologisch, aber nicht organisatorisch gebunden wird.[39] Denn damit greift der Terrorist die Gesellschaft im Rahmen desselben politischen Systems an, das die Gewalt auf deren Androhung zurücknimmt, um kollektive Entscheidungen zu ermöglichen. Der Terrorismus ist die Androhung von Gewalt in jenem Weltmaßstab, den die Politik gegenwärtig nicht bewältigt, auch wenn diese Drohung letztlich nur medial und nicht politisch funktioniert.[40] In seiner attentionalen Fülle und intentionalen Leere ist der globalisierte Terrorismus das Spiegelbild einer Politik, deren maximale Ansprüche allzu großzügig, nämlich unrealistisch, um nicht zu sagen utopisch, mit den Bedingungen umgehen, unter denen Weltpolitik möglich ist. Und hier wie dort markiert der Appell an göttlichen Beistand weniger das Vorliegen unverfügbar religiöser Motive als jene Absolutheitsansprüche der Politik, die sich angesichts ihres Scheiterns nach enttäuschungsfesten Ressourcen umsehen müssen.[41]

Eine angemessene Antwort findet die Gesellschaft auf den Terrorismus nur dann, wenn sie ihn als Wahrnehmung einer politischen Option beobachtet, die letztlich darauf zielt, das Verhältnis von Politik und Gesellschaft neu zu justieren. Der Terrorismus ist ein gewalttätiger Streit darüber, wie Politik in der Weltgesellschaft funktionieren kann und soll.[42] Die Gesellschaft kann darauf nur reagieren, indem sie die Politik nicht etwa vereindeutigt, sondern optionalisiert. Das wiederum kann nur die Politik selbst. Deswegen bleibt es dabei, dass eine soziologische Beobachtung des Terrorismus darin ihren Sinn hat, die Politik mit verschiedenen Optionen der Beschreibung des Terroristen, der Terroristennetzwerke und des Terrorismus zu versorgen. Sie beruft sich dafür auf eine Gesellschaft, deren Bedarf an Differenzierung und Reintegration über das hinaus geht, was die Politik sich vorzustellen vermag. Deswegen kann und darf selbst die Ausübung von Gewalt die Kommunikation nicht zur Eindeutigkeit zwingen.

Penaten

Die ewige Ironie des Gemeinwesens

Hegel hatte seine Rechnung noch ohne gesellschaftliche Faktoren machen können, die erst nach 1807, dem Erscheinungsjahr seiner *Phänomenologie des Geistes,* in die Gesellschaft eingeführt worden sind. Wenn er daher die Weiblichkeit als die »ewige Ironie des Gemeinwesens« bezeichnete,[1] so konnte er sich dabei noch auf relativ übersichtliche Verhältnisse stützen, die im Wesentlichen durch die Begrifflichkeit von Familie, Gesellschaft und Staat zu beschreiben waren. Unter diesen Verhältnissen konnte es der Weiblichkeit, gestützt auf die Penaten »innerliches Gefühl« und »der Wirklichkeit enthobenes Göttliches«,[2] gelingen, jene Männlichkeit zu ironisieren, die in Hegels Vorstellung des »Geistes« als »sittlichem Leben eines Volkes« die Wirklichkeit und deren Regierung zu vertreten, und zwar: in der Familie gegenüber der Familie zu vertreten, hatte. Hegel zögerte nicht, diese Wirklichkeit, die Wirklichkeit des Gemeinwesens, nicht nur als »Störung der Familienglückseligkeit« und »Auflösung des Selbstbewußtseins« zu bezeichnen, sondern sogar mit dem »Tod« gleichzusetzen: mit der Faktizität des Lebens und Sterbens, das erst einmal nur »Gewordensein«, noch nicht: »Bewußtsein«, ist.[3] Der Tod ist die Wahrheit der Familie, ausgesprochen durch das Gemeinwesen, belegt durch die Lebendigkeit der Familie und in dieser Form ständiger Verhandlungsgegenstand zwischen Mann und Frau.

Die Stelle, an der Hegels Phänomenologie die Differenz zwischen Männlichkeit und Weiblichkeit zur Kenntnis nimmt, könnte prominenter nicht sein und der Konflikt, der durch die Differenz betreut und erhalten wird, dramatischer nicht beschrieben werden. »Das menschliche Gesetz also in seinem allgemeinen Dasein, das Gemeinwesen, in seiner Betätigung überhaupt die Männlichkeit, in seiner wirklichen Betätigung die Regierung, *ist, bewegt* und *erhält* sich dadurch, daß es die Absonderung der Penaten oder die selbständige Vereinzelung in Familien, welchen die Weiblichkeit vorsteht, in sich aufzehrt und sie in der Kontinuität seiner Flüssigkeit aufgelöst erhält.«[4]

Man meint das Gelächter der thrakischen Magd und aller Frauen, die es je erforderlich fanden, dem Treiben der Männer ihre Aufmerksamkeit zu schenken, zu hören, wenn man von dieser Auflösung in der »Kontinuität seiner Flüssigkeit« liest. Und Hegel gesteht diesem Gelächter sein volles Recht zu, reagiert jedoch, typisch männlich, »theoretisch«[5] und reduziert das Gelächter auf das Moment einer Ironie, die eine Problemstelle markiert, jedoch nicht in der Lage ist, sie auszuräumen. »Diese [nämlich die Weiblichkeit, D.B.] – die ewige Ironie des Gemeinwesens – verändert durch die Intrige den allgemeinen Zweck der Regierung in einen Privatzweck, verwandelt ihre allgemeine Tätigkeit in ein Werk dieses bestimmten Individuums und verkehrt das allgemeine Eigentum des Staates zu einem Besitz und Putz der Familie.«[6] Diese Intrige der Weiblichkeit ändert nichts, arbeitet dem Gemeinwesen, das der Einzelheit bedarf, um sich durch seine Unterdrückung erhalten zu können, sogar in die Hände, deckt jedoch immerhin ein Geschehen auf, das man andernfalls zu schnell vielleicht für die Natur der Sache gehalten hätte.

Das »gender trouble«, mit dem nach wie vor gelungenen Wort von Judith Butler,[7] ist bereits für Hegel keine Sache der Biologie der Geschlechter, die damit allerdings nicht geleugnet, sondern nur in Besitz genommen werden soll, sondern eine Sache der sozialen Konstitution der Gesellschaft in den Differenzen, die diese unauflösbar (solange nicht alles der Entropie anheimfallen soll) kennzeichnet: »Das Gemeinwesen kann sich aber nur durch Unterdrückung dieses Geistes der Einzelheit erhalten, und, weil er wesentliches Moment ist, erzeugt es ihn zwar ebenso, und zwar durch die unterdrückende Haltung gegen denselben als ein feindseliges Prinzip.«[8] Die Ironie des Gemeinwesens ist nichts, was Hegel bedauernd oder allenfalls mit einer galanten Geste zur Kenntnis nimmt, sondern sie wird von ihm als andere Seite der Medaille, als notwendiges Element der Dialektik der Reproduktion von Gesellschaft gefordert. Die sittliche Idee der Männlichkeit hat in der sittlichen Idee der Weiblichkeit, wie umgekehrt, ein Publikum, vor dessen Augen und mit dessen ebenso belustigten wie taktvollen, aber auch erschrockenen und rebellischen Unterstützung sich die Sache der Gesellschaft entfaltet.

Ich muss gestehen, dass mich diese Idee nach wie vor überzeugt. Sie bringt die Zweiseitenform von Männlichkeit und Weiblichkeit auf einen Begriff, der für die individuelle Dramaturgie dieser Form ebenso aufschlussreich ist wie für deren gesellschaftliche Determination. Ich möchte deswegen im Folgenden der Frage nachgehen, ob die Idee auch dann zu retten ist (beziehungsweise: wie sie zu modifizieren ist), wenn man die gesellschaftlichen Faktoren in Rechnung stellt, die, wie gesagt, seit 1807, also seit der Zerstörung des Traums vom aufgeklärten Staat erst durch Napoleons Armeen, dann durch die Restauration des Königtums, in einer Gesellschaft eingeführt wurden, die, nicht zuletzt unterstützt durch das Gegenwissen der Romantiker, im Biedermeier so tat, als könne man Hegels Philosophie eins zu eins in die Wirklichkeit umsetzen, dadurch diesen neuen Faktoren jedoch erst den Spielraum gab, in dem sie sich entfalten konnten.[9]

Was also wird aus Hegels Phänomenologie des Geistes als Dialektik des sittlichen Lebens eines Volkes, wenn zusätzlich zu Familie, Gesellschaft und Staat Organisationen auftreten, die die Frau zur Arbeiterin und Sekretärin emanzipieren, Schulen und Universitäten sich den Frauen öffnen, der Konsum zum privaten Modus der Vergesellschaftung wird, Haushaltsgeräte auch der Frau den Umgang mit Technik aufnötigen, das Automobil Möglichkeiten geschützter Mobilität in Reichweite zur Verfügung stellt und schließlich die Jugend zu einer sittlichen Idee wird, die die Zweiseitenform von Männlichkeit und Weiblichkeit entschärft und zugleich zuzuspitzen erlaubt? Wie bewährt sich die Zweiseitenform als Konfliktnormalfall der gesellschaftlichen Reproduktion, wenn die Familie nicht mehr der »natürliche« Ort ist, an dem die Dialektik von Allgemeinem und Besonderem, Gemeinwesen und Einzelnem zu erleben und auszutragen ist, sondern dieser Ort durch Organisation, Urbanisierung, Erziehung und Massenmedien multipliziert wird?

Hat nicht bereits Hegel seine Erwartungen an Recht, Bildung, Aufklärung, Moralität und Religion als Stufen der dialektischen Selbstaufhebung des »wahren Geistes« der Sittlichkeit (inklusive Mann und Weib) in das »absolute Wissen« (»Ich = Ich«)[10] enttäuscht gesehen, wenn er in den 1821 publizierten *Grundlinien der Philosophie des Rechts* auf die Ehe zurückkommt und ihr in alten und neuen Organisationen (»Korporationen«) einen Bündnisgenossen zur Seite stellt, der zusammen mit der Ehe die gesellschaftliche Synthesis in unerreichbare Ferne rückt? So heißt es in § 255: »Heiligkeit der Ehe und die Ehre in der Korporation sind die zwei Momente, um welche sich die Desorganisation der bürgerlichen Gesellschaft dreht.«[11] Es hilft dann nur, um sich die Wirklichkeit der sittlichen Idee ebenso wie des substantiellen Willens noch vorstellen zu können, der Übergang zum Staat und die Warnung davor, diesen mit der bürgerlichen Gesellschaft zu verwechseln (§§ 257 f.).[12]

Immerhin wird im Übergang zum Staat, im § 257 der Rechtsphilosophie, ganz unvermittelt der Penaten gedacht, der »inneren, *unteren* Götter«, und es mag daher nicht ohne Interesse sein, sich noch einmal der Ressourcen zu vergewissern, aus denen die »ewige Ironie des Gemeinwesens« einst zu gewinnen war. Es mag sein, dass die Weiblichkeit hier nur als Stellvertreter agierte, doch wenn dies der Fall war, dann als Stellvertreter einer Ironie, die im Staat wie seither so unverzichtbar ist wie eh und je. Denn über die Ironie als »höchste Form«, in welcher die Subjektivität »sich vollkommen erfasst und ausspricht«, hat diese Rechtsphilosophie im § 140 f. festgehalten: »Die hier noch zu betrachtende Spitze der sich als das letzte erfassenden Subjektivität kann nur die sein, sich noch als jenes Beschließen und Entscheiden über Wahrheit, Recht und Pflicht *zu wissen*, welches in den vorhergehenden Formen schon an sich vorhanden ist. Sie besteht also darin, das sittlich Objektive wohl zu wissen, aber nicht sich selbst vergessend und auf sich Verzicht tuend in den Ernst desselben sich zu vertiefen und aus ihm zu handeln, sondern in der Beziehung darauf dasselbe zugleich von sich zu halten und *sich* als das zu wissen, welches so *wird* und *beschließt*, und auch *ebensogut* anders wollen und beschließen kann.«[13]

In der Ironie »liegt also überhaupt das Hervortreten des Gegensatzes«, stellte Hegel in derselben Vorlesung laut einer Nachschrift fest.[14] Ohne dieses Hervortreten des Gegensatzes hat die Subjektivität keine Chance, sich anhand der nur dank dieses Gegensatzes erforderlichen Entscheidungen der Kontingenz dieser Entscheidungen und damit ihrer selbst bewusst zu werden. In dieser Formulierung liegt eine soziologische Trivialisierung der philosophisch verwickelten Verhältnisse. Diese Trivialisierung hat jedoch den Vorteil, dass sie auf die Suche schickt, welche Penaten einer Ironie zu Hilfe kommen könnten, die das von der Gesellschaft in Anspruch genommene Individuum seiner Vereinzelung überführt und damit mit einer Aufmerksamkeit auf sich selber ausstattet, die zwar aus dem Konflikt gewonnen ist, aber deswegen nur umso verlässlicher und lebendiger ist. Hegel hatte die sittliche Idee der Weiblichkeit darin verankert, dass sie mit den Penaten noch auf unbewusst vertrautem Fuße steht, während die sittliche Idee der Männlichkeit längst von der Regierung der Wirklichkeit in Beschlag genommen ist. Wir fragen im Folgenden ganz unphilosophisch, ob aus der Differenz von Weiblichkeit und Männlichkeit noch der Funke einer ewigen Ironie zu schlagen ist.

Die soziologische Frage

Man wird auch die Penaten nur für eine Zurechnungsadresse halten, die die Hartnäckigkeit einer Differenz zu beschreiben erlaubt, von der man nicht weiß, wie die Gesellschaft selbst sie zu produzieren vermag. In der Dialektik Hegels vertreten sie eine externe Referenz, die im Zuge dieser Dialektik bereits mehrfach aufgehoben ist, jedoch immer noch dafür zu sorgen hat, dass die Reproduktion der Differenz von Weiblichkeit und Männlichkeit je gegenwärtig ihr Motiv und ihre Rechtfertigung hat. Die Weiblichkeit hütet das Geheimnis der »abgesonderten« (also doch nicht restlos aufgehobenen?) Penaten und beobachtet das Gemeinwesen der Gesellschaft aus deren ihrerseits unbeobachtbaren Perspektive.

Die soziologische Frage lautet, ob diesem Rückbezug der Weiblichkeit auf die Penaten in der nachhegelschen Gesellschaft etwas entspricht, das von ähnlicher Bedeutung für die Dramaturgie und Determination der sozialen Form der Gesellschaft ist, wie es die in der Familie ausgetragene und von daher vom Gemeinwesen der Gesellschaft mitgetragene Differenz zwischen Weiblichkeit und Männlichkeit in der hegelschen Gesellschaft war. Man wird bereits für Hegel Wert darauf legen, dass er von »Weiblichkeit« und »Männlichkeit«, genauer: von der sittlichen Idee der Weiblichkeit und der sittlichen Idee der Männlichkeit sprach, und nicht: von Frauen und Männern. Andererseits markieren die Penaten eine unverfügbare Referenz, die ihrerseits die bemerkenswerte Funktion hat, an die Stelle einer Beziehung auf die Natur der Lust eine Beziehung auf die religiöse Vorgeschichte der Gesellschaft treten zu lassen: Die Penaten *sind* die Familie, die ebenso bewusstlos wie wirklich und unmittelbar einer Sittlichkeit gegenüberstehen, die sich in der Arbeit für das Allgemeine bildet,[15] und stehen gleichzeitig für einen Bezug der Weiblichkeit auf die Einzelheit und das Besondere der Familie und aller ihrer Mitglieder, der nicht zugleich der natürliche Bezug der Lust ist.[16] Die Penaten stehen für eine Sittlichkeit, das heißt für eine Form der Reflexion auf die sozialen Bedingungen des menschlichen Zusammenlebens, die noch nicht die Sittlichkeit des Allgemeinen, sehr wohl jedoch bereits Sittlichkeit ist.

Wenn bereits Hegel nicht von konkreten Männern und Frauen spricht, jedoch die Individualität und Subjektivität des Individuums genau vor Augen hat – immerhin bleibt die »Lebendigkeit des *einzelnen* Individuums« auch dann übrig, wenn im Krieg das Gemeinwesen zugrunde geht und nur der Rechtszustand übrig bleibt[17] –, gibt es heute noch weniger Gründe, die konkrete Geschlechtlichkeit der Individuen zum Ausgangspunkt einer Erkundung der Dramaturgie und Determination des Sozialen zu nehmen. Man hat sich angewöhnt, angewöhnen müssen, den Unterschied zwischen Mann und Frau aus der Bestimmung sozialer Formen auszublenden und *dafür* die nicht-negierbare Wahrnehmbarkeit dieses Unterschieds sogar in Anspruch zu nehmen und nicht etwa schlichtweg zu leugnen. Das heißt, wenn man Männer und Frauen sieht, *sieht* man einen Unterschied, der in fast allen relevanten sozialen Fragen keinen Unterschied macht beziehungsweise machen soll.[18] Die biologische Differenz wird, mit einem linguistischen Ausdruck formuliert, demotiviert, um sie als soziale Differenz remotivieren zu können, die als solche Gegenstand sozialer Konventionen ebenso wie sozialer Modifikationen ist beziehungsweise sein soll. Das geht nicht ohne jenen Rest, der als »bloßes Leben«[19] zum Schweigen gebracht beziehungsweise seinerseits sexuell, erotisch, medizinisch und therapeutisch auch wieder zur Sprache gebracht werden kann, ist jedoch in dieser Ambivalenz von nicht-negierbarer Wahrnehmung und negationsfähiger Kommunikation nur umso spannungsvoller zu verankern.

Unsere Fragestellung lautet daher, ob die Kommunikation der nicht-kommunizierten Wahrnehmung der Differenz der Geschlechter in der nachhegelschen Gesellschaft noch jene Bedeutung für die Dramaturgie und Determination der sozialen Form der Gesellschaft hat wie in der vorhegelschen Gesellschaft. Und sie lautet darüber hinaus, ob für diese Kommunikation Penaten in Anspruch genommen werden, die als »innere, *untere* Götter«

in der Kommunikation einen Eigenwert haben, der in der Kommunikation als unverfügbar und damit auch unverhandelbar behandelt werden kann. Diese Penaten, das macht die Figur so attraktiv, besitzen keine Notwendigkeit und damit auch keine gesicherte Zukunft, sondern stattdessen eine Geschichte, die die Vorgeschichte der Gesellschaft ist, und eine Wirklichkeit, die auf ein Innen und ein Unten, das heißt, systemtheoretisch gesprochen, ein Außen der Gesellschaft verweist. Im Übrigen ist die Geschichte der Penaten als Vorgeschichte keine Frühgeschichte der Gesellschaft, die auf archäologische Forschung verweist, und auch kein Datum für eine anthropologische Rückversicherung der Gesellschaft im Wesen des Menschen, sondern die Markierung einer Differenz, die in der Gesellschaft vorkommt, jedoch von dieser nicht gesetzt, sondern nur in Anspruch genommen wird. Oder genauer gesagt, die Penaten sind die Markierung der in die Gesellschaft wiedereingeführten Differenz zwischen dieser und ihrer Wirklichkeit, insofern diese ist, was sie ist, und noch nicht für die Gesellschaft ist, was sie sein soll.

Gibt es, kürzer gefragt, ein Außen der Gesellschaft, das durch die Differenz zwischen Männern und Frauen in der Gesellschaft als Einwand, an dem diese Gesellschaft sich zu bewähren hat, verfügbar gemacht wird?

Indem wir so fragen, unterstellen wir bereits, dass die Differenz zwischen Männern und Frauen eine wie immer ambivalent kommunizierte Differenz ist, wir es also nur insofern mit biologischen Männern und Frauen, mit Geschlechtern, zu tun haben, als diese als solche von der Gesellschaft thematisiert und adressiert werden. Das heißt wir bewegen uns nicht nur auf dem Feld der Männlichkeit und Weiblichkeit, sondern sogar und strenger noch auf dem Feld der sittlichen Ideen im Sinne Hegels: auf dem Feld der Konstitution der Gesellschaft durch die Gesellschaft.

Mann und Frau

Hegel konnte sich für seine These von der Weiblichkeit als »ewiger Ironie des Gemeinwesens« darauf verlassen, dass seine Unterscheidung zwischen Besonderem und Allgemeinen leistungsfähig genug war, um abstrakte Verhältnisse und konkrete Praxis gleichermaßen zu kennzeichnen. Das Allgemeine musste sich im Konkreten bewähren, und das Konkrete konnte als solches nur im Unterschied zum Allgemeinen überhaupt kenntlich werden. Sobald die Männlichkeit dem Allgemeinen und die Weiblichkeit dem Besonderen zugeordnet wurde, war das dialektische Spiel als unaufhebbares und immer wieder neu zu spielendes Spiel gesichert. Die Männer erleiden Schiffbruch im Besonderen, die Frauen können nur mit Blick aufs Allgemeine gewürdigt werden. So gesehen, ist es nicht ohne weitere Ironie, wenn der Blick des Mannes, der die Frau zu würdigen versteht, in seinem Empfinden ihrer Verehrung nicht nur auf sie, sondern in ihrem Rücken auf die Penaten stößt, die wiederum ein Allgemeines, wenn auch vorhistorisch Allgemeines sind, das zu verehren niemandem schwer fällt, der mit einem Sinn für die Naturgeschichte der Gesellschaft ausgestattet ist.

Die Differenz von Allgemeinem und Besonderem wird man heute nicht fortschreiben können, weil alles Allgemeine seinerseits als entweder regional oder historisch oder strukturell Besonderes »dekonstruiert« worden ist, das so individuell ist wie das Besondere selbst. Das Allgemeine ist ein Individuelles, das sich vom Individuellen des Besonderen nur darin unterscheidet, dass es einen Anspruch auf situationsübergreifende Geltung mit sich trägt, die sich in jeder besonderen Situation entweder bewährt oder nicht. Das Besondere, gar Singuläre, hat es darin viel leichter, weil es nur einmal sein muss, was es sein kann, und in der Folge nicht auf Geltung, sondern nur Erinnerung zählen muss. Während Männer gelten müssen, braucht man sich an Frauen nur zu erinnern?

Wir setzen mit Blick auf das Verhältnis von Innenseite und Außenseite der Gesellschaft eine sachliche Differenz, die zeitlich und sozial ausgetragen werden muss, an die Stelle der Differenz von Allgemeinem und Besonderem. Wir reden von Formen der Reproduktion von Kommunikation, in denen mitreflektiert wird, in welcher Umwelt sich diese Reproduktion nur vollziehen kann. Und wir behaupten, dass diese Formen sich schon deswegen zeitlich bewähren müssen, weil sie immer nur jetzt funktionieren und anschließend bloße Form der Erwartung und Erinnerung sind. Und wir behaupten, dass man sich schon deswegen über diese Form streitet, weil nur jetzt andere Erwartungen und andere Erinnerungen in der jeweiligen Kommunikation zur Geltung gebracht werden können.

Unsere Sachdifferenz lautet daher: Reproduktion von Kommunikation in einer Umwelt, die ihrerseits und aus dem Blickwinkel der Kommunikation nicht sozial, sondern psychisch, organisch und physisch verfasst ist. Unsere Zeitdifferenz lautet: Mobilisierung je unterschiedlich weit reichender Vergangenheits- und Zukunftshorizonte, um die von Situation zu Situation variierenden Anforderungen an die prekären Bedingungen dieser Reproduktion feinsteuern zu können. Und unsere Sozialdifferenz lautet: laufende Reaktualisierung der Möglichkeit des Streits, um sowohl sachlich wie zeitlich die Struktur von Situationen nicht in ihrer je zufälligen Form akzeptieren zu müssen, sondern variieren zu können.

In dieser Formulierung dürfte sofort einleuchten, worin die Leistung der Differenz zwischen Männlichkeit und Weiblichkeit liegt: Sie bezeichnet psychische, organische und physische Variationen der von der Kommunikation geleisteten Umweltrekonstruktion, indem sie die Differenz zwischen Männern und Frauen dafür stark macht, Ausgriffe in je unterschiedliche Vergangenheiten und Zukünfte plausibel zu machen, um deren Differenz, denn die ganze Konstruktion ist zirkulär gebaut, mit Verweis auf unterschiedliche Psyche, Organik und Physis gestritten werden darf, ohne dass dabei je der Bezug der beiden Seiten der Differenz aufeinander geleugnet werden könnte. Es gibt nur Männer, weil es Frauen gibt, und umgekehrt. Aber das ändert nichts an ihrem Unterschied. Diesen Unterschied unter den Bedingungen der wechselseitigen Abhängigkeit zu denken, heißt, ihn in der Form eines Streites zu realisieren, dem letztlich nichts außer einem Unterschied zugrunde liegt, der das Unterschiedene aufeinander bezieht. Kaum hat der Streit einen neuen Anlass gefunden, verliert er sich in einer Unbegründbarkeit, die ihrerseits die Unterscheidung erst attraktiv macht, weil sie die Beobachter zu Eigenleistungen herausfordert, die die Beziehung herstellen, die in dem Unterschied eher offen gehalten als bereits definiert wird. Die Unbegründbarkeit des Streits ändert sich erst in dem Moment, in dem nicht der Unterschied, sondern das, was er unterscheidet, substantialisiert wird, um die Verfügung über den Unterschied auf *beiden* Seiten des Unterschieds zu leugnen. Das geht nur in der Form der Gewalt, die die Substanzen setzt, auf die sie sich bezieht, und die eigene Setzung in der Auffälligkeit der Gewalt selber zu invisibilisieren versucht.[20]

Die Penaten gewinnen den Status einer »différance« im Sinne von Jacques Derrida,[21] auf die nur insofern Verlass ist, als sie je neu geschrieben wird und dazu auf Motive zurückgreift, die situativ entweder überzeugen oder nicht. Er schaut ihr in die Augen und weiß in diesem Moment, dass die Sache nur als Konstruktion, die Zeit nur als Oszillation zwischen Vergangenheit und Zukunft und der Streit nur als im doppelten Sinne potentialisierter (das heißt sowohl möglicher als auch hintangehaltener) Streit zu vertrauten Größen werden. Sie schaut ihm in die Augen und weiß in diesem Moment, dass dennoch und nur in dieser Form auf Sache, Zeit und Streit Verlass ist. Die Ironie steckt nach wie vor genau dort, wo Hegel sie vermutete: in der Form des Einwands, der der Sache dient, indem er sie aufhält. »What goes forth as A, returns as Non-A«, ist die Form der Reversion, auf die Kenneth Burke das Drama der Ironie zurückführen konnte.[22]

Man müsste diese Figur als Heuristik fruchtbar machen, um intime Kommunikation unter Lebensgefährten und in Familien, das Ungewissheit absorbierende Entscheidungsverhalten in Organisationen sowie die prekären Bedingungen der Annahme von Gerichtsurteilen, Zahlungen, politischen Entscheidungen, pädagogischer Kommunikation, künstlerischen Angeboten, religiösen Offenbarungen und wissenschaftlichen Thesen in Situationen zu untersuchen, in denen eine Differenz zwischen Männlichkeit und Weiblichkeit aufgerufen wird, um diese Kommunikationen sowohl zu testen und zu bestätigen als auch scheitern zu lassen. Wir besitzen jedoch eine allenfalls intuitive Kenntnis von der Art und Weise, wie die Differenz zwischen Mann und Frau aufgerufen werden kann, um kommunikative Ansprüche zu diskontieren und kommentarlos ad acta zu legen.

Wir formulieren die Möglichkeit einer solchen Heuristik, die mit den Mitteln der Konversationsanalyse gestützt werden könnte, hier jedoch nur, um den entsprechenden Blick zu schärfen und so darauf aufmerksam zu machen, dass jede noch so begründete feministische Aufforderung von weiblicher wie männlicher Seite, den Unterschied selber zu diskontieren, das Risiko mit sich bringt, einen vermutlich unverzichtbaren Mechanismus des gesellschaftlichen Umgangs mit den eigenen kommunikativen Ansprüchen aus den Augen zu verlieren und dadurch sowohl zu schwächen als auch zu stärken – zu schwächen, weil der Mechanismus nicht mehr ebenso selbstverständlich wie nebenbei genutzt werden kann, und zu stärken, weil er unbeobachtbar und unthematisierbar, deswegen möglicherweise umso verheerender genutzt werden kann.

In jedem Fall jedoch liegt dem gesellschaftlichen Interesse an der Differenz von Männlichkeit und Weiblichkeit weniger ein Interesse an Männern und Frauen als vielmehr ein Interesse an dem, worauf ihre Differenz verweist, zugrunde. Mit Männern und Frauen als den beiden Seiten der Differenz wird nur, mal erfreulich, mal weniger erfreulich, gespielt, weil die Differenz selber, als »différance«, etwas bezeichnet, was sich zwar nur als Mann und als Frau (mit sämtlichen Zwischen- und Vermeidungswerten) zeigt, aber dennoch weder Mann noch Frau ist, nämlich die Umwelt der Kommunikation, in der diese sich bewähren muss. Diese Umwelt ist nicht die Referenz dieser Differenz (die nichts anderes kann, als Männer und Frauen beziehungsweise, nicht individuell, sondern personal zurechnend, Männlichkeit und Weiblichkeit zu bezeichnen), sondern zusammen mit der Gesellschaft, die die Differenz zieht, ihr Raum, in der die Differenz gezogen wird. Daher vermittelt die Differenz, sobald wir sie als »Form« im Sinne von G. Spencer-Brown interpretieren,[23] mit ihren beiden Seiten und der Unterscheidung zwischen diesen beiden Seiten ein Wissen von jenem Raum, in dem sie als solche möglich ist.

Hegels Penaten stehen für dieses Wissen, dem Männer und Frauen gleichermaßen zustimmen, auch wenn und gerade indem sie sich männlich und weiblich für einen je anderen Umgang mit ihm disponiert sehen. Dieses Wissen, das für Hegel, auf das innerliche Gefühl und das der Wirklichkeit enthobene Göttliche zurückzuführen war, entschlüsselt sich uns als kognitionswissenschaftlich begründete Reserve gegenüber der Unterscheidung der Gesellschaft innerhalb der Form der Gesellschaft. Männer und Frauen, ebenso wie Alte und Kinder, stehen in der Gesellschaft für das Leben und Sterben der Individuen, über das die Gesellschaft nichts vermag. Während Alte und Kinder dieses Leben und Sterben jedoch auf allzu direkte Weise symbolisieren, erlaubt die Differenz zwischen Männern und Frauen das Leben und Sterben psychisch, organisch und physisch in den Status eines je neu auszutragenden Unterschieds in der Gesellschaft zu erheben. Hegels Penaten befanden sich am richtigen Ort, denn bis heute leben und sterben die Menschen in Familien. Nur hier machen ihr Bewusstsein, ihr Körper und ihre Geschichte einen Unterschied, der die Person für sie selber wieder erkennbar macht beziehungsweise, soziologisch formuliert, voll inkludiert, *indem* unterschieden *und* das Unterschiedene aufeinander bezogen wird.[24]

Wenn Niklas Luhmann daher dafür plädiert, die Frage nach Männern, Frauen und Geschlechtern nicht mehr im Rahmen der Unterscheidung von Natur und Kultur, sondern im Rahmen der Unterscheidung von Eindeutigkeit und Vieldeutigkeit zu rekonstruieren,[25] betrifft dies nicht nur die Frage des heute nicht mehr als eindeutig, sondern als vieldeutig behandelten (»sozial konstruierten«) Geschlechts, sondern auch die Frage der Vieldeutigkeit der sich in der Differenz von Männern und Frauen verfangenden Wirklichkeit. Der Kampf zwischen Eros und Thanatos, der den späten Freud so sehr beeindruckte,[26] ist eine Auseinandersetzung um Leben und Tod, die sich erotisch, sexuell und libidinös (ich würde auch behaupten: in dieser Reihenfolge) entzündet, tatsächlich jedoch das Schicksal des Individuums in der Gesellschaft meint, insofern es jetzt lebt, im Blick der anderen jedoch von seinem Tod erfährt.[27]

Die Vorratskammer (lat. *penus*), die die Hausgötter schützen, steht für jene Ressourcen einer körperlichen und privaten Existenz, in der Mann und Frau von dem Abstand nehmen, was ihr Leben zu strukturieren erlaubt, dieses Leben jedoch nicht selber ist. Er beobachtet sie und sie ihn bei einer Abstandnahme, die eine präzise Form der Beobachtung aller Angebote ist, die ihn und sie auf die Gesellschaft mit anderen beziehen. Die Penaten stehen dafür ein, dass diese Beobachtung zweiter Ordnung (er beobachtet sie beim Beobachten der Gesellschaft, und sie beobachtet ihn beim Beobachten der Gesellschaft) an irgendeiner Stelle, die hochgradig individuell ist und genau dies auch sein soll (und verschweigt zugleich), in einer Beobachtung erster Ordnung übereinkommt, die darauf verzichtet, wiederum kontingent zu setzen, wie dieser Abstand gewonnen wird, und darauf verzichtet, nachzufragen sowie zu kommentieren, ob und wie der Abstand gelingt beziehungsweise illusorisch bleibt. Insbesondere die Ehe, die keinerlei immanente Stoppregeln für die Beobachtung zweiter Ordnung und deren Kontingenzzumutungen kennt, bezieht genau daraus, wenn es gut geht, Motive, die Dinge auf sich beruhen zu lassen und die unter Umständen auch in der Form des Streits gelungene Verständigung als Wirklichkeit der Wirklichkeit zu akzeptieren.[28]

Vielleicht ist dies das harmlose Ergebnis unserer Überlegungen. Die Differenz von Männlichkeit und Weiblichkeit asymmetrisiert das unendlich rekursive Spiel der Beobachtung zweiter Ordnung auf jenen Punkt hin, dass die Frau als Frau und der

Mann als Mann an bestimmten Stellen, die ihrerseits zum Unglück der Charakterforscher nicht vorhersehbar sind, nur noch genau dieses sind: Mann und Frau, Beobachter erster Ordnung, die tun, was sie tun, und lassen, was sie lassen. Sich zu lieben heißt dann, den anderen in dem Wissen, dass jede Beobachtung (und damit Selbstbestimmung) kontingent zu setzen ist, und in der Absicht, darauf an bestimmten Stellen zu verzichten, zu unterstützen. Zum Code von Intimität wird es, den anderen wissen zu lassen, dass man es ihn nicht wissen lassen wird, dass und wie sehr man ihn unterstützt.[29] Der Verzicht auf die Beobachtung zweiter Ordnung ist seinerseits eingebettet in die Beobachtung zweiter Ordnung. Anders würde er nicht zur sozialen Wirklichkeit. Alle Beteiligten wissen darum und beziehen nicht zuletzt daraus die Motive zum erotischen, sexuellen und libidinösen Spiel, in dem immer wieder neu ausgetestet und bestätigt wird, an welchen Stellen man sieht, dass man nicht sieht, was man sieht.

Dies allerdings ist alles andere als harmlos, da in dieser Inszenierung der Beobachtung erster Ordnung für die Zwecke einer auf sich selbst verzichtenden Beobachtung zweiter Ordnung nicht nur die Beobachtungen und dieser Verzicht ausgehandelt werden, sondern, denn es geht um Leben und Tod, auch gelockt und gedroht, verführt und vergewaltigt wird, um die terms of trade festzuhalten und jede Abweichung von ihnen mit einem Risiko zu belegen, das vom momentanen Liebesentzug über den tödlichen Konflikt[30] bis zur jahrelangen Fremd- und Selbstzermürbung reichen kann.

Die Einsicht, dass der Mann irgendwann nur noch als Mann, die Frau irgendwann nur noch als Frau zu nehmen, zu akzeptieren und zu lieben ist, lässt die Symmetrien der sozialen Dynamik der Beobachtung zweiter Ordnung nur scheinbar in die Asymmetrie von Mann und Frau, in Wirklichkeit jedoch in die Asymmetrie von Kommunikation und Leben kippen. Die Penaten sind hier die Kippfigur, die auch die Differenz von Kommunikation und Leben zu resymmetrisieren verstehen, also nicht in den Status irgendeiner natürlichen oder kulturellen Notwendigkeit abrutschen lassen, die jedoch gleichzeitig diese Resymmetrisierung zur lebendigen und kommunikativen Beobachtung einer Differenz nutzen, die ist, was sie ist, bloße Unendlichkeit und absolutes Wissen.

Die Heuristik, von der wir oben sprachen, wird hiermit erst recht zur Suchfigur. Der ökologische Zweifel an der Reproduzierbarkeit der Gesellschaft auf ihrem gegenwärtigen Niveau von Wirtschaft (»Konsumgesellschaft«), Technik (»Energieabhängigkeit«), Politik (»Wohlfahrtsgesellschaft«) und Erziehung (»lebenslanges Lernen«) führt dazu, dass wir nicht nur nach Indikatoren suchen, die den Stand der Dinge zu erfassen und zu beschreiben vermögen, sondern auch nach Anhaltspunkten, an denen der Einwand gegen die Verhältnisse festgemacht werden kann. Dass Männer und Frauen die Dinge vielleicht anders sehen, ist eine Erfahrung, die von einer Gesellschaft in den Dienst genommen wird, die zunehmend darauf insistiert, dass diese Erfahrung nicht nur sporadisch und nicht nur individuell, sondern gleichsam systematisch als Einwand in der Gesellschaft gegen die Gesellschaft fruchtbar gemacht wird.

Das geschieht in der Familie, die sich mit dem Leben und Sterben der Individuen auseinandersetzt, anders als in der Organisation, die Anlass hat, ihren Routinen mit den Mitteln einer Wachsamkeit und Aufmerksamkeit auf die Spur zu kommen, die nur einer Kommunikation abverlangt werden kann, die die Wahrnehmungsfähigkeit aller Mitarbeiter in Rechnung stellt.[31] Und es geschieht in der Politik, die, wenn die alarmierten Beobachtungen stimmen,[32] nicht nur zwischen Regierung und Opposition, sondern auch zwischen Patriarchat und Matriarchat oszilliert, anders als in der Erziehung, die zwischen Ausbildung, Training und Beratung schwankt und in diesem Schwanken der psychischen und lebendigen Komplexität ansichtig wird, die auf der anderen, der individuellen Seite der Erziehung vorausgesetzt werden und mitspielen muss. Hier wie dort jedoch erschließt sich das Geschlecht als eine Schiene der Individualisierung, die immer dann und hochgradig situationsgerecht genutzt werden kann, wenn das eine auf das andere stößt.[33]

Diese Individualisierung ist sowohl der Indikator als auch der Einwand, den die Gesellschaft nutzt, um ihre eigenen sozialen Zustände zu überprüfen. Sei Mann und/oder Frau, so verlangt sie von den Menschen, die in ihr leben, auf dass du dich unterscheidest und als Individuum kenntlich wirst. Huldige den Penaten, damit du weißt, aus welcher Reserve heraus du sowohl annehmen als auch ablehnen kannst, was du und andere von dir erwarten.[34] Die Penaten sind jedoch niemals diejenigen eines Individuums, sondern immer schon diejenigen eines Haushalts, zu dem die Alten und die Jungen, der Mann und die Frau gehören. Damit beginnt das Spiel von neuem, allerdings verweist es nicht mehr wie noch bei Hegel vom Besonderen auf das Allgemeine, sondern vom Individuum über das andere Individuum auf den sozialen Kontext, in dem sie stehen und der so besonders ist wie sie selbst.

Dieser soziale Kontext ist der Kontext einer Gesellschaft, die sich nicht zuletzt daran zu bewähren hat, wie sie Körperlichkeit und Geschlechtlichkeit in eine Form bringt, die deren Eigensinn wahrt, indem sie ihnen Ausdruck gibt. Man weiß inzwischen und nicht zuletzt dank Michel Foucault,[35] dass dies eine paradoxe Forderung ist, weil der Ausdruck gesellschaftlichen Codierungsregeln (»Diskursen«) folgt, die den »Eigensinn« nur konstruieren, von dem sie behaupten, dass er der »der Sache« selber sei. Das ändert jedoch nichts daran, dass sich in diese Konstruktionen des Eigensinns ein Eigensinn einzeichnen kann, der nicht erst in der Gesellschaft, sondern bereits an deren Schnittstellen zu Körper und Bewusstsein ausgehandelt wird. Nirgendwo lässt sich genauer und verführerischer lernen, was es mit der »Ökologie« der Gesellschaft auf sich hat, die nur wissen kann, dass sie nicht weiß,[36] was sich in Körper und Bewusstsein abspielt, während die Kommunikation ihnen ebenso ängstlich wie großzügig Raum gibt.

Die Differenz von Mann und Frau und Männlichkeit und Weiblichkeit ist *als* diese Differenz in den Blick zu nehmen, um sich einer Intelligenz bewusst zu werden, die zwar immer wieder gnadenlos verspielt wird, jedoch auch immer wieder neu genutzt werden kann, um einen Blick auf jene Penaten zu erhaschen, die ein Wissen um Leben und Sterben verwalten, von denen Körper, Bewusstsein und Kommunikation je für sich nichts wissen. Der Geschlechtsakt mit allem, was ihm an erotischen und thanatotischen Bedeutungen zugesprochen worden ist,[37] bringt nur auf einen heute vermutlich arg überschätzten Punkt, was sich nur in der Differenz von Mann und Frau (sowie Mann und Mann und Frau und Frau) austragen lässt. Der Punkt wird ja nur deswegen überschätzt, um andernorts, außerhalb des Geschlechtsakts, von dieser Lust und diesem Drama absehen zu können. Tatsächlich macht man jedoch auch hier wieder einmal die Rechnung ohne den Wirt (»Wirt« hier im strengen Sinne des Wortes): Die Konzentration von Lust und Drama auf den Punkt des Aktes garantiert nur umso verlässlicher, dass sich hier das ganze Kunstwerk der Individualisierung beim Untergang beobachten kann und aus dieser Beobachtung die Kenntnisse gewinnt, die auch außerhalb des Aktes die Penaten nicht aus den Augen verliert.

Max Weber bemerkte einmal, dass ausgerechnet »bei den puritanisch beeinflussten Völkern schließlich doch jene Verfeinerung und geistig-ethische Durchdringung der ehelichen Beziehungen und jene Blüten ehelicher Ritterlichkeit erwachsen sind«, die man andernorts vergeblich suchen würde; und dies sei auch kein Zufall, da die rationale Deutung der eigenen Lebensführung vor den geschlechtlichen Beziehungen nicht Halt machen würde.[38] Man ist heute allzu schnell geneigt, solche Einsichten ebenso wie die Sprache, in der sie sich zu Wort melden, jenem »patriarchalen Brodem« zuzuschlagen, von dem Weber sie gerade unterschieden wissen will. Tatsächlich zeigt das nur, wie hilflos wir in diesen Angelegenheiten geworden sind. Und das gibt Hoffnung.

Oszillierende Öffentlichkeit

Im Doppelzugriff von Staat und Vernunft

Die Begriffstradition stellt die Kategorie der Öffentlichkeit in einen engen Zusammenhang mit Staatlichkeit einerseits und Vernünftigkeit andererseits. Der Staat ist das, worauf die Öffentlichkeit zielt, um ihre Meinungen in Entscheidungen umzusetzen. Die Vernunft ist das, worauf die Öffentlichkeit sich beruft, um diese Meinungen mit Gründen zu versorgen. Das kann heute nicht mehr so recht überzeugen. Entscheidungen werden allerorten getroffen, nicht nur im Staat und vom Staat. Nur selten gehen sie auf Meinungen zurück, die als Meinungen der Öffentlichkeit kenntlich sind. Und wer für seine Meinungen Vernunftgründe sucht, wird von der Vernunft mit Gründen, an seiner Meinung zu zweifeln, beliefert. Die Vernunft, als Einsicht in Komplexität, steht der Meinungsbildung eher im Wege, als dass sie diese fördert. Alle Arten von Komplementär-, Supplementär- und Konkurrenzbeziehungen zwischen Staat, Vernunft und ihrem gemeinsamen Dritten, der Öffentlichkeit, wurden bereits durchgespielt, aber eine Konstellation, die die Dreieinigkeit als solche absichern könnte, wurde nicht gefunden. Die Öffentlichkeit als Garant einer im Staat gefundenen Vernunft; die Öffentlichkeit als ausgeschlossener Dritter eines zwischen Staat und Vernunft eingespielten Einverständnisses; die Öffentlichkeit als Instanz der Kritik eines an Vernunftansprüchen scheiternden Staates und einer an Staatsansprüchen scheiternden Vernunft; schließlich die Öffentlichkeit als Ruin des Staates wie der Vernunft – jede dieser Konstellationen überzeugt nur auf den ersten Blick und verliert rasch an Attraktivität, wenn man genauer hinschaut.

Man hat die Kategorie der Öffentlichkeit dadurch zu retten versucht, dass man den vor allem der deutschen Tradition wichtigen Bezug auf Vernünftigkeit fallen ließ, den Bezug auf Staatlichkeit jedoch aufrechterhielt. Aus der Öffentlichkeit wurde dann so etwas wie der »Markt« der Politik, ein Terrain der Beobachtung weniger der politischen Entscheidungen selbst als vielmehr der steigenden oder sinkenden Möglichkeiten, für diese Entscheidung machterhaltende Zustimmung zu erhalten. Verfolgt man dieses Begriffsverständnis, wird aus der Öffentlichkeit eine politische Kategorie, die Kategorie einer vierten »Gewalt«. Für die politische Analyse ist eine solche Kategorie unverzichtbar. Öffentlichkeit meint jedoch mehr. Es gibt nicht nur eine Öffentlichkeit der Politik, sondern auch eine Öffentlichkeit des Sports, der Religion, der Wirtschaft, der Familie. Es gibt eine Öffentlichkeit nicht nur in Bezug auf Entscheidungen, sondern auch in Bezug auf Ereignisse, Werte, Geschichten, Personen. Es macht wenig Sinn, jede dieser Öffentlichkeiten mit einem politischen Nebensinn zu versehen – es sei denn, man bleibt bei einer festen Kopplung zwischen Vernunft, Meinung und Politik, die Meinungen mit Geltungs- und Gestaltungsansprüchen aufzuputzen erlaubt und den einen Anspruch mit dem anderen absichert. Lose Kopplung ist jedoch hier wie auch andernorts die attraktivere Option.

Eine immer differenzierungsfähigere Analyse der Politik und Philosophie der Vernunft hat der Kategorie der Öffentlichkeit nicht nur genutzt, sondern auch geschadet. Einerseits wird immer deutlicher, was von der Öffentlichkeit im einen wie im anderen Kontext erwartet wird. Andererseits lässt sich der Eindruck nicht von der Hand weisen, dass die Öffentlichkeit des einen Kontextes mit der des anderen Kontextes kaum noch etwas zu tun hat. Ein Kalkül der Zustimmung zu politischen Entscheidungen (die Öffentlichkeit der Politik) lässt sich mit einem Versuch, die Dinge in ihrer Evidenz sichtbar werden zu lassen (die Öffentlichkeit der Vernunft), schon deswegen nicht vereinbaren, weil der Kalkül der Zustimmung ein Prozess zweiter oder höherer Ordnung ist, der Versuch des Evidenznachweises jedoch auf einen Prozess erster Ordnung zumindest zielen muss. Natürlich kann man sagen, dass genau in dieser Spannung zwischen Prozessen verschiedener Ordnung das rhetorisch ausbeutbare und vor allem einsetzbare Potential der Öffentlichkeit liegt. Und man kann dieser Meinung zu Hilfe kommen, indem man auch für die Vernunft nachweist, dass sie auf einer Ebene zweiter oder höherer Ordnung operiert. Das ist schon dadurch belegbar, dass es bei der Vernunft um die Einsicht in die eigenen Einsichten – oder sogar in die eigene Einsichtsfähigkeit – geht. Aber was genau versteht man dann noch unter Öffentlichkeit?

Es ist kaum noch zu entscheiden, ob nicht Politikanalyse und Vernunftphilosophie über ihrer eigenen Verfeinerung ein

Öffentlichkeitsverständnis ausgearbeitet haben, das Öffentlichkeit erstens höchst selektiv, zweitens je unterschiedlich in Anspruch nimmt. Es ist nicht einmal auszuschließen, dass gerade in dieser *Selektion und Differenzierung von Öffentlichkeit* die »historische Mission« von Staat und Vernunft liegen. Schaut man sich an, wie genau das Gefühl für eine gefährliche Eigendynamik von Öffentlichkeit immer war und wie eilfertig der Öffentlichkeit Referenzen auf Staatlichkeit und Vernünftigkeit hinterhergetragen und nahe gebracht wurden,[1] dann kann man sich des Eindrucks nicht erwehren, dass sich Staat und Vernunft nicht nur als Sachwalter von Öffentlichkeit verstanden, sondern ihre Aufgabe auch darin sahen, eine Instanz mit Mäßigung und Begrenzung zu versehen, der man schon deswegen nicht über den Weg traut, weil sie mit den Meinungen, die sie vorbringt, von nichts anderem abhängig ist als von sich selbst.

Nichts entgeht der Meinung

Will man herausfinden, wozu eine Kategorie der Öffentlichkeit im Zusammenhang gegenwärtiger Gesellschaftsbeschreibungen noch tauglich ist, lohnt es sich, von Referenzen auf Staat und Vernunft, die ihr Halt geben sollen, zunächst einmal abzusehen und zu fragen, was man denn unter einer Öffentlichkeit, seit es die Kategorie implizit oder explizit gibt, verstanden haben wollte. Folgt man Jean-Pierre Vernant,[2] dann zielte die Formulierung der Idee eines öffentlichen Wissens in der griechischen Antike auf die Emanzipation des Wissens aus dem Geheimnis. Was die Gemeinschaft von sich selbst, von ihrer Politik und von ihrer Kosmologie wissen konnte, das sollte nicht länger Sache von Geheimnissen sein, die von Gottkönigen und Priestern verwaltet wurden. Dem Mythos eines unverfügbaren, Herrschaft begründenden Anfangs wird eine paradoxe, weil zukunftsoffene Archäologie des kosmisch und politisch Unbegrenzten gegenübergestellt, deren eigene Fortschreibung offen legt, was in der Welt bereits enthalten ist. Was man seither unter Öffentlichkeit versteht, ist vor allem diese Fortschreibung des Wissens aus sich selbst, auch des Rückgriffs des Wissens auf das, was es weiß – und daher der Notwendigkeit der Unterbrechung dieses Wissens mit Referenzen auf das, was es *nicht* weiß. »Philosophie« wurde als Liebe zu diesem Wissen wie auch als Technik geschickter, weil in das Wissen einspeisbarer Unterbrechungen des Wissens verstanden.

In diesem Öffentlichkeitsverständnis stecken bereits alle Keime möglicher Überschätzung und Unterschätzung. Einerseits fasziniert die Möglichkeit eines sich nur noch auf sich selbst beziehenden, nur durch sich selbst irritierbaren, vorgelagerte Prinzipien, Autoritäten und Finalitäten weniger konsequent als vielmehr zufällig dekonstruierenden Meinungsaustausches. Andererseits sieht man rasch, dass der Meinungsaustausch seine eigene Dynamik hat, deren Technik wie Verdächtigung unter dem Titel der »Rhetorik« beschrieben wird. Unterbrechungen durch Zensur scheinen unverzichtbar, sei es mit Blick auf den Staat oder mit Blick auf die Vernunft. Allerdings stand man dann vor dem Dilemma, die Unterbrechungen der öffentlichen Meinung entziehen zu müssen, also wiederum unverfügbare Prinzipien, Autoritäten, Finalitäten in Anspruch zu nehmen, von denen man sich gerade erst befreit hatte. Der »Philosoph« rückt an die Stelle des Gottkönigs und kann allenfalls *das Prinzip* der Zensur, nicht deren jeweilige Maßnahmen, der von ihm zu fördernden Einsicht des Publikums unterbreiten. Um die Ebenen zu trennen und Kurzschlüsse zu vermeiden, braucht man eine »Theorie«, die Anschauung von Meinung zu trennen versteht und sich dafür ein Verständnis von Objektivität zurechtlegt, das, seinerseits durch Regeln der Irrtumsfeststellung der Meinung entzogen, ihr aber auch zur Korrektur subjektiver Fehleinschätzungen ausgesetzt werden muss.

Die öffentliche Meinung bleibt dadurch unbehelligt. Sie kann darauf vertrauen, dass, was immer »Philosophie« und »Theorie« aushecken, ihr wieder »vorgelegt« werden muss. Nichts entgeht der Meinung,[3] so sehr, was auch immer sich ihr entzieht, an Differenzierungsfähigkeit und Komplexität gewinnt, seit es versucht, sich ihr zu entziehen beziehungsweise mit eigenen Unterbrechungstechniken sowohl die Indifferenz gegenüber der Meinung zu steigern wie auch in ausgewählten Hinsichten Meinung wieder zuzulassen. Selbst der selektive Umgang mit Öffentlichkeit muss sich der Öffentlichkeit stellen – ja gerade dieser.[4] Das Einzige, was diesem selektiven Umgang zu Hilfe kommen kann, ist der Umstand, dass die Öffentlichkeit kein Interesse an ihm hat.

In der sozialwissenschaftlichen Diskussion wird der Öffentlichkeit das Potential der Organisation gesellschaftlicher Erfahrung,[5] gar einer Verflüssigung der »Staatsgewalt zum Medium einer Selbstorganisation der Gesellschaft«[6] zugeschrieben, das sich vor allem zwei Mechanismen zu verdanken scheint: die Öffentlichkeit neutralisiert die spezifischen Anforderungen jener »privaten« Bereiche des Hauses, des Betriebs, der Schule, des Krankenhauses, denen sie sich gegenüberstellt, im Hinblick auf Anderes; und sie wechselt die Themen.[7] Beide Mechanismen sind ebenso politik- wie vernunftaffin. Denn die Neutralisierung sucht nach ihrem Spezifikum, findet es in der Stilisierung des »Anderen« zum »Allgemeineren«, adressiert im Interesse dieses Allgemeinen die neutralisierten Anforderungen als Zumutungen, es auch anders machen zu können, zurück an die Bereiche, aus denen sie gewonnen wurden – und kann für diese Rückadressierung nur Politik und Vernunft, die Sachwalter des Allgemeinen, in Anspruch nehmen. Die Öffentlichkeit ist »polemischen Wesens«, wie Adorno festgestellt hat: »Öffentlichkeit ist nichts fest Umrissenes, sondern polemischen Wesens: was einmal nicht öffentlich war, soll es werden.«[8] Die Öffentlichkeit stellt sich dem Privaten nicht schlicht gegenüber, sondern sie unterwirft es den eigenen Ansprüchen auf eine als Universalisierung deklarierte Neutralisierung, die keine andere Legitimation hat als die eigenen Ansprüche. Zur Moderation ihrer Polemik nutzt sie den Themenwechsel, der Schonung jeweils dessen ermöglicht, was im Moment nicht Gegenstand von Thematisierung ist.

Selbstorganisation im Medium von Neutralisierung und Thematisierung – das wäre es, was Öffentlichkeit im sozialwissenschaftlichen Verständnis auszeichnet. Diese Kurzformel, die unterschiedliche Konzepte zusammenzieht, verdeckt allerdings eine wesentliche Differenz. Die Selbstorganisation bezieht sich im Konzept der Kritischen Theorie auf die Gesellschaft insgesamt, im Konzept der soziologischen Systemtheorie dagegen nur auf die öffentliche Meinung. Die beiden Konzepte überschneiden sich jedoch spätestens dann wieder, wenn die Kritische Theorie den »Strukturwandel« zur massenmedialen Verselbständigung der Öffentlichkeit feststellt und die Systemtheorie die Selbstorganisation jeden Teilbereiches der Gesellschaft als Beitrag zur Selbstorganisation der Gesellschaft insgesamt beschreibt.

Einschränkung durch Beobachtung

Wir bleiben versuchsweise bei dieser Kurzformel einer Selbstorganisation im Medium von Neutralisierung und Thematisierung. Ob es sich um die Selbstorganisation der Gesellschaft insgesamt oder nur der öffentlichen Meinung handelt, halten wir offen beziehungsweise begreifen wir ebenso als theoriestimulierendes Problem wie die gewonnene Einsicht in die selektiven und differenzierenden Zugriffe von Politik und Vernunft auf die Öffentlichkeit.

Der entscheidende Begriff für ein Verständnis der Öffentlichkeit als Öffentlichkeit, das heißt vorgängig zu ihrer Inanspruchnahme als Träger und/oder Adressat von Politik und Vernunft, ist dann der Begriff der Selbstorganisation. Vorsichtshalber sei angemerkt, dass dieser Begriff jede Rede von »Vorgängigkeit« zulässt und dekonstruiert zugleich. Selbstorganisation ist nicht creatio ex nihilo, sondern Produktion-aus-anderem (»Autopoiesis«) und beruht daher darauf, dass es dieses »andere« bereits gibt, wie darauf, dieses andere zu einem »eigenen« Moment zu machen. In einer Begriffssprache, die von sich behauptet, sie sei keine (ein klarer Fall von »Autopoiesis«), würde man paradox von der Notwendigkeit supplementärer Momente sprechen.[9] Eine umfangreiche Diskussion dieses Begriffs in jüngerer Zeit kreist um seine je unterschiedliche Anwendbarkeit in den Natur- und Sozialwissenschaften,[10] änderte jedoch bislang nichts an der Ausgangseinsicht des Kybernetikers W. Ross Ashby, dass unter »Selbstorganisation« die Einführung von Einschränkungen zu verstehen ist, die einen Beobachter derart in ein Verhältnis zu einem Objekt setzt, dass Beobachter, Objekt *und ihre Differenz* nicht anders denn aus diesem Verhältnis zueinander zu beschreiben *und zu reproduzieren* sind.[11] Selbstorganisation ist Konditionierung durch Selbstbeobachtung. Der Begriff steht ebenso quer zur materialistischen wie zur idealistischen Denktradition Europas. Er unterläuft den Materialismus durch die Akzentuierung der Rolle der Beobachtung. Und er streicht die selbstverursachten Schwierigkeiten des Idealismus, indem er jede Idee als ein »Ding« (wie auch jedes Ding als eine »Idee«) begreift, das bereits durch seine Existenz konditioniert,[12] also nicht erst noch zur »Anwendung« gebracht werden muss.

Selbstorganisation ist Einschränkung durch Beobachtung. Für ein Verständnis von Öffentlichkeit, nach dem wir suchen, heißt das, dass die Öffentlichkeit einschränkt, indem sie beobachtet und diese Einschränkung (a) sich selbst, dem Beobachter, (b) dem Beobachteten und (c) dem Verhältnis zwischen dem Beobachter und dem Beobachteten zur Verfügung stellt. Kompliziert wird diese Bestimmung dadurch, dass generell bei jedem Beobachter, also auch im Fall der Öffentlichkeit, das *Beobachtetwerden* vom *Beobachten* nicht zu unterscheiden ist. Wir haben es von vornherein mit Verhältnissen der Beobachtung zweiter Ordnung zu tun, in denen sich alle Beobachtung daraus gewinnt, dass sie beobachtet wird. Sonst könnte man von Beobachtung gar nicht sprechen, wüsste gar nichts von ihr, sähe sie noch nicht einmal verschwinden im schwarzen Loch, das sie dann wäre. Beobachtungen lassen sich in diesem Verständnis nach Subjekt und Objekt allenfalls after the fact asymmetrisieren. Die Unterscheidung von Subjekt und Objekt ist bereits eine der Beobachtungen, die an die beobachtete Beobachtung herangetragen werden können, um sie oder ihre Resultate für eine Weiterverarbeitung oder auch nur eine Weitergabe zuzurichten. Als Beobachtung ist die Beobachtung zunächst weder die Beobachtung eines Subjekts (genitivus subiectivus) noch die Beobachtung eines Objekts (genitivus obiectivus), sondern *eine Operation*, die entweder eine Fortsetzung findet oder nicht.

Ein Verständnis der Öffentlichkeit ergibt sich in diesem Ansatz dann nicht daraus, dass man sie subjektiviert und nach den in ihr Handelnden fragt. Es ergibt sich auch nicht daraus, dass man zur Adresse der Beobachtung objektiviert, was diese Handelnden zu sehen bekommen. Subjektivierung und Objektivierung, Handlung und Adressierung sind Zurichtungen der Operation, Strukturen der Anschlussfindung, die unerklärt lassen, was als diese Operation selbst erst einmal zu beschreiben wäre. Was also »ist« die Operation Öffentlichkeit, das heißt: wie findet sie ihre eigene Fortsetzung?

Hält man sich strikt an das im Wort »Öffentlichkeit« bereits enthaltene Wissen darum, was Öffentlichkeit »ist«, dann ist die Operation Öffentlichkeit eine Grenzüberschreitung, die sowohl innerhalb wie außerhalb der Grenze Sinn macht, das heißt Anschluss finden kann. Sie macht außerhalb der Grenze Sinn, weil dort beobachtet wird, was innerhalb der Grenze geschieht. Und sie macht innerhalb der Grenze Sinn, weil dort beobachtet werden kann, wie das, was innerhalb geschieht, von außerhalb beobachtet wird. Die Öffentlichkeit ist eine Operation der »Öffnung«, die die Grenze, die sie überschreitet, offensichtlich nicht auflöst, sondern markiert – und zwar als etwas markiert, das das Interesse daran weckt, was »dahinter« liegt.

Das ist jedoch erst die halbe Antwort auf die Frage nach der »Operation Öffentlichkeit«, die noch offen lässt, um was für Grenzen es sich denn handelt, die hier auf eine Art und Weise überschritten werden, die in ihrer Markierung, nicht in ihrer Auflösung resultiert. Im Prinzip handelt es sich bei diesen Grenzen um jeglichen Typ von Grenze, der innerhalb der Gesellschaft geschlossene Kreise der Kommunikation gegenüber anderen ausdifferenziert und abschottet und eine Konditionierung der Fortsetzung der Kommunikation durch die von der Grenze jeweils mitgesetzten Regeln der Indifferenz und Differenz ermöglicht. Das heißt, es handelt sich um die Grenzen sozialer Systeme in einem Sinne, der vor allem von Niklas Luhmann ausgearbeitet worden ist.[13] Öffentlichkeit kann sich auf jedes dieser Systeme beziehen, nicht nur auf das politische System. *Die Grenze als solche* weckt das Interesse der Öffentlichkeit, nicht unbedingt das, was hinter der Grenze geschieht. Dieses Interesse wird oft genug als ein politisches deklariert, aber das ergibt sich weniger aus der Natur der Sache als vielmehr daraus, dass es als ein politisches und damit auch politisch einzugrenzendes Interesse überhaupt erst freigesetzt wurde.

Fasst man die Operation Öffentlichkeit in diesem Sinne als eine *Markierung der Grenzen sozialer Systeme*, dann fragt man sich, was damit gewonnen ist. Damit ist – begrifflich wie sachlich – nichts weniger gewonnen als die Beschreibung eines Typs von Kommunikation, der auf die Beobachtung der Beobachtung von Grenzen zielt. Die Markierung von Grenzen ist keine Überschreitung, sondern eine Beobachtung ihrer Form als Zwei-Seiten-Form.[14] Die Grenzen werden nicht aufgelöst, sondern in einem bestimmten Sinne der Beobachtung, also der Kommunikation, zur Verfügung gestellt. Ihre Beobachtung liefert ein Verständnis dafür, dass das, was auf ihrer Innenseite geschieht, für ihre Außenseite von Interesse ist, weil auf der Außenseite sichtbar ist, dass die Ausdifferenzierung, die die Grenze leistet, *Sachverhalte voneinander trennt, die man auch als zusammengehörig betrachten kann*. Das wiederum ist auf der Innenseite von Interesse, weil dort laufend mitgeprüft wird, ob die Ausdifferenzierung noch Sinn macht und welche Auflösung und Rekombination des Sinns, den sie macht, sie mit veränderten Außenverhältnissen in Kontakt zu halten erlaubt. Die Markierung der Form der Grenze blickt auf beide Seiten der Grenze und entdeckt die Grenze als eine, die *so oder anders* gezogen werden kann.

Die Öffentlichkeit der Gesellschaft erweist sich somit als ein Formprinzip, das alle Entscheidungen, die mit Grenzziehungen verbunden sind, auf die Unentscheidbarkeit der Grenzziehung hin zu beobachten erlaubt. Diese Unentscheidbarkeit ist kein irgend objektiv vorliegender Sachverhalt, auch keine bloß subjektiv in Anschlag gebrachte Attitüde, sondern das unvermeidbare Produkt einer Beobachtung unter dem Gesichtspunkt der Öffentlichkeit. Man kann sie nicht mit den Mitteln der Logik behandeln und zur Unmöglichkeitsbedingung von Gesellschaft beziehungsweise ihrer Grenzziehung stilisieren. Sondern man muss sie als Produkt einer Operation, als Resultat einer Kommunikation behandeln, die ihren Sinn darin findet, wie sie aufgenommen und weiterverarbeitet wird. Die Unentscheidbarkeit liefert ihren eigenen Beitrag zur Konstruktion und Rekonstruktion von Gesellschaft. Sie liefert eine Einschränkung, die sich ihrerseits als Beitrag zur Selbstorganisation der Gesellschaft darstellen lässt.

Die Entdeckung der Unentscheidbarkeit liefert die Einschränkung, dass es zum Verständnis der Gesellschaft und damit zu ihrer Selbstbeschreibung nicht ausreicht, auf ihre internen und externen Grenzziehungen zu achten, so als könnten diese eine wie immer natürliche oder artifizielle Ordnung der Dinge beschreiben. Sondern jede dieser Grenzziehungen ist auf einen Typ von beobachtenden Systemen zu beziehen, der so und nicht anders entschieden hat und aus dieser Entscheidung die Ressourcen und Motive der Selbstreproduktion gewinnt. Die Entdeckung der Unentscheidbarkeit lenkt den Blick auf die Entscheidung und auf das, was aus dieser und mit dieser Entscheidung gewonnen wird. Die Entscheidung wird als arbiträr und kontingent nicht deswegen gesetzt, damit sie aufgefordert werden kann, bessere Gründe zu finden, sondern deswegen, damit der Blick abgelenkt wird von der Unterstellung der Notwendigkeit zugunsten der Beobachtung konkreter Bedingungen der Reproduktion. Dafür kann dann auch die Einführung besserer Gründe von Nutzen sein, weil sie die Bedingungen der Reproduktion zu variieren helfen kann. Als notwendig jedoch erscheint nur noch, dass angesichts von Unentscheidbarkeit überhaupt eine Entscheidung getroffen wird und auf diese Entscheidung zugerechnet werden kann, was aus ihr, die laufend neu zu treffen ist, folgt – und zwar folgt auch als das, was sie im Nachhinein ermöglicht.

Die Öffentlichkeit handelt mit Zweitversionen aller Grenzen, die innerhalb der Gesellschaft ausdifferenzieren, was sich als Gesellschaft reproduziert. Nicht nur die Politik, auch Wirtschaft, auch Wissenschaft und Erziehung, auch Religion und Kunst, auch die Familie müssen in diesem Sinne mit Öffentlichkeit rechnen. Jede Organisation, sei es ein Unternehmen oder eine Universität, sei es ein Altersheim oder ein Kindergarten, sei es eine politische Partei, eine Sekte oder ein Fußballverein, muss in diesem Sinne mit Öffentlichkeit rechnen. Die Zweitversion der Grenze ist in der Tat eine neutralisierte Version. Sie ist »bloße Meinung«: Die Grenze wird markiert, nicht überschritten. Sie wird beobachtet, thematisiert, und nicht etwa gestrichen. Aber das genügt bereits zur Auslösung weitreichender Effekte. Jede Grenze, die sich für notwendig hält (die fast zwangsläufige Binnenperspektive), erfährt sich als artifiziell und kontingent (die ebenso natürliche Außenperspektive). Und erst im Umgang mit dieser Selbsterfahrung im Spiegel der Öffentlichkeit gewinnt ein soziales System die interne Fähigkeit zur Variation und Selektion, zur differentiellen Reproduktion, die sie in einer alle Außenseiten laufend verändernden Gesellschaft braucht – und die die Gesellschaft braucht, um sich als Differenzierungsprinzip sozialer Systeme zu erhalten, die ebenso indifferent wie sensitiv auf das reagieren, was sich in ihrer Öffentlichkeit abspielt.

Der Gewinn von Anschlussunspezifischem

Die Operation der Öffentlichkeit ist die Markierung von Grenzen als Zwei-Seiten-Formen. Ihre Entdeckung ist die Entdeckung der *Unentscheidbarkeit und Entschiedenheit* von Grenzziehungen. Ihre Beobachtung ist die Zurechnung der Entscheidung des Unentscheidbaren auf das soziale System, das sich mithilfe dieser Grenzziehung ausdifferenziert. Und die Beobachtung der Beobachtung der Öffentlichkeit ermöglicht die Beschreibung von Grenzziehungen unter dem Gesichtspunkt ihrer Artifizialität und Kontingenz und daran angehängt eine Beschreibung der Binnenprozesse sozialer Systeme als Prozesse der Abarbeitung von Artifizialität und Kontingenz. Die Öffentlichkeit infiziert die Gesellschaft mit dem Virus der Privation von Notwendigkeit.

Und darauf muss die Gesellschaft sich einstellen, sobald sie es mit ihrer eigenen Öffentlichkeit zu tun bekommt.

Die Deklaration der öffentlichen Meinung als Meinung ist eine erste Abwehrmaßnahme. Wenn eine Meinung den Finger auf Kontingenz legt, kann eine andere Meinung immer noch Notwendigkeit behaupten – dies allerdings nur als Meinung, das heißt nur kontingenterweise. Der Streit wird verlagert von einem Streit um die Kontingenz des Notwendigen auf einen Streit um die Kontingenz der Meinungen und kann sich dort entfalten zu jener Öffentlichkeit, die wir heute kennen. Die Öffentlichkeit zahlt für ihre Leistung, die sie in der Gesellschaft erfüllt, den hohen Preis, dass sie an sich selbst vorführen muss, was sie über alle anderen Systeme behauptet: Artifizialität und Kontingenz. Sie kann nichts als Meinungen reproduzieren und dafür nichts anderes verwenden als Meinungen.

Wenn die Öffentlichkeit den Blick auf die Beobachter lenkt, die entscheiden, was sich unter anderen Blickwinkeln als unentscheidbar darstellt, dann fällt auch sie selbst zunächst einmal als Beobachter auf, der entscheidet, was gar nicht zu entscheiden ist. Ihr eigenes Kontingenzverdikt verfällt dem Verdikt der Kontingenz. So viel Notwendigkeit, seit die Öffentlichkeit sie bestreitet, war noch nie. Sie wird als bestrittene aufrechterhalten und kann in der Form des Streites um sie Argumente akquirieren, die ihr andernfalls kaum vorstellbar wären. Das ist die zweite Abwehrmaßnahme, gegen die es, weil sie auf der Kontingenzerklärung der Kontingenz beruht, keine Hilfe gibt. Sie erst weist, so kann man vermuten, der Öffentlichkeit ihren Ort zu. Sie stabilisiert sie als ein Virus, dem man dank eigener Immunreaktionen nicht schutzlos ausgeliefert ist. Die Öffentlichkeit wird zu einer Form der Beobachtung, die die Gesellschaft sich leisten kann.

Ein dritter Abwehrmechanismus verdiente eine ausführlichere Behandlung, die aber hier nicht zu liefern ist. Sobald soziale Systeme, insbesondere Organisationen, die im Rampenlicht der Öffentlichkeit stehen, der Kontingenzerklärungen durch die Öffentlichkeit aus welchen Gründen auch immer überdrüssig werden, tendieren sie dazu, diesen Kontingenzerklärungen durch eigene Kontingenzproduktion zuvorzukommen. Sie verwischen die Spuren aller Entscheidungen und Grenzziehungen bis zu einem Punkt, an dem sie keine Angriffsflächen für die Öffentlichkeit mehr bieten. Sie adoptieren die Unentscheidbarkeit, die ihnen zugerechnet wird, und machen sie in einem Maße zu ihrem eigenen Signet, dass sie zunehmend auch für sich selbst unkenntlich werden. Schließlich verzichten sie fast vollständig auf Entscheidungen und vertrauen nur noch darauf, dass ihnen von der Öffentlichkeit der Gesellschaft, wenn schon nicht die Notwendigkeit einzelner Entscheidungen, dann wenigstens die Notwendigkeit der Existenz zugebilligt wird. Dieses Vertrauen bewährt sich manchmal, aber nicht immer. Vor allem Institutionen des Gemeinwesens und Anstalten der öffentlichen Hand tendieren dazu, sich in diesem Sinne auf die Seite der Öffentlichkeit zu schlagen und deren Beobachtung in eine captatio benevolentiae leerlaufen zu lassen.

In der Form eines Virus, gegen den Immunreaktionen bereits entwickelt sind, wird die Öffentlichkeit in der Gesellschaft nicht als eigenes soziales System ausdifferenziert, sondern als eine Version der Selbstbeschreibung der Gesellschaft entfaltet, die für jede Kommunikation der Gesellschaft eine Zweitversion der Kontingenz der mit dieser Kommunikation vorgenommenen Grenzziehungen bereithält. Jede Kommunikation kann als Meinung deklariert werden, was sowohl Diskreditierungen sonst nicht verfügbaren Ausmaßes als auch Experimente mit »derselben« Kommunikation in anderen Kontexten ermöglicht. In der Wissenschaft können Kommunikationen, die nicht auf Wahr oder Unwahr, sondern auf Wünschenswert oder Ablehnenswert Bezug nehmen, als Meinungen diskreditiert werden, die auf »bloße« Werturteile schließen lassen. Und umgekehrt können die Politik oder das Recht wissenschaftliche Aussagen als Meinungen behandeln, die man am besten mit den Meinungen von Gegengutachtern austariert. Ähnliche Diskreditierungschancen eröffnen sich zwischen anderen Systemen, aber auch innerhalb der Systeme – zum Beispiel dann, wenn eine Forcierung von Interdisziplinarität in der Wissenschaft dazu führt, dass man fremddisziplinäre Theoreme schneller erkennen und neutralisieren kann.

Auf der anderen Seite kann mit kommunikativen Techniken der Anschlussfindung, die in einem System gefunden worden sind, in einem anderen System experimentiert werden, solange dieses Experiment rein argumentativ als mögliche Meinung geführt wird. Die Demokratisierung von Wirtschaftsunternehmen, die effiziente Rationalisierung von Universitäten und Schulen, die Pädagogisierung von Liebesbeziehungen, die Verteufelung von Politik wären solche Experimente, die aus einem allgemeinen

Verständnis von Öffentlichkeit gewonnen werden, das es erlaubt, Kontingenzsetzungen, die sich in dem einen System bewährt haben, in einem anderen System zu erproben. Das führt oft zu nicht viel mehr als einer steigenden Stressbelastung dieser Systeme einerseits und einer Erfahrung andererseits, dass diese Techniken der Anschlussfindung ihrerseits kontingent sind, gleichsam in Anführungsstriche gesetzt werden müssen und dann auch in ihrem Herkunftssystem nur noch begrenzt brauchbar sind. – Aber das mag an den gewählten Beispielen liegen, die erfolgreiche Fälle der Transplantation eher verbergen denn offen legen.

Wichtig ist mir, dass die Öffentlichkeit mit ihrem Markierungspotential von Grenzziehungen eine Selbstbeschreibung der Gesellschaft erarbeitet, die als bloße Meinung nicht ernst genommen werden muss, also *anschlussunspezifisch* gearbeitet ist und in dieser Form universal zur Verfügung gestellt werden kann.

Jenseits der bloßen Meinung

Die Öffentlichkeit ist kein System. Sie ist eine Beobachtungsformel der Selbstbeschreibung der modernen Gesellschaft. Sie liefert Selbstbeschreibungen, die über den Kontingenzverdacht des Kontingenzverdiktes auf Distanz gehalten werden. Öffentlichkeit entfaltet sich als Meinung, aber eben auch als »bloße« Meinung. Sie muss an sich selbst noch einmal vorführen, was sie über ihren Gegenstand, die von ihr (selbst-)beobachtete Gesellschaft, behauptet. Daraus ergibt sich eine eigentümliche Oszillation zwischen Beobachtung und Diskreditierung (oder besser: zwischen *Selbst*beobachtung und *Selbst*diskreditierung), die alles einfärbt, was die Öffentlichkeit zu ihrem Gegenstand macht. Diese Oszillation wird ihrerseits zu einer Aussage über die Gesellschaft, die als Aussage zugleich formuliert und negiert wird.[15]

Diese Eigenschaft, sich selbst mitvorführen zu müssen, bringt die Öffentlichkeit in eine gewisse Affinität zur Politik, wenn man unter Politik die Produktion jener »empty signifiers« versteht,[16] die, geht man ihnen nach, letztlich auf nichts anderes als auf sich selbst verweisen – in diesem Fall: auf den Anspruch zur Durchsetzung von Macht. Aber das gilt auch für die Wirtschaft, die Religion, die Erziehung, die Wissenschaft, den Sport, etc. Sie alle offenbaren in den Augen der Öffentlichkeit ihre Selbstreferenz, ihre Absicht, primär sich selbst und erst darüber auch etwas anderes zu reproduzieren. Darum konnte man den Eindruck gewinnen, dass der Blick der Öffentlichkeit die Gesellschaft auf das Spektakel ihrer selbst reduziert, schließlich sogar das Soziale zum Verschwinden bringt, wenn man unter dem Sozialen all das versteht, was diesseits der Inszenierung seiner Bedeutung noch eine Bedeutung besitzt.[17]

Aber es ist nicht die Selbstreferenz, nicht die Simulation ihrer selbst, die die Öffentlichkeit in der Gesellschaft zur Erfahrung bringt. Sondern es ist die *Oszillation zwischen Selbstreferenz und Fremdreferenz*, die die Öffentlichkeit zum Thema macht und zugleich vorführt. Sie informiert über die Reproduktionsform der Gesellschaft und ihrer Systeme, indem sie den Blick darauf richtet, dass es bei der Reproduktion zunächst um nichts anderes als um Reproduktion geht, diese Reproduktion jedoch Motive braucht, auf die sie fremdreferentiell verweisen kann, um sich selbst zu kontinuieren. Auf diese Motive richtet sich der kontingentsetzende Blick der Öffentlichkeit ebenso wie auf das, was mit diesen Motiven erreicht werden soll. Politik ist dann nicht nur Durchsetzung von Macht, sondern Durchsetzung von Macht für etwas. Wirtschaft ist nicht nur Profitabsicherung, sondern profitable Suche nach neuen und alten Investitionschancen zur Sicherung künftiger Bedürfnisbefriedigung. Religion ist nicht nur Durchsetzung der Priesterherrschaft, sondern Angebot von Transzendenzerfahrungen. Erziehung ist nicht nur Aufrechterhaltung der Asymmetrie zwischen Schülern und Lehrern, sondern Initiierung jener Karrieremuster, die in der modernen Gesellschaft individuelle mit organisatorischen Biographien kontingent zu verknüpfen erlauben. Wissenschaft ist nicht nur Inszenierung von Wahrheit und Unwahrheit, sondern eine Kommunikationsform des Umgangs mit laufend sich verschiebenden Erfahrungen des Nichtwissens. Etc. – Und das sind jeweils Selbstbeschreibungen dieser Systeme, die die Öffentlichkeit glauben kann, aber nicht glauben muss.

Die Öffentlichkeit steht immer vor der Wahl, ob sie die Selbstreferenz oder die Fremdreferenz der beobachteten Systeme zum Thema macht. Sie kann beides. Und sie kann vor allem die eine Referenz im Licht der anderen darstellen und kontingentsetzen. Das gilt auch für sie selbst. Sie muss sich selbst im Hinblick darauf beobachten lassen, ob in den Meinungen, die sie vorbringt, nichts als Meinung oder auch noch etwas anderes steckt: eine Beobachtung, ein Perspektivenwechsel, eine konstruktive Kontingenzerfahrung. In diesem Sinne informiert die Öffentlichkeit nicht nur *über* die Reproduktionsform der Gesellschaft, sondern sie *in-formiert* diese Reproduktionsform selbst. Sie versorgt sie mit einem Formwissen ihrer selbst. Es bleibt dabei nicht aus, dass diese *In-formation* sich auch als Irritation darstellt.[18] Denn das Formwissen ist ein Wissen um Unentscheidbarkeit, das deswegen irritierend ist, weil es nur mit Entscheidungen, aber mit sich als kontingent bewussten Entscheidungen, beantwortet werden kann. Das ist der Beitrag der Öffentlichkeit zur Selbstorganisation der Gesellschaft.

Öffentlichkeit versus Massenmedien

Seit einiger Zeit wird vermutet, dass dieser Beitrag der Bereitstellung von *In-formation* nicht mehr nur von einer Sekundärversion der Gesellschaft in ihrer Selbstdarstellung als Öffentlichkeit, sondern von Massenmedien erbracht wird, die diesen Beitrag *und seine immer mitzudenkende Diskreditierbarkeit* in einem spezifischen Kommunikationsmodus der Asymmetrisierung von Sender- und Empfängerleistungen absichern.[19] Diese Asymmetrisierung garantiert, dass Meinungen Meinungen bleiben, indem jede Kommunikation ihren eigenen »Botschafter« mitvorführen muss. Die Wirklichkeit der Massenmedien ist unvermeidbar »berichtete Wirklichkeit«.[20] Und noch der Bericht des Selbstverständlichen hält, weil er Bericht ist, die Möglichkeit des Streites darüber bereit.[21]

So sehr damit die Kommunikation der Massenmedien genau dort eingerückt wird, wo Öffentlichkeit zu suchen ist, so wenig sinnvoll ist es, das eine mit dem anderen gleichzusetzen. Die Kommunikation der Massenmedien ist keine zum System ausdifferenzierte Öffentlichkeit. So sehr ihre Asymmetrisierung absichert, dass das Formwissen der Gesellschaft von dieser auf Distanz gehalten werden kann, und so sehr sie absichert, dass sich die »Empfänger« massenmedialer Kommunikation auf die Kommunikation dieses Formwissens bewusstseinsmäßig einlassen können, ohne ihrerseits kommunikative Konsequenzen ziehen zu müssen,[22] so sehr handelt es sich dabei um eine Zweitversion von Öffentlichkeit,[23] die deren Stelle besetzt, ohne sie ausfüllen zu können. Man wird also erstens damit rechnen müssen, dass die Gesellschaft selbst wie alle ihre sozialen Systeme weiterhin Formen der Öffentlichkeit ausbilden, die nicht mit dem zur Deckung zu bringen sind, was Massenmedien über diese Systeme berichten. Man wird zweitens nach der Öffentlichkeit der Massenmedien fragen können, die diese demselben Kontingenzverdikt aussetzt wie alle anderen Systeme auch. Man wird drittens annehmen müssen, dass die Massenmedien ihre eigene Öffentlichkeit ebenso wenig restlos ausschöpfen können wie alle anderen Systeme. Und man wird viertens nach der Form suchen müssen, in der die Gesellschaft die Differenz der Massenmedien zur Öffentlichkeit absichert, also klarstellt, dass die Informationen der Massenmedien nicht mit der *In-formation* der Gesellschaft unter dem Gesichtspunkt ihrer Öffentlichkeit in eins fällt.

Niklas Luhmann macht den Vorschlag, die Leistung des Funktionssystems der Massenmedien darin zu sehen, dass es *Objekte erzeugt*, die in weiteren Kommunikationen vorausgesetzt werden können.[24] Für diese Erzeugung von Objekten schafft die Öffentlichkeit allererst den Raum. In das Formkontingenzwissen, das sie *bereitstellt und diskreditiert zugleich*, können Referenzen auf Objekte, Sachverhalte, Wirklichkeiten eingebaut werden, die ihrer eigenen, massenmedial verwalteten Karriere ausgesetzt werden. An die Stelle des Formkontingenzwissens der Öffentlichkeit der Gesellschaft rücken die Massenmedien nicht etwa Formen, das wäre zu viel verlangt, aber Objektindikationen, marked states im Sinne von Spencer-Brown, die jederzeit, aber konditionierbar durch die Kommunikationsregeln der Massenmedien (Präferenzen für das Neue, das Konflikthafte, das Quantifizierbare, das Normverstoßende, das Lokale: fern oder nah, das Moralisierbare), gegen andere Indikationen ausgewechselt werden können.

Eine der Pointen der Unterscheidung zwischen Öffentlichkeit einerseits und Massenmedien andererseits liegt darin, dass das Funktionssystem der Massenmedien seinerseits auf Öffentlichkeit angewiesen ist, um seine eigenen Grenzziehungen einschließlich der produzierten Objekte *auf Unentscheidbarkeit und Entscheidung hin* beobachten und kontingent setzen zu können. Es mag sein, dass es den Massenmedien leichter fällt als anderen Systemen, auf Öffentlichkeit zuzugreifen und die daraus zu gewinnenden Selbstbeschreibungen in das eigene System einzuspeisen. Es kann aber auch sein, dass ihnen dies schwerer fällt, weil sie dazu tendieren, sich selbst bereits für die Öffentlichkeit zu halten. Manche Anzeichen des Umgangs mit Öffentlichkeit in den Massenmedien sprechen eher für die Vermutung, dass sie ein besonders gespaltenes Verhältnis zu ihr haben.

Umgekehrt bedeutet diese Unterscheidung zwischen Öffentlichkeit und Massenmedien, dass die Öffentlichkeit keine Objekte erzeugen kann. In diesem Punkt ist sie auf Hilfestellungen durch die Massenmedien angewiesen. Die Öffentlichkeit kann die Gesellschaft nicht produzieren, deren Selbstbeschreibung sie ist. Daran sind ihre Gestaltungsansprüche gescheitert, seit sie erhoben wurden. Sie ist darauf beschränkt, irritieren zu können, und dadurch konditioniert, dass sie mit ihren Irritationen auch vor sich selbst nicht Halt macht. Die Selbstirritation ist das Movens ihrer Oszillation zwischen Beobachtung und Diskreditierung der Beobachtung. Die Massenmedien haben daran nur im Rahmen ihrer eigenen Öffentlichkeit und in dem Ausmaß, in dem die Öffentlichkeit ihren *In-formationen* Objektstatus geben muss, Anteil. Presse, Funk und Fernsehen profitieren allerdings davon, dass die Öffentlichkeit in dem Maße, in dem ihr Aufklärungsprojekt der Kontingenzerfahrung sich auf breiter Front und nahezu allen Systemen der Gesellschaft durchgesetzt hat, an Irritationskraft verliert. Die Sozialsysteme bis hin zu den »geschlossensten« Anstaltsorganisationen produzieren ihre eigene Öffentlichkeit schon jeweils mit und kommen mancher Formaufdeckung, die an sie von außen herangetragen werden könnte, intern und dann im Rahmen von Öffentlichkeitsarbeit bereits zuvor.

Die Öffentlichkeit muss sich zur Weltöffentlichkeit aufschwingen, will sie überhaupt noch genügend Adressen für ihre Zumutungen der Neutralisierung und Thematisierung finden. Und kaum etwas kommt ihr dabei mehr entgegen als ein Gesellschaftsverständnis fundamentalistischer oder auch nur wertkonservativer Art, wie es ihr in islamischen und ostasiatischen Ländern entgegengesetzt wird. Diese Länder sind gerade erst dabei, das Kontingenzverdikt mit einem Kontingenzverdikt zu bedenken. Die Stunde der Massenmedien schlägt, wenn Öffentlichkeit und Gesellschaft koextensional werden und von den Massenmedien abhängig werden, um überhaupt noch zu wissen, worüber zu kommunizieren wäre. Aber diese Stunde kann systematisch nicht schlagen, da die Selbstbeschreibung niemals mit dem, was sich beschreibt, zur Deckung zu bringen ist – das beschreibende Selbst ist nicht das beschriebene Selbst, zumindest die Operation der Beschreibung bleibt im Moment der Beschreibung ausgeblendet. Die Beschreibung produziert, auch wenn sie sich selbst gilt, den Bereich des Unmarkierten, der erst anschließend zu beschreiben ist, gleich mit.[25] Jede *Information* rekurriert auf eine Operation, die erst anschließend, wenn überhaupt, kenntlich zu machen ist. Das ist als Schicksal der Aufklärung immer schon festgehalten worden. Es bleibt also dabei, dass die Gesellschaft unter dem Titel der Öffentlichkeit ihr eigenes Formkontingenzwissen produziert und dafür auch immer wieder genügend Entscheidungen des Unentscheidbaren finden wird, während die Massenmedien den Rahmen dieses Formkontingenzwissens nutzen, um Objekte zu produzieren, über die die Gesellschaft kommunizieren kann.

Medialisierung und Technisierung

Von einer »Mediatisierung« der Öffentlichkeit wäre demnach nicht im Sinne einer »Massenmedialisierung« der Öffentlichkeit zu sprechen, sondern in dem Sinne, dass die Öffentlichkeit einerseits Medium für eine bestimmte Form von Kommunikationen ist und andererseits ihre eigene Form in einem Medium gewinnt, in dem diese Form realisierbar ist. Diese Möglichkeit, Formen als Formen in einem Medium zu denken, das seinerseits Form in einem Medium ist, ist eine der Facetten des Medienbegriffs von Fritz Heider.[26] Dieser Medienbegriff ist attributionstheoretisch gearbeitet: um ein Medium handelt es sich, wenn ein bestimmtes Geschehen Außeneinwirkungen zugerechnet wird, ein Vorgang also als ein »Zeichen für ein Anderes« beobachtet wird; um ein Ding handelt es sich, wenn ein Geschehen Eigenschwingungen zugerechnet wird, ein Vorgang also als ein Zeichen für sich selbst beobachtet wird. Dieser Begriff beschreibt jedoch zugleich die Möglichkeit unterschiedlicher Attributionen, indem jede Zurechnung ihrerseits als ein Ding, eine Form, eine »feste Kopplung« beschrieben werden kann, die nur in einem Medium von Beobachtungen, das heißt in einer bereits vorliegenden Menge lose gekoppelter, für unterschiedliche Formbildungen bereitstehender beziehungsweise produzierbarer Elemente realisiert werden können. Man hat es demnach mit einem jener formtheoretisch interessanten Begriffe zu tun, die ihre eigene Voraussetzung als unverfügbare gleich mitformulieren.[27]

Der Medienbegriff ist nur in Differenz zum Formbegriff zu denken. Er stellt ab auf die Formation der Form, nämlich jene Menge lose gekoppelter Elemente, die vorliegen muss, damit eine Form als feste Kopplung der Elemente zustande kommen kann. Jedes Medium ist als Form allenfalls innerhalb eines weiteren Mediums zu gegenwärtigen. Dem Medium selbst sind keinerlei Aktionen, auch keine Kommunikationen zuzurechnen. Es teilt nichts mit, informiert nicht, kommuniziert nicht, enthält auch nichts vor, manipuliert nicht, entfremdet nicht. Seine Wirkung, wenn man von einer solchen sprechen möchte, erstreckt sich einzig und allein auf die Bereitstellung lose gekoppelter Elemente, deren Typik allerdings mitbestimmt, was sich in ihnen als Form einprägen kann.[28] Ein Medium schränkt ein, und wie immer ist die Einschränkung Bedingung der Möglichkeit ansonsten unwahrscheinlicher Formbildung, die wiederum das Medium reproduziert, in dem sie zustande kommt.

Ein Medienbegriff, der, paradox genug, auf Einschränkung durch lose Kopplung abstellt, ist den modernen Medientheorien gemeinsam, seien sie im Anschluss an Fritz Heider und Talcott Parsons oder an Marshall McLuhan formuliert.[29] Dass sowohl in soziologischen als auch in literarischen Medientheorien von einer Technisierbarkeit der Medien gesprochen wird, beutet diese Paradoxie nur aus. »Technisierung« ist ein Begriff dafür, dass die Reibungslosigkeit der Wahrnehmung und Kommunikation in einem bestimmten Medium vergessen macht, welche Ausschließungseffekte (der Möglichkeit anderer Wahrnehmungen, anderer Kommunikationen) mit jenen ersten Einschränkungen einhergehen. Technisiert in diesem Sinne sind jene Medien, deren Selektivität einen Anschlussreichtum eröffnet, der attraktiver (im mathematischen Sinne des Begriffs des Attraktors) ist als die im Vergleich zu diesen Anschlüssen mühsame Reflexion auf das, was im Schatten dieser Selektivität liegt.

Beide Medientheorien rechnen die Technisierung der Medien auf Codierungen zu, das heißt auf analoge oder digitale Übersetzungsregeln, die immer zugleich Anschlussregeln sind und als solche die Bedingungen der Übersetzung loskoppeln von den Bedingungen dessen, was zu übersetzen ist. Eine über Codierungen laufende Medialisierung impliziert daher das Wegfingieren von Strukturdeterminiertheiten, die im zugrunde liegenden Material vorliegen mögen, zugunsten der Determinationen des Codes beziehungsweise des codiert/codierenden Systems. Nachrichten, so Friedrich Kittler, »sind berechenbar, aber nicht determiniert«.[30] Erst in der Frage, worauf solche Codierungen ihrerseits zuzurechnen sind, unterscheiden sich soziologische und literarische Medientheorie. Die literarische Medientheorie vermutet den Code und damit auch die Technizität eines Mediums im Medium selbst, genauer: in seiner Speicherkapazität, die als eine Kapazität der Erzeugung des gespeicherten Gegenstandes gelesen wird.[31] Dies ist der Grund dafür, dass diese Theorie so beunruhigt ist durch die Möglichkeit, mithilfe des Computers nicht mehr nur, in den Begriffen Lacans, das Symbolische (die Schrift) und nicht mehr nur das Imaginäre (das Bild), sondern zunehmend auch das Reale (die Zeit) nicht nur speichern, sondern rekonstruieren zu können: »Mit der technischen Ausdifferenzierung von Optik, Akustik und Schrift, wie sie um 1880 Gutenbergs Speichermonopol sprengte, ist der sogenannte Mensch machbar geworden. Sein Wesen läuft über zu Apparaturen. Maschinen erobern Funktionen des Zentralnervensystems [...].«[32] Für die soziologische Medientheorie dagegen ist der Code auf die Prozesse der Kommunikation zurechenbar, die sich in ihrer Medialisierung nicht erschöpfen, sondern eine Differenz von Form und Medium bewegen, die ihrerseits nicht nur benutzt, sondern auch beobachtet werden kann – wenn auch nur innerhalb einer weiteren Differenz von Form und Medium. Für die literarische Medientheorie kommt der Verdacht, den sie formuliert, daher auch erst im Medienverbund, der den Begriff des Mediums selber kassiert,[33] zum Abschluss. Wie in Borges' Geschichte von den kreisförmigen Ruinen muss sich der Literat, der keiner mehr sein will, denn auch als Effekt genau der Medien begreifen, die er beschreibt. Der Soziologe würde sich dagegen als Effekt der Kommunikation beschreiben – jedoch nur insoweit, als er selbst an Kommunikation teilnimmt beziehungsweise diese an ihm. – Ist das ein Beleg dafür, dass er dem Gutenberg-Zeitalter noch nicht entwachsen ist?

Wird für den Literaten das Medium selber zum Apriori dessen, was zu wissen, zu empfinden, zu leben ist, so ist für den Soziologen das einzige Apriori die Kommunikation – dies jedoch nur für die Kommunikation selber. Um den Preis der Schließung der Kommunikation, die noch ihre Medialisierung, Codierung und Technisierung selbst zu verantworten hat, öffnet sich diese für genau diese Möglichkeit, sich zu verantworten und zur Verantwortung zu ziehen. »Verantwortung« ist ein Wort, das seinerseits dem Verdacht unterliegt, auf jenes Zeitalter des Schriftmonopols begrenzt zu sein, in dem zwischen Schreiben und Antworten noch eine gewisse Spanne Zeit verging, die man nutzen konnte, sich auch jenseits des Geschriebenen umzusehen. Diese Spanne Zeit verknappt sich heute auf die zunehmend geringere Zeit, die man braucht, zwischen den Medien umzuschalten. Aber wie im Gegenzug dazu entwickelt sich ein Wissen um Unentscheidbarkeiten, die kein Algorithmus, kein Effekt im Medienverbund auflöst, sondern die nur mit Entscheidungen beantwortet werden können, die sich auf bestimmte Beobachter zurechnen lassen.[34]

Die Medialisierung der Öffentlichkeit ist dafür ein gutes Beispiel. »Medialisierung« heißt hier: Die Öffentlichkeit wird als Medium einer bestimmten Typik der Selbstbeobachtung der Gesellschaft ausdifferenziert und greift dazu ihrerseits auf ein Medium zurück, in dem sie Form gewinnen kann. Dieses Medium der Öffentlichkeit ist die Meinung. Im Medium der Meinung formiert sich ein bestimmter Typ gesellschaftlicher Selbstbeobachtung, der das Medium jenes Formkontingenzwissens ist, die wir als Öffentlichkeit weniger erfahren als vielmehr auf bestimmte Meinungen zurechnen, um uns die Möglichkeit offen zu halten, es je nach Bedarf, das heißt nach Anschlussmöglichkeit, ernst zu nehmen oder zu diskreditieren. »Technisierung« der Öffentlichkeit heißt dann nicht: Einzug der technischen Apparate der Massenmedien. Sondern »Technisierung« heißt: Erleichterung sowohl der Meinungsbildung als auch des Meinungswechsels und der Meinungsdiskreditierung.

Diese Technisierung ist ihrerseits kein technischer, sondern ein kommunikativer Vorgang, für den die Möglichkeit der Verbreitung (Postierung) von Meinungen ebenso wichtig ist wie die damit einhergehende, aber nicht darauf zu reduzierende Kritik überlieferter Autoritäten. – Aufschlussreich dazu ist Montaignes *Apologie des Raimundus Sebundus*: »Ich, der ich mich näher beobachte und stets im Blick behalte, wie eben einer, der nicht viel andres zu tun hat, [...] getraue mich kaum zu sagen, wieviel Unzulänglichkeit, ja Unvermögen ich in mir entdecke. Ich stehe auf so unsichren und wackligen Füßen, ich gerate so leicht ins Wanken und Schwanken und sehe die Dinge in so wechselhaftem Licht, daß ich mich nüchtern als einen andren empfinde denn nach dem Essen.«[35]

Wahrscheinlich wird man soweit gehen können, zu vermuten, dass die Ausdifferenzierung der Öffentlichkeit von kommunikativen Techniken der Diskreditierung von Meinungen abhängig ist, die zunächst die Rhetorik und dann ein sich über die Differenzierung religiöser Konfessionen, die Ideologiekritik, die Psychologie und die Wissenssoziologie zunehmend verfeinerndes Wissen um die gleichsam privaten, allzu privaten Determinationen des Zustandekommens von Meinungen liefert. Bis heute versucht die Philosophie immer wieder nachzurüsten und Techniken der Argumentation mit Ansprüchen auf Universalität zu liefern. Vergeblich. Jeder Anspruch fällt auf den Beobachter zurück, der ihn erhebt. Dass überhaupt ein Anspruch erhoben wird, ist alles, was von der Universalität übrig bleibt – und dies auch nur, solange er erhoben wird.

Die *Technisierung läuft über die Diskreditierung*. Davon lebt die Öffentlichkeit. Und davon hat sie sich nie erholt. Die Öffentlichkeit ist das Medium für jene Selbstbeschreibung der Gesellschaft, die auf das Formkontingenzwissen entscheidbarer Unentscheidbarkeit abstellt. Diese Selbstbeschreibung gewinnt ihre eigene Form in einem Medium, das Entscheidung und Unentscheidbarkeit in jedem seiner Elemente bereits zum Ausdruck bringt: im Medium der Meinungen. Die lose gekoppelte Menge von Meinungen ist das Medium, in dem jene Selbstbeschreibungen Form gewinnen, in deren Medium die Gesellschaft ihre eigene Kontingenz zum Thema macht. Man hat es demnach mit zwei Asymmetrisierungen zu tun: zwischen Meinung und Öffentlichkeit und zwischen Öffentlichkeit und Gesellschaft, die einerseits die Funktion der Öffentlichkeit absichern, sie jedoch andererseits als jene Formel von Selbstbeschreibung präparieren und isolieren, auf die zugegriffen werden kann, aber nicht zugegriffen werden muss.

Ämter, Themen und Kontakte

Annäherung an die Politik der Gesellschaft

Wer sich Sorgen um den Einfluss der Politik auf die Gesellschaft macht, tut dies normalerweise auf einer Ebene zweiter Ordnung: Nicht der Einfluss der Politik auf die Gesellschaft selbst steht in Frage, denn der könnte nach wie vor größer nicht sein, sondern die Möglichkeit der Politik, darauf Einfluss zu nehmen, wie sie die Gesellschaft beeinflusst. Die Gesellschaft ebenso wie die Politik selbst scheinen bestimmten Formen der Politik, die das Ergebnis einer historischen Koevolution von Politik und Gesellschaft sind, machtlos ausgeliefert zu sein. Das ist das Problem, mit dem sich jede Suche nach einer »neuen« Form der Politik auseinandersetzen muss. Um uns mit diesem Problem etwas näher zu beschäftigen, müssen wir uns zunächst ansehen, welchen Einfluss die Politik tatsächlich auf die Gesellschaft hat. In einem zweiten Schritt gilt es die Bedingungen zu klären, unter denen die Politik diesen Einfluss hat.

Damit ist deutlich, dass wir hier mit einer *soziologischen* Theorie der Politik arbeiten, die die Politik im wechselseitigen Bedingungsverhältnis mit der Gesellschaft sieht, das heißt als Teil der Gesellschaft, auf die Einfluss auszuüben ihre politische Aufgabe ausmacht. Um dies genauer zu verstehen, greifen wir auf eine Theorie kollektiv bindender Entscheidungen (Talcott Parsons, Niklas Luhmann) zurück. Die Eigentümlichkeit dieses Typs von Entscheidungen besteht darin, dass sie nicht nur die von den Entscheidungen Betroffenen, sondern auch die Entscheider selbst binden.

Spätestens an diesem Punkt müssen wir uns fragen, worin die *Macht einer Politik* besteht, die sich ihre Form nicht nur von der Gesellschaft, sondern auch von sich selbst vorgeben lassen muss. In welchem Sinne ist es überhaupt sinnvoll, der Politik Macht zuzusprechen?

Wir werden feststellen, dass die Macht der Politik darin besteht, im politischen Apparat der Behörden, Parteien und Regierung *Ämter* zu besetzen, diese Ämter mit *Themen* auszustatten und auf der Grundlage dieser Themen *Kontakte* auszunutzen.

Zum Schluss unserer Überlegungen greifen wir die Ausgangsfragestellung auf, um herauszufinden, wie die Politik in der beschriebenen gesellschaftlichen Verfasstheit Einfluss darauf nehmen kann, wie sie auf die Gesellschaft Einfluss nimmt. Interessanterweise steht die Politik vor der schwierigen, wenn nicht paradoxen Aufgabe, *sich selbst als Option* einzuführen, um in der Auseinandersetzung mit anderen Formen der gesellschaftlichen Beeinflussung von Gesellschaft herauszufinden, welche Rolle sie noch spielen kann. Ein wichtiger Schritt dieser Selbstoptionalisierung besteht darin, sich selbst *zur Diskussion* zu stellen. Das tut sie aktuell bereits vielfach, wenn auch mehr unfreiwillig als freiwillig, ohne dass jedoch deutlich wäre, welche Themen sich für diese Diskussion eignen. – Man wird nicht zu weit gehen, wenn man die sich moralisch gebende Empörung über die Beteiligung ehemaliger Protestgruppen aus dem linken und rechten Spektrum politischer Ideologien an der politischen Macht auch darauf zurückführt, dass diese Gruppen einen bestimmten Konsens darüber, worin die Aufgaben der Politik bestehen, nicht teilen. Sie stellen nicht nur die Vergangenheit, sondern auch die Zukunft der Politik in Frage und gefährden damit in den Augen der bislang herrschenden politischen Gruppen ein Geschäft, das diese bisher glaubten, auf den Ebenen einer der öffentlichen Beobachtung eher entzogenen Zusammenarbeit zwischen nationalen und internationalen Behörden, einschließlich international tätiger Interessengruppen aus Wirtschaft, Wissenschaft, Erziehung und Kultur, betreiben zu können.

Es wird darauf ankommen, alternative Optionen der gesellschaftlichen Entwicklung einzuführen, *zwischen denen eine politische Entscheidung möglich ist.* Wenn die Politik diese Aufgabe der Konstruktion von Alternativen nicht mehr wahrnehmen kann, fällt sie hinter eine moderne Gesellschaft zurück, die in der Konstruktion von Alternativen ihre Freiheitsspielräume sieht. Darum lautet die kürzeste Fassung der Frage, mit der sich dieser Beitrag beschäftigt, *ob es zur Politik eine Alternative gibt, die ihrerseits politisch genannt zu werden verdient.* Denn das Problem, vor das sich die Politik gegenwärtig gestellt sieht, ist, dass sie zu sich selbst keine Alternative sieht. Nur wenn sie diese Alternative wieder entdeckt, verdient sie, nach wie vor Politik genannt zu werden.

Wir werden im Folgenden vorwiegend soziologisch argumentieren. Damit ist gemeint, dass wir uns auf die Frage konzentrieren, wie die Politik in der Gesellschaft selbst definierte und von der Gesellschaft mehr oder weniger akzeptierte Aufgaben erfüllt und welche Form das nicht unbedingt harmonische, sondern den Konsens ebenso wie den Dissens suchende und ausnutzende Zusammenspiel zwischen Politik und Gesellschaft annimmt. Wir argumentieren nicht ökonomisch, das heißt wir beschränken uns nicht auf die wirtschaftlichen Aufgaben der Politik und wir fragen nicht nur nach den Kosten und Nutzen der Politik. Und wir argumentieren nicht politologisch, das heißt wir beschränken uns nicht auf die Analyse bereits existierender politischer Institutionen und ihrer durch normative Verfassungen gebändigten Auseinandersetzungen miteinander. Die Soziologie unterläuft diese Frageweisen, indem sie nicht nur nach möglichen Lösungen für aktuelle Probleme der Politik fragt, sondern zugleich nach dem Problem, für das die Politik die Lösung ist oder zu sein beansprucht. Dem liegt die Vermutung zugrunde, dass sich die aktuellen Orientierungsschwierigkeiten der Politik am ehesten verstehen lassen, wenn man annimmt, dass sie unter Umständen die Lösung für ein Problem ist, das sich so schon gar nicht mehr stellt, und sie daher durch ihre eigene Reproduktion die Gesellschaft mit einem Problem und dessen Lösung belastet, für das die Gesellschaft keine Verwendung mehr hat. Wir werden diese Vermutung hier nicht klären können – wir nennen sie nur, um die Fragerichtung offenzulegen –, aber wir können einige Schritte machen, um zu überprüfen, ob sich die soziologische Fragestellung zu verfolgen lohnt.

Der Einfluss der Politik

Aus zwei Gründen ist es nötig, unseren Überlegungen einige Bemerkungen zum *Einfluss der Politik auf die Gesellschaft* vorauszuschicken. Erstens unterliegt man in der gegenwärtigen Diskussion über die Globalisierung der Weltgesellschaft und über ihre neoliberale Deregulierung allzu leicht der Gefahr, diesen Einfluss zu unterschätzen, indem die geringere Rolle des Nationalstaats auf die Rolle der Politik insgesamt hochgerechnet wird. Tatsächlich kommt es jedoch darauf an, diese optische Verkürzung der Politik auf die Politik des Nationalstaats zu korrigieren. Dass Politik an der geringeren Bedeutung nationaler Grenzen ihre Grenzen erfährt, darf nicht als Beleg für eine zunehmende Machtlosigkeit genommen werden. Denn mit dieser Entnationalisierung der Politik wird nur ein Mechanismus zurückgenommen, der die Politikformulierung in der Vergangenheit durch Bezugnahme auf territorial definierte Bevölkerungen und ihre durch den Nationalstaat (oder seine Imagination) konstruierte kulturelle Einheit vereinfacht hat. Diese Vereinfachung der Politik durch ihre nationalstaatliche Verfassung lenkte davon ab, dass Politik erst ins Spiel kommt, wenn Grenzen, *die überschritten werden können*, politisch überwacht werden müssen.

Der zweite Grund, warum es sinnvoll ist, sich des tatsächlichen Einflusses der Politik auf die Gesellschaft zu vergewissern, besteht darin, dass dieser Einfluss das Medium und die Grenze jeder Suche nach politischen Alternativen ist. Zum einen hat es wenig Sinn, an den empirischen Bedingungen der Politik vorbeizudenken und sich umstandslos auf die Ebene einer Semantik schöner Ideen und guter Absichten zu begeben, nur um dann hinterher darauf verweisen zu können, dass das Bessere als Idee und Absicht immerhin vorhanden gewesen ist und nur die widrigen Umstände deren Umsetzung wieder einmal vereitelt haben. Und zum anderen kann man sich keine Politik, auch keine bessere Politik, vorstellen, die nicht *in den Verhältnissen und mit den Verhältnissen* arbeiten würde und daher einen Begriff und eine Vorstellung von diesen Verhältnissen braucht. Sonst würde man von vornherein auf das Spiel hereinfallen, in dem die Politik in den Parteien ausgedacht wird, um dann an Wählern und Behörden zu scheitern.

Auf den kürzesten Nenner gebracht wird man vielleicht sagen können, dass die Politik das einzige System der modernen Gesellschaft ist, das gegen deren Programmatik, die nicht zuletzt eine in politischen Verfassungen verankerte Programmatik ist, *systematisch verstoßen* kann:

Gegenüber einer autonom gesetzten *Wirtschaft* ist die Politik das einzige System, das auf Zwangszahlungen (Steuern) in einem nennenswerten Umfang bestehen kann.

Gegenüber einem *Erziehungssystem*, das den auszubildenden Menschen zur Wahrnehmung seiner Freiheit befähigen soll, realisiert die Politik curriculare Vorstellungen und Regelungen von Prüfungen und Prüfungsberechtigungen, ganz zu schweigen von der Durchsetzung der allgemeinen Schulpflicht, die deutlich auf den Zwangscharakter dieses Systems hinweisen.

Die *Wissenschaft* wird nicht nur dort, wo sie universitäre Lehre ist, also selbst Teil des Erziehungssystems ist, dessen Beschränkungen unterworfen; sondern auch die Forschung sieht sich durch die Schwerpunktsetzung von Förderprogrammen einem zum Teil erheblichen, weil andere mögliche Schwerpunkte in den Hintergrund drängenden Einfluss ausgesetzt.

Die *Massenmedien* werden konditioniert, indem sie auf die Bildung öffentlicher Meinung eingeschworen werden, was nicht nur durch die Verpflichtung auf Ausgewogenheit, sondern auch durch die hochgetriebene Empfindlichkeit gegenüber »privaten« Meinungen dazu zwingt, jede Meinung zur »bloßen« Meinung zu stilisieren.

Vielleicht ist die *Kunst* zumindest in der modernen Gesellschaft, die auf die Repräsentation ihrer selbst in der Politik (weitgehend) verzichtet hat, das dem politischen Einfluss am erfolgreichsten entzogenen System. (Wenn man mitverfolgt, wie sehr Künstler ihrerseits auf »politischem Einfluss« bestehen, hat man fast das Gefühl, sie fühlten sich vergessen.)

Auch in der *Religion* kann man einen schwindenden Einfluss der Politik feststellen, zumal die Politik hier wie in der *Kunst* und auch in der *Liebe* einer Empfehlung von Niklas Luhmann zu folgen scheint, Formen des »guten Lebens« eher vorauszusetzen denn zu einer eigenen Gestaltungsaufgabe zu machen.[1] Das entspricht der aristotelischen Idee, dass es zur polis dort kommt, wo eine bestimmte Gemeinschaft bereits existiert – nicht aber umgekehrt Gemeinschaft durch polis produziert werden kann.

Dominierend wiederum ist jedoch der Einfluss der Politik auf die *Politik*. Wenn man bedenkt, welche Möglichkeiten die Politik dank ihres Instruments der kollektiv bindenden Entscheidungen und ihres Rückgriffs auf das Monopol der Gewaltandrohung hat, muss es verblüffen, wie wenige dieser Möglichkeiten sie wahrnimmt. Das kann nur daran liegen, dass die Politik selbst die Politik bremst, und wir werden sehen, dass hierin die Einbindung der Politik in eine sie ausdifferenzierende Gesellschaft zum Ausdruck kommt. Was heute »Reform« genannt wird, sei es im Finanzwesen, im Öffentlichen Dienst, in der Parteiprogrammatik oder in den Anwendungsfeldern der Politik (soziale Sicherung, Erziehung, Militär, Rundfunk und Fernsehen ...), ist primär auf ein Zurückdrängen des politischen Einflusses auf die Politik gemünzt, damit ein politischer Einfluss auf die Gesellschaft und ihre Politik wieder ausgeübt werden kann.

Tatsächlich fällt es schwer, politikfreie Bereiche der Gesellschaft zu identifizieren. Auch die Kunst ist dort, wo sie zur »Kultur« wird (oder sich dazu machen lässt), von politischen Entscheidungen über Förderung oder Nichtförderung abhängig. Die Religion muss sich spätestens dann auf Politik einstellen, wenn sie ihren Finanzierungsmodus von Zahlungen abhängig macht, die auf die staatlichen Zwangszahlungen aufgesattelt werden. Selbst die Liebe ist politisch nicht mehr frei, wenn sie sich in der Institution Ehe auf Dauer stellt und dann sowohl in ihren Folgen (Kinder) wie in den Bedingungen der Wiederauflösung ihrer Bindungen von staatlichen Fördermaßnahmen und gesetzlichen Vorgaben abhängig wird.

Man könnte also Entwarnung geben und feststellen, dass die Politik dasjenige System der modernen Gesellschaft ist, um das man sich am wenigsten Sorgen zu machen braucht. Sein Einfluss ist gesichert und es käme jetzt nur darauf an, die einzelnen Politikfelder durchzugehen und sich anzuschauen, wo die Politik ihren eigenen Einfluss anders wahrnehmen kann, als sie das bisher tut. Die politische Literatur ist reich an Vorschlägen, wie sich im Finanz-, Sozial-, Erziehungs-, Militär-, Kultur- und sonstigen Wesen eine Fülle von Dingen anders und besser machen ließe als bisher. Es fehlt weder an Ideen zur Reform des Öffentlichen Dienstes noch an Überlegungen zur Reorientierung parteipolitischer Programmatiken. Die Arbeit der Parlamente ist ebenso Gegenstand einer laufenden Diskussion wie die Arbeit der Verfassungsgerichte. Nicht zuletzt kommt es im Zuge der Umstellung der Politik auf einen eher mit internationalen Behörden denn mit nationalen Demokratien abgestimmten Modus der Entscheidungsfindung zu einem so weitreichenden Neuorientierungsbedarf, dass man die Politik eher von allen weiteren Diskussionen entlasten sollte, damit sie die Zeit findet, sich auf diese neuen Verhältnisse einzustellen.

Tatsächlich jedoch kommt kaum jemand auf die Idee, in diesem Sinne »Entwarnung« zu geben. Im Gegenteil. Es ist eher die Vielzahl an ungelösten Problemen der täglichen politischen Arbeit, die dazu motiviert, die Dinge auch aus einem grundsätzlicheren Blickwinkel anzugehen, vielleicht weil man die Hoffnung hat, dann mehrere Probleme zugleich neu einschätzen und damit auch ihre Lösung erleichtern zu können.

Aber abgesehen von solchen Hoffnungen auf eine »Ökonomie« der politischen Probleme motiviert noch etwas anderes die grundsätzlichere politische Diskussion. Man ist heute nicht mehr bereit, den oben eher en passant eingeführten Satz, der politische Einfluss beruhe vor allem darauf, dass sie das einzige System ist, die gegen die auch von ihr mitgetragene politische Programmatik der modernen Gesellschaft verstoßen dürfe, weiterhin unbemerkt vorübergehen zu lassen. Man scheint zu fragen, was es mit dieser Lizenz auf sich hat, die die Politik sich gibt und nimmt zugleich. Man scheint den Verdacht zu haben, dass der von der Politik in die moderne Gesellschaft eingeführte *Konsistenzbruch mit ihren eigenen Prinzipien* langfristig so folgenreich ist, dass man es nicht mehr riskieren kann, mit Blick auf die politisch geleistete Stabilisierung der modernen Gesellschaft über diese Verletzung ihrer in Verfassungen garantierten und in Ausführungsbestimmungen wieder zurückgenommenen Prinzipien hinwegzusehen.

Die Politik wurde akzeptiert, solange ihr Hineinwirken in die Funktionssysteme deren Ausdifferenzierung in der modernen Gesellschaft durch eine Politik der Grenzziehung eher befördert denn behindert. Aber nun, da diese Ausdifferenzierung so weit fortgeschritten ist, dass die traditionalen Bestände der Gesellschaft nicht mehr über Politik eingebunden werden müssen, sondern von den Funktionssystemen in der Form von Trends, Moden, Kulturen und Milieus selbst quasi nach Bedarf geschaffen werden können, fällt die Politik *mit einer überflüssigen Leistung* auf und man beginnt, ihre Paradoxie zu thematisieren: *Ist die Politik dasjenige Funktionssystem der modernen Gesellschaft, das sich nur ausdifferenzieren kann, indem es die Ausdifferenzierung der anderen Funktionssysteme unter einen generellen gesellschaftlichen Vorbehalt stellt, diesen Vorbehalt jedoch dadurch kaschiert, dass es die Ausdifferenzierung aller Funktionssysteme zum politischen Programm erhebt?*

Ich will nicht behaupten, dass die Sorge von Schumpeter, der Kapitalismus würde daran zugrunde gehen, dass er die traditionalen Grundlagen (Familie, Autorität) nicht wiederherstellen kann, die er aufbraucht, ad acta gelegt werden kann. Aber ich glaube, dass die Sorge übertrieben war und dass damit die schon von Simmel unterstrichene Fähigkeit der modernen Gesellschaft zur Schaffung neuer Lebensstile und -milieus unterschätzt wurde.[2]

Wir müssen die Geschichte noch einmal aus einem anderen, dieses Mal nicht aus dem politischen, sondern aus dem gesellschaftlichen Blickwinkel erzählen, um für unsere Fragestellung das erforderliche Material zu gewinnen.

Dieselbe Paradoxie der Ausdifferenzierung, die die Politik gegenüber den Funktionssystemen kennzeichnet und die wir dazu genutzt haben, den empirisch nach wie vor überwältigenden Einfluss der Politik auf die Gesellschaft zu beschreiben, kennzeichnet auch die Politik gegenüber der Gesellschaft. Hält man sich nicht nur an die seit der Französischen Revolution programmatisch gewordene Reduzierung der Politik auf eine in Ideologien des Besseren und in Semantiken der Wohlfahrt abgesicherte Gestaltungsaufgabe der Gesellschaft *durch die Politik*, sondern auch an ein eher operatives und gegenüber Machtfragen sensibles Verständnis der Politik, das man als »machiavellistisch« bezeichnen kann, sieht man schnell, dass die Politik nur in dem Maße politische Funktionen wahrnehmen kann, indem sie sich zuvor, währenddessen und danach *an die Akzeptanz dieser Funktionen durch die Gesellschaft, auf die sie zielen*, bindet.

›Gib nur diejenigen Anweisungen, die eine Chance haben, befolgt zu werden, andernfalls riskierst du deine Macht‹, ist die Empfehlung, die von Machiavelli bis zu Max Weber jede an den Einsatzbedingungen der Politik interessierte Politiktheorie über ihren Gegenstand informiert. Skandalös war das zu Machiavellis Zeiten nur deswegen, weil er sich mit seinen Empfehlungen an den *neuen* Fürsten wandte, der seine Macht erst noch zu sichern hatte, und sich damit nicht auf den *alten* Fürsten berufen konnte, dessen Macht *bereits in seiner Tugend* gesichert und kosmologisch eingebunden war. Moderne Politik, so könnte man sagen, hat es immer nur mit »neuen Fürsten« zu tun.

Eine nicht an den semantischen Überhöhungen der Politik, sondern an deren gesellschaftlichen Operationen interessierte Theorie der Politik stellt die *Frage, unter welchen Bedingungen eine Gesellschaft es riskiert, eine Politik auszudifferenzieren.* Grundsätzlich muss man ja davon ausgehen, dass ein Gemeinwesen welcher Art auch immer, das sich eine Politik leistet, im selben Moment dafür sorgen muss, dass diese Politik nur anregt, was dieses Gemeinwesen zu tun bereit ist oder sich vorstellen kann, zu tun bereit zu sein (zum Beispiel: in einen Krieg zu ziehen).

Vielleicht darf man, um das Problem zu verdeutlichen, auf Sigmund Freuds Text *Totem und Tabu* zurückgreifen, in dem es eine erhellende Passage zum Umgang einer Gesellschaft mit der Möglichkeit von Politik gibt.[3] Häuptlinge bestimmter afrikanischer Völker, so heißt es dort, wurden in dem Moment, in dem sie zu Häuptlingen ernannt wurden, mit einer vielfach unbeschränkten Machtfülle ausgestattet. Zugleich jedoch wurden sie in Gewänder gesteckt, in denen sie sich kaum bewegen konnten; es wurden ihnen Paläste zugewiesen, die sie nicht verlassen durften; und denjenigen, denen sie vielleicht einen Befehl hätten geben können, wurde verboten, sich in ihre Nähe zu begeben; es kam auch vor, dass sie gezwungen wurden, ein Tabu zu verletzen, so dass sie Zeit ihres (dann möglicherweise nicht mehr sehr langen) Lebens der Ruch des Sündhaften und Obszönen umgab, der es erleichterte, sich ihrer zu entledigen, falls sie doch Möglichkeiten fanden, ihre Macht auszuüben.

Nimmt man diese ethnologische Evidenz ernst (die bei Freud zusammen mit anderen Evidenzen zu einer nahezu »soziologischen« Grundlegung der Psychoanalyse in Phänomenen der Ambivalenz, Angst und Lust führt), dann bekommt ein machiavellistisches Verständnis der Politik seinen präzisen Sinn darin, dass der Politiker sich tunlichst um die Bedingungen zu kümmern hat, unter denen er zur Formulierung einer Politik und zur Ausübung von Macht freigestellt ist. Diese Bedingungen liegen in der modernen Gesellschaft nicht mehr so offenkundig auf der Hand wie bei den zitierten afrikanischen Völkern, aber es gibt sie nichtsdestoweniger, wie sich am leichtesten feststellen lässt, wenn sie verletzt werden. Dann jedoch ist es für den Politiker möglicherweise bereits zu spät, so dass seine unter Umständen schwierigste Aufgabe darin besteht, herauszufinden, unter welchen nicht offenkundigen (»latenten«) Bedingungen er die Politik machen kann, die er machen will. Darauf zielt die Empfehlung Machiavellis, sich laufend um die Bedingungen der Akzeptanz möglicher Entscheidungen zu kümmern. Es geht hier viel weniger um eine Empfehlung opportunistischen oder populistischen Verhaltens als vielmehr um eine Heuristik der undurchsichtigen Grenzziehung zwischen Politik und Gesellschaft.

In diesem Sinne können wir zweierlei festhalten: Politik gibt es erstens nur *in der Gesellschaft* und als *Funktion der*

Gesellschaft, und dies gerade dann, wenn sie *gegenüber der Gesellschaft* ausdifferenziert wird und ihr im *Staat* und seinen Institutionen ein eigener Apparat zur Durchsetzung politischer Entscheidungen konzediert wird. Zweitens könnte gerade diese Rekonditionierbarkeit der Politik durch die Gesellschaft die Bedingung dafür sein, dass die Politik die Ausdifferenzierung der Funktionssysteme und damit den Übergang zum Differenzierungsprinzip der modernen Gesellschaft zum einen programmatisch befördern, zum anderen jedoch unter Vorbehalte stellen musste. Die Politik wird in der Gesellschaft als die *Paradoxie unentscheidbarer Freiheitsspielräume* bereitgestellt, als die sie von der Gesellschaft gegenüber der Gesellschaft ausdifferenziert wird. Die Gesellschaft stellt sich unter der Bedingung auf ihre funktionale Differenzierung ein, dass einem der funktional differenzierten Systeme, der Politik, Eingriffsbefugnisse in die anderen funktional differenzierten Systeme zugestanden wird, diese Eingriffsbefugnisse jedoch gleichzeitig *rechtlich* kontrolliert werden.

Das Prinzip der funktionalen Differenzierung der Gesellschaft ist daher aus Sicht der Politik letztlich in der Differenz zwischen Recht und Politik in einer für die Politik zumindest kurzfristig nicht verfügbaren Weise abgesichert, so dass sie jeden tatsächlichen Eingriff nicht nur politisch begründen, sondern mit dem Prinzip der funktionalen Differenzierung, hier in der Form der Differenz gegenüber einem anderen Funktionssystem, abstimmen muss. Die Positivierung des Rechts, das heißt die Möglichkeit, rechtliche Normen im Einklang mit rechtlichen Normen abändern zu können, kommt diesem politischen Differenzbedarf gleich doppelt entgegen, nämlich einmal in der Kommunikation, dass, gegeben den politischen Willen, rechtliche Vorstellungen tatsächlich geändert werden können, zum anderen jedoch in der Kommunikation, dass der politische Wille dazu nicht genügt, sondern auch für die Änderung des Rechts das Recht befolgt werden muss.

Vom Treffen kollektiv bindender Entscheidungen

Damit haben wir jedoch nicht viel mehr als ein abstraktes Prinzip der gesellschaftlichen Konstitution der Politik formuliert, das uns bei der Suche nach Alternativen nicht viel weiterbringt. Es war jedoch nötig, dieses Prinzip zu formulieren, weil man sonst die Leidenschaft nicht versteht, mit der sich Rechte wie Linke gegenwärtig mit den Ambivalenzen der Politik auseinander setzen. Wenn man über Politik streitet, streitet man zugleich über das Prinzip der funktionalen Differenzierung der Gesellschaft. Man verwickelt sich in die Paradoxie, dass die Politik unter Vorbehalt stellt, was sie garantiert, und dazu ein Recht in Anspruch nimmt, das sie zugleich ändern kann und nicht ändern kann. Diese Auseinandersetzungen sind so leidenschaftlich, weil es ihnen an einer Gesellschaftstheorie der Politik fehlt. Unsere Überlegungen lassen sich daher auf den Punkt bringen, dass nur eine solche Theorie in der Lage ist, einen Rahmen für die Suche nach politischen Alternativen zu definieren – was wohlgemerkt nicht heißt, dass diese Alternativen ihrerseits aus der Theorie abgeleitet werden können.

Um von der Ebene der Erörterung abstrakter Prinzipien auf die Ebene einer operativen Theorie der Politik zu kommen, ist es nötig, das Prinzip der funktionalen Differenzierung unter Vorbehalt so zu formulieren, dass es bei der Analyse aktueller politischer Systeme eingesetzt werden kann. Wie bereits angedeutet, greifen wir dazu auf die *soziologische Systemtheorie der Politik* zurück, wie sie von Talcott Parsons und Niklas Luhmann bislang (das heißt, vor der Veröffentlichung von Luhmanns *Politik der Gesellschaft*)[4] eher skizziert als ausgearbeitet wurde.

Politik, so Parsons und Luhmann, sei soziologisch definierbar als *Treffen kollektiv bindender Entscheidungen*. Für Parsons ist dabei wesentlich, dass sich eine Gesellschaft die Vorstellung einer Gemeinschaft, eines Kollektivs, gibt, das einerseits auf »Solidarität« verpflichtet, also kollektive Interessen im Konfliktfall höher einschätzt als individuelle Interessen, und das andererseits diese Gemeinschaft mit Bezug auf eine Politik bindet, die diese Gemeinschaft »integriert«, indem sie entweder Konsensregeln ausbildet oder aber Minoritäten – unter Umständen auch Majoritäten – unterdrückt. Man sieht, dass es hier darauf ankommt, dass die Gesellschaft Mittel und Wege findet, durch kollektiv bindende Entscheidungen *auf sich selbst* zurückzuwirken. Politik wird zur Sicherung von »Solidarität« und »Integration« in Kauf genommen, und nur solange in Kauf genommen, wie sie exakt diese Sicherungsaufgaben erfüllt – so lange es dann historisch auch dauern mag, sich einer Politik zu entledigen, die diese Aufgaben nicht mehr erfüllt.

Luhmann akzentuiert hingegen getreu seiner Theorie eines »selbstreferentiellen« Politiksystems eher den Punkt, dass die kollektiv bindende Entscheidung *auch den Entscheider selbst bindet*. Wie aber, diese Frage motiviert dann seine Politiktheorie, geht die Politik mit der Paradoxie um, durch das Wahrnehmen der Möglichkeit, Entscheidungen zu treffen, Möglichkeiten zu verlieren, Entscheidungen zu treffen?[5] Eine seiner Antworten lautet: Die Politik »mystifiziert« sich, um das eine (die Möglichkeit der Entscheidung) sichtbar zu halten, das andere (die Unmöglichkeit der Entscheidung) jedoch unsichtbar zu machen. Der »Staat« ist die semantische Formel dafür, dass es einerseits so etwas wie eine Entscheidungshoheit gibt, dass es diese andererseits jedoch nur als historisch begründete »Institution« und als »vernünftige«, also sich selbst limitierende »Staatsräson« gibt.

Die Arbeiten von Helmut Willke zeigen im Zusammenhang damit, wie schwer es fällt, eine Staatstheorie, die durch eine Paradoxie motiviert ist, an die Gegebenheiten der modernen Gesellschaft zurückzukoppeln: Überspitzt formuliert, ist auf dieser Ebene nicht viel mehr möglich, als über Prozesse der »Entzauberung«, »Ironie« und »Supervision« Reflexionen einzuleiten, die diesseits der Überhöhungssemantik des Staates die Differenz zwischen Politik und Gesellschaft als operative Differenz der Ausdifferenzierung der Politik *in der Gesellschaft* wieder sichtbar machen.[6] Wo mystifiziert wird, zeigt Willke, hilft nur noch Therapie, auch wenn man dann riskiert, sich für die Paradoxie eine neue Lösung einfallen lassen zu müssen.

In unserem Zusammenhang führt eine andere Antwort Luhmanns auf die Frage nach dem Umgang der Politik mit ihrer Paradoxie kollektiv bindenden Entscheidens einen Schritt weiter. Diese Antwort zielt in die gleiche Richtung wie die fiktionale Figur des Staates, lässt sich jedoch nicht auf dessen historische Semantiken ein, sondern arbeitet den Staat gleichsam klein in das, was man täglich von ihm beobachten kann und was vielleicht zu leichtfertig mit dieser Überfigur zu einer Großinstitution kurzgeschlossen wird. Politik, so Luhmann, realisiert sich nicht erst darin, dass ein Staat entsteht und aufrechterhalten wird, sondern sie realisiert sich bereits darin, dass *Ämter* geschaffen werden, denen eine rechtlich konditionierte politische Entscheidungsgewalt zugesprochen wird.

Tatsächlich muss man,[7] so Niklas Luhmann, die Geschichte sogar andersherum erzählen und die Politik als ein »parasitäres«

System beschreiben, das sich mit seinen Regelungsvorschlägen in die Paradoxie des Rechts, Recht nur auf Unrecht begründen zu können, hineingearbeitet hat und seither davon profitiert, dass das Recht dies akzeptieren, ja sogar fordern muss, um seine eigene Aufgabe erfüllen zu können. Dieser Gedanke geht davon aus, dass normatives Codieren von Erwartungen durch Recht, also die Aufrechterhaltung einer Erwartung auch im Falle ihrer Enttäuschung (man hält daran fest, dass Ehebruch nicht vorkommen sollte und bestraft wird, auch wenn er realiter immer wieder vorkommt), eine wesentlich ältere Funktion der Gesellschaft ist als das kollektiv bindende Entscheiden. Die Politik muss sich daher ihre Ansatzpunkte erst suchen, und sie findet sie auf Dauer am verlässlichsten in den ungelösten Problemen des Rechts. Dass Recht Recht ist, obwohl es Unrecht schafft und Gerechtigkeit unwahrscheinlich macht, kann man nur politisch wollen beziehungsweise durchsetzen.

Die Reichweite dieser Aussage von der Funktion der Ämter in der Ausdifferenzierung der Politik ist nur verständlich, wenn man hinzufügt, dass Ämter nach der Erfindung des Seelenheils, der Schrift und des Geldes vermutlich eine der bedeutendsten evolutionären Errungenschaften der menschlichen Gesellschaft sind.[8] Einige Aspekte dieser Errungenschaft müssen wir daher hier festhalten:

Ämter sind die Voraussetzung dafür, dass *zwischen Amt und Person unterschieden* werden kann. Nur dann kann, wie auch immer sich eine Person verhält, an der Person vorbei *eine Institution* beobachtet werden, die unabhängig vom Verhalten der Person Autorität und Macht begründet oder auch Kritik und Protest auf sich zieht. Man weiß, dass man es auch dann mit der Kirche zu tun hat, wenn der Priester trinkt, und auch dann mit dem Recht, wenn der Richter selbst der Schuldige ist. Und man kann *gegen die Intentionen der Institution die Situation dazu nutzen*, an die Person zu appellieren, es mit den Pflichten des Amtes nicht allzu genau zu nehmen. Ohne diese Unterscheidung zwischen Amt und Person ließen sich Institutionen weder beobachten noch könnte man ihren Einfluss situativ abfedern.

Nur wenn Amt und Person unterschieden werden, kann auch zwischen *Aufgaben* im Kontext einer Organisation (Amtspflichten) und *persönlichen Verpflichtungen* gegenüber Verwandten, Freunden und Klienten unterschieden werden. Damit können soziale Beziehungen gegenüber traditionellen Verwandtschaftsregeln auf Distanz gebracht werden, was für die Ausdifferenzierung organisierter Sozialsysteme nicht unwichtig ist, und können umgekehrt die Bindungen von Verwandtschaft und Freundschaft in *Patronagenetzwerke* transformiert werden, die organisierte Sozialsysteme als eine willkommene Ressource wechselseitiger Hilfestellung begreifen.

Nur wenn es Ämter gibt, kann eine *schriftliche Aktenführung* eingerichtet werden. Denn Akten machen nur Sinn, wenn sie von Ämtern bearbeitet und von Ämtern an Ämter geschickt werden können. Gleichzeitig ist die Differenzierung der Ämter die beste Grundlage dafür, dass die einmal eingeführte Schriftlichkeit auch beibehalten wird.

Ämter sind die Voraussetzung dafür, dass so etwas wie eine *Amtsautorität* zustande kommt, der kollektiv bindende Entscheidungen zugebilligt und abgenommen werden, ohne dass die Person des Amtsinhabers als Motiv zur Ablehnung der Entscheidung eine Rolle spielen muss und, vielleicht noch wichtiger, ohne dass man sich als Entscheidungsbetroffener mit seiner ganzen Person gemeint fühlen muss. Man weiß, dass man es mit einer Institution zu tun hat, und kann die damit verbundene *Unpersönlichkeit* sowohl begrüßen als auch bedauern.

Dank der Existenz von Ämtern gewinnt die Politik in ihren Verwaltungen, Parteien und Parlamenten *Spielraum in der Ausgestaltung ihrer Entscheidungskompetenzen*. Ämter müssen zwar immer Ämter sein (aktenförmig und rechtlich gebunden), aber sie können für nahezu beliebige Sachverhalte eingerichtet werden, solange man eine Möglichkeit findet, sie anderen Ämtern organisatorisch (Verwaltung als Hierarchie oder als Projekt) zuzuordnen.

Schließlich kann *mit Ämtern Politik gemacht werden*, da Politiker Ämter nicht nur erobern müssen, sondern auch vergeben können. Politiker können also unter anderen Politikern für Unterstützung werben, indem sie für den Fall, dass sie ein Amt erwerben, anderen Ämter in Aussicht stellen, auf die sie gegenwärtig noch keinen Zugriff haben. In der Wirtschaft würde man von kreditfinanzierter Übernahme sprechen, denn der Sachverhalt der »Finanzierung« der Übernahme aus den erst mit der Übernahme erreichbaren Ressourcen ist logisch derselbe. Vermutlich ist dies, da jedes der Ämter mit Kontaktnetzen ausgestattet ist beziehungsweise ausgestattet werden kann, eine der wichtigsten Formen von Politik.

Politik, so die Behauptung, gibt es, sobald es Ämter gibt, denen die rechtliche Möglichkeit zugesprochen wird, kollektiv bindende Entscheidungen zu treffen. Diese Ämter können Ämter in Behörden sein, aber auch Sitze in Parlamenten oder Ämter in Regierungen. Für eine Theorie der Politik und ihrer Paradoxie ist dies in dreierlei Hinsicht interessant:

Erstens ist ein politisches Amt sowohl entscheidungsbefugt als auch entscheidungsbehindert, *ohne dass diese Paradoxie jetzt noch unangenehm auffiele*. Im Gegenteil, die Paradoxie ist gezähmt zur Einsatzbedingung der Möglichkeit, Politik zu machen. Jedem Amt kann eine bestimmte Entscheidungsbefugnis zugeschrieben werden, qua Amt können Führerscheine ausgestellt, Handelsgesellschaften ins Register eingetragen, Baugenehmigungen erteilt und Verhaftungen vorgenommen werden. Gleichzeitig jedoch ist jedes Amt in seiner Entscheidungsbefugnis abhängig von höheren Ämtern und von der Abstimmung mit gleichrangigen Ämtern, so dass die Politik der Ämter konditioniert werden kann durch sie selbst, durch die Politik der Ämter. So unverständlich dies von außen scheinen mag, so sehr kommt es innen auf die Virtuosität an, die entsprechenden Möglichkeiten zu sehen und zu nutzen.

Eines der Probleme der Eurobürokratie in Brüssel besteht darin, dass Beamte aus verschiedenen civil services mit unterschiedlichen Traditionen der Konditionierung von Ämtern durch Ämter in Brüssel zunächst einmal ihr Spiel weiterzuspielen versuchen, mehr oder minder kaschiert durch eine allgemeine Begeisterung »für Europa«, und erst mühsam, bis hin zur Resignation, lernen müssen, ihre Spiele aufeinander einzustellen. Das Spiel der Spiele kommt jedoch nur durch das Einziehen neuer Fiktionen in Gang, so dass die Undurchschaubarkeit nach außen noch einmal vergrößert wird und selbst innen nicht verstanden wird, auf welcher Grundlage es auch unter diesen Umständen wieder zu einer neuen Virtuosität kommen kann. Mit modernistischen Transparenzforderungen ist dies schwer abzustimmen, zumal unter der Bedingung von Transparenz wahrscheinlich politisch gar nichts mehr ginge. Aber das Problem liegt nicht darin, dass die Intransparenz gesucht würde, um im Geheimen machen zu können, was öffentlich gar nicht ginge (das vielleicht auch); sondern das Problem liegt darin, dass wir ein völlig unzureichendes Wissen über Verwaltungstraditionen in Europa haben, ja uns noch nicht einmal vorstellen können, dass es auf diesem Feld nicht nur folkloristisch interessante, sondern operativ wesentlich unterschiedliche Traditionen gibt. Die Überlegung, dass Politik in Ämtern und mit Bezug auf den Besitz von Ämtern gemacht wird, korrigiert diese Auffassung, weil Verwaltung jetzt nicht mehr nur Vollzugsorgan, sondern ein eigenes »soziales Milieu« ist, in dem sich die Politik zu dem gemacht hat, was sie heute ist.

Zweitens wird es mit Bezug auf Ämter einfach, nachzuvollziehen, worin Politik besteht. Wenn die Politik kollektiv bindende Entscheidungen trifft, die in Ämtern getroffen werden, dann ist es politisch entscheidend, diese Ämter zu besetzen. Der Code, der alle politischen Kommunikationen sortiert, so Luhmann, ist die *Unterscheidung zwischen Innehaben der Ämter und Nichtinnehaben der Ämter.*[9] Wer die Ämter innehat, ist »an der Macht«, kann die Entscheidungen seines Programms treffen (so glaubt er zumindest) und ist darum bemüht, das Amt auch zu behalten. Wer die Ämter nicht innehat, befindet sich in der Opposition und bemüht sich darum, in den Besitz der Ämter zu kommen. Natürlich sind Machthaber wie Oppositionelle daran interessiert, die Reichweite der Entscheidungen der Ämter möglichst groß anzusetzen, weil sich andernfalls nicht verständlich machen ließe, worin der Einsatz besteht. Das schließt dann nicht aus, sondern ein, dass etwa in der gemeinsamen Ausschussarbeit ein realistisches Bild der Befugnis der Ämter gezeichnet wird und vielleicht sogar für eine weitere Konditionierung der Ämter durch andere Ämter Sorge getragen wird, denn man weiß ja, dass unter Bedingungen politischen Wechsels schon bald der andere dieselben Ämter innehaben wird, *ohne dass dies an den Möglichkeiten der Politik allzu viel ändern darf.* – Auch hier wird es interessant, wie man im Vorfeld der Ämterbesetzung zu klären versucht, was aus den Ämtern wird, wenn eine neue Partei an die Macht kommt. Wird der Ämterreigen akzeptiert, hat man offensichtlich weniger Probleme mit einem Wechsel als wenn Änderungen angekündigt werden oder auch nur aus mangelnder Einführung ins politische Spiel zu befürchten sind.

Drittens aber, und damit nähern wir uns unserem eigentlichen Thema der Politik in den Netzwerken der Gesellschaft, sind Ämter *nicht nur selbstreferentiell durch die Politik, sondern auch fremdreferentiell durch ihren jeweiligen Regelungszusammenhang konditioniert.* Ämter sind das »interface«, so könnte man mit Harrison C. White sagen,[10] in dem sich die Wiedereinbindung der ausdifferenzierten Politik in die Gesellschaft entscheidet. Oder, um näher an Formulierung der luhmannschen Differenzierungstheorie zu bleiben, Ämter bewegen sowohl die Innenseite der Politik als auch ihre Außenseite, also sowohl die politischen Anlässe für politische Entscheidungen (Innenseite) als auch die gesellschaftlichen Anlässe und Akzeptanzbedingungen für politische Entscheidungen (Außenseite). Wer kein Amt hat, glaubt, man könne mittels der Politik die Gesellschaft verändern. Wer ein Amt hat, sieht, wie die Gesellschaft mittels Politik ihre eigenen Probleme zu regeln versucht, und kann dann nur noch versuchen, auch die Politik selbst als ein legitimes Unterfangen der Gesellschaft im Spiel zu halten. Je besser ihm Letzteres gelingt, desto mehr Spiel behält er gegenüber Ersterem. Aber entscheidend ist, dass man, in einem Amt sitzend, quasi durchsichtig wird für Beobachter, die von innen nach außen, und für Beobachter, die von außen nach innen schauen.

Der entscheidende Punkt für unsere Überlegungen ist nun folgender: Solange man an einer Staatssemantik festhält, um sich über Möglichkeiten und Unmöglichkeiten der Politik zu verständigen, bleibt man notwendigerweise in einer *Semantik der Staatsaufgaben* stecken und versucht dann auf dieser Ebene die politischen Probleme zu lösen, indem man Aufgaben zu beschreiben versucht, die so einsichtig und vernünftig sind, dass sich alle Akzeptanzprobleme bereits mit ihrer Definition erledigt haben. In den Worten Luhmanns: Solange man an der Staatssemantik festhält, hat man es nur mit einer »Kontingenz von oben« zu tun und glaubt, Politik durch andere Direktiven auch bereits neu orientieren zu können. Wechselt man jedoch auf die *strukturelle Ebene der Ämter und der Politik im Ämtercode*, dann wird deutlich, dass die Politik zum einen eine erhebliche Fähigkeit zur Beharrung in den eigenen Situationen und in den eigenen Milieus hat, einfach weil sie weiß, welche Mühe es kostet, Ämter durch andere Ämter dazu zu bewegen, irgendetwas anders zu machen; und zum anderen sieht man, dass die Ämter mit einer »Kontingenz von unten«, nämlich mit der Bereitschaft der Bevölkerung, der Adressaten von Politik, mitzuspielen, Entscheidungen zu akzeptieren oder, heute zunehmend wichtig, Entscheidungen abzufragen (Förderprogramme, Unterstützungsmaßnahmen), konfrontiert ist, die so manche Politik, die man sich »oben« ausdenkt, »unten« ganz anders aussehen lässt – vorausgesetzt, man kann dort überhaupt noch eine »Politik« erkennen.

Man würde zu kurz greifen, wenn man diese »Kontingenz von unten« für ein »Implementierungsproblem« der Politik halten würde. Tatsächlich kommt hier eine Ebene ins Spiel, die in den Legitimationsdiskursen, mit denen wir uns sei es in affirmativer, sei es kritischer Absicht über die Politik verständigen, systematisch zu kurz kommt: *Ämter können kollektiv bindende Entscheidungen nur auf der Grundlage von Kontakten treffen.* Ohne Kontakte zu Adressaten, zur Bevölkerung, zu interessierten Dritten, auch zu den Medien, die die politischen Entscheidungen kommunizieren, gibt es keine Politik. Wo kommen diese Kontakte in unseren politischen Theorien und in unserem Streit über die Aufgaben der Politik in der modernen Gesellschaft vor? Man weiß, dass Organisationen aller Art ihre Stellen gleichermaßen unter Berücksichtigung professioneller Kompetenzen wie mitgebrachter Kontakte besetzen. Das gilt auch für politische Ämter. Selbstverständlich ist daher auch die politische Auseinandersetzung um Ämter sowohl innerhalb der Parteien als auch zwischen den Parteien ein Streit um die Frage, wessen Kontaktnetz zum Zuge kommt. Aber wir haben in unserer Sprache über Politik dafür keine Worte. Man weiß das, aber niemand spricht darüber, es sei denn, wenn es vom politischen Gegner als »System X« selbst zum Argument gemacht wird oder wenn, ein soziologischer Glücksfall, ein bereits nicht mehr an der Macht befindlicher Politiker wie Helmut Kohl diesem Kontaktnetz (und seiner Geheimhaltung) einen höheren politischen Stellenwert einräumt als allen Semantiken, Zielsetzungen und Absichtserklärungen, die eine Partei sich auf die Fahnen geschrieben haben mag.

Was also hat es mit diesen Kontakten politiktheoretisch auf sich? Kontakte sind die netzwerkartigen Strukturen, in denen eine ausdifferenzierte und auf die Selbstreferenz ihrer Entscheidungen zugespitzte Politik aktuell realisiert wird.[11] Das heißt, die Kontakte sind das *Realitätsprinzip eines Systems*, das im Zuge seiner selbstreferentiellen Realisierung andernfalls sowohl zur Überschätzung seiner Möglichkeiten als auch zu ihrer Unterschätzung tendieren könnte. Diese Über- und Unterschätzung finden trotzdem statt, das Realitätsprinzip, andernfalls wäre es kein »Prinzip«, greift nicht in jedem Falle: aber auf der Ebene der Kontakte realisiert sich das System jeweils als ein anderes als auf der Ebene seiner Entscheidungsfindung und seiner Semantik. Man könnte so weit gehen, zu vermuten, dass ein großer Teil der täglichen Politik in Versuchen besteht, die Kontakte einerseits auf die Entscheidungsfindung durchgreifen zu lassen und die Entscheidungsfindung andererseits gegenüber den Kontakten autonom zu halten. Die interne Spaltung des Systems in das, was es in den Kontakten realisiert, und das, was es in der eigenen Entscheidungsfindung tut, ist nicht nur durch die Semantik, die systematisch die Entscheidungsfindung gegenüber den Kontakten präferiert, sondern auch durch das System selbst gefordert: Das System arbeitet auf der Basis der eigenen Erfindung seiner Möglichkeiten, nicht auf der Basis einer Antwort auf gesellschaftliche Bedarfslagen.

Die semantische und vielleicht auch strukturelle Unterschätzung der Kontakte in einem auf Legitimation zielenden Politikverständnis lässt diese umso wichtiger werden. Auf der Ebene der Kontakte scheint sich Tag für Tag die *Wiedereinbettung der Politik in die Gesellschaft* zu entscheiden, gerade wenn für diese Wiedereinbettung nichts entscheidender ist als das Gelingen des Versuches, nicht etwa neue Kontakte, sondern neue Entscheidungen zu finden. Kontakte können im Extremfall ein System zum Stillstand bringen, das dann, solange das den Kontakten nicht auffällt, nur noch auf der Ebene des Bedienens der Kontakte läuft. Genau das macht den interface-Charakter der Kontakte aus: Man braucht sie, weil man ohne sie bei der Entscheidungsfindung nicht weiterkommt, nicht etwa deswegen, weil man aus Kontakten weitere Kontakte knüpfen kann.[12]

Politik, darauf führen diese Überlegungen, ist notwendigerweise ein »schmutziges Geschäft«. Die sauberen Absichten der Politiker motivieren sich in zum Teil undurchsichtigen Kontakten und sie gehen in weiteren, zum Teil undurchsichtigen Kontakten auch wieder verloren. Das ist die Bedingung, unter der die Gesellschaft die Politik ausdifferenziert. Die Gesellschaft überzieht die Politik mit einem Netzwerk von Kontakten, in denen jeweils ausgelöst, aber auch aufgefangen und nicht zuletzt durchgesetzt werden kann, was sich die Politik an kollektiv bindenden Entscheidungen einfallen lässt. Letztlich sind Kontakte sogar genau das, was überhaupt von einer kollektiven Bindung sprechen lässt, wenn man sich einmal von der hehren Begrifflichkeit der »Solidarität« und der »Integration« verabschiedet hat und diese Begrifflichkeit als das sieht, was sie sind: Münzen in der Generierung, Gestaltung und Beruhigung von Kontakten. Die Kontakte *sind* das Kollektiv, das sich binden lässt, und was hier nicht vorkommt, bindet sich entweder gar nicht oder nur dadurch, dass es von politisch relevanten Kontakten ausgeschlossen ist. Letzteres allerdings ist dann schon der erste Schritt zur Kontaktfindung.[13]

Wir müssten hier eigentlich eine Phänomenologie der Kontakte anschließen, aber dafür fehlt uns das Material, auch wenn ich mir sicher bin, dass sich die politische Literatur ebenso wie die Netzwerkanalyse hier mit Erfolg fruchtbar machen ließe. Wir beschränken uns darauf, einige für diese Phänomenologie wichtige Punkte zu nennen:

Erstens ist nicht anzunehmen, dass Kontakt gleich Kontakt ist. Kontakte können danach unterschieden werden, welches Amt sie unterhält, welchen hierarchischen Stellenwert dieses Amt hat und ob es sich um ein Amt einer ausführenden Behörde, um ein Regierungsamt oder um das Amt einer politischen Partei handelt. Auf der Ebene dieser Differenzierung koppelt sich die Ämterhierarchie der Politik an die wahrgenommene oder zu diesem Zweck produzierte *soziale Schichtung der Gesellschaft* und vor allem an die *Stellenhierarchie der Organisationen* in Wirtschaft, Erziehung, Kultur usw., mit denen sie es zu tun hat. Auf diese Art und Weise ist dafür gesorgt, dass Kontakte *nicht oder nur ausnahmsweise zufällig* zustande kommen. Nicht jede Interaktion mit einem politischen Würdenträger, nicht jedes Gespräch eines Amtsinhabers mit einem Bürger ist bereits ein Kontakt. Sondern zu einem Kontakt wird nur, was *im Netzwerk der Kontakte* als ein möglicher Kontakt festgehalten und zur Geltung gebracht wird. Das ist der Grund dafür, dass man meist erst in weiteren Kontakten merkt, dass man dort über Kontakte verfügt, wo man bisher nur zu interagieren gewohnt war. Und das ist auch der Grund dafür, dass neue Kontakte dazu führen können, dass alte Kontakte mit einem Mal nicht mehr zur Verfügung stehen, weil sie eine Nutzung befürchten, die nicht im Interesse der ursprünglichen Kontaktfindung ist.

Damit hängt zusammen, dass Kontakte aus dem Blickwinkel anderer Kontakte *sowohl abgewertet als auch aufgewertet* werden können, so dass die Ämterpolitik auch im Fall ihrer Spiegelung im Netzwerk ihrer Kontakte nicht etwa fremddeterminiert wird, sondern selbst Einfluss darauf zu nehmen versuchen kann, wann sie sich am aussichtsreichsten durch welchen Kontakt beeinflussen lässt. Abhängig von politischen Absichten, Aussichten und Widerständen können Kontakte, die bisher nur schlummerten, Bedeutung gewinnen, und können Kontakte, die bisher nahezu täglich wahrgenommen wurden, in den Hintergrund gedrängt werden. Auch dies hängt wiederum damit zusammen, dass Kontakte nicht nur als Kontakte wirken, sondern andere Kontakte motivieren und demotivieren können.

Darauf reagiert dann wiederum ein dritter Typ von Kontakten, der vor allem für die Frage der *Einschätzung* und der *Korrektur der Einschätzung* der anderen Kontakte genutzt wird. Es gibt Kontakte, die man nur eingeht, um überprüfen zu können, welche Möglichkeiten und Fehler das bisherige Kontaktmanagement mit sich gebracht haben. Wenn diese reflexive Kontaktpflege professionalisiert wird, spricht man von Psychoanalyse oder, stärker auf das Problemfeld der Kommunikation bezogen, von Coaching und Supervision. Diese Professionalisierung bietet Vorteile, weil Kontakte als Kontakte thematisiert werden können und man nicht einen wie immer lockeren Themenbezug (siehe unten) vorschützen muss, um Kontakte zu motivieren. Aber sie hat auch Nachteile, weil Kontakte, die professionalisiert werden, schwerer zu lösen sind als andere. Man darf sich das Spiel der Kontakte gar nicht raffiniert genug vorstellen und liegt dann wahrscheinlich immer noch unterhalb eines Raffinementlevels, das sozial zwar wahrgenommen, aber sprachlich nicht beschrieben und den beteiligten Leuten auch nur ausnahmsweise bewusst ist. Das vielbeschworene Namensgedächtnis mancher Spitzenpolitiker muss man sich wahrscheinlich als das Register eines hochmobilen Kontaktgedächtnisses vorstellen, in dem laufend Bewertungen von Kontakten mit Blick auf die Erreichbarkeit weiterer Kontakte vorgenommen werden.

Wichtig ist ferner, dass die hier gemeinten Kontakte *nicht nur Kontakte zwischen Personen* sind. Vielmehr macht es soziologisch, vor allem netzwerktheoretisch (Harrison C. White), ebenso viel Sinn, Kontakte auch zu Institutionen, Ideologien, Werten, Stilen und zu ganzen Netzwerken zu berücksichtigen. Damit ist zum einen deutlich, dass auch Personen nicht als Personen, sondern als Adressen in einem Netzwerk relevant werden. Der Ministerialdirigent ist nicht als Person, sondern als Zugang zum Minister interessant. Und der Direktor eines Forschungslabors zählt kontaktmäßig nicht wegen seiner eigenen wissenschaftlichen Einsichten, sondern wegen seines Zugangs zu den in seinem, aber auch in anderen Labors laufenden Forschungen. Mit dieser Erweiterung des Netzwerkbegriffs ist zum anderen deutlich, dass die Bindungen, auf die man sich einlässt, wenn man Kontakte knüpft, nicht nur aus den damit entstehenden persönlichen Beziehungen, sondern auch aus ideologischen Verpflichtungen, aus Stilvorstellungen, aus Rücksichten auf Institutionen und so weiter entstehen können, ohne dass man die Reichweite und Intensität dieser Bindungen auf Anhieb einschätzen könnte. In Unternehmen kann es zum Beispiel vorkommen, dass man erst dann zu bestimmten Netzwerken der Projektkooperation oder Karriereförderung Zugang findet, wenn man deutlich gemacht hat, dass man bestimmte Geschichten (Mythen der Unternehmensgründung) übernommen hat und »in ihrem Geist« seine eigene Arbeit versteht. Nicht zuletzt macht diese Erweiterung des Netzwerkbegriffs verständlich, dass eine Ideologie oder eine Institution *als Kontakt* etwas anderes ist denn *als Thema* (siehe unten). Ein Politiker kann den Sozialismus zum Thema machen und dementsprechend Entscheidungen favorisieren oder ablehnen. Er kann aber auch einen Kontakt zum Sozialismus unterhalten und dann Entscheidungen favorisieren oder ablehnen, die auf den ersten Blick nichts mit dem Sozialismus als Thema zu tun haben, auf den zweiten Blick jedoch aus diesem Kontakt motiviert sind, um zum Beispiel die längerfristigen Chancen auf ein Wiederlancieren dieses Themas zu fördern.

Es gehört zum politischen Handwerk, darauf zu achten, dass Kontakte so platziert und gepflegt werden, dass sie Kontakte im Wortsinne bleiben und nicht in Determinationen in die eine oder andere Richtung ausarten. *Kontakte sind lose Kopplungen.* Es muss in der einen Richtung ausgeschlossen sein, dass die Politik ihre Kontakte nutzt, um kollektiv bindende Entscheidungen gleichsam direkt, beim Adressaten, durchzusetzen. Stattdessen muss der Adressat immer eigene, sei es rechtlich, finanziell oder sonst wie begründete Gründe haben, sich durch politische Entscheidungen gebunden zu fühlen. Und es muss ausgeschlossen bleiben, dass die Kontakte in der Gegenrichtung festlegen, was in der Politik geschieht. Die moderne Gesellschaft ist nicht nur gegenüber Kontakten in die Wirtschaft, sondern auch in die Religion, das Recht, die Wissenschaft und die Erziehung empfindlich. Sobald die Politik ihre Kontakte so nutzt, dass sie im Interesse der Wirtschaft zugleich wirtschaftliche Eigeninteressen (private Vorteilsannahme, Parteienfinanzierung und so weiter) verfolgt, wird sie nicht wirtschaftlich, sondern politisch verdächtig. Dasselbe gilt, wenn Politiker ihre politischen Entscheidungen zur Sicherung des eigenen Seelenheils einsetzen, was politisch immer dann fragwürdig ist, wenn verschiedene Auffassungen des Seelenheils in der Gesellschaft miteinander konkurrieren und die Politik eingesetzt wird, um den Streit auszutragen. Aber auch eine nur juristisch begründete Politik oder eine Politik, die sich in den Dienst einer bestimmten wissenschaftlichen Weltauffassung (sei es der dialektische Materialismus des Marxismus, sei es die Neoklassik der Wirtschaftswissenschaften) oder in den Dienst pädagogischer Absichten der Erziehung der Bevölkerung stellt, dokumentiert damit, dass sie ihre Kontakte überzieht und politische Eigenbeweglichkeit verloren hat. In den »westlichen« Demokratien sorgen Parteikontakte und Kontakte in die staatlichen Behörden dafür, dass die Politik genügend Eigendetermination aufbringen kann, um die Kontakte außerhalb der Politik mit der erforderlichen Distanz handhaben zu können. Aber schon, wenn, wie im Fall der europäischen Bürokratie, diese Gegengewichte nicht erkennbar sind und das Wechselspiel mit nationalen Behörden nicht als hinreichendes Korrekturmoment wahrgenommen wird, steht eine noch so effiziente Kontaktpolitik[14] sofort unter einem politischen Verdacht.

Wir müssen die Phänomenologie der Kontakte hier auf sich beruhen lassen. Aber zu unterstreichen ist noch einmal, dass diese Kontakte nicht etwa eine von den absichtsvollen Semantiken der Politikbegründung abweichende, gleichsam in Kauf zu nehmende empirische Bedingung tatsächlicher Politikfindung ist, sondern der Stoff, aus dem und mit dem die Politik gemacht ist, solange man davon ausgehen kann, dass die Politik es immer auch mit der Konstitution, Durchsetzung, Pflege und Variation ihrer innergesellschaftlichen Grenze zur Gesellschaft zu tun hat. Diese Kontakte können zu Konversationskreisen, zum »hyperzyklischen« Kollisionsmanagement und zu Verhandlungssystemen ausdifferenziert werden,[15] aber dies wird, solange die Politik die Federführung hat, immer nur in dem Maße der Fall sein, in dem der Steigerung der Wahrscheinlichkeit des Durchgriffs auf die Politik Möglichkeiten der Eigendetermination, der Rücksicht auf Rechtslagen, Parteiprogramme und Behördenmeinungen, entgegengestellt werden können.

Ein weiteres Wort ist notwendig, um dem möglichen Missverständnis vorzubeugen, dass die Kategorie der Kontakte und ihre Phänomenologie nur für die Analyse der Politik Sinn machen. Das Gegenteil ist der Fall. Kontakte gibt es überall dort, wo Politik gemacht wird, und das ist auch außerhalb politischer Ämter und der Auseinandersetzung um ihre Besetzung der Fall. Davon zeugt zum Beispiel die mit Erfolg für Organisationen aller Art fruchtbar gemachte Kategorie der »Mikropolitik«.[16] Politik im Sinne dieser Mikropolitik findet überall statt, wo Entscheidungen mit Blick auf Ämter getroffen werden, die Zugang zu weiteren Entscheidungen, wenn nicht sogar Entscheidungsbündeln schaffen. Mikropolitik bedeutet, keine Entscheidung ohne Berücksichtigung der Auswirkung dieser Entscheidung auf Stellenbesetzungen zu treffen, sei es im Kontext der eigenen Karriere, sei es im Kontext der Ermöglichung oder Verhinderung der Karriere anderer. Ihren dezidiert »politischen« Gehalt gewinnt die Kategorie der Kontakte erst in der Kombination mit politischen Themen und innerhalb des Bezugs auf den für die Politik zentralen Ämtercode. Darauf kommen wir im übernächsten Abschnitt zurück.

Macht

Auf den ersten Blick wird das Bild der Politik durch die Einführung der Kategorie der Kontakte eher diffuser denn präziser. Aber was dieses Bild an Präzision in den Termini unserer politischen Ideen verliert, das gewinnt es an Realitätsnähe. Man muss zwar damit rechnen, dass diese Realitätsnähe weder gesellschaftlich noch politisch gewollt ist, aber weder plaudern wir hier große Geheimnisse aus, die den regelmäßigen »Bild«- oder »Spiegel«-Leser überraschen könnten, noch müssen wir uns an semantische Übereinkünfte halten, wenn es um die soziologische Analyse eines Systems geht.

Tatsächlich liegt ein möglicher Vorteil dieser Überlegungen vor allem darin, ein genaueres *Bild der Macht* zu gewinnen, die die Politik nach wie vor in der Gesellschaft und über die Gesellschaft ausübt und auf die sich verlassen können muss, wer nach einer neuen Konzeption der Politik sucht.

Macht, also die Fähigkeit, Handlungen durch die Androhung negativer Sanktionen (bis hin zum Gewalteinsatz) oder durch die Androhung des Entzugs positiver Sanktionen (dies ist heute wahrscheinlicher, denn nichts verleiht mehr Macht als eine über Geld, Stellen, Privilegien oder Kontakte vermittelte Vorteilsgewährung, die man wieder entziehen kann) zu erzwingen, ist ein in dem Sinne »mikrophysikalisches« Medium, wie es Michel

Foucault analysiert hat: Es handelt sich um eine Macht, die die *Macht von Ämtern, Apparaten und Institutionen* ist, und damit um eine Macht, die nicht auf die Überwältigung und Aneignung des Gegners zielt, sondern darauf, diese Ämter, Apparate und Institutionen zu erhalten.[17] »Mikrophyisch« ist diese Macht, weil Ämter, Apparate und Institutionen nicht hierarchisch, nicht über direkte Anweisungen herrschen, sondern vermittelt über Themen, über Diskurse, über Ideologien und nicht zuletzt: über die Fähigkeit, Themen so zu besetzen und zu bewegen, dass abweichende Meinungen oder auch nur das Faktum der Abweichung einer Meinung gar nicht erst kommuniziert werden können. Das ist es, was Jean-François Lyotard unter dem Titel eines »différend«, der andere *zum Schweigen* bringt, analysiert hat.[18] Diese mikrophysikalische Wirkung macht die Politik nicht weniger wirksam, im Gegenteil, aber ihre Wirksamkeit liegt darin, dass sie aus Rücksicht auf die Ämter und deren Kompetenzen und Kontakte gebremst ist und genau deswegen rücksichtslos gegenüber allem ist, was nicht in den Aufmerksamkeitsbereich eines Amtes fällt. Diese Macht herrscht über sich selbst und schließt sich ab gegenüber allem, was nicht irgendeinem Amt in die Hände zu arbeiten verspricht.

Kontakte sind hierzu nicht nur die Erfolgsbedingung, sondern auch Korrekturprinzip. Denn im Spiegel der Kontakte – das Argument läuft analog zur Genese von Märkten in der Wirtschaft[19] – beobachten Ämter andere Ämter unter dem Gesichtspunkt ihrer beschränkten Aufmerksamkeit für die Erfolgsbedingungen der eigenen Entscheidungen. Denn wie man weiß, besteht die einzige Möglichkeit, auf die Politik »von außen« Einfluss zu gewinnen, darin, ein Amt zu finden, das bereit ist, zugunsten der vorgebrachten Sache *bei einem anderen Amt* zu intervenieren.

Das ist ein merkwürdiges Phänomen, das uns zwingt, das Argument der Realisierung der Politik im Netzwerk der Kontakte noch einmal eine Stufe komplizierter anzusetzen: Es sind nicht die eigenen Kontakte, sondern die Kontakte der Ämter, mit denen man Kontakt hat, die nicht über die bereits realisierten, sondern über unausgenutzte und über überzogene Möglichkeiten der Entscheidungsfindung informieren.[20] Tatsächlich ist dieser scheinbare Umweg nur konsequent, wenn man die Politik unter dem Gesichtspunkt der Durchsetzung von Macht beobachtet. Denn Macht ist notwendigerweise bezüglich des eigenen Adressaten blind. Wäre sie es nicht, würde sie sich selbst einschränken durch Rücksichtnahme auf oder auch nur durch Kenntnisnahme des anderen. Umso sensibler ist Macht für Informationen durch Dritte darüber, wie es um die eigene Macht steht. Macht kontrolliert sich selbst nicht anhand der Frage, was sie bei wem bewirken will, sondern in schönster Selbstreferenz und ausschließlich anhand der Frage, *wie mächtig sie ist*.

Vielleicht, so muss man folgern, lässt sich ein großer Teil des »demokratischen« Apparats der Politik der modernen Gesellschaft in diesem Sinne als das Produkt der Schaffung von Ämtern zur Beobachtung von Ämtern verstehen. Dann wäre die Politik ein umfangreicheres Manöver zur Wiedereinführung des Dritten, als wir gängigerweise im Vergleich mit der Erziehung (der Schüler als Dritter) oder mit der Wirtschaft (der Kunde) zuzugestehen bereit sind. Aber letztlich liegt dieses Phänomen wieder auf der Linie unseres Ausgangsarguments der Ausdifferenzierung der Politik *um den Preis ihrer Wiedereinbettung*.

Wir haben an dieser Stelle nicht den Raum, um uns auf eine detaillierte Analyse der Institutionen der Politik einzulassen, sondern belassen es auch hier bei unseren eher essayistischen Überlegungen. Wichtig ist, dass diese Konditionierung der Macht der Politik in ihren direkten und indirekten Kontakten wiederum auf das eigentliche Problem der Politik in der Gesellschaft zielt: So machtvollkommen die Möglichkeiten einer Politik, die »über die Gesellschaft« zu herrschen scheint, auf den ersten Blick auch scheinen mögen, so treffsicher reagieren Politik und Gesellschaft *auf der Grundlage ihrer Differenz* auf diese Machtvollkommenheit *und unterbinden sie nahezu komplett*. Politik zu machen, heißt, *die Unmöglichkeit der Politik fallweise, und dies in Abstimmung mit den Kontakten zur Politik und zur Gesellschaft, wiederaufzuheben*. Politik läuft, technisch ausgedrückt, über die Desinhibition inhibierter Möglichkeiten. Und diese doppelte Bewegung über Inhibition und Desinhibition ist keine paradoxe Perversion, die aus der langen Geschichte europäischer Politikfindung zu erklären wäre, sondern zum einen ein offensichtlich universelles Phänomen der Politik in der Weltgesellschaft und zum anderen ein konstituierendes Prinzip aller autonom gesetzten, also ausdifferenzierten und wiedereingebetteten Systeme der Gesellschaft.[21]

Damit sind wir jedoch endlich an dem Punkt, der für jeden Politiker trivial ist, in der gesellschaftlich verfügbaren Semantik der Beschreibung der Politik jedoch eher ungewöhnlich ist: Politik besteht darin, gegen und für die Gesellschaft – und das heißt auch: gegen und für die Politik, denn sie ist Teil der Gesellschaft – Möglichkeiten zu schaffen, die die Gesellschaft und die Politik unterbinden. Sie ist dazu auf die Schaffung oder Neudefinition von Ämtern angewiesen, weil nur in Ämtern kollektiv bindende Entscheidungen getroffen werden, also Politik »gemacht« wird. Das heißt, sie ist auf genau das Medium angewiesen, das die Politik und die Gesellschaft nutzen, um die Politik auf die aktuell wahrgenommenen Möglichkeiten zu beschränken.

Die Form der Politik

Erst an diesem Punkt unserer Überlegungen können wir die *Themen* wiedereinführen, die unser Nachdenken über die Politik bewegen: Welche Möglichkeiten gibt es für eine neue Wirtschaftspolitik, Sozialpolitik, Universitätspolitik, Kulturpolitik, Außenpolitik usw.? Aber wir führen die Themen ein, indem wir sie *als Themen* wiedereinführen. Das heißt wir nehmen an, dass diese Themen als politische Themen *eine Form* haben: auf der Innenseite der Form, der markierten, der anschlussfähigen Seite finden wir die Themen; und auf der Außenseite der Form, der nicht markierten, der nicht thematisierten, der latent gehaltenen Seite finden wir die Kontakte der Ämter, die die Politik mit diesen Themen beauftragt.

Diese Überlegung hat zwei Konsequenzen: Zum einen führt sie dazu, dass die Relevanz der Themen mit Bezug auf die möglichen Ämter, die mit ihnen beschäftigt, und deren Kontakte, in denen die Themen verankert werden müssen, *relativiert* wird. Es wird, mit anderen Worten, unwahrscheinlich, mit Themen Politik machen zu können, wenn man jeweils berücksichtigt, dass die Ämter bereits hinreichend mit anderem beschäftigt sind, dass die neuen Themen in die deswegen ja nicht verschwindenden alten Themen erst einmal eingepasst werden müssen und dass all dies nicht im freien Spiel der Selbstreferenz der Politik, sondern in Abstimmung mit den Kontakten der Ämter geschehen muss.

Zum anderen jedoch führt diese Überlegung zu einer Aufwertung der Themen, denn es ist kein anderer Mechanismus sichtbar, mit dem die Politik überhaupt bewegt werden kann.

Auch auf der Ebene der Kontakte kann nur mit Themen, nicht mit den Kontakten selbst – oder nur so ausnahmsweise, dass man hier dann tatsächlich von Tendenzen zur Klientelisierung sprechen kann – Politik gemacht werden. Kontakte müssen sich mit einem Bezug auf Themen aufladen, und dies vielleicht sogar gegen ihren Willen, denn Themen legen mögliche andere Kontakte nahe, die die Erstkontakte gefährden können.

So unvermeidlich es in der Politik ist, bei Themen an mögliche Kontakte zu denken, so unvermeidlich ist es, Kontakte auf der Grundlage von Themen zu knüpfen und zu pflegen. Themen sind nur interessant, wenn sie mögliche Wählerschichten erschließen und/oder politische Koalitionen innerhalb und außerhalb der Politik erreichbar machen. Und Kontakte können nur angebahnt werden, wenn man mit Themen wirbt, die durch diese Kontakte und wiederum mit Blick auf Wählerschichten und Koalitionen bewegt werden können. Man kann daher diese Form des politischen Themas als *Form der Politik* bezeichnen. In dieser Form muss sich der Politiker bewegen können. Allerdings muss ebenfalls gesagt werden, dass es die dieser Form entsprechende politische Fähigkeit ist, Themen mit Blick auf Kontakte abzuschwächen und Kontakte mit Blick auf Themen zu generieren, die den Politiker in den Augen der Öffentlichkeit wiederum *verdächtig* macht. Denn die souveräne Bewegung in der Form bedeutet nichts anderes, als weder für Themen noch für Kontakte dingfest gemacht werden zu können. *Weder das Thema selbst noch ein Kontakt, sondern nur ihr wechselseitiger Bedingungs- und Wiederauflösungszusammenhang ist Gegenstand und Grundlage des politischen Kalküls.* Wer dies beobachten kann, für den wird die Politik verlässlich und berechenbar. Denn die Termini und Grenzen dieses Kalküls kann keine Politik sprengen, so scheinbar rücksichtslos sie auch mit Themen und Kontakten umzugehen vermag.

Wenn wir in diesem Sinne von der *Form der Politik* sprechen, greifen wir damit auf einen Begriff zurück, den George Spencer-Brown eingeführt hat,[22] um auf der Ebene eines mathematischen Kalküls nachvollziehen und vorführen zu können, wie es möglich ist, ein selbstreferentielles System *mithilfe eines einzigen Operators*, der *gleichzeitig Operator und Operand* ist, zu generieren. Dieser Operator ist eine Unterscheidung und wird in Form eines Hakens, ⏋, dargestellt, dessen beide Seiten zusammen als »Form« bezeichnet werden. Diese Darstellungsweise hat den

Vorteil, dass sie auf einen Blick die Dreiwertigkeit jeder Unterscheidung sichtbar macht: die Innenseite, die Außenseite und die Trennlinie zwischen den beiden Seiten. So hat man beispielsweise die Absicht, über Politik zu reden (erster Wert: Innenseite der Unterscheidung), und merkt dabei gar nicht, was jedoch anderen Beobachtern auffallen kann, dass man dies nur tun kann, indem man laufend über andere Dinge *nicht* spricht (zweiter Wert: Außenseite der Unterscheidung), was immer hier in Frage kommen mag. Darüber hinaus kann einem Beobachter auffallen, dass dieses Reden über Politik selbst für das verantwortlich ist, was es ist (dritter Wert: die Unterscheidung als Operation), und nicht etwa die Weltlage als solche oder andere externe Motive für dieses Reden verantwortlich machen kann.

Diese Form der Unterscheidung begründet ein Rechnen mit Unterscheidungen, das Bestimmtheit (Innenseite) mit Unbestimmtheit (Außenseite) kombiniert und die Bestimmtheit nicht etwa mit dieser selbst, sondern aus ihrem Unterschied zur Unbestimmtheit operativ generiert. Das lässt sich auf vielfache Weise verstehen und ist auch bereits in der Soziologie fruchtbar gemacht worden, aber das muss uns hier nicht beschäftigen.[23]

Es wäre nun ein Missverständnis, würde man glauben, dass die Form der Politik aus den strengen Vorgaben eines mathematischen Kalküls regelrecht abgeleitet werden könnte. Das ist nicht der Fall. Die Form ist nichts anderes als eine Strukturvorgabe, die man aufgreifen kann, um auszutesten, ob und wie sie beispielsweise in der Politik derart besetzt ist, dass man nachvollziehen kann, was empirisch in der Politik geschieht. Darum verweist die Interpretation des Kalküls für ein spezifisches Anwendungsfeld nicht auf Mathematik, sondern auf Soziologie, nicht auf Ableitung, sondern auf Beobachtung und Interpretation, und dementsprechend unsicher und variabel ist es auch, was man nun aus soziologischem Blickwinkel als diese Form der Politik identifizieren kann. – Für die Soziologie selbst gilt ebenfalls, dass sie nur die Unterscheidungen treffen kann, die sie trifft, und dabei die Politik auf der Innenseite einer Form lokalisiert, deren Außenseite unbestimmt bleiben muss. Fragt man nach, was zu diesem Vorgehen berechtigt, erhält man nur die Antwort: die Praxis soziologischer Beobachtung.

Unser erster Interpretationsschritt liegt bereits darin, dass wir uns tatsächlich an politische Themen halten, um die Innenseite der Form der Politik zu benennen. Wir lassen uns damit auf ein spezifisch europäisches, vielleicht bereits alteuropäisches Verständnis von Politik ein, das den Gedanken an die »Tugend« der Fürsten aufgegeben hat und sie stattdessen über Themen zu kontrollieren versucht, die immer dadurch gekennzeichnet sind, dass es politisch darauf ankommt, die Freiheiten einer Gesellschaft einzuschränken, damit sie als freie Gesellschaft realisiert werden kann.[24] Über Themen wird gesteuert, auf welche Kommunikationen der Gesellschaft die Politik Einfluss zu nehmen versuchen kann, wobei man sich zunutze macht, dass auch die Gesellschaft selbst auf »Themen« zurückgreift, um ihren Kommunikationen zum einen eine erwartbare Struktur zu geben und zum anderen offenzulassen, wer sich mit welchen Beiträgen an den Themen beteiligt.[25]

Es gibt dann in der Politik einerseits Themen wie die Wirtschaftspolitik, die Sozialpolitik, die Außenpolitik usw. und einen laufenden Streit darüber, welche politischen Absichten mit welchen Themen verknüpft werden (wobei die Themen die Absichten auf ihre Politikfähigkeit hin filtern), und es gibt andererseits Themenbündel wie zum Beispiel den »Liberalismus« oder den »Sozialismus«, die unter den Themen Zusammenhänge zu stiften versuchen und die man »ideologisch« dazu verwenden kann, vorzusteuern, wie welche Themen zu verstehen sind beziehungsweise nicht verstanden werden sollen. Wer ein Thema als »liberal« ausweist, hat es immer noch mit einer Gesellschaftsauffassung zu tun, die darauf abstellt, so Hayek,[26] dafür zu sorgen, dass der Einzelne, was immer er tut, einen möglichst geringen Schaden stiften kann. Darum ist, wer Politik thematisch auf *Großorganisationen* einstellen will, schlecht beraten, wenn er sich von einem auf *individuelle* Probleme eingestellten Liberalismus vorsteuern lässt. Wer sich dagegen »sozialistisch« bindet, bekommt es sofort mit dem Verdacht zu tun, *mithilfe von Organisation*, wie es Lenin vorgeführt hat,[27] auf Probleme von Funktionssystemen und Individuen reagieren zu wollen.

Unser zweiter Interpretationsschritt liegt darin, dass wir die oben skizzenhaft durchgeführte Analyse der Ausdifferenzierungs-als-Wiedereinbettungsprobleme der Politik auf ihre spezifische Dynamik der Kontaktpflege herunterbuchstabiert haben und diese politisch gepflegten Kontakte auf der Außenseite der Form der Politik lokalisieren. Das heißt, wir *bestimmen* die politisch *unbestimmte* Seite der Politik. Darin liegt ein soziologisches Risiko, dass sich nur dadurch auffangen lässt, dass es, wie angedeutet, gelingt, diese Kontakte als latente Seite jeder Politik zu beschreiben. In diesem Fall schließen wir damit an ein politisches Wissen an, das jedem Politiker individuell vor Augen steht und auch eine Vielzahl der Kontakte *unter Politikern* motiviert, jedoch keinen Eingang in die politische Semantik gefunden hat, *es sei denn zur Beschreibung möglicher und skandalisierbarer Pathologien der Politik*.

Der dritte Interpretationsschritt schließt die Form der Politik, indem er die Innenseite der Themen und die Außenseite der Kontakte auf den von Luhmann beschriebenen Ämtercode der Politik bezieht. Dieser Ämtercode ist der dritte Wert der Form der Politik, operativ gesehen ihr erster Wert, der die beiden Seiten der Form aufeinander bezieht und ihnen damit ihr die Politik informierendes Profil gibt. Das heißt, Politik treibt man, *indem man Themen in Abhängigkeit von unbestimmt bleibenden, aber realen Kontakten lanciert, abschwächt, verstärkt oder blockiert, weil es darum geht, die Chancen auszuloten, ein Amt entweder zu behalten, wenn man sich an der Macht befindet, oder zu erobern, wenn man sich in der Opposition befindet.* Etwas anderes passiert in der Politik nicht, aber diese Form ist strukturell reich genug, um die phänomenologische Fülle jener Politik zu generieren, mit der wir in der modernen Gesellschaft vertraut sind. Der Ämtercode »bewegt« die Politik, wie man hegelsch vielleicht sagen dürfte, dass heißt er motiviert sie *und demotiviert damit alle anderen Einflussformen auf die Politik*, etwa religiöse, moralische, wirtschaftliche, pädagogische, wissenschaftliche oder ästhetische. Aber der Ämtercode kann nur »bewegt« werden, indem man sich auf Themen einlässt und mit Themen herauszufinden versucht, auf welche Kontakte man sich verlassen kann und auf welche nicht. Die demotivierten Einflussformen müssen ihrerseits versuchen, über Themen neue Ämter zu fordern, damit sie auf diesem Umweg wieder politisch relevant werden können. Die Einführung von Umwelt-, Frauen-, Ethik- und Ästhetikbeauftragten zeigt allerdings, dass es nicht nur auf das Amt, sondern wiederum auch auf den Stellenwert des Amtes im Konzert der anderen Ämter ankommt.

Generell ist festzuhalten, dass die Elemente dieses politischen Codes ein politisches Eigenkalkül begründen und *erst auf diesem Umweg* die Politik in die Gesellschaft einbinden. Ein politisches Thema ist nicht die Sache selbst, wie man nach Belieben an den Themen der Arbeitslosigkeit, der Industriepolitik, der Förderung neuer Technologien oder auch der sozialen Sicherung studieren kann. Ein politischer Kontakt stellt nicht sicher, dass Politik »realisiert« wird oder gesellschaftliche Interessen hinreichend zur Kenntnis genommen werden, sondern eröffnet nur die Möglichkeiten, auf beiden Seiten Informationen zu generieren, die so oder so zu Anschlussentscheidungen führen können. Und erst recht ist ein Amt nicht bereits die Durchsetzung politischer Entscheidungen, sondern nur die Prämisse, dass es zu Durchsetzungserwartungen kommen wird und dass sowohl für Erfolg wie für Scheitern dieser Erwartungen eine Adresse bereitgehalten wird, so wenig das Amt auch in der Lage ist, ohne Rückgriff auf das Netzwerk der Ämter sei es eine Entscheidung zu treffen, sei es sie durchzusetzen.

Der Sinn des Kalküls hier wie in der Mathematik ist es demnach nicht, die Abläufe berechenbar zu machen, sondern die Elemente anzugeben und durch wechselseitigen Bezug einzuschränken, die sie unberechenbar machen. Aber *Unberechenbarkeit* heißt hier wie auch sonst nur: dass man die Politik insgesamt, das heißt einschließlich ihrer Grenze zur Gesellschaft, in den Blick nehmen muss, um nachvollziehen zu können, wie die Politik *sich selbst berechnet*. Interessanterweise ist diese Politik relativ robust gegenüber eigenen Rechenfehlern, solange nur dafür gesorgt ist, dass alle erforderlichen Elemente des politischen Kalküls weiterhin im Spiel bleiben.

Auch an diesem Punkt müsste eine empirische Beschreibung der Politik der modernen Gesellschaft abzweigen. Wir müssen uns wiederum auf einige Aspekte beschränken:

Der wichtigste Vorteil eines Themas liegt darin, dass es nie allein, sondern immer im Kontext anderer Themen auftritt. Das macht es möglich, die Bedeutung eines Themas im Vergleich mit anderen Themen zu steigern oder zu reduzieren, je nach Situation und politischem Kalkül. Man kann Themen zu einer Agenda zusammenstellen und sie mit größerer oder geringerer Priorität behandeln. Man kann sie mit Terminen versehen (bestimmte Themen nur nach Wahlen, andere Themen unmittelbar vor Wahlen usw.) und man kann sie konditionieren (bestimmte Themen erst dann, wenn andere Themen erledigt sind, usw.).

Dieser Vergleich der Themen mit Themen präpariert die Themen *für rhetorische Zugriffe*, da Rhetorik auf Interpretation und Wertung und damit auf Vergleiche angewiesen ist. Nur wenn Themen sich gegen andere Themen durchsetzen und profilieren müssen, kann man Themen einführen und wieder abschwächen. Das ermöglicht es, ihr timing zu kalkulieren und den eigenen Zugang zum Thema weniger daran zu orientieren, wie wichtig oder unwichtig es ist, als vielmehr daran, wie neu, bekannt, ausgereizt oder bereits vergessen es ist. Man kann Themen besetzen, weil andere es noch nicht tun oder weil andere es nicht mehr tun. Man kann die Themen anderer erobern. Man kann andere mit Themen ködern. Man kann andere auf das gefährliche Terrain eines Themas locken und dann dort alleine lassen. Man kann Zukunftsorientierung unter Beweis stellen oder im Gegenteil ein Interesse an der Bewahrung des Gewohnten. Man kann sich als Themensetzer einen Namen zu machen versuchen oder als Bedenkenträger gegenüber den Themen der anderen reüssieren. Und nicht zuletzt kann man mit neuen Megathemen (»das Internet«) serienweise alte Themen und ihre Vertreter obsolet erscheinen lassen, ohne dass darüber noch irgendein Wort verloren werden müsste. Deswegen ist es methodisch wichtig, das Thema nicht nur auf das hin zu beobachten, was es zu kommunizieren erlaubt, sondern auch daraufhin, was es zum Schweigen verurteilt. Im Schatten eines Megathemas sterben ganze Scharen von anderen Themen – und gewinnen gerade daraus ihre Chance der Wiederauferstehung.

All das ist möglich, weil Themen nicht die Sache selbst sind und weil Themen im Vergleich untereinander das Feld der politischen Rhetorik eröffnen.

Der Themenbezug der Politik macht verständlich, wie groß die Rolle ist, die die Massenmedien in der gegenwärtigen Konstitution der Politik spielen. Man kann sich kaum ein Thema vorstellen, das an den Massenmedien vorbei oder ohne Rücksicht auf die eigene Themendynamik der Massenmedien lanciert werden könnte. Das ist wahrscheinlich der operative Kern dessen, was Jürgen Habermas unter »öffentlicher Meinung« versteht.[28] Reinhart Koselleck hat untersucht, wie schwer es der »bürgerlichen« Gesellschaft fiel, ihre Themen überhaupt zur öffentlichen Verwendung freizugeben.[29] Letztlich war sie dazu nur durch die Erfahrung des Zähmungsbedarfs öffentlich scharf gemachter privater Themen (Religionskriege) und durch die Erfahrung der Wirkungslosigkeit von Geheimpolitik (Freimaurer) zu bringen gewesen. Oskar Negt und Alexander Kluge haben gezeigt, wie sehr die sich aus diesem politischen Bedarf bestimmende Öffentlichkeit bereits auf die »bürgerliche« Gesellschaft und ihre Politik abgestimmt ist und wie schwer es fällt, sie etwa für »proletarische« Zwecke einzusetzen, die auf eine ganz andere Wirklichkeit gesellschaftlicher Erfahrung aufmerksam zu machen versuchen.[30] Inzwischen ist deutlich geworden, dass die Massenmedien ebenso wie die Politik darauf angewiesen sind, dass die Meinungen dieser Öffentlichkeit eben nicht tugendhaft fest liegen, sondern dass sie komplexitäts- und damit ambivalenzadäquat oszillieren,[31] damit die Öffentlichkeit als Schnittpunkt zwischen Politik und Massenmedien für neue Themen und neue Bewertungen alter Themen empfänglich bleibt. Man wird als politische Regel vermuten können, dass Themen nur eingeführt werden, wenn man bereits weiß, wie man sie auch wieder loswird, und dass Meinungen zu diesen Themen nur geäußert werden, wenn man bereits weiß, wie diese Meinungen durch neue Meinungen auch wieder korrigiert werden können. Nur diese Oszillationsfähigkeit von Themen und Meinungen kann Massenmedien dazu motivieren, sich auf Themen einzulassen, die politisch besetzt sind, und kann die Politik dazu bewegen, sich auf Themen einzulassen, die massenmedial besetzt sind. In der Oszillation können beide Funktionssysteme, Politik wie Massenmedien, ihre jeweilige Eigendynamik zur Geltung zu bringen versuchen.

Ebenso wichtig ist es, darauf hinzuweisen, dass die enge Kopplung zwischen Politik und Massenmedien wahrscheinlich die verlässlichste Ebene ist, auf der die Politik sich mit Informationen über die Gesellschaft und die Massenmedien mit der Einschätzung der Relevanz dieser Informationen versorgen – wobei zu diesen Informationen selbstverständlich, aber vermutlich überbewertet, zählt, was die Politik jeweils im Schilde führt. Man kann sich kaum vorstellen, wie sich Politiker über Politiker informieren könnten, wenn nicht durch die Massenmedien. Und das gilt für alle anderen Sachverhalte der modernen Gesellschaft, wie es auch für alle anderen Teilnehmer an dieser Gesellschaft gilt. So jedenfalls begründet Niklas Luhmann seine Entscheidung, den Massenmedien den sehr grundsätzlichen Code Information/Nichtinformation zuzuweisen.[32] In diesem Punkt der Information über die Gesellschaft sind die Massenmedien schneller, verlässlicher und vor allem angemessen beweglicher als etwa die Wissenschaft, die sich dementsprechend auf Grundlagenforschung angewiesen sieht, wenn sie nicht technisch oder legitimatorisch interessant ist. Der Punkt ist hier jedenfalls, dass diese Begrenzung der Information der Politik auf die massenmedial zugängliche und produzierte Information noch gar nicht recht in die Politiktheorie eingegangen zu sein scheint. Und ob die Ortsvereine der Politiker und die Geheimdienste der Regierungen hier ein Korrektiv darstellen, ist mehr als fraglich.

Ferner muss man vor Versuchen, zwischen Kontakten und Themen mit Blick auf die Beschäftigung und Stabilisierung von Ämtern allzu enge Kopplungen vorzunehmen, wahrscheinlich eher warnen. In den Sozialwissenschaften ist das Stichwort des »Korporatismus« zwar aus anderen Gründen, aber doch zur Bezeichnung dieses Sachverhalts gut eingeführt.[33] Selbst wenn heute Kopplungen zwischen Themen und Kontakten vorgenommen werden, um korporatistischen Tendenzen gegenzusteuern, wie wieland im »Bündnis für Arbeit«,[34] scheint doch die Gefahr relativ groß zu sein, dass gerade mit dieser Kopplung Politikfähigkeit aufgegeben wird. Man stellt fest, dass Akteure kontaktmäßig eingebunden sind, deren Interesse am Thema begrenzt ist beziehungsweise eher negativ denn positiv motiviert ist (was natürlich Teil eines politischen Kalküls sein kann). Oder man stellt fest, dass das Thema in ganz anderen Kontakten viel besser bewegt werden könnte, die jedoch ausgeschlossen bleiben müssen, weil es bereits Präferenzen für bestimmte Kontakte gibt, die auf ihren Rechten bestehen, worin auch immer die bestehen. Vor allem jedoch riskiert man es, ein Thema zu ruinieren, indem man zu offenkundig macht, welche Kontakte daran ein Interesse haben, und die Kontakte zu ruinieren, weil sie auf bestimmte Themen und bestimmte Interpretationen und Meinungen dazu festgelegt werden. Mit anderen Worten, man macht den Fehler, die Kontakte auf die bestimmte Seite der Themen herüberzuziehen und kann dann nur noch offenlassen, aber politisch nicht mehr beeinflussen, was sich auf der unbestimmten Seite abspielt.

Schließlich muss man davor warnen, die Themen zu hoch aufzuhängen oder zu grundsätzlich zu »ideologisieren«. Wahrscheinlich ist ein Großteil der »Fehler«, die die Politik seit der Französischen Revolution begangen hat, eher auf Selbstverschulden in der Übertreibung des Themenbezugs denn auf gesellschaftlich unklare Lagen zurückzuführen. Das gilt vermutlich für die »liberale« Idee der rechtlichen Absicherung der Selbstverwirklichung des Individuums ebenso wie für die »soziale« Idee der Abfederung dieser Selbstverwirklichung im »Wohlfahrtsstaat« (von links- und rechtsextremen Politikvarianten zu schweigen).

Beides hat die Politik ebenso in politische Abenteuer verwickelt wie der Versuch, durch die Inszenierung von Kriegen (ebenfalls ein »Thema«) aus den selbstproduzierten Dilemmata wieder herauszukommen. Aber das müsste man im Einzelnen genauer untersuchen. Hier muss es genügen, darauf hinzuweisen, dass die Politik selbst mit Themen wie »Industriepolitik«, »Technologiepolitik« oder »Hochschulpolitik« darauf achten muss, gegenüber Selbstverstärkungszyklen thematisch gebundener Kommunikation in der Gesellschaft relativ ungebunden zu bleiben. So verlockend es sein mag, die Politik gerade für eine solche Selbstverstärkung anzubieten beziehungsweise entsprechende Wünsche zu bedienen, so riskant muss es sich sein, sich damit auf eine Dauer festzulegen, die über die Dauer der Themen selbst, geschweige denn der Strukturen, die mit diesen Themen bewegt werden sollen, hinausreicht. Kontakte sind immer in der Lage, für nahezu jedes Thema gute Gründe zu liefern und damit die Politik mit dem zu beliefern, was ihr knappstes Gut ist. Aber Themen ändern sich und Kontakte verlieren an Bedeutung, und darauf vor allem muss die Politik eingestellt sein.

Der letzte Punkt müsste mit einer Analyse der *Rolle der Parteien* in der Politik verknüpft werden, da diese Rolle gemeinhin in der Generierung von Themen gesehen wird, die gleichsam aus der Gesellschaft und für die Gesellschaft gewonnen werden, in diesem Prozess jedoch mit einer »parteilichen« Zuspitzung auf Für und Wider versehen werden, die zunächst einmal, darin besteht ihr Sinn, weder auf Kontakte noch auf zur Verfügung stehende oder zu erobernde Ämter Rücksicht nehmen. Parteien sind, mit einem weiteren Begriff Spencer-Browns formuliert, der »re-entry« der Form der Politik in die Form der Politik – mit dem Ergebnis, dass der Themenbezug forciert wird, die Kontakte zum Milieu, auf das die jeweilige Partei Bezug nimmt, verdichtet werden und die Ämter viel stärker als in der Ausgangsform der Politik entweder als Staatsapparat mit ihrer Programmatik unrealistischerweise identisch gesetzt werden oder aber in einen neuen und anderen Apparat neu kombiniert werden. Parteien sind die Reflexionsform der Politik der modernen Gesellschaft und das bedeutet, dass der Kontakt zur politischen Realität gerade bei denen, die sich explizit auf sie beziehen, verloren zu gehen droht. Wie immer hat Reflexion den Vorteil, die Dinge explizit zu machen. Aber wie immer riskiert die Explikation, gerade das Unbestimmte der Außenseite der Form und gerade die

Verankerung einer Form in einer bestimmten gesellschaftlichen Operation aus den Augen zu verlieren.

Man könnte zwar behaupten, dass sich die Gesellschaft durch die Generierung von Parteien vor einer *allzu politischen Politik* schützt. Dann hätten Parteien eine ähnliche Funktion wie der Tabubruch in den oben zitierten afrikanischen Völkern: In Parteien verliert der Politiker seine politische Unschuld, er muss sich »bekennen«, größte Zumutung für jeden wirklichen Politiker: Aber erst durch diese Codeverletzung erwirbt er das Recht auf politische Aktivität, denn erst jetzt weiß man, durch welchen Themenbezug man ihn auch wieder zu binden vermag. Das führt dazu, dass Parteien eine gewisse Trägheit, sei es durch thematisch festgelegten Vergangenheits- oder Zukunftsbezug, und damit auch eine gewisse über die Politik hinausgreifende Verlässlichkeit in die Politik einführen. Aber gerade wegen dieser Bändigungswirkung von Parteien auf Politik ist auch das Risiko groß, dass es politisch opportun wird, staatliche Bürokratien durch eine Parteibürokratie zu ersetzen, in der bestimmte gesellschaftliche Interessen unvermittelter zum Zuge kommen. Diese Möglichkeit, auf die bereits Max Weber aufmerksam gemacht hat,[35] ist umso eher gegeben, je weniger sich die Staatsämter an das Rechtssystem anlehnen, ist aber sicherlich auch mit rechtlicher Bindung nicht zu unterschätzen.

Wir müssen zum Abschluss dieser Überlegungen kommen und kommen deswegen auf die Ausgangsfragestellung zurück, wie die Politik dazu befähigt werden kann, darauf Einfluss zu nehmen, wie sie auf die Gesellschaft und damit auf sich selbst Einfluss nimmt.

Bessere Politik

Die bisherigen Überlegungen werden bereits deutlich gemacht haben, dass auf der Grundlage einer solchen Analyse keine »revolutionären« Vorschläge gemacht werden können. Weder kann man einen neuen Kontakt aus dem Hut zaubern, der bislang zu wenig Berücksichtigung fand und mit dem eine »neue Politik« gemacht werden könnte. Das »Proletariat« hat in dieser Rolle ausgedient, die »ökologischen Bewegungen« haben sich einbauen lassen und die unruhigen Angestellten- und Selbständigenmilieus der »neuen Mitte« sind genau dies: unruhig. Noch ist ein neues

Thema in Sicht, mit dem man verlorenes politisches Engagement wiedergewinnen und fokussieren könnte.

Die Politik oszilliert zwischen ihrem Abbau im Zeichen der »Deregulierung« und ihrem Wiederaufbau zum Schutz gegen allzu durchgreifende »Globalisierung«. Beides sind politische Themen mit erheblicher Reichweite, aber so ambivalent besetzt und gleichermaßen so unverzichtbar, dass die Oszillation tatsächlich die überzeugendste Form des Umgangs mit ihnen ist. Interessanterweise scheint es kaum ein politisches Thema zu geben, das nicht durch den Unterschied zwischen diesen beiden Politiken supercodiert wäre, so dass die Politik gegenwärtig kaum etwas anderes verhandelt als das Schicksal des Nationalstaats und damit auch: ihr eigenes Schicksal. Auch auf der Ebene der Ämter gibt es gegenwärtig genug Bewegung, wenn man berücksichtigt, in welcher Geschwindigkeit supranationale Behörden aufgebaut werden, internationale Gremien geschaffen werden und nationale Ämter den neuen Aufgabenkonstellationen angepasst werden.

Ich möchte daher drei eher harmlose, aber möglicherweise etwas weiterführende Vorschläge machen, die sich zudem relativ nah an Bemühungen orientieren, die gegenwärtig in der Politik bereits beobachtbar sind:

Erstens plädiere ich für einen *deutlicheren Themenbezug*. Es ist gar keine Frage, dass die Politik gegenwärtig vor die Aufgabe gestellt ist, *durch Oszillation zwischen Themen* zu erkennen zu geben, dass sie an gesellschaftliche Entwicklungen und deren Unübersichtlichkeit rückgekoppelt ist. Aber das erspart ihr nicht die Aufgabe, sich wie eine Art Themenmakler *für Themen verantwortlich zu erklären und möglichst sinnvolle Ressourcen für ihre Weiterverfolgung zu organisieren*. Wenn die Politik sich nicht für kollektiv bindende Themen interessiert, tut es niemand beziehungsweise tun es korporative Einzelinteressen, deren kollektive Bindung in Frage steht. Die Politik muss zuspitzen und Alternativen zur Wahl stellen, so sehr sie damit gezwungen ist, das Schicksal einzelner Politiker und Parteien an das Schicksal von Themen zu binden. Das war bereits ein Vorschlag von Niklas Luhmann,[36] er bleibt jedoch meines Erachtens so aktuell wie eh und je. Wenn die Politik diese Aufgabe erster Ordnung nicht erfüllt, darin ist Willke zuzustimmen,[37] begibt sich die Gesellschaft des wichtigsten Steuerungsinstruments, das sie hat, selbst wenn dieses Instrument nicht auf Planung, sondern nur auf ein gewisses handling evolutionärer Prozesse hinauslaufen kann.

Zweitens muss jedoch dieser deutlichere Themenbezug ebenso deutlich *dynamisiert* werden. Es ist das vornehmste Recht der Politik, Themen aufzugreifen und wieder zu verlassen, abhängig davon, wie es ihr Kontakte nahe legen, die sie ausnutzt, um ihre Macht- und Oppositionschancen in der Konkurrenz um Ämter auszuloten. Aber wenn sie schon ein neues Thema aufgreift und ein altes Thema verlässt, kann sie dies *im Interesse gesellschaftlicher Lernchancen* zumindest dementsprechend auch kommunizieren. An dieser Stelle muss die Politik über das kurze Gedächtnis der Massenmedien hinausreichen, sie muss akzentuieren, was sie neu macht und was sie nicht mehr macht, und muss Gründe dafür bereitstellen, warum sie Themen aufgreift und wieder fallen lässt. Auf dieser Ebene zweiter Ordnung, also auf der Ebene der *Begründung des Themenwechsels*, kann ich mir eine Bezugnahme auf jenen öffentlichen Diskurs vorstellen, von dem Jürgen Habermas spricht. Aber das bedeutet, die Politik auf die Kommunikation des Wechsels zwischen Themen, nicht etwa auf einzelne Themen zu verpflichten.

Drittens und letztens kann man sich vorstellen, dass die Politik nicht unbedingt ihre Kontakte über das Ausmaß hinaus offenlegt, zu dem sie schon jetzt gezwungen ist (bestimmte Kontakte müssen unbestimmt bleiben, da sonst kein politisches Spiel und also auch kein politisches Kalkül möglich ist), aber dass die Politik den *Zusammenhang zwischen Themen und Ämtern* offener handhabt als bislang. Wenn die Politik sich angewöhnen würde, Themen grundsätzlich nur mit Referenz auf die Ämter, die sich um die Themen kümmern, und mit Bezug auf die Kompetenzen und Ressourcen, mit denen diese Ämter ausgestattet sind, zu kommunizieren, wäre schlagartig eine politische Desillusionierung zu erzielen, die zwar schmerzhaft ist, aber auch erst den Boden für eine gesellschaftliche Einschätzung der Möglichkeiten der Politik bereiten würde. Hier, wenn überhaupt irgendwo, kann die Politik sich selbst als Option vorführen, kann sie darauf hinweisen, welche Potentiale kollektiv bindender Entscheidungen ihr tatsächlich zur Verfügung stehen und wie sie diese Potentiale durch das Schaffen und Aufgeben von Ämtern variieren kann. Nirgendwo, das ist zuzugeben, würde die Politik stärker in ihren eigenen Kompetenzbereich eingreifen, denn selbstverständlich ist sie an die bestehenden Ämter in jedem Einzelfall und in ihrer standesrechtlichen Besetzung gebunden. Und selbstverständlich ist dies die Ebene, auf der Politik verlässlicher mit dem Rest der Gesellschaft verknüpft ist als auf vielen anderen. Aber wenn sie hier nicht Handlungsmöglichkeiten schafft und vorführt und zum Gegenstand der politischen Diskussion macht, dann kann sie sich jede thematische Fokussierung auf längere Sicht sparen.

Der dritte Punkt ist umso wichtiger, als große Teile des gegenwärtig beobachtbaren gesellschaftlichen Strukturwandels auf eine Um- und Neuverteilung der gesellschaftlichen Macht, die eine organisierte Macht ist, hinauslaufen, bei der unklar ist und Unruhe schafft, wieweit die Politik dabei überhaupt noch eine Rolle spielt. Man weiß zwar, wie organisierte Macht funktioniert, nämlich durch den Aufbau der Möglichkeit, mit dem Entzug positiver Sanktionen zu drohen (man bleibt eben nur solange Mitglied, wie ...),[38] aber die Gesellschaft hat bisher kaum Möglichkeiten entwickelt, sie zu beobachten und politisch einzuschätzen. Immerhin hat das Internet sich bereits darin bewährt, nicht nur für eine rasche Informationsgenerierung, sondern auch für eine Organisationsbasis für allfällige Proteste zu sorgen. Es ist kein Zufall, dass Protesten gegen Konferenzen internationaler Gremien politisches Verständnis und politische Zustimmung fast unmittelbar gewiss ist. Aber das ändert nichts daran, dass die Politik hier zu Reaktionen gezwungen ist und als Mitgestalter kaum noch vorkommt

Dem kann nur gegengesteuert werden, wenn die Politik sich *in ihren Ämtern* auf neuere gesellschaftliche Entwicklungen einstellt beziehungsweise *sich überfordert erklärt*, wenn nicht sichtbar ist, mit welchen Ämtern sie politisches Potential zum Treffen kollektiv bindender Entscheidungen zurückgewinnen kann. Man kennt genug Ämter, die symbolische Bedeutung zur Bindung bestimmter Wählersorgen haben. Aber die Politik hat keine andere Möglichkeit, ihre Version der Dinge zu kommunizieren, als indem sie die Kopplung von Ämtern und Themen offenlegt und *genau darauf ihren Kampf um die politische Macht kapriziert*. Dann ginge es nicht nur darum, Ämter innezuhaben oder nicht innezuhaben. Es ginge auch um die Ausstattung der Ämter mit rechtlichen und finanziellen Ressourcen. Es ginge um die mögliche Abschaffung von Ämtern, vielleicht zugunsten der Aufwertung dritter Ämter. Und es ginge darum, wie sich nationale und internationale Politik in der Auseinandersetzung mit organisierter Macht und den wachsenden »Restproblemen«, die sich außerhalb des Einflussbereichs der Organisationen (Unternehmen, Kirchen, Schulen, Sportvereine, Armeen ...) stellen, auf der Ebene von Ämtern überhaupt noch vorstellen lässt.

Nur dann, wenn die Politik ihre eigenen Ämter und über ihre eigenen Ämter kommuniziert, kann sie, vornehmste politische Aufgabe, deutlich machen, dass sie selbst zur Disposition steht. Es fällt nicht schwer, sich eine Gesellschaft vorzustellen, in der im Zusammenspiel und in der Auseinandersetzung zwischen Wirtschaft, Wissenschaft, Kunst, Erziehung und Recht alle relevanten Fragen verhandelt werden und in der die Organisationen dieser Funktionssysteme für eine allerdings prekäre Inklusion mehr oder minder großer Anteile der Bevölkerung in diese Gesellschaft Sorge tragen. Dass es keine Politik gibt, müsste nicht unbedingt auffallen – solange man nicht nach einer Instanz sucht, die die funktionale Differenzierung der modernen Gesellschaft sowohl garantiert als auch unter Vorbehalt setzt und sich selbst als Zünglein an der Waage inszeniert und System werden lässt.

Man müsste sich dann nur noch eine Lösung für das Problem der Gewalt einfallen lassen – und fände diese Lösung vermutlich nur in einer Form kollektiv bindender Entscheidungen, die die Politik wiederauferstehen ließe, mit all den Problemen ihrer Funktionsbestimmung in der modernen Gesellschaft, über die wir hier nachzudenken versucht haben.

Die Beratung der Gesellschaft

Medienepochen

Es gibt viele strukturelle Eigenschaften, die die heraufziehende und von Manuel Castells und Niklas Luhmann diagnostizierte Computergesellschaft mit früheren Gesellschaften teilt. Das kann auch nicht weiter verwundern, denn die Gesellschaft ist, mit einem Begriff der Biologie, eine Einmalerfindung, deren basaler Formalismus derselbe bleibt, auch wenn er sich in den verschiedenen Epochen der oralen Stammesgesellschaft, der literalen Hochkultur, der modernen Buchdruckgesellschaft und der Computergesellschaft in unterschiedlichen Oberflächen, »envelopes«, sagen die Mathematiker, realisiert. Dieser basale Formalismus, das assoziative Prinzip der Geselligkeit, mit Gabriel Tarde,[1] die Stabilität der System/Umwelt-Differenz im Zeitablauf, mit Talcott Parsons,[2] die Autopoiesis der Kommunikation, mit Niklas Luhmann,[3] definiert eine auf allen Ebenen der Gesellschaft wiederauffindbare (skalierbare) Selbstähnlichkeit des Sozialen, die unter der Bedingung der Fortsetzbarkeit von Kommunikation nichts anderes will als die Fortsetzung der Kommunikation.[4]

In einer Hinsicht jedoch erhält eine auch in früheren Gesellschaften vorfindbare strukturelle Eigenschaft eine Betonung und Bedeutung, die zuweilen dazu führt, dass Beobachter glauben, es mit einer neuen Eigenschaft zu tun zu haben. Manuell Castells spricht von »flows« und Niklas Luhmann von der Kulturform »Form«, um zum Ausdruck zu bringen, dass die Computergesellschaft wie vor ihr allenfalls die auf das auftauchende und wieder verklingende mündliche Wort setzende orale Stammesgesellschaft in temporalen Figuren, Konstellationen und Konditionen eine Stabilität erhält, die Instabilität, Dynamik und hochgradige Diversität übergreift.[5] Der Akzent auf diesen temporalen Formen unterscheidet sie von der Hochkultur, die im Prinzip der sozialen Schichtung ihre Ordnung fand, wie von der modernen funktional differenzierten Gesellschaft, die sich primär sachlich ordnete.

Um uns unserer Frage nähern zu können, welche Formen der Beratung es in der aktuellen Gesellschaft gibt und wie diese Gesellschaft mit Beratungsleistungen umgeht, müssen wir zu Beginn auf diese temporalen Formen eingehen, weil wir sonst keine Chance haben, bestimmte Eigentümlichkeiten zu beobachten, zu verstehen und zu beschreiben.

Zunächst ist einzugestehen, dass die Hypothese eines Epochenumbruchs von der modernen Buchdruckgesellschaft zu einer Computergesellschaft soziologisch nach wie vor gewagt ist. Den Computer gibt es seit gerade einmal sechzig, siebzig Jahren und weder ist hinreichend deutlich, wie die Strukturen der Gesellschaft auf seine Einführung reagieren, noch kann man die These als geklärt sehen, ob und warum es ausgerechnet die Einführung neuer Verbreitungsmedien der Kommunikation wie der Sprache, der Schrift, des Buchdrucks und eben des Computers ist, die in der Geschichte der Gesellschaft epochale Umbrüche herbeiführt. Dennoch lohnt es sich, die Hypothese des Epochenumbruchs zur Computergesellschaft gerade in unserem Zusammenhang zumindest nicht gleich fallen zu lassen, weil sie einerseits dazu geeignet sein könnte, die Gesellschaft über ihre gegenwärtigen Strukturen weiterreichend zu beraten als manch andere Hypothese, und weil sie zweitens einen einfachen und robusten Zugang zur Einschätzung von Beratungsleistungen überhaupt liefert.

Worum also handelt es sich bei dieser Hypothese? Wenn wir auf die Fassung zurückgreifen, die Niklas Luhmann ausgearbeitet hat, ist es wichtig, darauf hinzuweisen, dass die These nicht auf die technischen, sondern auf die kommunikativen Folgen der Einführung von Medien zurückgreift. Es geht nicht darum, etwa auf der Grundlage einer mcluhanesken Medientheorie eine Determination der Gesellschaft durch die Medientechniken zu behaupten, die in ihr Verwendung finden.[6] Sondern es geht darum, Kommunikationsprobleme zu identifizieren, die durch das Auftauchen und die Verwendung neuer Verbreitungsmedien gestellt werden und die gelöst werden müssen, soll die Gesellschaft eine Chance haben, die Einführung neuer Medien zu überleben. Mit einem etwas anderen Akzent formuliert, geht es um die These, dass die Gesellschaft einem Verbreitungsmedium eine kommunikative Form geben muss, wenn dieses Verbreitungsmedium nicht sofort wieder von der Bildfläche verschwinden soll. Dabei differieren in der Technikgeschichte ebenso wie in der Wissenschaftsgeschichte Entstehungszusammenhang und Verwendungszusammenhang, so dass es sein kann, dass eine Gesellschaft ein Verbreitungsmedium aus Gründen zulässt, die mit der späteren Erfolgsgeschichte desselben Mediums in einer nur lockeren Beziehung stehen.[7] Die Artikulation der mündlichen Sprache in Differenz zu anderen Geräuschen, das dank der Schrift mögliche Einfrieren und Beobachten der Kommunikation in Differenz zu anderen Handlungen, das Vergleichen und Ordnen von Texten dank des Buchdrucks und schließlich das Ausprobieren instabiler Verknüpfungsmuster im Medium des Computers sind allesamt kommunikative Innovationen, die nicht technisch, sondern sozial bedingt sind.[8] Sie sind »Katastrophen« im mathematischen Sinne des Wortes,[9] insofern sie die Gesellschaft zwingen, sich auf einem anderen als dem bisher gewohnten Niveau zu reproduzieren. Aber sie sind Katastrophen, die die Gesellschaft sich selber zumutet, gewissermaßen hausgemachte Katastrophen, und die sie auch nur selber, um den Preis ihres schon oft erwarteten Untergangs, überwinden kann.

Das Muster dieser Katastrophen ist immer wieder dasselbe. Die Gesellschaft überfordert sich, so die Beobachtung von Luhmann, durch die Einführung neuer Verbreitungsmedien der Kommunikation mit einem Überschusssinn, für dessen Bearbeitung (Selektion, Affirmation und Negation) die bisherigen sozialen Strukturen nicht ausreichen, und erfindet eine kulturelle Form, in der und mit deren Hilfe dieser Überschusssinn verarbeitet werden kann.[10] Auch der Mechanismus, auf den die Gesellschaft dabei zurückgreift, ist immer wieder derselbe. Er ist bezeichnenderweise von der Linguistik zuerst identifiziert worden und läuft beispielsweise unter dem Namen der Demotivation-und-Remotivation der Zeichen.[11] Sinn kann erst dann verarbeitet werden, wenn er selektiv sowohl abgelehnt als auch aufgegriffen werden kann. Eins-zu-Eins-Entsprechungen zwischen irgendeiner Art von Umwelt und dem System der Reproduktion von Kommunikation werden gekappt, um an ihre Stelle Praktiken des sense-making treten zu lassen, die von der Gesellschaft selbst moderiert werden, und unter anderem so moderiert werden, dass der Eindruck von Eins-zu-Eins-Entsprechungen zur Umwelt, also der Eindruck von »Objektivität«, entsteht. In Organisationen kann man das besonders gut beobachten,[12] aber es ist der anthropologischen Forschung auch für den Fall ganzer Gesellschaften vertraut.[13]

Auf die Einführung von Schrift, so Luhmann, reagiert die griechische Antike mit der Figur des *télos*, das heißt mit der von Aristoteles in ihre klassische Fassung gebrachten Idee, dass jede Art von Sinn, sogar der schriftlich fixierte (und deswegen kalte, persönlich nicht überprüfbare, jede situative Autorität untergrabende) Sinn verarbeitet werden kann, wenn und sobald es möglich ist, seinen Zweck, und das hieß damals: seine Übereinstimmung mit einer kosmologischen Ordnung (die zu diesem »Zweck« dann erst einmal in Form gebracht wurde), sein als »Grenze« aufgefasstes Ziel, zu identifizieren und für brauchbar zu befinden.[14] Das hieß nicht und musste auch nicht heißen, dass in der griechischen Gesellschaft alles teleologisch wohl geordnet war. Die griechische Gesellschaft brilliert in der Kunst, Normen wie zum Beispiel diejenige vom »politischen« Leben, des friedlichen Diskurses der Oikosdespoten untereinander auf der *agorá* der Stadt,[15] gegen die gleichzeitig beobachtbare Empirie (der Unordnung, der Fragwürdigkeit, der Unsittlichkeit) zu setzen und rhetorisch im Zusammenhang von Ordnung und Unordnung den Unterschied auszubeuten.[16] Wesentlich war, dass eine Form gefunden war, die es ermöglichte, Überschusssinn abzulehnen, vor diesem Hintergrund selektiv anzunehmen und die Beobachtung mitlaufen zu lassen, dass man abgelehnt hat, was bei anderer Gelegenheit vielleicht anzunehmen ist. Eine solche Form nennt Luhmann eine »Kulturform«.

Die Einführung des Buchdrucks, die nächste Katastrophe, bedeutet, dass die Bücher aus den Klöstern, wo sie verehrt und nur heimlich verglichen werden, herausgeholt und in den Bibliotheken der Universitäten und auf den Märkten der öffentlichen Meinung so systematisch kritisiert und verglichen werden, dass die dann erfundene Hermeneutik alle Hände voll zu tun hat, den Schriftsinn wieder einzufangen. Auf die damit verbundene Produktion von Überschusssinn reagiert die neuzeitliche, die nicht zufällig so genannte »moderne« (abgeleitet von lat. »modus«, die offensichtlich variierbare Art und Weise) Gesellschaft mit der Kulturform der »unruhigen Selbstreferenz«, erprobt in den *Essais* (1580) von Michel de Montaigne, auf den Punkt gebracht im *Discours de la méthode* (1637) von René Descartes und schließlich abgesichert in den *Pensées* (1670) von Blaise Pascal.[17] Dabei geht es um die Verarbeitung einer ganz praktischen Erfahrung, die Montaigne in dem berühmten Essai der Apologie des Raimundus Sebundus so zum Ausdruck gebracht hat, dass es ihn verwundere und verstöre, dass er jeder Meinung, der er in den Schriften der Alten begegnet, nur bewundernd zustimmen könne, obwohl sie doch vielfach in eklatantem Widerspruch zueinander stehen: Wie schwach und nichtig müsse also seine eigene Meinung sein und wie unbeständig das Sein, auf das sie sich gründe. Descartes macht sich deshalb auf die Suche nach einer Methode zweifelsfreier Gewissheit, für die er sich seither einer zweifelhaften Berühmtheit erfreut. Wichtiger jedoch ist, dass er, bevor er versucht, diese »rationale«, die Welt in das Denken und das Sein auseinanderbrechende (»rationierende«) Methode zu formulieren, den Befund präzise formuliert, der die neuzeitliche Gesellschaft nach der Einführung des Buchdrucks kennzeichnet.

Er formuliert diesen Befund nicht in der Form einer Kulturkritik, sondern er formuliert ihn so, wie er an bestimmte Empfehlungen erinnert, die die Kybernetik sehr viel später auf den Begriff des »operational research« bringen sollte.[18] Entscheidend nämlich, um angesichts der Ungewissheit allen Wissens durchzuhalten, bevor man endlich die Methode zweifelsfreien Wissens gefunden hat, so notiert er sich in der berühmten Nacht 1619 in seinem Winterquartier in Ulm, sei es, sich an eine »morale par provision« zu halten: 1. ein Haus nicht abzureißen, solange man darin wohnt, und für ein anderes Haus zu sorgen, in dem man eine bequeme Bleibe hat, sollte man das eigene umbauen wollen; 2. gemäß den Überzeugungen der Besonnensten gehorsam zu sein gegenüber Gesetzen und Sitten des Vaterlandes; 3. auch an unsicheren Entscheidungen festzuhalten, weil man andernfalls nicht weiterkommt; 4. eher die eigenen Wünsche zu ändern als die Weltordnung, denn nur unsere Gedanken stehen völlig in unserer Macht (die wichtigste Moralregel seit Epiktet: Unterscheide das, worüber du Macht hast, von dem, worüber du keine Macht hast[19]); 5. eher einer Beschäftigung nachzugehen, um den Verstand kultivieren zu können, als auf jede Beschäftigung zu verzichten; und 6. schon deswegen wieder auf Reisen zu gehen.[20]

Die Kulturform, die Descartes damit fand und die für die Individualisierungsgeschichte der modernen Gesellschaft ausschlaggebend werden sollte, ist die der Selbstreferenz des Individuums inmitten seiner unruhigen Fähigkeit, von Aktivität zu Aktivität, von Meinung zu Meinung, von Rolle zu Rolle zu wechseln. Das »cogito, ergo sum« ist nicht deswegen entscheidend, weil es den Zweifel überwindet, sondern weil es ihn als sekundär beschreibt. Primär ist das Esse des Ich denke, was auch immer ich denke und mit welcher Gewissheit auch immer ich es denke. Die Kulturform der unruhigen Selbstreferenz erlaubt es, die Explosion des Überschusssinns durch den Buchdruck im Allgemeinen und die enorme Steigerung der Kritikfähigkeit jeder denkbaren Aussage durch ihren systematisierten Vergleich mit anderen Aussagen im Besonderen zu verarbeiten, indem sie die sachliche Ordnung des Sinns zum sekundären und die sich durchhaltende, denkbar abstrakte, jedoch genau deswegen unter Authentizitäts- und Aufrichtigkeitsdruck zu setzende Identität des Individuums zum primären Kriterium der Ablehnung und Annahme des Sinns macht.[21] Auf dieses Prinzip der unruhigen Selbstreferenz kann die moderne Gesellschaft ihre in Beobachtungen zweiter Ordnung (Beobachter beobachten Beobachter beim Konstruieren von Sachverhalten) verankerte funktionale Unterscheidung von Politik und Wirtschaft, Recht und Wissenschaft, Kunst und Religion, Erziehung und Gesundheit gründen und dabei, erst Talcott Parsons bringt es auf den Begriff,[22] die soziale Ordnung der Schichtung durch die soziale Ordnung der Erfolgsmedien der Kommunikation, Macht und Geld, Liebe und Einfluss, Affekt und Intellekt, ersetzen.[23]

Ironischerweise ist es gerade die konsequent durchgeführte Individualisierung der Gesellschaft, die es erlaubt, die Gesellschaft nicht mehr über die Zuordnung von Personen zu Schichten, sondern, unabhängig von den jeweiligen Personen, denen deswegen die Pflege ihrer Individualität freigestellt werden kann, über die Zuordnung von Kommunikationen zu Kommunikationsmedien und über diese zu Funktionsbereichen zu ordnen.

Die Einführung des Computers bringt diese moderne Gesellschaft ganz erheblich durcheinander, so durcheinander allerdings, dass ihr Funktionsprinzip gleichsam im Moment des Abschieds erkannt werden und von Niklas Luhmann in seinem Buch *Die Gesellschaft der Gesellschaft* eine abschließende Würdigung erfahren kann. Tatsächlich jedoch ist der Computer in dieser modernen Gesellschaft die »Unbestimmtheitsstelle«,[24] an der etwas geschieht, wovon man noch nicht weiß, wie man damit umgehen wird. Der Computer rechnet mit. Er ist nicht nur ein technisches Instrument, das man zum Aufbau und zur Bewältigung komplizierter Datenmengen einsetzen kann, sondern er beteiligt sich wie zuvor nur das Bewusstsein selber an der Kommunikation. Während wir an unseren Bildschirmen sitzen und im Internet surfen, arbeiten wir mit Daten und verlassen wir uns auf Ergebnisse von Suchprozessen, deren Herkunft wir nicht kennen und deren Zustandekommen wir nicht durchschauen. Mühsam hat sich die moderne Gesellschaft daran gewöhnt, das Bewusstsein des Individuums als undurchschaubar anzuerkennen und Kommunikation auf die Grundlage zu setzen, dieses Bewusstsein als unbestimmten Freiheitsgrad mitlaufen zu lassen, zu adressieren und als Gewinn für die kommunikative Selbstbestimmung zu betrachten,[25] da muss sie sich überdies auch noch mit dem Gedanken anfreunden, dass der Computer ebenfalls »strukturell« an die Kommunikation gekoppelt ist, das heißt zwar weder spricht noch liest noch schreibt (das tut das Bewusstsein entgegen anderslautender Überlegungen ja auch nicht), aber Irritationen in die Kommunikation eingibt, mit denen diese (ebenso wie mit den Irritationen durch das Bewusstsein) erst einmal zurande kommen muss. Nur die Kommunikation kommuniziert, ist deswegen der scharf unwahrscheinliche Satz, mit dem Luhmann Beobachtbarkeit sicherstellen will.[26] Weder das Bewusstsein noch der Computer kommunizieren. Ersteres nimmt wahr und denkt sich sein Teil, dabei zuweilen mehr, als ihm lieb sein kann, beeindruckt durch sprachliche Offerten, mit denen die Gesellschaft es bei Laune zu halten versucht. Letzterer rechnet und greift dabei auf explosionsartig wachsende Datenspeicher zurück, deren Sichtung und Auswertung Informationsassistenzen überlassen bleibt, von denen weitgehend unklar ist, in welchem Modus sie operieren.[27]

Während die Computer nicht kommunizieren, rechnen sie mit, das heißt verändern sie die Resultate der Kommunikation auf eine Art und Weise, die nicht einfach aus der Kommunikation herausfällt (das auch), sondern die in der Kommunikation von der Kommunikation weiterverwendet werden können und müssen. Das ist der Überschusssinn der Computergesellschaft, die Datenflüsse, die über die Computerbildschirme flimmern und Wertpapierhändler ebenso wie Naturwissenschaftler, Firmen ebenso wie Konsumenten, chatter ebenso wie blogger faszinieren und zu Reaktionen zwingen. Karin Knorr Cetina und Urs Bruegger haben dem Fall der Bildschirme im Wertpapier- und Devisenhandel eindrucksvolle Studien gewidmet, die zeigen, wie dieses Mitrechnen der Computer von den tradern als ein Eingebundenwerden in die durchaus reale, weil Chancen mit Risiken verrechnende Welt erlebt wird.[28]

Welche Kulturform ist diesem Überschusssinn gewachsen? Luhmann vermutet, dass es die Form der Form selber ist, das heißt eine Denkfigur, die der englische Mathematiker George Spencer-Brown erfunden hat und die es erstmals ermöglicht, Bestimmtes im Kontext von Unbestimmtem zu verrechnen, ohne das mitlaufende Unbestimmte als Einwand gegen die Möglichkeit der Berechnung aufzufassen.[29] Die einzige Voraussetzung für dieses Weiterrechnen im Medium der Form ist die Fähigkeit der Form, zu bezeichnen, was sie bezeichnet, so dass Anschlussoperationen wissen können, womit sie es zu tun haben, während sie zugleich beobachten können, dass das Bezeichnete etwas Bestimmtes im Kontext von etwas Unbestimmtem ist. Deswegen konzipiert Spencer-Brown die Form als eine Zweiseitenform, deren eine Seite, Innenseite, bezeichnet, was sie markiert (»indication«), und deren andere Seite, die Außenseite, offenlässt, was dabei als Kontext der Unterscheidung, gleichsam als Welt der Möglichkeiten, in der die Unterscheidung auftritt, vorausgesetzt werden muss, ohne mitbeobachtet werden zu können (»distinction«). Und »distinction is perfect continence«,[30] das heißt sie enthält, was sie nicht enthält, als ihre eigene Außenseite.

Statt der für die Moderne typischen Beobachtung der Außenseite der Unterscheidung, die immerhin zu so weitreichenden Entdeckungen wie der der »Umwelt« geführt hat,[31] beobachtet man im Kontext der Kulturform »Form« die Unterscheidung selber, die distinction, die Innenseite und Außenseite trennt, sich bei der Markierung und Unterscheidung des einen und des anderen selber dem Blick entzieht und doch als entscheidende Operation vorausgesetzt werden muss, weil man sonst nicht wüsste, wie und warum überhaupt etwas geschieht. Die Unterscheidung wird zur »différance«, das heißt zu einer »medialen Form«, die einen Unterschied macht, an dem man sich orientieren kann, ohne dass man sich je sicher sein könnte, wer diesen Unterschied trifft, worauf er beruht und worauf er hinauswill.[32] Genau wegen dieser Unzurechenbarkeit, wegen dieser mitlaufenden Unentscheidbarkeit, wegen des Potentials an Reinterpretation und Rekonstruierbarkeit, die sie genau deswegen enthält, verlässt man sich, so lautet das Argument, auf die Kulturform der Form. Sie erlaubt das perfekte Surfen.

Die dazu passende Moral ist diejenige, die W. Ross Ashby im Rahmen der Kybernetik auf den Begriff des bereits erwähnten »operational reseach« gebracht hat: 1) Schau dir an, was passiert, nicht, warum es passiert; 2) sammle nur so viel Information, wie du für den Job brauchst, der jeweils ansteht; und 3) nimm nicht an, dass das System sich nicht ändert, das heißt stelle in Rechnung, dass du nur die Probleme von heute lösen kannst.[33]

Beratungsbedarf

Was bedeutet nun diese lange Vorrede für unsere Frage danach, welchen Beratungsbedarf die aktuelle Gesellschaft hat und in welchen Formen sie sich möglicherweise beraten lässt? Nun, es ist vielleicht deutlich geworden, dass die Umstellung auf und Einübung einer neuen Kulturform selbst möglicherweise bereits die wichtigste Form ist, in der sich die aktuelle Gesellschaft selbst berät. Ihr Selbstverständnis und ihre Selbstbeschreibung als Computergesellschaft ist bereits ein Verrechnungsmodus, in dem Irritationen der Gesellschaft ebenso berücksichtigt werden können wie die zumindest für Soziologen immer erkennbare und beeindruckende Fähigkeit der Gesellschaft, diese Irritationen sowohl vorkommen und Eindruck machen zu lassen als auch mit ihnen fertig zu werden. Die Gesellschaft berät sich selbst, indem sie ihrer Kommunikation eine Form gibt, in der sie mit ihrem eigenen Überschusssinn fertig wird, ohne diesen, das ist ja in jedem einzelnen Fall entscheidend, negieren zu müssen.

Die antike Hochkultur interessierte sich mindestens ebenso sehr für das, was dem télos des Kosmos nicht entspricht, sondern eher auf das Chaos, das Unbegrenzte (*apeiron*) verweist, wie für die Harmonie und die Ordnung. Vermutlich ist der Versuch, das eine mit dem anderen zu verbinden, also, wie wir heute sagen können, die Form des Kosmos als Chaos zu beobachten, die Geburtsstunde dessen, was wir seither »Wissenschaft« nennen.[34] Die funktional differenzierte Gesellschaft entwickelt eine Mythologie der Bürgerlichkeit, die die Ruhe gegen die Unruhe und die soziale Verpflichtung des Bürgers gegen dessen individuelle Freiheit setzt – und traut weder dem einen noch dem anderen, weder der Verpflichtung noch der Freiheit.[35] Sie entwirft ein Panorama der »Zivilgesellschaft«, in dem die Freiheit als Verpflichtung und die Verpflichtung als Freiheit gefeiert werden kann, ohne sich davon stören lassen zu müssen, dass Wirtschaftsorganisationen dasselbe tun und damit zu ganz anderen Ergebnissen kommen.[36] Und auch die Computergesellschaft, vermutlich begründet das die erstaunliche Karriere des Netzwerkbegriffs, interessiert sich nicht nur für das, was je aktuell miteinander verknüpft werden kann, sondern auch für das, was dabei unberücksichtigt bleibt, jedoch potentialisiert wird in der Form seiner Reaktualisierbarkeit, und dies vor allem dann, wenn es in seinem Charakter sowie in der Typik seiner Verknüpfung eher heterogener als homogener Art ist.[37]

Zunächst einmal kann man sich eine kleine Typologie der Gesellschaftsberatung vorstellen, die für die unterschiedlichen Kulturformen der Gesellschaft einen jeweils unterschiedlichen Beratungsbedarf diagnostiziert. Die orale Gesellschaft berät sich, indem sie dem Reden Einhalt gebietet und in der Form von Geheimnissen, Tabus und bestimmten Ritualen dafür sorgt, dass jeder weiß, wann gesprochen und wann geschwiegen wird. Beratung heißt hier, dem Schutz der sozialen Ordnung Rechnung zu tragen, indem beobachtet wird, wann und was nicht beobachtet werden sollte. Beratung heißt hier, die Beobachtung zweiter Ordnung auf die Tücken und Fallen der Beobachtung zweiter Ordnung zu lenken und Formen bereitzustellen, in denen Formen des Miteinanderlebens thematisiert werden können, ohne thematisieren zu müssen, was in diesen Formen jeweils auf dem Spiel steht.

Man kann studieren, worum es hierbei geht und in welchen Formen Beratung hier möglich und erforderlich ist, indem man sich anschaut, wie auch in der gegenwärtigen Gesellschaft in sozialen Systemen beraten wird, die vorwiegend mündlich konditioniert sind, das heißt vor allem in Familien, aber auch in Organisationen, soweit deren informelle Organisation, deren Organisation als »Kultur«, betroffen ist. Die wichtigste Form der Beratung ist hier diejenige durch zirkuläre Befragung, die zum einen eine interessante Form des Generierens überraschender und damit Knoten auflösender Informationsgenerierung ist und zum anderen beobachtbar und moderierbar macht, wie sehr das »bloße« Reden weh tun kann.[38] Das Initiieren von Sprachregelungen, Diskursen, Semantiken, in denen besprochen werden kann, was besprochen werden muss, während respektiert wird, was respektiert werden muss, ist die hier zentrale maieutische Leistung, mit der der Berater dem System hilft, herauszufinden, was ihm hilft und was es weiterbringt.[39] Man müsste mit diesem heutigen Therapeutenwissen noch einmal die ethnologische Literatur sichten, um zu überprüfen, wie sehr auch das Palavern und

Geschichtenerzählen der Stammesgesellschaften diese Funktion der Selbstberatung erfüllte.

Die literale Hochkultur berät sich, indem sie Erfahrungen im Umgang mit der Schrift, und das sind vor allem Erfahrungen im Umgang mit dem anwesend Abwesenden,[40] dazu nutzt, den intriganten Umgang mit Beobachtungen zweiter Ordnung am Hofe des Königs oder der Fürsten sowohl beobachtbar zu machen als auch auszunutzen. Man beginnt, Versammlungen von Abwesenden, Gesellschaften (»Völker«, »Nationen«) unter dem Gesichtspunkt zu beobachten, wie einzelne Personen und Gruppen so genannte »Interessen« entwickeln, die situativ dissimuliert werden, deren Zurechnung (und Selbstzurechnung) es jedoch ermöglicht, zu verstehen, wie welche Verschiebungen im sozialen Status durch Heirat und Einkauf, Heldengeschichten und Gefolgschaft, Patronage und Bestechung möglich sind.[41]

In der gegenwärtigen Gesellschaft lässt sich diese Form der Beratung wohl am ehesten auf Feldern beobachten, auf denen es wie dereinst um Statusbehauptungen und Statuserwerb geht, das heißt im Coaching, in den Public Relations und nicht zuletzt in Formen vor allem betriebswirtschaftlich unterfütterter Organisationsberatung (weil diese es erlaubt, mit Sachzwängen zu argumentieren), die davon leben, in »mikropolitischen« Auseinandersetzungen innerhalb von Organisationen Stellung beziehen zu können.[42] Man müsste sich genauer anschauen, wie es die Beratung gegenwärtiger Organisationen schafft, sich dem Sog der Beobachtung von Abwesenden zu entziehen und die Verhältnisse nicht nur unter dem Gesichtspunkt der Intrige, sondern eben auch unter den Gesichtspunkten des artikulierten Umgangs mit Argumenten und der Überprüfung je aktuell tauglicher Formen der Verknüpfung weiterer Kommunikation zu beobachten.

Die Buchdruckgesellschaft ist für alle Fragen von Beratung der gleichsam klassische Fall. Mit ihr entsteht der Berater als derjenige, der sich in den und mit den Büchern auskennt und daher denjenigen, die klug genug sind, nicht selber zu schreiben und zu lesen, fallweise ein Sachwissen zur Verfügung stellen kann, das diese dann sowohl aufgreifen als auch ablehnen können. Die einzige Bedingung, der das Beratungswissen hier genügen muss, ist die von Ulrich Beck und Wolfgang Bonß so genannte »Eckigkeit«,[43] die sowohl den Beratern ihre selbstreferentielle Positionierung, als auch unter Umständen ganz unterschiedlich den Beratenen den unruhigen Wechsel zu anderen Beratungsergebnissen oder zu einem anderen Kontext, der dasselbe Beratungswissen in ein anderes Licht taucht, ermöglichen muss, um überhaupt zurate gezogen zu werden. Ein Beratungsergebnis, das in diesem Sinne nicht selbstreferenztauglich (jemand muss es zu seiner Sache machen können) und unruhig (rekontextuierbar) zugleich ist, taugt nur für die Schubladen sowohl der Beratenen als auch der Berater.

Für diese Form von Beratung gibt es nach wie vor positive wie negative Beispiele in Hülle und Fülle, für die auch die immer genauer beobachtete, weil immer undurchschaubarer werdende Arbeit der Think Tanks zwischen Verbänden, Wissenschaft, Massenmedien und Politik nicht untypisch ist.

Zugleich ist jedoch diese Arbeit der Think Tanks, wie unter anderem Frank Fischer gezeigt hat,[44] bereits ein gutes Beispiel für die Art und Weise, wie die Beratung in der Computergesellschaft auftritt. Denn unbekümmert um die Rücksicht darauf, dass Beobachten weh tun kann, wie man unter Bedingungen der mündlichen Kommunikation noch weiß (in der daher Anerkennungskonflikte das tägliche Geschehen kennzeichnen[45]), unbekümmert darum, dass es unmöglich ist, den Abwesenden zu kontrollieren, wie es die literale Gesellschaft versucht hat (nicht zuletzt durch soziale Schichtung), und unbekümmert darum, dass Informationen Selbstzurechnungen und Kontextwechsel ermöglichen müssen, wie es die Buchdruckgesellschaft herausgefunden hat (deren vollkommener Selbstausdruck daher die Zeitung ist, dicht gefolgt von Schulnoten), setzt die Computergesellschaft auf ein Beratungswissen, das nur einen Maßstab kennt, die Selbstreproduktivität. Ebenso wie die Stammesgesellschaft rechnet die Computergesellschaft nur mit einer Schwierigkeit, nämlich damit, zeitinstabile Formen dennoch und in der Anerkennung ihrer Zeitinstabilität zeitstabil zu machen, zumindest für eine gewisse Zeit und zumindest in der Form einer gewissen Karriere, die sie durchlaufen. Das Gerücht und der Skandal, aber auch das Event sind die Formen, an denen man eine entsprechend scharf gestellte Beobachtung schult, das timing des Lancierens, des Pflegens und des Wiederverabschiedens eines Themas die hohe Kunst der auf die Kulturform der Form eingestellten Beratung der Computergesellschaft.[46]

Die Computergesellschaft berät sich in der Form zeitinstabiler Themen, die auftauchen und wieder verschwinden, die Assoziationen anregen und Zuordnungen ermöglichen, die aufregen und aufstören, aber auch beruhigen und verdecken, die jeweils etwas beleuchten und etwas anderes abdunkeln. Es handelt sich um Themen, die ihre Adressaten haben, aber auch um Themen, die sich deswegen halten, weil niemand wüsste, wer für sie verantwortlich ist, beziehungsweise die sich trefflich dafür eignen, als schwarzer Peter herumgereicht zu werden (zum Beispiel das Thema »Arbeitslosigkeit«). Es handelt sich um Themen, die andere Themen in ihrem Schlepptau haben, weil sie sich alleine gar nicht halten können (zum Beispiel das Thema »Reform«), und es handelt sich um Themen, die als Solitäre auftreten und gepflegt werden, weil sie alles andere abblenden (zum Beispiel die Themen »Hunger in der Welt« oder »Ausstieg aus der Atomenergie«).

Diese Themen werden wie »quasi-objets«, wie »boundary-objects«, in den Terminologien von Michel Serres beziehungsweise Susan L. Star,[47] präpariert und gehandelt, weil sie Unterschiedliches überbrücken, jedem Anschlussbedarf etwas bieten und in jedem Fall deutlich machen, was mit ihnen verbunden ist und was nicht. Wie Talcott Parsons' Kommunikationsmedien motivieren sie durch ihre Selektivität.

Eine Beratung der Gesellschaft, die so auftritt, als käme sie von außerhalb, ist in der Computergesellschaft nicht mehr möglich. Wer von Geheimnissen spricht und zum Schweigen auffordert, wer den Abwesenden beschwört und Ehrfurcht verlangt, wer sich zum Kritiker und Experten aufschwingt, weil er zu viel und dann auch noch das Falsche gelesen hat,[48] hätte damit in früheren Gesellschaften Erfolg gehabt, wird in der Computergesellschaft von Hackern, Surfern und Bloggern jedoch blitzschnell auf seine Form hin auseinandergenommen, auf seine prekären Markierungen und sein überdeutliches Nichtwissen hin durchleuchtet und am Wegesrand zurückgelassen. Kein Mensch ahnt, was im World Wide Web an Datenbeständen vor sich hin summt und nur noch Googles Suchmaschinen auffällt, weil sich über Monate und Jahre nichts an ihnen ändert.

Die Sozialwissenschaften, die sich in dieser Lage darauf einlassen, einen Beratungsbedarf der Gesellschaft zu diagnostizieren und sich selbst an dieses Geschäft machen, haben keine andere Wahl, als sich den Regeln zu unterwerfen, die sie beschreiben. Sie müssen und sie können ihre eigenen Themen lancieren und sich, wie die Think Tanks es vorexerzieren, mit mächtigen Themeninteressenten zusammentun, um ihren Themen eine gewisse Dauerhaftigkeit zu sichern. Sie können sich auch, wie es die Soziologie mit ihrem Thema der »Komplexität« getan hat, durch auffällige Wiederholung des immer selben Themas selber zum Thema machen, so dass zwar niemand etwas von Komplexität versteht, aber alle zu wissen glauben, was es mit diesem merkwürdigen Fach der Soziologie auf sich hat. Das kann bereits Beratung genug sein, wenn man beobachten kann, dass »Soziologie« mit inkongruenter Beobachtung assoziiert wird und inkongruente Beobachtung Reflexion, wenn auch vielleicht nur in der Vorform der Immunreaktion, auslöst.

Darüber hinaus kann die Soziologie nur darauf hinweisen, dass sich die Gesellschaft in welcher Epoche ihrer medialen Gestalt auch immer dadurch berät, dass sie sich für die Zwecke der Beobachtung zweiter Ordnung, das heißt der Beobachtung von Beobachtern, die dafür passenden Strukturen und Semantiken gibt. Die muss man, wie wir es hier exemplarisch vorgeführt haben, dann nur noch zu erkennen und zu beschreiben versuchen, um damit zusätzlich zu wissen, nicht nur dass, sondern auch wie und im Hinblick worauf sich eine Gesellschaft selber berät.

Cooling Out

Bisher haben wir uns auf die Frage konzentriert, in welcher Form die Beratung der Gesellschaft in vier verschiedenen Medienepochen der gesellschaftlichen Entwicklung bislang aufgetreten ist. Dabei ist die Frage, mit welcher Funktion die Beratung jeweils auftritt, offengeblieben. Wie kann es sein, so lautet die Frage in diesem abschließenden Abschnitt, dass die Selbstberatung einer Gesellschaft eine offensichtlich immer mitlaufende Einrichtung ist, die ständig dafür sorgt, dass die innerhalb der Kulturform der jeweiligen Gesellschaft auftretenden Problemstellungen innerhalb der Kulturform der jeweiligen Gesellschaft gelöst werden können, also jede Transzendenz der Gesellschaft zugunsten anderer Formen der Gesellschaft verhindert werden kann? Die Selbstberatung der Gesellschaft ist immer auch eine Beratung der Gesellschaft über ihr eigenes Selbst. Im Rahmen dieser Selbstberatung können Imaginationen einer anderen Gesellschaft nicht verhindert werden; sie sind, im Gegenteil, sogar erwartbar, weil sie eine Spiegelfunktion der Beobachtung der jeweiligen Gesellschaft vor der Folie nicht genutzter Möglichkeiten erfüllen. Aber eine Beratung, die wie der sprichwörtliche Kellner eines italienischen Restaurants, der, gefragt, was er heute empfehlen könne, »ein anderes Restaurant« zur Antwort gibt, ist doch eher die Ausnahme. Die Beratung der Gesellschaft läuft immer darauf hinaus, mit den Möglichkeiten der jeweiligen Gesellschaft so vertraut zu machen, dass mit ihnen und in ihnen die Variationen gefunden werden können, die den jeweiligen Beratungszweck erfüllen. Alles andere wäre nicht Beratung, sondern Kritik der Gesellschaft. Und mit Kritik ist man dann schlecht beraten, wenn sich aus ihr nicht bereits wieder Rollen ableiten lassen, die in der kritisierten Gesellschaft zu besetzen und zu erfüllen sind.

Damit stehen wir jedoch vor der Frage, warum eine derartig »selbstreferentielle« Übung wie die Beratung der Gesellschaft im bisher entfalteten Sinne dennoch erforderlich zu sein scheint. Warum überlässt die Gesellschaft ihre Kommunikationen nicht sich selbst, im Vertrauen darauf, dass genügend Strukturen vorhanden sind, die jeweils markieren, welche Anschlüsse möglich sind und welche nicht? Grenzen zwischen Stämmen, zwischen sozialen Schichten, zwischen Funktionssystemen und auch zwischen Netzwerken sollten doch genügen, um deutlich zu machen, welche Kommunikation jeweils erwartbar ist und welche nicht. Initiationsriten, Regeln des decorum, die generalisierten Symbole der Kommunikationsmedien und die Identitätsregeln der Netzwerke erfüllen bereits den Zweck, darüber zu informieren, welches Spiel im Einzelnen möglich ist und mit welchen Einsätzen es unter welchen Bedingungen zu spielen ist. Warum also, darüber hinaus, auch noch Beratung? Warum, genauer gesagt, eine Form der Beratung, die über die Begleitung und Überwachung der Jüngeren, noch Unerfahrenen, der Anfänger hinausgeht und als gesellschaftliche Selbstberatung gefasst werden kann?

Beratung, so unsere Hypothese, ist abgesehen vom allfälligen Informationsaustausch, der jedoch gerade nicht ausdifferenziert wird, sondern mitläuft, die Form des Umgangs der Gesellschaft mit einer spezifischen Form der Enttäuschung. Beratung, so vermuten wir, wird fällig, wenn Opfer von sogenannten confidence games, also von Betrügereien, die das Vertrauen des anderen ausnutzen, wieder abgekühlt werden müssen, um die Gesellschaft vor ihrem Zorn und sie selbst vor ihrem Verlust von Selbstvertrauen zu schützen. Confidence games, so sagt Erving Goffman in einem frühen Aufsatz zum Thema, sind in allen Gesellschaften relativ selten, Vorgänge des Abkühlens jedoch seien »a very basic social story«.[49] Beratung, so unsere Annahme, erlaubt es, Enttäuschungen zu verarbeiten, die daraus resultieren, dass man Spiele der Gesellschaft, Statusspiele, Schichtspiele, Funktionssystemspiele oder Netzwerkspiele, nicht so mitspielen zu können entdeckt, wie man geglaubt hat. Man lässt sich beraten, um die Enttäuschung als Information über den Sachverhalt verkaufen zu können. Und man lässt sich beraten, um die Enttäuschung in Informationen darüber umzusetzen, wie es mit der eigenen Person weitergehen kann, nachdem man hier oder dort mit seinen Erwartungen Schiffbruch erlitten hat.

Da man ständig damit rechnen muss, enttäuscht zu werden, denn jede Erwartung ist mit dem Index der Möglichkeit ihrer Enttäuschung ausgestattet,[50] kann man sowohl vor der Enttäuschung beraten werden als auch nach der Enttäuschung. Würde man jedoch nicht mit der Enttäuschung rechnen, bräuchte man gar keine Beratung. Die Möglichkeit, dass die Beratung selbst es ist, die eine Enttäuschung bereitet, ist dabei ausdrücklich eingeschlossen,[51] so wie jede andere gesellschaftliche Struktur, die Erwartungen nahe legt, dazu genutzt werden kann, betrügerisch ausgenutzt zu werden.

Die entscheidende Frage für uns ist jedoch, wie es der Beratung in der jeweiligen Kulturform der Gesellschaft gelingt, Opfer von Erwartungsenttäuschungen so abzukühlen, dass weder der Gesellschaft noch der enttäuschten Person ein dauerhafter Schaden entsteht. Sicherlich besteht die erste und wichtigste Funktion darin, von der aktiven Komponente einer Enttäuschung abzulenken, das heißt den Verdacht zu zerstreuen beziehungsweise auf spezifische Weise irrelevant werden zu lassen, dass man betrogen worden ist. Beratung formt den Betrug um in eine Information über den angemessenen eigenen Platz in der Gesellschaft. Das kann auch eine Information über einen Rechtsanspruch auf eine angemessene Strafverfolgung eines möglichen Betrugs sein. Wichtig ist nur, dass der Ärger des Opfers so weit abgekühlt wird, dass er statt seiner Person wieder die Gesellschaft beobachtet, allerdings nicht so weit, dass er vergisst, selbst das Opfer gewesen zu sein und zukünftig auf der Hut sein zu müssen.

Wenn man sich vor dem Hintergrund dieser Hypothese anschaut, wie sich die gesellschaftliche Selbstberatung in den verschiedenen Medienepochen, die wir unterschieden haben, jeweils darstellt, wird man rasch fündig. In der oralen Gesellschaft läuft das cooling out über die Magie, in der literalen Gesellschaft über die religiöse Ethik, in der Buchdruckgesellschaft über die Technik und in der Computergesellschaft über die Kommunikation selbst. Denn nur diejenige Struktur, die über die Gesellschaft zugleich informiert und beruhigt, ist geeignet zu beraten. Nur diejenige Struktur, der es gelingt Erwartungsenttäuschungen in Erwartungsaufbau, wenn auch tunlichst moderiert, umzusetzen, ist für Zwecke der Beratung der Gesellschaft qualifiziert.

In der oralen Gesellschaft der Stämme läuft die gesellschaftliche Beratung deswegen über die Magie, weil es darauf ankommt, sich von denselben Geistern, denen man gerade noch sein Unglück zu verdanken hatte, auch anerkannt zu wissen. Das Bewusstsein, nicht nur Opfer, sondern auch Adresse zu sein, versöhnt mit der Erfahrung eines bösen Schicksals. Deswegen führt die Beratung in der oralen Gesellschaft, ausgeübt von Zauberern, Schamanen und Geistersehern, in die Welt der Magie ein, macht mit ihr vertraut, führt die eigene Bedeutungslosigkeit vor Augen und spricht doch gleichzeitig darüber, dass trotz allem alle diese Geister nichts Wichtigeres zu tun haben, als einem Menschen nachzustellen.[52] Man muss sich vor ihnen fürchten, aber man weiß sich auch von ihnen gemeint. Man beobachtet die Geister und bekommt sich selbst zu sehen. Damit ist man in einer zwar Furcht erregenden, aber doch immerhin nicht gleichgültigen Welt beheimatet und kann so die Welt insgesamt im Spiegel jener Interaktion betrachten, die man im Stamm gewohnt ist.

In der literalen Gesellschaft der Hochkulturen läuft die Beratung hingegen über eine Einstimmung in jene religiöse Ethik, die es ermöglicht, sich der Bedingungen eines guten Lebens auch dann zu vergewissern, wenn man weit davon entfernt ist, eines zu führen. Die entscheidende Figur hierfür ist der Trost der Abwesenden, sei es der eigenen Ahnen, sei es, mit zunehmender Rationalisierung des Glaubens, ein abwesender, aber interessierter (mal zorniger, mal liebevoller) Gott.[53] Jede Erwartungsenttäuschung kann hier in ein Bewusstsein umgesetzt werden, vom Herrn auf die Probe gestellt zu werden und sich Seiner als würdig erweisen zu müssen, aber auch zu können. Im irdischen Jammertal kann es keine Enttäuschung geben, die nicht zugleich, lässt man sich vom Priester beraten, auch darüber informiert, dass man längst und immer noch auf dem rechten Weg ist. Worüber könnte man sich dann grämen? Spätestens am

Tage des Jüngsten Gerichts wird auch die anderen ihr Schicksal ereilen und wird man selbst, wenn Er denn will, der Gnade des Herrn gewiss. Wie gut diese Form der Beratung funktioniert hat, erkennt man noch am Zorn der Religionskritik der Aufklärung, die ja weniger beklagt, dass die Leute glauben, als vielmehr, dass sie sich einlullen lassen in das friedfertige Verhalten der Lämmer in der Herde. Religiöse Ethiken der Lebensführung waren eine perfekte Form des cooling out der Betrogenen oder auch nur Zukurzgekommenen.

Daran muss sich messen lassen, auf welche Form der gesellschaftlichen Selbstberatung die Buchdruckgesellschaft zurückgreift. Worin besteht das funktionale Äquivalent zur Magie und zur Religion in der Buchdruckgesellschaft? Da die Buchdruckgesellschaft weder auf die Interaktion mit Anwesenden (Geister) noch auf die Interaktion mit Abwesenden (Götter) setzen kann, um ihre zentrale Ordnungsform, jene der Sachlichkeit, zu betonen, muss sie sich etwas anderes einfallen lassen. Schaut man sich an, worauf sich die Berater der Buchdruckgesellschaft, die Experten, berufen, um ihre Argumente wasserdicht zu machen, liegt eine mögliche Antwort auf unsere Frage auf der Hand. Die Buchdruckgesellschaft berät sich in der Form der Technik, und daher ist es auch die Technik, die am ehesten darüber informiert, welche Enttäuschungen hinzunehmen sind, weil gegen sie kein Kraut gewachsen ist. Die confidence games, die jetzt gespielt werden, sind Spiele mit Technikvertrauen im weitesten Sinne des Wortes, nämlich mit einem Vertrauen, das mit dem Sachstand rechnet und an dessen objektive Feststellbarkeit beziehungsweise ersatzweise an die Experten glaubt, die ihn objektiv feststellen können. Wird man enttäuscht oder sogar betrogen, ist man daher gut beraten, wenn man daraus lernt, was zu lernen ist.

Das ganze Geschäft der Bearbeitung von Enttäuschungserwartungen verschiebt sich in der modernen Gesellschaft, wie Niklas Luhmann festgestellt hat, von Normen, an denen man auch dann festhält, wenn sie enttäuscht wurden, auf kognitive Erwartungen, die man ändert, wenn sie enttäuscht werden. Man beharrt nicht, sondern man lernt. Man lernt etwas über andere, und man lernt etwas über sich selbst. Ja, man muss sogar, wozu die Managementphilosophie dann rät, die Fehler, die man macht, begrüßen, weil man andernfalls nicht wüsste, woraus man etwas lernen könnte.[54] Allerdings fließen hier bereits Usancen der Computergesellschaft ein, denn die Buchdruckgesellschaft insistiert nicht auf Fehlern, sondern auf Lehren. Für sie kommt es nicht darauf an, eigene Erfahrungen zu machen, sondern darauf, Sachzusammenhänge kennen zu lernen, die andere, die Experten, schon kennen. Kennen kann man in diesem Sinne jedoch nur, was sich als Technik behaupten lässt, als verlässliche und vorhersagbare Verkettung von Ursachen und Wirkungen. Deswegen verwickelt sich die moderne Gesellschaft in ihre eigene Behauptung als Technik. Nichts beruhigt mehr, so sehr dann auch Ludditen aller Couleur das Spiel durchschauen und gegen diese Selbstauslieferung der Gesellschaft an die Technik wettern. Beratung stellt sich auch darauf ein. Sie empfiehlt, zusätzlich zur Technik, Technikfolgenabschätzung.

In der Computergesellschaft genügt das nicht mehr. Der Computer ist eine Technik, die alle bisherigen Behauptungen, Techniken ließen sich nicht nur durchschauen, sondern seien selbst das Instrument zur Beherrschung der Welt, ad absurdum führt. Der Computer ist tendenziell undurchschaubar. Bereits auf der Ebene seiner Algorithmen, erst recht aber auf der Ebene seines Mitrechnens in der Kommunikation, kann man sich mit ihm nicht auskennen, sondern muss nun auch mit ihm und gegen ihn Möglichkeiten finden, neue Formen der Enttäuschung und des Betrugs zu identifizieren und das cooling out auf eine Ebene zu heben, die gegen alle Typen möglicher Erfahrungen robust gehalten werden kann.

Ich vermute, dass diese neue Ebene diejenige der Kommunikation selber ist. Kommunikation ist der therapeutische Begriff schlechthin der entstehenden Computergesellschaft, weil er es erlaubt, das Unbestimmte als solches zu endogenisieren und bei allen Formen der Kommunikation als andere Seite des Bestimmten mitlaufen zu lassen.[55] Seither ist alle Beratung der Gesellschaft schon deswegen Selbstberatung und Selbsterfahrung, weil sie zum einen Prozessberatung ist, also abwarten muss, wie das Unbestimmte mitspielt, auf das sie sich einlässt, und weil zum anderen auch für sie gilt, worüber sie aufklärt: Auch sie setzt, insofern sie kommuniziert werden muss, auf das Setzen von Freiheitsgraden, deren Konditionierung nicht in ihrer, sondern in der Macht der Selbstorganisation steht. Wer auch immer sich jetzt betrogen und enttäuscht fühlt, erfährt doch immerhin, dass er dabei war und daher eine Erfahrung gemacht hat, deren Form er analysieren muss, um beim nächsten Mal anders dabei sein zu können.

Wozu Gewerkschaften?

Die Frage nach der Systemreferenz

Für das Folgende maßgebend ist eine erste, allerdings alles andere als selbstverständliche Entscheidung: Unter welchem Blickwinkel will man das Phänomen der Gewerkschaften betrachten? Da wir es im Folgenden mit einer soziologisch-systemtheoretischen Analyse zu tun bekommen werden, nimmt diese Ausgangsfrage eine spezifische Form an: Welche Systemreferenz soll der Betrachtung des Gegenstands zugrunde gelegt werden? Der Charme der allgemeinen wie der spezifischen Fragestellung liegt darin, dass man zu Beginn noch alle Möglichkeiten hat, diese dann jedoch mit der Entscheidung für einen Blickwinkel beziehungsweise eine Systemreferenz rapide verliert, sich dafür jedoch einen immer präziseren Zugang zum Phänomen einhandelt. Wer es also nicht so genau wissen will, sollte sich gar nicht erst fragen, unter welchem Gesichtspunkt ihn oder sie ein Phänomen interessiert. Und wer es genau wissen will, muss damit rechnen, dass ihn immer wieder die Erinnerung daran einholt, dass am Anfang die Wahl eines Blickwinkels stand und dass diese Wahl natürlich auch anderes hätte getroffen werden können. Wer es nicht so genau wissen will, braucht sich auch keine Fragen zu stellen. Wer es jedoch genauer wissen will, bekommt es mit immer mehr Fragen zu tun.

Ich lasse es offen, warum eine solche methodische Selbstvergewisserung ausgerechnet am Anfang einiger Überlegungen zum Phänomen der Gewerkschaften stehen muss. Immerhin ist auffällig, dass die Gewerkschaften zwar ein prominenter Arbeitgeber von Soziologen sind, aber nicht unbedingt ein prominenter Forschungsgegenstand der Soziologie. Vielmehr hat man vielfach den Eindruck, dass Soziologen sich entweder aus einem gewerkschaftsnahen Blickwinkel mit Phänomenen der »kapitalistischen« Industriegesellschaft beschäftigen oder aber dass in ihren Forschungsinteressen die Gewerkschaften eine allenfalls marginale Stellung unter den Phänomenen der Gesellschaft besitzen. Es steht außer Frage, dass die Soziologie und die Gewerkschaften historisch Kinder derselben industriellen Konstellation sind, derselben Division der Gesellschaft in einen Prozess der Auseinandersetzung zwischen »Kapital« und »Arbeit«, von der heute manche meinen, dass sie sich in der Dienstleistungs- und Wissensgesellschaft aufzulösen oder zugunsten anderer Konfliktkonstellationen abzuschwächen beginnt. Würde man also, wenn man sich als Soziologe mit dem Phänomen der Gewerkschaften beschäftigt, auf eine gewisse Relativierung auch der eigenen Position stoßen? Ist das ein Grund, sich lieber mit anderen Phänomenen zu beschäftigen, die der Soziologie nicht so schnell den Spiegel vorhalten?

Aus einer soziologisch-systemtheoretischen Perspektive jedenfalls ist auffällig, dass man bereits mit der Frage nach einer möglichen Systemreferenz für die Analyse der Gewerkschaften mitten drin in typisch soziologischen Themen steckt. Die Frage nach der Systemreferenz, so haben Talcott Parsons und Niklas Luhmann empfohlen,[1] sollte so beantwortet werden, dass ein Phänomen entweder selbst als System oder aber als Objekt in der Umwelt eines bestimmten Systems analysiert wird. Für die Betrachtung eines Phänomens *als System* gibt es bestimmte Mindestanforderungen, deren Durchprüfung in der Regel bereits zahlreiche Aufschlüsse über das Phänomen gibt, gleichgültig, ob man schließlich zu einer positiven oder negativen Antwort auf die Frage kommt, ob das Phänomen selbst als ein System betrachtet werden kann. Man fragt nach den Grenzen, Elementen, Strukturen und Kopplungen des Systems und zwingt sich auf diese Art und Weise, das Phänomen unter Blickwinkeln zu betrachten, die sich von denen der mit dem Phänomen bereits vertrauten Mitspieler im System unterscheiden. Entscheidet man sich anders und betrachtet als Phänomen als Objekt *in der Umwelt* eines bestimmten Systems, ist auch dies bereits aufschlussreich, weil man nicht darum herumkommt, das Phänomen als ein jeweils *verschiedenes* Objekt zu betrachten, je nachdem, aus welcher Perspektive welchen Systems man es sich anschaut.

Spätestens hier werden Nichtsoziologen ungeduldig, mindestens jedoch unsicher. Wie soll man aus diesen Relativierungen je wieder den Weg zurück zur Vertrautheit mit dem Phänomen finden? Und wie verhält es sich mit jener eigenartigen Spannung zwischen *genauer* Untersuchung einerseits und immer größerer *Ungewissheit* der Perspektive und der Ergebnisse andererseits?

»Wozu Soziologie?« wird man sich fragen, wenn man von der Frage »Wozu Gewerkschaften?« auf derartige Umwege gezwungen wird.

Wir müssen deswegen zusätzlich fragen, was es mit der Vokabel »Phänomen« auf sich hat, die wir hier unauffällig und unschuldig verwendet haben, um darüber zu reden, dass wir uns mit den Gewerkschaften beziehungsweise *mit dem Phänomen* der Gewerkschaften beschäftigen wollen. Der Ausdruck »Phänomen« stammt aus der von Hegels *Phänomenologie des Geistes* (1807) bis zu Husserls *Ideen zu einer Phänomenologie und phänomenologischen Philosophie* (1913-1930) reichenden Bewusstseinsphilosophie und soll im strengen Sinne des Wortes (griech. »phainómenon«) einen Gegenstand bezeichnen, wie er sich den Sinnen und der über die Sinne vermittelten Erkenntnis des Bewusstseins darstellt. Also ein Problembegriff! Denn wie erscheint etwas meinen Sinnen? Wie gewinnt mein Bewusstsein daraus eine Erkenntnis? Worauf verlasse ich mich, wenn ich mich auf mein Bewusstsein verlasse?

Aber mit diesen Fragen müssen wir starten, denn gerade Gewerkschaftsangehörige und gewerkschaftsnahe Soziologen, aber auch die Gegner der Gewerkschaften und gewerkschaftsindifferente Soziologen werden kaum abstreiten, dass ihre ersten (und letzten) Erfahrungen mit den Gewerkschaften auf dieser phänomenologischen Ebene eines nur unklar zuzurechnenden Umgangs mit dem Phänomen liegen, von dem man nicht weiß, ob er als dieser Umgang etwas über die Gewerkschaften oder etwas über das Bewusstsein aussagt. Man ist versucht, mit Talcott Parsons und seinen Mitarbeitern von einem »kathektischen« Zugang zum Gegenstand zu sprechen, wenn Kathexis »the attachment to objects which are gratifying and rejection of those which are noxious« bezeichnen darf.[2] Die Soziologie ist affektiv und intellektuell an die Gewerkschaften gebunden, ohne unbedingt wissen zu wollen, welche Einschränkungen diese Bindung für sie bedeutet.

Die soziologisch-systemtheoretische Frage nach der Systemreferenz bezieht sich auf diesen phänomenologischen Bezug zum Gegenstand und distanziert sich von ihm. Denn sie läuft darauf hinaus, *multiple Phänomenologien* des Gegenstands entwerfen zu können, je nachdem für die Betrachtung wessen Bewusstseins man sich bei der Untersuchung des Gegenstands entscheidet. Den Gegenstand als solchen gibt es nicht. Mit der Forderung einer *objektiven* Analyse können nur jene Mitspieler aufwarten, die bereits darauf hinarbeiten, ihre Perspektive zur dominanten, wenn nicht zur alle anderen ausschließenden zu machen.

Darüber hinaus jedoch bekommt man es mit multiplen Phänomenologien auch insofern zu tun, als der Gegenstand »Gewerkschaft« gesellschaftlich nicht nur aus der Perspektive der individuellen Bewusstseine interessiert, sondern auch aus den gleichsam sozialen, institutionellen oder kulturellen Perspektiven verschiedener »Akteure«, »Systeme« oder »Netzwerke« wie der Wirtschaft, der Politik, der Wissenschaft, der Kunst, der Religion, des Rechts oder auch einzelner Organisationen wie Unternehmen, Behörden, Kirchen und Schulen. Jeder dieser Beobachtungsperspektiven erscheinen die Gewerkschaften als ein spezifisches und unverwechselbares Phänomen. Alle tun so, als sei es dasselbe Phänomen, weil andernfalls gesellschaftliche Kommunikation zu schwierig wird. Und nur diejenigen, die sich aus dieser Kommunikation ausklinken wollen, die einen »différend«, einen »Widerstreit« platzieren wollen, mit Jean-François Lyotard zu sprechen,[3] behaupten, dass ihre Gewerkschaft nichts mit den Gewerkschaften der anderen zu tun hat und niemand auch nur verstehen kann, worum es ihnen geht.

Nicht zuletzt wird man in dieser multiplen Phänomenologie berücksichtigen müssen, dass die Gewerkschaften selber ein »Akteur«, ein »System« oder ein »Netzwerk« sind, das mit einer bestimmten Form von »Selbstbewusstsein« ausgestattet ist, so dass sich die Gewerkschaften auch ihren eigenen »Sinnen« und einer eigenen über die Sinne vermittelten »Erkenntnis« auf die eine oder andere Weise phänomenologisch nachvollziehbar darstellen werden. Nichts garantiert, dass die Gewerkschaften in ihren eigenen Augen ein Gegenstand desselben Typs sind wie in den Augen eines anderen Beobachters, obwohl auch hier wieder gilt, dass aus Interesse an Kommunikation Identität behauptet werden wird und die Differenz nur dann unterstrichen wird, wenn Kommunikation abgelehnt oder aus irgendwelchen Gründen mit Komplikationen angereichert werden soll.

Man sieht, womit wir es hier zu tun bekommen. Die Relativierung des Blickwinkels der Betrachtung und die Ausarbeitung eines genauen Forschungsprogramms sind in Wahrheit die beiden Seiten derselben Medaille – auch wenn nicht ganz klar ist, was es mit dieser Medaille auf sich hat. Man ist versucht, um die methodologischen Erfahrungen der poststrukturalistischen, postmodernen und konstruktivistischen Erfahrungen der vergangenen Jahrzehnte auf einen Punkt zu bringen, diese Medaille als »différance« im Sinne von Jacques Derrida zu bezeichnen,[4] um darauf hinzuweisen, dass die Relativierung des Blickwinkels den Verlust der vermeintlich eindeutigen Objekte und Subjekte riskiert, um Einsichten in die Dynamik der Kommunikation zu gewinnen. Der phänomenologische Einstieg in die Untersuchung löst den eindeutigen Objektcharakter des Gegenstands auf, bringt verschiedene Subjekte und ihre »Bewusstseine« ins Spiel, erweitert den Subjektbegriff und, wenn man so will, auch den Bewusstseinsbegriff über menschliche Individuen hinaus auf soziale, institutionelle und kulturelle Akteure, Systeme und Netzwerke, formuliert schließlich das Objekt als ein (im strengen kantschen Sinne) Subjekt seiner selbst – und treibt mit all dem die Ansprüche an die soziologische Untersuchung in jene Höhen, wo die Systemtheorie (à la Niklas Luhmann) und die Netzwerktheorie (à la Harrison C. White), die beiden gegenwärtigen Gipfelpunkte soziologischer Theoriebildung, bereits auf sie warten.

Eine wissenschaftliche Perspektive

Wie also entscheiden wir die erste Frage nach der Systemreferenz, unter der das Phänomen der Gewerkschaft zu betrachten ist?

Mit Blick auf das *System der Wirtschaft* interessieren die Gewerkschaften als Mechanismen der Kompensation der schwachen Stellung des Arbeitnehmers gegenüber dem Arbeitgeber (der auf die einzelne Arbeitskraft weniger stark angewiesen ist als diese auf ihren Arbeitsplatz) und als Mechanismus der Formatierung der Wirtschaft als Auseinandersetzung zwischen Kapital und Arbeit, in der die Kollektivierung der Arbeit nur die Konsequenz aus der vorgängigen Kollektivierung (Akkumulation und Konzentration) des Kapitals ist. Zwei denkbare Anschlussfragen betreffen dann zum einen die tatsächliche Verhandlungsmacht der Gewerkschaften in Abhängigkeit von den Drohmitteln, die sie hat oder nicht hat (Streikrecht und Streikkasse), und zum anderen die Beobachtung, dass die Rede vom »Kapital« möglicherweise nur der Effekt der Rede von der »Arbeit« ist und damit ein Kollektiv (das Kollektiv der »Kapitalisten«) als Gegenüber des Kollektivs der Gewerkschaften anspricht, das aus anderer Perspektive (zum Beispiel der Wettbewerbskonkurrenz auf Produkt-, Kapital- und auch Arbeitsmärkten) alles andere als ein Kollektiv ist.

Wie man die Gewerkschaften hier des Näheren untersuchen wird, hängt nicht zuletzt davon ab, mit welcher Wirtschaftstheorie man arbeitet. Es leuchtet ein, dass der Streit um die Wirtschaftstheorie unter Soziologen (aber auch unter Ökonomen und zwischen Soziologen und Ökonomen) bereits unter der Perspektive geführt wird, welche Rolle man den Gewerkschaften in dieser Wirtschaft zuzumessen bereit ist. Jede Distanzierung gegenüber der zentralen Formatierung der Wirtschaft als eine Auseinandersetzung zwischen Arbeit und Kapital läuft unweigerlich auf eine Relativierung der Stellung der Gewerkschaften hinaus.[5]

Mit Blick auf das *System der Gesellschaft* interessieren die Gewerkschaften unter dem Gesichtspunkt der Dominanz des Konflikts zwischen Arbeit und Kapital. Wie weit ist man bereit, so kann man fragen, die Gesellschaft als eine »kapitalistische« zu begreifen, in der auch Auseinandersetzungen um Kunst, Recht, Religion, Sport und Erziehung letztlich Auseinandersetzungen im »Überbau« der Gesellschaft um Positionen im Konflikt zwischen Arbeit und Kapital sind? Können wir lieben, wissen, glauben, trainieren, Recht oder Unrecht haben und etwas schön oder hässlich finden, ohne damit entweder dem Kapital oder der Arbeit (und damit wiederum dem Kapital) in die Hände zu spielen? Müssen wir nicht in jeder sozialen Situation die gewerkschaftliche Position der Auseinandersetzung um den Respekt vor der Arbeit und den angemessen Lohn mitberücksichtigen? Kann man in der Gesellschaft von den Gewerkschaften absehen oder kann man das nicht?

Anders gefragt, muss man nicht mit Blick auf die Gesellschaft das Phänomen der Gewerkschaft als einen Mechanismus würdigen, der zwar zum einen so etwas wie eine umfassende Gesellschaftstheorie zu bieten hat, also in fast allen sozialen Situationen Orientierung vermitteln kann, jedoch zum anderen diese Orientierung mit einem Feindbild (»der Kapitalismus«) erkauft, die jede alternative Orientierung unter einen generellen Verdacht zu setzen erlaubt? Erkauft man nicht, so gesehen, den durch die Konfliktfähigkeit und Orientierungsleistung der Gewerkschaften erarbeiteten sozialen Frieden in der Gesellschaft mit einer Einschränkung ihrer evolutionären Möglichkeiten (nach dem Motto, einmal »Kapitalismus«, immer »Kapitalismus«, es sei denn, man schafft den Sprung in den ganz anderen »Sozialismus«)?

Drittens könnten die Gewerkschaften mit Blick auf das *System der Familie*, das heißt der individuellen Haushalte und ihrer Lebenswelt interessieren. Hier würde auffallen, welchen großen Beitrag die Gewerkschaften im Milieu der Industriearbeit und, davon abhängig, der kleinen Angestellten, der Lehrer und anderer Mitarbeiter des öffentlichen Dienstes (Busfahrer, Orchestermusiker, Fluglotsen ...) in der Erarbeitung erstens eines Begriffs eines angemessenen Lebensunterhalts und zweitens eines Respekts und Selbstrespekts für die jeweilige Arbeit geleistet haben. Gewerkschaftsmitglied zu sein, bedeutet nicht nur, in den Genuss eines Lohnkartells zu kommen, das das eigene Auskommen wenn auch unter Ausschluss der Ausgeschlossenen zu sichern vermag, sondern bedeutet auch, Identitätsfragen mit Bezug auf die eigene Rolle im Betrieb so beantworten zu können, dass man mit diesen Antworten auch zu Hause, im Angesicht von Ehegatten und Kindern, leben kann.

Eine vierte Referenz nimmt auf das *System der Unternehmensorganisation* Bezug und analysiert die Gewerkschaften als Beitrag zur Gestaltung einer sozialen Balance in den Arbeitsverhältnissen. Hier kommt es vor allem darauf an, dem prinzipiellen Autonomieverzicht angestellter und bezahlter Arbeit, die dem Arbeitgeber Zugriffe auf Tätigkeitsprofile und Tagesabläufe einräumt, die in vielen anderen Systemen unzumutbar wären, ein ebenso prinzipielles Bild einer autonomen Persönlichkeit des Arbeitnehmers gegenüberzustellen, um an die Aufrechterhaltung dieser Balance Konditionierungen der moralischen Anerkennung und gesellschaftlichen Legitimation der jeweiligen Arbeitsverhältnisse knüpfen zu können. Im Schatten des Protests der Gewerkschaften und Betriebsräte gegen unzumutbare Arbeitsverhältnisse wird jenes Profil zumutbarer Arbeitsverhältnisse erstritten und erarbeitet, ohne das die Industrialisierung (Taylorisierung und Formalisierung) der Arbeit wohl kaum möglich gewesen wäre.[6]

Fünftens schließlich könnten die Gewerkschaften unter dem Gesichtspunkt des *Systems der Politik* interessieren, weil dieses System aus der gesellschaftlichen Positionierung der Gewerkschaften parteipolitische Konsequenzen abzuleiten versucht, von denen man sich wiederum fragen kann, wie groß jeweils ihr Beitrag zur politischen Organisation und damit Befriedung, aber auch Konfliktbereitschaft einerseits und zur Verhinderung alternativer politischer Organisationen und damit anderer Befriedungsmuster und Konfliktbereitschaften andererseits ist. Dieser Gesichtspunkt relativiert sich zwar umso mehr, je genauer man auf den Zusammenhang zwischen gewerkschaftlicher »Ideologie« und (abnehmendem) gewerkschaftlichem Potential an Wählerstimmen achtet, aber das ändert nichts daran, dass die Schärfe, Wiedererkennbarkeit und Alltagsnähe eines zwischen Arbeit und Kapital inszenierten Konflikts nach wie vor zu den wenigen übergreifenden Integrationsszenarien gehört, über die unsere Gesellschaft verfügt und auf die die Politik damit nicht nur Rücksicht zu nehmen hat, sondern die sie ihren Interessen entsprechend zu hegen hat.

Wir brechen die Frage nach alternativen Systemreferenzen jedoch hier ab, weil die wenigen Beispiele vermutlich bereits genügen, um deutlich zu machen, dass die Relativierung im Sinne einer Multiplikation der Systemreferenzen nicht auf Beliebigkeit des Phänomens, sondern auf eine bestimmte, wenn auch eher erahnbare als bereits benannte Konvergenz hinauslaufen. Mit anderen Worten, man bekommt zunehmend ein Gefühl dafür, aus welcher Perspektive die vorliegenden Überlegungen geschrieben sind, die dezidiert versuchen, weder für noch gegen die Gewerkschaften Stellung zu beziehen, sondern stattdessen das Für und Wider der Gewerkschaften als hochgradig aufschlussreiches Phänomen in der Beschreibung der Gesellschaft zu würdigen. Das heißt, wir arbeiten mit einer sechsten Systemreferenz, der Referenz auf das *System der Wissenschaft*, hier in der Form einer wissenschaftlichen Teildisziplin namens Soziologie, und behaupten, dass wir mithilfe dieser Systemreferenz alle anderen Systemreferenzen auf ihre *Differenz und Konvergenz* hin rekonstruieren und beobachten können.

Der Selbstrespekt des Arbeitnehmers

Das heißt jedoch, dass wir die *Identität* des Phänomens der Gewerkschaften aus unserem soziologischen Blickwinkel zu benennen versuchen müssen, und zwar so zu benennen versuchen müssen, dass daraus die *Differenz* des Phänomens aus anderen Perspektiven abgeleitet werden kann. Wir wählen damit neben der Systemreferenz des eigenen Blicks auf die Wissenschaft der Soziologie die Systemreferenz der Gesellschaft als jenes System, in das die Arbeit der Gewerkschaften und der von ihnen inszenierte (das heißt nicht: nicht vorhandene) Konflikt letztlich integriert sein muss, um überhaupt möglich zu sein.

Die Aufgabe der Benennung einer Differenz durch eine Identität lösen wir, indem wir das Phänomen der Gewerkschaften in einen *Code* übersetzen. Wir machen uns hierbei zunutze, dass ein Code selber nichts anderes ist, als eine Unterscheidung, die an die Stelle eines Sachverhalts (oder Phänomens) tritt und es auf dem Wege der Entfaltung der Unterscheidung ermöglicht, den Sachverhalt zu rekonstruieren.[7] Natürlich bekommt man es hier wieder mit dem Problem des arbiträren Anfangs zu tun, aber inzwischen wissen wir, dass dieses Problem nichts anderes ist als ein Hinweis auf den Zusammenhang von Selbstreferenz (auch der Soziologe ist nur ein Beobachter) und Komplexität (Multiplizität der miteinander verschränkten, sich voneinander unterscheidenden, sich zitierenden oder ignorierenden Beobachtungsperspektiven). Das heißt, da müssen wir durch. Unsere Lösung des Problems des arbiträren Anfangs bemisst sich nicht an einer (illusionären) Objektivität, sondern nur daran, ob unsere eigene Beobachtungsperspektive reich genug ist, um für eine Vielzahl der anderen Beobachtungsperspektiven interessant zu sein. Wir interpretieren unsere eigenen Beobachtungen als Konstruktion und wir suchen mit unserer eigenen Perspektive das Gespräch.

Kenner der soziologischen Literatur werden gemerkt haben, dass ein Großteil der oben vorgetragenen Überlegungen zum Phänomen der Gewerkschaften auf eine der wenigen Stellen Bezug nahm, an denen die allgemeine soziologische Theorie sich des Näheren mit den Gewerkschaften befasst hat. In Talcott Parsons' und Neil J. Smelsers Buch *Economy and Society* handelt ein Abschnitt von den Gewerkschaften als Teilphänomen des Marktes für einen bestimmten Typ von Arbeit (labour services im Unterschied zu executive services und professional services) und wird großer Wert darauf gelegt, Gewerkschaften nicht nur als Mechanismus für die Kompensation relativer Verhandlungsohnmacht auf Arbeitnehmerseite, sondern zugleich als Mechanismus der Ritualisierung des Umgangs mit den in der Industrialisierung neu auftretenden Anforderungen an einen bestimmten und massenhaft auftretenden Typ fachlich eher niedrig qualifizierter und organisatorisch eher unverantwortlicher Tätigkeiten zu würdigen.[8]

Wir schließen mit unserem Vorschlag einer Codierung des Phänomens der Gewerkschaften hier an und formulieren, dass die gesellschaftliche Funktion einer Gewerkschaft darin liegt, *Lohnforderungen im Kontext der Sicherung des Selbstrespekts des Arbeitnehmers aufzugreifen, zu profilieren und durchzusetzen.* Jede gewerkschaftliche Kommunikation, das heißt jede von Gewerkschaften verantwortete oder unternehmerisch, politisch oder familiär an Gewerkschaften adressierte Kommunikation ist eine Kommunikation, die Lohnforderungen im Kontext von Fragen des Selbstrespekts des Arbeitnehmers thematisiert. Wir sprechen von einer »Codierung«, weil wir damit behaupten, dass auf diesen Unterschied von Lohn und Selbstrespekt alle gewerkschaftlichen Kommunikationen beziehbar sein müssen, ohne dass dieses auf den ersten Blick auch immer erkennbar sein muss. Die Gewerkschaften und die Adressierung der Gewerkschaften haben es wie jede andere Kommunikation auch mit der Fülle und Komplexität der Wirklichkeit zu tun. Alles kommt vor, nichts wird ausgeschlossen. Aber sortiert, zugespitzt, als gewerkschaftliches Thema präpariert und in Stellung gebracht wird nur das, was diesem Unterschied von Lohn und Selbstrespekt genügt. Von »Codierung« sprechen wir außerdem, weil dieser Unterschied die beiden Aspekte des Lohns und des Selbstrespekts nur deswegen voneinander unterscheidet, *um sie aufeinander beziehen zu können.* Der Unterschied ist in einem strengen Sinne, dem man dank differenztheoretischer Überlegungen[9] auf die Spur kommt, eine Unterscheidung desselben und genügt nur in diesem Sinne unseren Anforderungen an eine Codierung, das heißt, wie gesagt, an eine Übersetzung eines Sachverhalts in einen Unterschied.

Man sieht jedoch ohne weitere Schwierigkeiten, mit welchen Problemen der Code und damit die Gewerkschaften zu kämpfen haben und welche Leistung von ihnen erbracht wird, solange sie eine Leistung erbringen. Der Code muss Kommunikationen suchen und produzieren, die grundsätzlich von einem *zu niedrigen* Lohn und von einem wegen der relativ unverantwortlichen Stellung des Arbeitnehmers in Betrieb und Behörde *gefährdeten* Selbstrespekt ausgehen. Gewerkschaftliche Kommunikation ist Defizitkompensationskommunikation und bezieht bezeichnenderweise daraus *ihre Stärke*, da sie sich darauf verlassen kann, dass eine Rechtfertigung niedriger Löhne und mangelnden Selbstrespekts gesellschaftlich nicht legitimierbar wäre, *und ihre Schwäche*, da der Kapitalismus als Regime der Ausbeutung von Arbeitskraft dennoch auf genau diese niedrigen Löhne und diese Inkaufnahme mangelnden Selbstrespekts hinarbeiten muss. Aber auch diese Schwäche wird gewerkschaftlich in eine Stärke umgemünzt, weil man wegen dieser Unvermeidlichkeit der Logik kapitalistischer Überlegungen im Interesse einer sozialen und in dieser Hinsicht auch moralischen Balance der Gesellschaft nicht umhinkommt, eine mindestens partielle und mindestens rituelle Kompensation der zu niedrig entlohnten und zu prekär anerkannten Arbeitskräfte fordern zu müssen. Es sei denn, man setzt wesentlich stärker, als es die europäischen Gesellschaften je getan haben,[10] auf einen Diskurs der Individualisierung, der Lohnfragen an individuelle Qualifikation und Respektfragen an individuelle Investitionen in persönliche Reputation bindet (wie immer beides dann bewältigt wird).

Die Nachteile dieser Codierung der gewerkschaftlichen Kommunikation liegen jedoch ebenso auf der Hand wie die Vorteile. Gewerkschaftliche Kommunikation ist unabdingbar Defizitkompensation und muss daher zusammen mit der Bemühung um Kompensation, das heißt um höhere Löhne und größeren Respekt, auch die Defizite bedienen, weil ohne die Evidenz Letzterer die Rechtfertigung Ersterer nicht geleistet werden kann. Im Schatten der Auseinandersetzung um höhere Löhne und größeren Respekt produziert die gewerkschaftliche Kommunikation daher unausweichlich das Bild der zu niedrigen Löhne und des mangelnden Respekts. Wer an die Gewerkschaften glaubt, glaubt damit an die Ausbeutung der Arbeit und an die mindestens relative Unverantwortlichkeit der Position des Arbeitnehmers im Betrieb. Und von der Einsicht in die rhetorische Brauchbarkeit dieses Bildes ist es nur ein kleiner Schritt in die Bemühung um die Aufrechterhaltung einer diesem Bild entsprechenden Wirklichkeit.

So sehr Parsons und Smelser demnach Recht damit haben, dass die gewerkschaftlichen Leistungen der Kompensation und Ritualisierung eine wesentliche Voraussetzung der Durchsetzung der Industrialisierung sind, so sehr ist darauf hinzuweisen, dass das Schicksal der Gewerkschaften an genau die Industriegesellschaft gebunden ist, deren Etablierung sie sich zugute schreiben können, weil und indem sie ihre sozial unverträglichen Seiten gemildert haben. Damit jedoch ist das Schicksal der Gewerkschaften an die Existenz eines Arbeitsmarkts gebunden, auf dem Arbeit zu relativ niedrigen Löhnen nachgefragt werden kann, und auf eine Organisationsform von Unternehmen (und Behörden) angewiesen, in denen relativ unverantwortliche Positionen und dies möglichst massenhaft zu vergeben sind. Gewerkschaften leben von dem, was sie bekämpfen. Sie müssen sicherstellen, dass der Wirt überlebt, mit dem sie eine notwendige und dennoch »parasitäre«[11] Symbiose eingegangen sind.

Die Arbeit im Kontext des Streiks

Wir führen unsere Überlegungen einen Schritt weiter, indem wir differenzierungstheoretisch nicht nur nach der Codierung, sondern überdies nach der Form des Phänomens fragen. Unter »Form« verstehen wir mit dem bereits genannten Mathematiker George Spencer-Brown die Einheit der Unterscheidung zwischen den beiden Seiten einer Unterscheidung inklusive des operativen Vollzugs der Unterscheidung selbst und des Raums, der von dieser Unterscheidung hervorgebracht wird, indem sie in ihm getroffen wird. Dieser Formbegriff treibt die Analyse selbstreferentieller Operationen auf die Spitze, indem er nicht mehr von Kausalität und Objektivität (geschweige denn von Teleologie und Kosmologie) ausgeht, sondern nur noch vom Vollzug von Unterscheidungen, die in allem, was sie sind, von all dem abhängig sind, wovon sie sich unabhängig zu machen suchen (unter der Voraussetzung, dass die Bemühung um Unabhängigkeit einen nur umso präziseren Bezug auf das voraussetzt, wovon man sich unabhängig zu machen sucht).

Nach der Form der Gewerkschaft zu fragen, läuft daher darauf hinaus, nach einer ersten Unterscheidung zu fragen, die als solche den Kontext heraufbeschwört, der rechtfertigt und mitträgt, was die erste Unterscheidung zu bezeichnen versucht. Diese Formulierung profitiert im Übrigen davon, dass die Soziolinguistik in jüngerer Zeit eingesehen hat, dass Kontexte nicht etwa vor allen »Texten« gegeben sind, sondern selbst ein Produkt der Texte sind, die sich durch den Verweis auf deswegen immer umstrittene Kontexte als das zu behaupten versuchen, was sie zu sein versuchen.[12] Die erste Unterscheidung, die operativ getroffen werden muss, damit es anschließend zu einer Codierung der gewerkschaftlichen Kommunikation kommen kann, lautet im Fall der Gewerkschaft:

$$\text{Gewerkschaft} = \overline{\overline{\text{Arbeit}}\big|\ \text{Streik}}\Big|$$

Das heißt, die Form der Gewerkschaft ist die Markierung der Arbeit im Kontext des Streiks. Wer immer sich fragt, warum die Arbeitsverhältnisse sind, wie sie sind, und weiter fragt, wie sich etwas an ihnen (und zwar: zum Besseren) ändern lässt, wird auf die Möglichkeiten, Bedingungen und Erfolgsaussichten eines Streiks verwiesen.

Die Form der Gewerkschaft macht die beiden Termini der »Arbeit« und des »Streiks« zu Nachbarn einer Gleichung, ohne damit eine kategoriale oder kausale Aussage zu verknüpfen. Sie sind nur solange Nachbarn, wie es einen Beobachter (hier: die Gewerkschaften) gibt, der sie zu Nachbarn macht und der die Operation der Arbeit im Kontext der Operation möglicher Streiks sieht und beurteilt.

Diese Form der Gewerkschaft ist zugleich die *positive* Variante einer Codierung der gewerkschaftlichen Kommunikation, die allzu sehr auf *negativ* zu wertende Defizite abstellt. Die Codierung beschreibt, worunter man leidet und wie das Leiden (nie vollständig, dann wäre es ja vorbei) zu mildern ist. Die Form beschreibt, was ein Gewerkschafter tatsächlich tut und woraus daher der Anspruch sowohl auf höhere Löhne wie größeren (Selbst-) Respekt abzuleiten ist.

Ein Gewerkschafter *arbeitet*. Wenn er das nicht täte, gäbe es ihn nicht und vieles andere auch nicht (notorisch: Bertolts Brechts *Fragen eines lesenden Arbeiters*). Und daraus resultiert jene Hochschätzung der Arbeit, der man so schwer auf die Spur kommt und die jedenfalls mit der *Tätigkeit* nicht umstandslos zu begründen ist – so sehr die Industriegesellschaft andererseits dazu neigt, die auch in niedrig qualifizierter Arbeit steckenden tatsächlichen Qualifikationen zu unterschätzen.[13]

Aus dieser Arbeit bezieht der Gewerkschafter seinen elementaren Respekt vor sich selbst und seinen Anspruch auf ein Respektiertwerden durch alle anderen. Und für die entscheidende, Familien und Haushalte, aber auch Organisationskulturen und Managementstile tragende Herausbildung von Arbeitermilieus genügt das auch. Dennoch wird diese Form erst in sich geschlossen, indem diese Arbeit von einer Form von *Nicht*-Arbeit unterschieden wird, die ihrerseits *positiv* zu werten ist, indem sie auf eine konkrete Tätigkeit, eine vom Gewerkschafter *beherrschte* Tätigkeit, und auf die produktiven Ergebnisse dieser Tätigkeit bezogen wird. Denn der Gewerkschafter unterscheidet seine Arbeit vom *Streik*. Wenn er nicht arbeitet, ruht er sich entweder von der Arbeit für die Arbeit aus, *oder er streikt*. Alternativen gibt es nicht. Mit der Arbeit bezieht er sich auf sich und seine Rolle und Stellung in der Gesellschaft. *Mit dem Streik auch*. Mit dem Streik arbeitet er nicht nur an der Aufrechterhaltung, sondern an der Verbesserung der Verhältnisse. Mit dem Streik arbeitet er nicht nur mit seinen Kollegen zusammen, sondern zusätzlich auch noch *für* seine Kollegen. Mit dem Streik stellt er sicher, wie sehr es auf ihn ankommt und weswegen er Respekt verdient hat. Wer ihn streiken sieht, *muss* sehen, was er wert ist. Dass es Beobachterpositionen gibt, die den Streik als *Nicht*-Arbeit sehen und werten, ist daher das für den Gewerkschafter und den von ihm vertretenen Arbeiter schlechthin Unverständliche. Wer den Streik als Nicht-Arbeit sieht, hat damit schon den ersten Schritt aus der Gewerkschaft hinaus vollzogen und sieht sich außerhalb der Form der Gewerkschaft mit dem ganzen Elend unterbezahlter, unqualifizierter und unverantwortlicher Arbeit konfrontiert. Und wer will das schon?

Bei der Betrachtung der Form der Gewerkschaft mag überraschen, wie nahe sie an der Form des Managements in der Industriegesellschaft insofern gebaut ist, als auch diese die Arbeit des Managements im Kontext positiv gewerteter Ablehnung derselben Arbeit zu unterscheiden pflegt: Wo es der gewerkschaftlich organisierten Arbeit um *dieselbe* Arbeit unter *günstigeren* Bedingungen geht, geht es dem Management um *dieselbe* Arbeit mit *besseren* Ergebnissen. Glaubt man auf den ersten Blick, dass der gewerkschaftliche und der managementförmige Zugriff auf die Arbeit einander widersprechen, weil die einen höhere Löhne erwarten, wo die anderen zu niedrigeren Kosten produzieren müssen, so sieht man auf den zweiten Blick, dass der dadurch eröffnete Streit in einem Interesse an einer Arbeit konvergiert, die unter günstigeren Bedingungen zu besseren Ergebnissen kommt. Die positiv gewendete Form der Arbeit arbeitet im Kontext der Ablehnung derselben Arbeit an der Verbesserung der Verhältnisse – und hierauf können sich Unternehmer und

Gewerkschaften, Management und Betriebsräte so leicht verständigen, wie es ihnen unter den Umständen der Arbeit am Selbstrespekt aller Beteiligten nur lieb sein kann.

Nicht zuletzt überzeugt die Form der Gewerkschaften unter dem Gesichtspunkt ihrer dinglichen und medialen Qualitäten.[14] Sie ist ebenso frei wie die Form des Managements[15] in der Benennung von Arbeitsformaten (Arbeitszeiten, Arbeitsinhalte, Arbeitsverfahren) als dinglicher Verfassung betrieblicher Abläufe, wie sie sich dadurch ungebunden zeigt in der Benennung von Arbeitsverhältnissen (Zeiten, Inhalte, Verfahren), die sie nur ablehnen, also bestreiken kann. Die Form der Gewerkschaften erlaubt es, *über Arbeit im Medium des Streiks* zu streiten und zu entscheiden und überall dort sich auf Arbeit einzulassen, wo mindestens die Möglichkeiten des Streiks gesichert sind. Man macht sich selten klar, dass auch hiermit wiederum Akzeptanzbedingungen andernfalls höchst unwahrscheinlicher Ausdifferenzierung von Arbeitsverhältnissen geschaffen und gesichert werden können. Mit der Frage der Bestreikbarkeit wird die Aufmerksamkeit von den andernfalls möglicherweise unakzeptablen Arbeitsbedingungen abgezogen. Zumindest können Management und Betriebsräte darin kooperieren, die Unzufriedenheit der Arbeiter auf die Möglichkeit des Streiks zu beziehen und ihnen so ein Ventil für die Artikulation eines Unmuts zu bieten, der andernfalls vielleicht nicht zu bewältigen wäre. Gewerkschaften sichern Arbeitern ihre »banana time«, aber auch ihr »banana meaning«.[16] Man hält nur aus, was man tut, wenn man das, was man tut, während man es tut, immer wieder einmal und eher regelmäßig als unregelmäßig aus einer anderen, einer kritischen oder affirmativen, subversiven oder sabotierenden, jedoch in jedem Fall: »kulturellen«, Perspektive zu sehen bekommt. – Wenn »Kultur« heißt, die Sache nicht nur als Sache, sondern auch als Zeichen, und zwar als Zeichen *für etwas anderes*, nehmen zu dürfen.

Davon hat man auch gesellschaftlich etwas, weil die Idee des Streiks, einmal als positive Arbeit an den Verhältnissen in Form gebracht, nicht nur auf Betriebe (und, in Grenzen, Behörden), sondern auch auf die Gesellschaft selber angewandt und so mit dem Grundgedanken der *Demokratie* in Einklang gebracht werden kann. Denn auch die Demokratie beruht darauf, Verhältnisse ablehnen zu können, um sie unter anderen Bedingungen annehmen zu können. Auch hier ist die Negation bereits positiv konditioniert und in dieser Form gesellschaftlich akzeptabel und gesellschaftlich fruchtbar.

Das Netzwerk der Gewerkschaft

Wir beschließen unsere Überlegungen, indem wir danach fragen, welche Rolle die Gewerkschaften im Netzwerk und in der Evolution der Gesellschaft spielen. Auch diese Überlegungen sollen einerseits einen Sachbeitrag liefern – worin besteht das Phänomen der Gewerkschaften für uns, hier und heute? – und andererseits theoretische Zugriffe explizit machen, die dabei behilflich sein können, nachzuvollziehen, dass »die Sache« eben nicht eindeutig, sondern mehrdeutig konstruiert ist, deswegen jedoch noch lange nicht als beliebig zu bezeichnen ist. Als mehrdeutiges Phänomen partizipieren die Gewerkschaften an einer letztlich immer wieder erstaunlich strukturdeterminierten Gesellschaft, die die Mehrdeutigkeit braucht, um das hochgradig Differenzierte dennoch und in dieser Form in die eine Gesellschaft integrieren zu können. Hatten wir uns mit dem Code und mit der Form der Gewerkschaften beschäftigt, um eine tendenziell eher »sachliche« Systemreferenz auszuarbeiten, so führen wir die Netzwerkperspektive zur Beschreibung der eher »sozialen« und die Evolutionsperspektive zur Beschreibung der eher »temporalen« Dimension des Phänomens ein. Wir setzen die Begriffe »sachlich«, »sozial« und »temporal« hier in Anführungsstriche, weil sie auf drei Sinndimensionen verweisen, die ihrerseits sozial supercodiert sind, das heißt die Sachordnung, die Sozialordnung und die Zeitordnung gleichermaßen als Ordnung des sozialen Zusammenhangs entfalten.[17]

Die Netzwerkperspektive erlaubt es, ein Phänomen unter dem doppelten Gesichtspunkt von Identität und Kontrolle zu beobachten,[18] und somit auch hier einer phänomenologischen Beschreibung mithilfe einer soziologischen Konstruktion zu Hilfe zu kommen, zuweilen auch Erstere durch Letztere zu konterkarieren. Die Netzwerktheorie läuft darauf hinaus, die Identität eines Phänomens aus seinem Beitrag zu wechselseitigen Kontrollversuchen unter den Elementen eines Netzwerks zu beschreiben, die zumindest innerhalb der soziologischen Fassung dieser Theorie (im Unterschied zu mathematischen oder betriebswirtschaftlichen Fassungen) hochgradig heterogener

Natur sein können. Ein Netzwerk ist, mit anderen Worten, ein dynamisches Phänomen, das so unterschiedliche Elemente wie Personen, Organisationen, Institutionen, Ideologien und Konventionen derart aufeinander bezieht, dass die Identität jedes dieser Elemente aus dessen Beitrag zum Netzwerk resultiert und als diese Identität nur aufrechterhalten werden kann, wenn und solange jede Identität jede andere in ihrem Handlungsspielraum kontrolliert und sich von ihr kontrollieren lässt.

Es dürfte nicht schwer fallen, das Netzwerk zu identifizieren, in dem die Gewerkschaften ihre eigene Rolle spielen und das die Gewerkschaften mit jener Identität ausstattet, die es ihnen erlaubt, ihre Rolle zu spielen. Das Netzwerk besteht aus den Elementen *Industriewirtschaft* (Geldwirtschaft, taylorisierte Arbeit, Massenkonsum), *Wohlfahrtsstaat* (Interessenpolitik, Umverteilung, steuer- und kassenfinanzierte soziale Sicherung), *Familie* (ein oder zwei Hauptverdiener, auf »Arbeit« beruhende Wirtschaftsethik, durch Interesse an »Ordnung« konditionierte Kultur der Selbstverwirklichung) und *Freizeit* (Reproduktion der Arbeitskraft, Utopie »anderer« Verhältnisse, Reproduktion der Konsumbedürfnisse). Dieses Netzwerk determiniert das Selbstverständnis der Gewerkschaften, so dass wir unsere erste Form der Gewerkschaft entsprechend erweitern können:

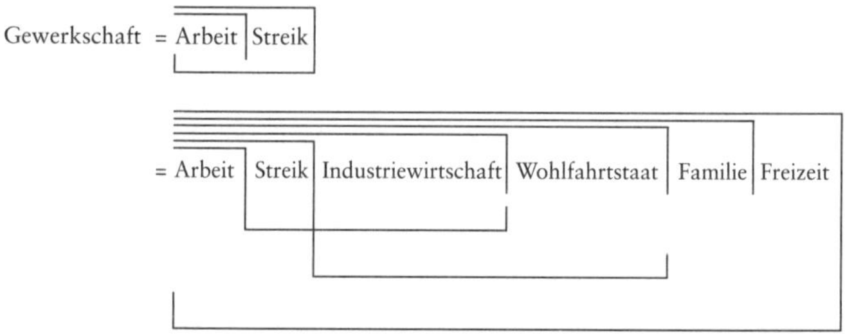

Die nach innen und nach außen geschlagenen re-entry- beziehungsweise Wiedereintrittshaken erlauben es festzuhalten, welche Unterscheidungen wie auf andere Unterscheidungen Bezug nehmen und so in die Form des Ganzen, das Arrangement der Unterscheidungen, wiedereingeführt werden.[19]

Wir sehen an der Orientierung der re-entry-Haken, die hier allerdings nur exemplarisch (oder, wenn man so will: »idealtypisch« im Sinne von Max Weber) gemeint ist, dass die Form der Gewerkschaft im Netzwerk der Gesellschaft darin besteht, die Arbeit industriewirtschaftlich und die Motive des Streiks wohlfahrtsstaatlich zu verstehen und die Schließung der Form aus der Differenz der Sinnerlebnisse von Arbeit einerseits und Familie und Freizeit andererseits zu beziehen.[20] Man sieht, welche funktional wesentliche Doppeldeutigkeit aus der Differenz von Familie und Freizeit gewonnen werden kann, die das Verständnis von Arbeit zweifach codiert, nämlich zum einen als Beitrag zum Lebensunterhalt und zum anderen als Beitrag zur Selbstverwirklichung. Die Differenz von Familie und Freizeit definiert, mit der kritischen Theorie der Frankfurter Schule gesprochen, jene »Lebenswelt«, gegenüber der die Arbeit so profiliert werden muss, dass sie einerseits industriewirtschaftlich präpariert und wohlfahrtsstaatlich legitimiert werden kann, andererseits jedoch mit den Reproduktionsbedürfnissen derer, die sie machen sollen, abgestimmt werden kann.

Die Frage nach dem Netzwerk, innerhalb dessen die Gewerkschaften ihre Rolle finden und spielen, hilft dabei, sich die Komplexität der Sinnbezüge und damit der strukturellen Determination der Gewerkschaften deutlich zu machen, unter deren Einschränkung jede einzelne gewerkschaftliche Aktion, jede Zurechtlegung der gewerkschaftlichen Welt, jede einzelne gewerkschaftliche Kommunikation nur zustande kommen kann. In der Gleichung erkennt man auf einen Blick (das ist der Vorteil der mathematischen Simultanpräsenz des Unterschiedenen) die Vielzahl der miteinander verschränkten Bezüge, die in jeder Aktion und in jeder Kommunikation mehr oder minder überraschend miteinander kombiniert werden müssen. Man erkennt auch, wie unverzichtbar der Beitrag der Gewerkschaften in diesem Netzwerk ist, wenn und solange das Gefüge von Arbeit und Freizeit, Industriewirtschaft und Wohlfahrtsstaat ist, wie es ist.

Erst wenn sich die heterogenen Elemente des Netzwerks neu zu orientieren beginnen, wenn die Industriewirtschaft zur Dienstleistungswirtschaft wird, wenn der Wohlfahrtsstaat zum Gegenstand einer Globalisierungskonkurrenz wird, wenn in der Familie Selbstverwirklichungsmuster auftauchen, die nicht mehr umstandslos mit einer »Ordnung« der »Arbeit« abgeglichen werden können, wenn die Freizeit nicht mehr als Ritual des Anderen, sondern als Routine des Unveränderlichen beschrieben wird, und wenn schließlich und in Abhängigkeit von all dem die Arbeit selbst in den Sog kommunikativer Unbestimmtheit gerät, verlieren auch die Gewerkschaften ihr Profil. Von einem Moment zum anderen entdecken die Gewerkschaften dann, dass sie es nicht mehr nur mit der Aufgabe der Interessenvertretung der ausgebeuteten Arbeitskraft zu tun haben, sondern gleichzeitig mit der Wahrung der Verhältnisse, unter denen diese Interessen vertreten werden können. Deswegen sind die Gewerkschaften heute mindestens so sehr an der Aufrechterhaltung von Industriewirtschaft, Wohlfahrtsstaat, kleinbürgerlicher Familie und entlasteter Freizeit interessiert, wie sie ehemals an der Wahrnehmung der Interessen einer Arbeiterschaft, denen es um die Veränderung der Verhältnisse ging, interessiert war.

Lock-In

Die evolutionäre Perspektive resultiert aus einer Anwendung der neo-darwinistischen Evolutionstheorie auf die Rolle der Gewerkschaften in der Gesellschaft, das heißt aus einer Frage danach, wie sich das Phänomen der Gewerkschaft auf die drei evolutionären Mechanismen der Variation, Selektion und Retention verteilen lässt.[21] Zunächst einmal wird damit die Netzwerkperspektive nur temporal ausbuchstabiert. Die Gewerkschaften sind eine Variation, die die ausgebeutete Arbeitskraft innerhalb der kapitalistischen Verhältnisse mit einer Interessenvertretung ausstattet. Sie sind jedoch zugleich der Selektionsmechanismus, der diese Interessenvertretung daran bindet, dass nur bestimmte Interessen (Lohnhöhe, Arbeitszeit, Gesundheitsschutz) zum Zuge kommen und andere, darüber hinausgehende (»sozialistische«) Interessen beziehungsweise Ideen ausgebremst werden. Und sie sind nicht zuletzt gleichzeitig ein Retentions-, das heißt Restabilisierungsmechanismus, der diese Selektion der Variation der kapitalistischen Verhältnisse mit diesen kapitalistischen Verhältnissen so rekompatibilisiert, dass die Industriewirtschaft wohlfahrtsstaatlich abgefedert weiter entfaltet werden kann. Auf dieser Ebene gewinnt man keine neuen Einsichten, sondern nur noch einmal einen anderen Blick auf den Beitrag der Gewerkschaften zur Selbstorganisation der kapitalistischen Gesellschaft.

Interessant wird es erst, wenn man sich das Verhältnis dieser drei evolutionären Mechanismen zueinander, ihre Gewichtung und Ausgestaltung für den Fall der Gewerkschaften etwas genauer anschaut. Denn dann sieht man, dass die Gewerkschaften von einer andernorts, in der Arbeiterbewegung,[22] entwickelten Variation profitieren und ihr ganzes Gewicht (typisch für einen »second mover«) erst dann in die Waagschale werfen, wenn es darum geht, dieser Variation zu einer mit Kapital und Staat abgestimmten institutionellen Form zu verhelfen.[23] Der evolutionäre Beitrag der Gewerkschaften besteht, mit anderen Worten, eher darin, einer bestimmten Variation ihre Zukunft zu sichern, als etwa darin, der Gesellschaft auch über die Selektion und Retention dieser Variation hinaus zu einem evolutionären Potential zu verhelfen. Für die Gewerkschaften endet die Entwicklung der Gesellschaft mit einer Interessenvertretung der Arbeiterschaft, die dieser einen angemessenen Lohn und einen hinreichenden Selbstrespekt sicherstellt. Mehr ist nicht erforderlich beziehungsweise mehr kommt im Horizont der Gewerkschaften nicht vor. Die Gewerkschaften nutzen ihre selektive und retentionale Funktion nicht dazu, nun nach neuen Variationen zu suchen, die einer weiteren Entwicklung der Wirtschaft der Gesellschaft günstig sein könnte, sondern nur dazu, die einmal positiv selegierte Variation einer kollektiven Vertretung der Interessen der Arbeiterschaft institutionell auf Dauer zu stellen und jede weitere Entwicklung von Politik und Wirtschaft an die Wahrung genau dieser institutionellen Errungenschaft zu binden.

Diese evolutionäre Perspektive führt, wie erkennbar, dazu, den Sperrklinkeneffekt zu unterstreichen, den man mit evolutionären Errungenschaften vielfach verbindet,[24] der hier jedoch zu einer lock-in-Situation führt,[25] in der die gefundene Lösung einer kollektiven Interessenvertretung der Arbeiterschaft Lösungen anderer Probleme, vor allem der Arbeitslosigkeit (gebunden an eine Flexibilisierung der Lohngestaltung) und einer Suche nach neuen Organisations- und Arbeitskulturen (gebunden an eine Neuinterpretation der Konditionen des Selbstrespekts), eher im Wege steht als zuarbeitet. Man hat es, wie offenbar vielfach im Fall »kollektiver« Problemlösungen,[26] mit einer überschießenden Selbstbindung als Preis der Durchsetzung einer neuen Entscheidung zu tun. Diese Selbstbindung kann anschließend schon deswegen, weil der Preis intern und extern zu hoch erscheint, nur verteidigt und politisch, wirtschaftlich und kulturell (»wirtschaftsethisch«) legitimiert, aber nicht mehr variiert werden.

Der evolutionäre Gewinn aus der gesellschaftlichen Einführung des Prinzips »Gewerkschaft« ist damit unumstritten, der

Beitrag der Gewerkschaften zu einer nachhaltigen Weiterentwicklung der Gesellschaft jedoch nur umso umstrittener. Auch aus der evolutionären Perspektive ist es daher nur zu begrüßen, wenn innerhalb der Gesellschaft so gewerkschaftsnah und gewerkschaftsfern wie möglich, das heißt mit Respekt für die Gewerkschaften, aber auch mit Interesse an einer Horizonterweiterung und an einem Perspektivenwechsel, eine Diskussion geführt wird, die auf die Codierung der Gewerkschaft selber zielt. Zwei Fragen stehen in dieser Diskussion deswegen im Mittelpunkt, die Frage nach dem erforderlichen Maß an freier Preisbildung auf Arbeitsmärkten und die Frage nach den Bedingungen des Selbstrespekts abhängiger Arbeit. Die beiden Fragen hängen zusammen. Sie können nur beantwortet werden, wenn die Diagnose der Ohnmacht der Arbeiterschaft, die die Gewerkschaften übernommen haben und seither sowohl zur eigenen Handlungsgrundlage machen als auch dadurch immer wieder neu beglaubigen, ernst genommen wird. Wie also müssten sich die Arbeitsverhältnisse verändern, wenn die Gewerkschaften aus ihrer Rolle eines institutionellen Hüters der kollektiven Vertretung der Interessen der Arbeiterschaft entlassen werden sollen?

Wozu Eliten?

Funktion

Die Soziologie diskutiert den Übergang von der buchdruckgestützten funktional differenzierten Gesellschaft zu einer computergestützten Netzwerkgesellschaft.[1] Die moderne Gesellschaft verliert ihren Glauben an eine wohlgeordnete Welt der Trennungen zwischen Natur, Kultur und Gesellschaft.[2] Die Kulturform der Gesellschaft stellt sich um von Unruhe auf Form.[3]

Eliten könnten zu den ersten Strukturen der Gesellschaft gehören, die von dieser Neuordnung der Gesellschaft profitieren.

Noch bis vor kurzem waren Eliten nicht viel mehr als ein Phantomschmerz nach dem Untergang der Adelsgesellschaften, doch jetzt werden sie von der Soziologie wiederentdeckt, ohne dass bereits deutlich wäre, worin ihre Funktion besteht und ob und wie sich diese von den Oberschichten alter Gesellschaften unterscheidet.[4] Die Liste der Desiderate ist lang: Eliten besetzen einflussreiche Positionen in Politik und Wirtschaft, Wissenschaft, Religion und Kultur; Eliten treffen weitreichende Entscheidungen in Behörden und Unternehmen, Kirchen und Universitäten, internationalen Organisationen und kulturellen Einrichtungen; Eliten bewähren sich in der globalen Konkurrenz der Nationalgesellschaften; Eliten übernehmen Verantwortung; und Eliten lassen sich zur Verantwortung ziehen. Dass es die Eliten nach wie vor gibt, steht empirisch außer Frage: Man erkennt sie an ihren Privilegien, an ihrem Habitus und an ihren Rekrutierungsmechanismen.[5] Aber seit Suzanne Keller in den 60er Jahren des vergangenen Jahrhunderts in Anlehnung an das AGIL-Schema der Handlungstheorie von Talcott Parsons eine strukturfunktionalistische Theorie der »strategischen Eliten« der modernen Gesellschaft erarbeitet hat, ist der Versuch einer Gesellschaftstheorie der Elite, so weit ich sehe, nicht wieder unternommen worden.[6] Stattdessen fällt man zurück auf die bloße Beschreibung von gesellschaftlichen Gruppen, die dank ihres Zugriffs auf wirtschaftliche und politische Ressourcen Macht haben und diese Macht hauptsächlich dazu nutzen, sich mithilfe exklusiver Mechanismen der Habitusformation an der Macht zu halten, das heißt diesen Ressourcenzugriff sicherzustellen.[7] Damit sind auffällige empirische Phänomene bezeichnet, aber ist noch keine soziologische Theorie geleistet.

Wir unternehmen im Folgenden, wenn auch nur im Rahmen einer vorläufigen Skizze,[8] den Versuch einer soziologischen Theorie der Elite, indem wir eine Vermutung aufgreifen, die der Anlass für den Auftrag zu diesen Überlegungen ist: Eliten haben in der Gesellschaft eine *Integrationsfunktion*; sie sorgen für den Zusammenhalt der Gesellschaft; und sie geraten allenfalls dann in Verzug mit der Erfüllung dieser Funktion, wenn es misslingt, sie ihrerseits in die Gesellschaft zu integrieren, die sie integrieren sollen, beziehungsweise wenn diese Gesellschaft sich ihrerseits in einem Ausmaß differenziert, dass die Eliten sich multiplizieren und untereinander den Kontakt und damit auch den Blick auf ihre Funktion verlieren und dann auch nicht mehr angemessen und verantwortlich für ihre Rekrutierung Sorge tragen können.[9] Diese Vermutung selbst ist nicht neu, sondern lag bereits einem der Startpunkte der Elitensoziologie bei Vilfredo Pareto zugrunde.[10] Bei Pareto findet sich auch bereits eine Antwort auf die Frage, wie Eliten diese Integrationsfunktion auch dann erfüllen können, wenn man immer wieder feststellen muss, dass sie sich durch ihre Privilegien dazu verführen lassen, sich nur um ihre eigene Reproduktion zu kümmern. Eliten müssen zirkulieren, so Pareto, nur dann kann ihre Degeneration verhindert werden.[11] Seither ist die Soziologie der Elite im Wesentlichen eine *Soziologie der Zirkulation von Eliten*, und alle nachgetragene Kritik der Eliten und Polemik gegen die Eliten inklusive der immer wieder festgestellten Ambivalenz des Begriffs der Elite selbst dienen der Sicherstellung dieser Zirkulation.

Der Einsatzpunkt einer soziologischen Theorie der Elite liegt daher im Faktum der *gesellschaftlichen Kontrolle der Integration der Gesellschaft durch zirkulierende Eliten*. Eliten dürfen sich keinen Moment sicher fühlen, nur dann können sie ihre Funktion erfüllen. Zu fragen wäre dann vor allem, worauf die Zirkulation zielt: auf den Austausch des Personals einer Elite oder den Austausch einer Elite durch eine andere. Beides ist ja möglich, so wie Pareto sich sowohl das Auffüllen der Reihen verweichlichter Adliger durch kräftige Bauern vorstellen konnte wie auch das Auswechseln des Stands des Adels durch den Stand der Bauern.[12]

Mit diesem Einsatzpunkt einer soziologischen Theorie der Elite steht auch die Systemreferenz unserer Überlegungen fest. Wir fragen nach der Integrationsfunktion der Elite *für die Gesellschaft* und behaupten nicht, dass Eliten gleichzeitig auch Interaktionssysteme, Organisationen, Funktionssysteme, Protestbewegungen oder einzelne Netzwerke integrieren müssen. Eliten erfüllen ihre Integrationsfunktion, so vermuten wir, auf der Ebene jenes umfassenden und besonderen sozialen Systems der Gesellschaft, in dem nichts anderes zur Diskussion steht, dies aber stellvertretend für alle anderen sozialen Systeme, als Erwartungen der Fortsetzung von Kommunikation schlechthin.[13] Eliten spielen, wenn unsere Ausgangsvermutung stimmt, bei der Klärung und Zuschreibung dieser Erwartungen eine zentrale Rolle. Andere soziale Systeme werden jedoch mithilfe anderer Mechanismen integriert, und das soll auch hier heißen: in die Gesellschaft integriert: Interaktionen durch *Milieus*,[14] Organisationen durch *Karrieren*,[15] Funktionssysteme durch *Kommunikationsmedien*,[16] Protestbewegungen durch *Themen*[17] und Netzwerke durch *Stile*.[18] Und auch die Gesellschaft selbst wird nicht nur durch Eliten integriert, sondern auch, um mich hier auf die bereits von der Chicagoer Stadtsoziologie genannten Kandidaten zu beschränken, durch *neighborhoods*, *markets*, *professions* und *news*,[19] mit denen die Eliten dementsprechend laufend konkurrieren, durch sie aber auch entlastet werden.

Codierung

Eine soziologische Theorie der Elite, wie wir sie hier vorschlagen, muss eine Antwort auf die Frage entwickeln können, wie es Eliten gelingen kann, eine Gesellschaft zu integrieren. Dazu müssen wir zunächst den Integrationsbegriff klären, um anschließend eine Hypothese einführen zu können, die darüber Auskunft gibt, welchen Unterschied eine Elite in einer Gesellschaft derart macht, dass durch diesen Unterschied die Gesellschaft integriert werden kann. Wir fragen, mit anderen Worten, nach der Codierung des Phänomens Elite. Wir übersetzen einen komplexen Sachverhalt in eine Unterscheidung, um diese Unterscheidung so entfalten zu können, dass sie uns die Phänomenologie der Elite beschreibt und erklärt.

Unseren Integrationsbegriff übernehmen wir aus der Kulturtheorie. »Integration« heißt hier *Verlust von Freiheitsgraden*: Ein System ist integriert, wenn es zugunsten seiner Interaktion mit anderen Systemen Freiheitsgrade oder auch Variationsmöglichkeiten verliert, die es an dieser Interaktion hindern würden.[20] Eliten erfüllen eine Integrationsfunktion der Gesellschaft dann und nur dann, wenn ihre Handlungen und Kommunikationen auf den Verlust von andernfalls vorhandenen Freiheitsgraden hinausführen und wenn dieser Verlust von Freiheitsgraden dafür verantwortlich zu machen ist, dass die Gesellschaft (in diesem Fall) mit sich selbst integriert ist. Eliten ermöglichen innerhalb der Gesellschaft einen Typ von Interaktion, den es andernfalls nicht gäbe.

Worin könnte dieser Freiheitsgrad bestehen, der dank der Handlung und Kommunikation von Eliten verloren geht? Wir halten uns an diesem Punkt an die bereits eingeführte soziologische Theorie der Elite von Suzanne Keller und formulieren mit ihr die Hypothese, dass Handlung und Kommunikation der Elite darauf hinauslaufen, dass sie *Einfluss* ausübt. Eliten nehmen ihre Integrationsfunktion wahr, indem sie Einfluss ausüben, sei es als »prime movers« oder als »models« der Gesellschaft.[21] Durch diese Ausübung von Einfluss verliert die Gesellschaft andernfalls vorhandene Freiheitsgrade.

Wie aber muss man sich diesen Einfluss vorstellen? An genau dieser Stelle stockt die bisherige soziologische Theorie. Keller konnte sich noch darauf verlassen, dass es in der modernen Gesellschaft à la Parsons so etwas wie ein kulturelles Fundament einer normativen Selbstverständigung gibt, das es ermöglicht, Einfluss daraus zu gewinnen, dass die Mitglieder einer Elite andere, den Rest der Bevölkerung, davon *überzeugen*, dass ein bestimmtes Verhalten, zum Beispiel arbeiten und wählen gehen, sich um Ausbildung bemühen, beichten, sich für Kunst interessieren, Krankheiten behandeln lassen oder wissenschaftliche Erkenntnisse gelten lassen, sinnvoller ist als ein anderes. Damit folgt Keller einer Vorstellung von Parsons, der eine »kybernetische Einflusshierarchie« postulierte, in der von oben nach unten in der Form von Rat und Interpretation normiert wird und von unten nach oben Werte verhandelt werden, in deren Licht Rat und Interpretation eingeschätzt und moderiert werden können.[22] Wenn jedoch diese Unterstellung eines kulturellen Fundaments problematisch wird,[23] wird auch die Überlegung eines Einflusses durch Überzeugung und damit die moderne Prämisse einer gleichsam natürlichen Autorität der Eliten problematisch. Tatsächlich ist dies der Hintergrund einer durchaus fraglichen Existenz der Eliten in der modernen Gesellschaft. Diese Gesellschaft ging zwar so lange noch von deren Existenz aus, als mit einer solchen Annahme zum einen der alte Blick nach oben, auf die adligen Oberschichten, bedient und zum anderen erklärt werden konnte, warum es privilegierte Schichten der Bevölkerung gibt, tat jedoch andererseits durch ihren Abbau von Hierarchien und durch die Einführung eines Kontingenzprinzips sozialer Ordnungen alles dafür, dass hierarchische Positionen ihre natürliche Autorität verloren und jede bisherige und nicht »sachlich« neu abzusichernde Überzeugung einer moralischen, literarischen, ideologischen und psychoanalytischen Kritik unterzogen werden konnte. Im Fegefeuer der modernen Aufklärungskritik und der Umstellung der Gesellschaft auf das Prinzip der funktionalen Differenzierung, das Sachkompetenzen an die Stelle von Autoritäten treten lässt, verbrennen die Eliten.

Was aber dann? Wir bleiben bei der Annahme, dass Eliten, wenn es sie gibt, Einfluss haben und wir bleiben erst recht bei der ebenfalls von Talcott Parsons formulierten Annahme, dass in der modernen Gesellschaft Kommunikationsmedien wie Einfluss (aus kulturellem Prestige, politischen Ämtern oder Führungsrollen in sozialen Bewegungen), Intelligenz (in Universitäten!), Affekte (bei der Mobilisierung von Solidarität), aber auch Geld, Macht und Werte, in ihrer sozialen Ordnungsfunktion an die Stelle der Schichtung der älteren Gesellschaften getreten sind.[24] Wir schlagen deswegen vor, uns das Kommunikationsmedium der Macht, innerhalb dessen es zur Ausdifferenzierung von Einfluss kommen kann, genauer anzuschauen, um der Frage auf die Spur zu kommen, welche Rolle Einfluss heute, während des Auslaufens des Modells der funktionalen Differenzierung und des Übergangs zu einer Netzwerkdifferenzierung, spielen kann.

Einfluss, so überlegt Niklas Luhmann, besteht darin, *dass aus der Einschränkung auf die Bewirkung des Verhaltens anderer ein Zugewinn von Macht resultiert.*[25] Auf Macht lässt man sich nur ein, wenn die Macht antizipierbar ist, die daraus zu gewinnen ist.[26] Das Modell ist leicht erkennbar: Einfluss und Macht hecken hier Einfluss und Macht, wie bereits das Geld Geld heckte (Marx) und der Gebrauch der Sprache den Gebrauch der Sprache voraussetzte (Wittgenstein). Die soziologische Theorie geht jedoch über die Faszination gegenüber Tautologien dieser Art hinaus und vermutet, dass selbstreferentielle Figuren wie die gerade genannten auf eine Unterscheidung verweisen, die es zu entdecken gilt, um über ihre Beschreibung der Phänomenologie des Gegenstandes näher zu kommen. Luhmanns Überlegung geht über die allgemeine, von Soziologen wider besseres Wissen vielfach geteilte Folklore der Macht, die Macht daraus erklärt, dass es Macht gibt, hinaus und fragt nach den gesellschaftlich brauchbaren Strukturen und Funktionen der Macht, die zu verstehen erlauben, warum es sich bei der Macht um ein gesellschaftlich so ubiquitäres Phänomen handelt.

Die *soziale Errungenschaft der Macht*, so Luhmann, besteht in der *Einführung und Konditionierung von Willkür*.[27] Dies wird sich als der für unsere soziologische Theorie der Elite entscheidende Gedanke herausstellen. Wir müssen daher dieser Errungenschaft zumindest soweit auf die Spur kommen, wie wir sie für das Verständnis des Phänomens der Elite brauchen.

Der Grundgedanke ist wie immer ganz einfach, denn er muss sich ja in der Gesellschaft selber, und nicht nur in der sie beobachtenden Soziologie, bewähren. Macht, so Luhmann, besteht in Befehlshandlungen egos, die zu Gehorsamshandlungen alters führen. Nichts jedoch könnte rätselhafter sein als dies. Denn wie kann die eine Handlung eine andere Handlung *bewirken*, wenn die Verknüpfung zwischen diesen beiden Handlungen *nichts anderes als eine Kommunikation* ist? Antwort: Indem ego alter eine Alternative androht, die zum einen glaubwürdig gemacht werden kann und zum anderen für alter noch unerwünschter ist als die erwartete Gehorsamshandlung. Alter willigt also gleichsam freiwillig ein, lieber gehorsam zu sein als die unerwünschte Alternative in Kauf nehmen zu müssen. Dabei kann die unerwünschte Alternative ebenso in negativen, mit Gewalt und Exklusion drohenden Sanktionen bestehen wie in der Androhung des Entzugs positiver Sanktionen (keine Beförderung) oder in allgemeiner Ungewissheit, die man vermeidet, wenn man gehorsam ist.[28] Und nicht zuletzt kann die unerwünschte Alternative darin bestehen, dass positive Sanktionen gar nicht erst erwogen werden, man also nicht in den Genuss von Tauschchancen oder Reziprozitätschancen oder auch schlicht von Geldzahlungen, Heilsaussichten und so weiter kommt. Man muss diesen letzteren Fall der *in Aussicht* gestellten positiven Sanktionen vom *Entzug* bereits gewährter positiver Sanktionen unterscheiden, weil die

Drohung mit Entzug ein viel subtileres Spiel mit der Macht ermöglicht als die bloße Aussicht auf Belohnung.

Die Pointe an der Kommunikation im Medium der Macht ist jedoch, dass alter sein »Widerstreben« aufgrund einer eigenen Interessenabwägung aufgibt und sich insofern zum Gehorsam *entscheidet* und nicht etwa nur willenlos nachgibt.[29] Denn daraus folgt die soziale Errungenschaft der Macht: Sie besteht in der Entdeckung von Willkür *auf beiden Seiten* der Macht, beim Machtausübenden ebenso wie beim Machtunterworfenen.[30] Ohne Macht keine Willkür, ohne Willkür keine Freiheit. Die moderne Geschichte der Freiheit ist untrennbar mit der Form der Ausübung von Macht durch das politische System der Gesellschaft verbunden, und dies nicht etwa in der Form, dass Freiheit gegen Herrschaft allererst durchgesetzt werden musste und die Demokratie schließlich die prekäre Absicherung der Freiheit in der Politik ist, sondern ganz im Gegenteil in der Form, dass die Politik selbst die Erfindung der Freiheit ist. Wer immer es gewagt haben mag, als Erster einen Befehl auszusprechen (und man kann diese Geschichte in Organisationen und Familien jeden Tag aufs Neue und gleichsam auf eigene Faust wiederholen), muss eine erschütternde Entdeckung gemacht haben: die Freiheit seines Gegenübers, den Befehl zu befolgen oder auch nicht zu befolgen. Diese Entdeckung wird im selben Moment auch von diesem realisiert, holt dann auch den Befehlenden ein und konfrontiert diesen mit der Möglichkeit, seinen Befehl sowohl zu geben als auch zu unterlassen. Aber in diesem Moment ist es für Letzteres bereits zu spät, soll nicht alle Macht schon wieder verloren sein.

Eliten, so wollen wir annehmen, sind spezifische Strukturen innerhalb dieses Kommunikationsmediums der Macht, das heißt, sie generieren und reagieren auf Erwartungen, wie mit Macht sinnvoll umzugehen ist. Sie sind Teil der Einführung und Konditionierung von Willkür. Sie sind eine jener Formen der Institutionalisierung eines Kommunikationsmediums, die bereits Parsons als Voraussetzung der gesellschaftlichen Etablierung dieser Medien bezeichnet hat.[31] Der Rekurs der Politik auf die Androhung von Gewalt und die Konditionierung der Politik durch die Unterscheidung von Recht und Unrecht sind andere Formen dieser Institutionalisierung, von denen die Eliten sich unterscheiden müssen, auf die sie jedoch auch zu ihrer eigenen Absicherung Bezug nehmen können.

Worin also besteht der Einfluss der Eliten? Worin besteht ihr Beitrag zur Einführung und Konditionierung von Willkür? Welchen Unterschied, noch einmal, führen sie in die Gesellschaft ein, den es andernfalls zumindest in dieser Form nicht gäbe? Eine mögliche Antwort auf diese Fragen läuft über die Beobachtung, dass Eliten, was immer sie leisten, *einen bemerkenswert deutlichen Bezug auf Personen* aufweisen. Das Personal auch der Spitzenpositionen dieser Gesellschaft in Wirtschaft und Politik, Religion und Wissenschaft, Kunst und Erziehung lässt sich letztlich weitgehend aus diesen Positionen heraus, zuzüglich gewisser Konzessionen an individuelle Sonderleistungen und zuzüglich bestimmter Anforderungen an eine allfällige Individualisierung, beschreiben. Für Eliten gilt das nicht. Auch hier gibt es zwar eine Tendenz, Charakteristiken des Personals der Eliten auf die Anforderungen an elitäre Leistungen, elitäre Machtansprüche und einen elitären Lebensstil zu reduzieren, aber irgendwann stößt man typischerweise auf einen Kernbestand an »Persönlichkeit«, ohne die dieses Personal der Eliten schlechthin nicht vorstellbar ist. Eliten bestehen wie sonst nur Familien aus: Persönlichkeiten.

Und ebenso wie in Familien hat dies seinen Grund darin, dass nur Persönlichkeiten eine Art von Willkür zugeschrieben werden kann, die nicht nur erwartet werden darf, sondern auch konditioniert werden kann. *Persönlichkeiten sind die Zurechnungsadresse für gesellschaftlich konditionierte Willkür.* Denn in der Zurechnung auf Persönlichkeiten kann die Form »Person« für zweierlei Leistungen zugleich genutzt werden: Erstens überbrückt die Persönlichkeit ebenso wie die Person die Differenz von psychischen und sozialen Systemen, um so sowohl in Richtung Ausweitung als auch in Richtung Einschränkung von Verhaltensmöglichkeiten disponibel zu werden;[32] und zweitens zeichnet die Zurechnung auf Persönlichkeit Willkürchancen aus, die zwar auf Handeln zielen, aber im Erleben rückversichert werden. Persönlichkeiten sind Leute, die zur Willkür befähigt sind, dafür jedoch ihre alles andere als willkürlichen Gründe habe. So etwas lernt man in der Familie, kann es aber eigentlich nur in Eliten gebrauchen. Auch das begründet die immer wieder festgestellte Tendenz zur familiären (bin hin zur dynastischen) Reproduktion von Eliten.

Eine Elite ist eine Struktur im Medium der Macht, die aus Persönlichkeiten besteht, denen eine nicht nur gesellschaftlich, sondern individuell konditionierte Willkür zugerechnet wird. Das ist der Unterschied, den Eliten gesellschaftlich bereitstellen: Sie gewinnen Macht aus der Einschränkung ihres eigenen Verhaltens auf die Bewirkung des Verhaltens anderer, binden diesen Machtgewinn jedoch an ein gesellschaftlich, das heißt vom Rest der Bevölkerung beobachtbares Erleben, für das sie ebenso gerade stehen müssen wie für ihre Macht, das sie jedoch rückkoppelt an ein gleichsinniges Erleben durch den Rest der Bevölkerung. Die Asymmetrie zwischen Machtausübung und Machtunterwerfung wird gegenbalanciert in einer Symmetrie des Erlebens, ohne interessanterweise darauf zu verzichten, die Elite auch für bestimmte Formen des Erlebens zu privilegieren. Deswegen wird ihr eine Weitsicht, ein Verantwortungsgefühl, ein Spürsinn für Machtchancen, aber auch Machtbedarf zugeschrieben, von denen sich der Rest der Bevölkerung in genau dem Maße entlastet sieht, wie diese Zuschreibungen von der Elite übernommen werden.

Die moderne Gesellschaft hat in dem Maße, in dem die Ausdifferenzierung von Funktionssystemen erfolgreich ist, für diesen Typ von Persönlichkeit nur dort Bedarf, wo eher anachronistisch, wenn nicht sogar atavistisch Hierarchisierungen vorgenommen werden, für deren Spitze Personen gefunden werden müssen, denen man diese Art von Willkür sowohl zuschreiben als auch eingrenzen muss.[33] Von Funktionseliten oder einer »herrschenden Klasse« zu reden, ist daher ein Missverständnis, das aus der Annahme der Kontinuität von Funktionen einer Oberschicht auch in der funktional differenzierten Gesellschaft lebt, ohne diese Funktionen genauer zu prüfen. Das ist ein klassisches Beispiel für die Irrtümer einer sozialstrukturellen Analyse, die darauf verzichtet, soziale Strukturen gesellschaftstheoretisch zu begründen.

Funktionssysteme haben keinen auf Personen zuzurechnenden Willkürbedarf. Das liegt im Übrigen nicht daran, dass sie ohne jeden Spielraum für individuelle Entscheidungen durchbürokratisiert wären, wie dies Max Weber als Resultat der Rationalisierungsgeschichte der Moderne befürchtete,[34] sondern ganz im Gegenteil daran, dass sie Problem und Einsatz der Willkür nicht mehr an der Spitze einer Hierarchie, sondern in der Unentscheidbarkeit der Entscheidung zwischen den beiden Werten eines binären Codes verankern. Funktionssysteme sind so sehr damit beschäftigt, die Entscheidung zwischen Zahlung und Nichtzahlung, Regierung und Opposition, Wahrheit und Unwahrheit, Recht und Unrecht, Glauben und Unglauben, Schönheit und Hässlichkeit *trotz und dank* ihrer immer wieder zutage tretenden Unentscheidbarkeit zu treffen, dass sie »Persönlichkeiten«, die hier einen privilegierten Zugang zu Gründen für willkürliche Entscheidungen behaupten würden, nur als Störung (und bestenfalls: als Ablenkung im Sinne von Zerstreuung) wahrnehmen könnten. Funktionssysteme sind auf Macht nicht angewiesen. Das gilt fatalerweise sogar für die Politik, die im Rekurs auf ihre eigene rechtliche Codierung und ihre wohlfahrtsstaatlichen Funktionen dazu tendiert, aus den Augen zu verlieren, dass die Einführung und Konditionierung von Willkür ihr eigentliches Geschäft ist.

Deswegen ist die für uns entscheidende Frage, ob es gute Gründe dafür gibt, von einer Wiedergeburt der Eliten zu sprechen und daraus auf Einschränkungen des Prinzips der funktionalen Differenzierung der Gesellschaft, wenn nicht sogar auf einen Entwicklungsschritt hin zu einer andersartig differenzierten Gesellschaft zu schließen. Woran könnte es liegen, dass Willkür wieder explizit ausgewiesen wird, wie dies einst nur für Häuptlinge, Fürsten und Könige galt, und in diesem Zusammenhang wieder der Bedarf an Persönlichkeiten auftritt, für die dann sogar die Ausdifferenzierung von Eliten im Sinne der alten Oberschichten, im Sinne des alten Adels, zur Sicherstellung eines Rekrutierungsreservoirs in Kauf genommen wird?

Denn auch diese Hypothese können wir en passant einführen: Eliten sind nicht die Gruppe jener Leute, die als Persönlichkeiten Macht ausüben, sondern sie sind die Gruppe jener Leute, unter denen die Persönlichkeiten gewonnen werden, die dann Macht ausüben. Die Ausdifferenzierung von Eliten macht es einfacher, die passenden Leute zu finden, denn wer sich schon deswegen für Elite hält, weil er aus Gründen der familiären Herkunft oder der Erziehung ihre Privilegien teilt, gehört schon einmal nicht dazu. Auch das gehört zum Begriff der Zirkulation von Eliten: Innerhalb einer Elite gehört nur derjenige zu dieser Elite, der um die Verantwortung der Willkür weiß und sie wahrzunehmen versteht.

Es ist wichtig, darauf hinzuweisen, dass diese Überlegung die Frage, welche Individuen geeignet sein mögen, jene Persönlichkeiten zu stellen, auf die es in elitären Positionen ankommt, nicht etwa erübrigt, sondern nur umso schärfer zu stellen zwingt. Denn selbstverständlich eignet sich nicht jeder und selbstverständlich genügt die funktionale Bestimmung einer Stelle nicht bereits dazu, sie auch angemessen besetzen zu können. Die Beschreibung der Fremdselektion des Elitepersonals durch eine Gesellschaft auf der Suche nach integrativen Orientierungsmerkmalen lässt offen, welchen Anlass Individuen haben können, mit entsprechenden Selbstselektionen die angebotenen Chancen auch aufzugreifen. Fälle wie derjenige von Sonja Gandhi, die es im Mai 2004 ablehnt, den ihr angebotenen Posten einer indischen Ministerpräsidentin anzunehmen, oder derjenige von Otmar Hitzfeld, der es im Juni 2004 ablehnt, Bundestrainer der deutschen Fußballnationalmannschaft zu werden, dürfen hier durchaus als Hinweis auf ein Rekrutierungsproblem gelesen werden, das etwas mit mangelnder Integration von Kriterien der Fremdselektion mit Kriterien der Selbstselektion zu tun hat.

Diese Problembeschreibung enthält allerdings noch keinen Hinweis auf eine mögliche Lösung des Problems. Mit Bezug auf die individuellen Voraussetzungen einer möglichen Wahrnehmung einer elitären Position weiß man nicht viel mehr, als dass eine langjährige Konzentration auf ein mögliches Ziel, eine hinreichende Trennung zwischen dem Ziel und dem Weg, den man dorthin zurücklegen muss, und dementsprechend nicht nur Übung, sondern schlichte Zeitvorteile in der Menge der Übungsstunden, ein relativ guter Indikator für Prognosen sind, wer möglicherweise eine elitäre Position erreicht und wer nicht.[35]

Form

Wie ist, wenn denn der Eindruck einer Wiedergeburt der Eliten stimmt, die gesellschaftliche Wiedereinführung von Willkürchancen an den Spitzen einer Hierarchie zu erklären? Um was für Hierarchien handelt es sich? Und wieso tritt hier ein neuer Bedarf an Persönlichkeiten auf, den die funktional differenzierte Gesellschaft nur aus folkloristischen Gründen kannte?

Wir halten zunächst die Form der Elite fest, angelehnt an die von G. Spencer-Brown entwickelte Notation,[36] um uns dann anzuschauen, wo und wie diese Form gesellschaftlich eingesetzt wird. Die Form der Elite besteht aus der *Markierung von Willkür im Medium der Persönlichkeit*, und dies dergestalt, dass die

Persönlichkeit als Voraussetzung und als Grenze der Willkür in Anspruch genommen werden kann, das heißt:

$$\text{Elite} = \overline{\overline{\text{Willkür}}\,|\;\text{Persönlichkeit}}\,|\;.$$

Diese Form der Elite definiert, das heißt grenzt einen Raum der Möglichkeiten ab, den es nicht gäbe, wenn nicht immer wieder Handlungen und Kommunikationen aufträten, die in diesem Sinne Willkürchancen im Medium von Persönlichkeiten, das heißt im Medium der Zuschreibung von Verantwortung, wahrnehmen.

Wozu, so können wir jetzt genauer fragen, braucht man diese Form? Wenn wir so fragen, betrachten wir die Elite *als Lösung eines Problems*, nach dem wir nur deswegen suchen können, weil wir vermuten, dass die Elite es löst. Eliten gibt es nur, so weit bleiben wir dem funktionalistischen Paradigma der soziologischen Theorie treu, wenn und weil sie ein Problem lösen, das andernfalls anders gelöst werden oder ungelöst bleiben müsste.

Wozu braucht man in der gegenwärtigen Gesellschaft Willkür im Medium der Persönlichkeit? Wir halten uns an unsere Ausgangsannahme und damit an die Vermutung, dass Netzwerke in der gegenwärtigen Gesellschaft eine Rolle spielen, die empirisch sicherlich nicht neu ist, in ihrer Prominenz und Dominanz jedoch möglicherweise so sehr an Bedeutung gewonnen hat, dass man, mit Blick auf die Notwendigkeit der Verarbeitung der Folgen der Einführung des Computers, von einer neuartigen primären Differenzierungsform der Gesellschaft sprechen kann. Die Netzwerkgesellschaft erübrigt die Funktionssysteme ebenso wenig, wie diese die Schichtung und die segmentäre Differenzierung erübrigt haben, aber ihre Differenzierungsform überlagert, wenn die Beobachtung stimmt, alle diese anderen Formen der gesellschaftlichen Differenzierung. Wir haben es mit einem in seiner Reichweite neuartigen Prinzip der »Kraftersparnis« und der »Arbeitsteilung« zu tun, das ebenso wie alle anderen auf die Komplementarität und Solidarität des Unterschiedenen angewiesen ist,[37] jedoch auch Anforderungen stellt, die an älteste Gesellschaften erinnern und dennoch neue Antworten erfordern.

Wir können zunächst einmal davon ausgehen, dass Personen im Allgemeinen und Persönlichkeiten im Besonderen dazu geeignet sind, *Schnittstellenfunktionen innerhalb von Netzwerken* einzunehmen.[38] Auf sie werden Zuschreibungen vorgenommen, die es erlauben, die Identität von Netzwerken zu identifizieren und zu kontrollieren, und es damit auch erlauben, diese Netzwerke in den Rest der Gesellschaft zu integrieren. Wir können zweitens davon ausgehen, dass Netzwerke zwar nicht unbedingt in der Regel, aber doch von Fall zu Fall auf eine Art und Weise hierarchisiert sind, die es erlauben, das *Zentrum* eines Netzwerks von seiner *Peripherie* zu unterscheiden. Im Zentrum eines Netzwerks wird an der *Reputation* des Netzwerks gearbeitet, die es attraktiv macht, sich an der Peripherie in einen Wettbewerb um Zugänge zum Zentrum verwickeln zu lassen. Und im Zentrum des Netzwerks wird ein *Stil* herauspräpariert, der Vorgaben dazu liefert, in welcher Form man sich an diesem Wettbewerb beteiligen kann.

Eine Netzwerkgesellschaft wäre daher eine Gesellschaft, in der es nicht nur nach wie vor den klassischen Typ hierarchisierter Organisationen gibt, die innerhalb der Unterscheidung von oben und unten verschiedene (mindestens drei, damit das Kippen erschwert wird) Ebenen unterscheiden, und nicht nur die ebenso klassische Form einer Hierarchisierung nach dem Schachteln-in-Schachteln-Prinzip gibt,[39] sondern darüber hinaus die nicht minder klassische Form der Zentrum/Peripherie-Hierarchie. Letztere jedoch dominiert. Und sie dominiert mit Bezug auf Netzwerke, die man sich ihrerseits als komplexe Einheiten vorstellen muss, die nicht nur aus homogenen, sondern aus heterogenen Elementen bestehen. Ein typisches soziales Netzwerk besteht nicht nur aus Personen, sondern darüber hinaus und auf demselben analytischen Niveau aus Institutionen und Organisationen, Ideologien und situativen Gelegenheiten, Arbeitsfeldern und Aufgabenstellungen.[40] Dementsprechend anspruchsvoll ist die Aufgabe ihrer Hierarchisierung im Rahmen einer Zentrum/Peripherie-Unterscheidung. Und dementsprechend herausfordernd ist die Aufgabe der Einführung und Konditionierung von Willkür zur Auszeichnung und Wiedereinbettung des Zentrums als hierarchische Spitze.

Es gibt bislang nur wenige soziologische Studien, die auf dem hier beschriebenen Niveau Handlungs- und Kommunikationsmuster von Netzwerken beschreiben.[41] Wir greifen daher auf eine Studie zurück, die empirisch und theoretisch von einem paradigmatischen Wert für die Argumentation ist, an der wir uns hier versuchen, nämlich Robert R. Faulkners Studie *Music on Demand* über die Karrieremuster von Komponisten in der Filmindustrie von Hollywood.[42] Sie mag hier trotz ihrer beispielhaften, wenn nicht exzeptionellen Qualität stellvertretend für andere stehen.

Die Filmindustrie von Hollywood ist nicht nur insgesamt als Netzwerk organisiert, sie ist auch über ihre Produkte, ihre Ideen, ihr Kapital und ihr Personal mit dem Rest nicht nur der amerikanischen Gesellschaft vernetzt. Innerhalb des Netzwerks der Filmindustrie gibt es nach oben und unten hierarchisierte Organisationen (Produktionsgesellschaften, Agenturen, Vertriebsgesellschaften) und eine Vielzahl von nach Zentrum und Peripherie hierarchisierte Netzwerke, die nur lose gekoppelt an das Netzwerk der Filmindustrie insgesamt operieren und etwa Regisseure, Komponisten und Schauspieler oder auch Genres, Kommerzialisierungsstile und künstlerische Ansprüche untereinander verknüpfen. Das Netzwerk der Filmmusikkomposition legt durch diese vielfältigen Netzwerke seinen eigenen Schnitt. Es besteht aus einigen wenigen Komponisten in seinem Zentrum, die darüber entscheiden, wer welchen Zugang zu den Ressourcen dieses Netzwerks bekommt, und zahlreichen Komponisten an seiner Peripherie, die um die Teilnahme an Projekten (Filmproduktionen) konkurrieren, in denen Ansprüche auf Zugang zu diesen Ressourcen glaubhaft gemacht und bewertet werden können.[43]

Der wesentliche Mechanismus, der den Wettbewerb regelt, ist das *sponsorship*. Er basiert auf einer weiteren Unterscheidung, die den Unterschied von Zentrum und Peripherie in der Form der Unterscheidung von innerer und äußerer Peripherie in den Unterschied von Zentrum und Peripherie wiedereinführt und darin besteht, dass Leute aus der inneren Peripherie (*leading composers*) Leute aus der äußeren Peripherie (*freelancers*) als *favored colleague* sponsern, indem sie sie unter ihre Fittiche nehmen, sie in ein Projekt empfehlen, ihren eigenen Ruf für sie riskieren und ihnen damit die Chance einräumen, deren sie sich entweder, mit Gewinn auch für den Sponsor, würdig erweisen oder nicht, mit entsprechendem Schaden auch für den Sponsor.[44]

Und die wesentliche Kompetenz, die während der Bewährung in diesem Wettbewerb sowohl gefördert als auch gefordert wird, ist die Fähigkeit, die eigene Arbeit in der Form eines *kontrollierten*

Konflikts mit allen anderen zu einem erfolgreichen Abschluss zu bringen. Dieser kontrollierte Konflikt besteht darin, die eigenen Interessen mit den mal gegenläufigen, mal übereinstimmenden, mal indifferenten Interessen aller anderen so abzustimmen, dass hoher persönlicher Einsatz und professionelles Rollenverständnis (inklusive sozialer Distanz zu sich selbst und kompromissfähigem Qualitätsverständnis) Hand in Hand gehen.[45] Dabei haben die Interessen aller Beteiligten immer einen doppelten Fokus: die eigene Unabhängigkeit und die eigene Vernetzung.

Unserer Frage danach, welche Rolle hier eine mögliche Elite spielen könnte (von der in der Studie von Faulkner übrigens keine Rede ist), kommen wir einen Schritt näher, wenn wir auf eine Eigenschaft achten, die dieses Netzwerk von dem unterscheidet, was man traditionell aus Funktionssystemen gewohnt ist. Funktionssysteme rekurrieren auf eine strikte Unterscheidung zwischen ihrer *Codierung* durch eine binäre Unterscheidung, an der sich die Ausdifferenzierung eines Kommunikationsmediums entzünden kann, auf der einen Seite, und ihrer *Programmierung* durch Organisationen, die laufend neu erproben, welche Kommunikationen und Handlungen sich in der Auseinandersetzung mit dieser binären Codierung bewähren lassen, auf der anderen Seite. So experimentieren Schulen, so weit sie dürfen beziehungsweise niemand hinschaut, mit unterschiedlichen Programmen der Erziehung, Unternehmen mit unterschiedlichen Programmen der Wirtschaft, Parteien mit unterschiedlichen Programmen der Politik, Krankenhäuser und Arztpraxen mit unterschiedlichen Programmen des Gesundheitssystems und Kirchen mit unterschiedlichen Programmen der Religion. Die strikte Unterscheidung zwischen Codierung und Programmierung erlaubt es jeweils zumindest im Nachhinein, die Entscheidung zu treffen, welche Programme *falsch* (Zuordnung des negativen Codewerts: Nichtwissen, Nichtzahlung, Opposition, Krankheit, Seelennot) und welche *richtig* waren (Zuordnung des positiven Codewerts: Wissen, Zahlung, Regierung, Gesundheit, Seelenheil). In Netzwerken gibt es diese Hilfestellung nicht. *Und genau deswegen müssen sie auf die vormoderne Kategorie der Persönlichkeit und ihrer elitären Auszeichnung zurückgreifen.*

Faulkner veranschaulicht das zentrale Problem mit dem Stichwort der *symbolic interaction*.[46] Damit ist gemeint, dass man in Netzwerken damit rechnen muss, laufend mit Leuten konfrontiert zu werden, die die eigene Sprache weder sprechen noch auch nur ansatzweise verstehen, mit der Lösung welcher Probleme man dauernd beschäftigt ist. Gleichzeitig sind die jeweiligen Projekte so komplex, dass es meist nicht möglich ist, herauszufinden, was ihren Erfolg und was ihren Misserfolg bedingt. Die binäre Codierung des Wirtschaftssystems, in dem die Filme entweder erfolgreich werden oder nicht, kommt erstens zu spät und ist zweitens zu sehr abstrahiert, um bei der Feinsteuerung von Entscheidungen innerhalb eines einzelnen Projektes eine Hilfe sein zu können. Natürlich versuchen es die Organisationen der Filmindustrie mit Programmen (Genres, prominente Schauspieler, special effects), aber auch das bleibt zu abstrakt, um innerhalb des Projekts alle Beteiligten darüber informieren zu können, was aus welchen Gründen erfolgversprechend ist und was nicht. Aber was dann? Wie spricht man miteinander? Und worüber? Wie macht man verständlich, was man aus welchen Gründen gerne versuchen würde und wovon man aus welchen Gründen lieber die Finger lassen möchte, wenn für all dies vertraute Sachargumente und ihre bei Bedarf autoritäre Durchsetzung nicht zur Verfügung stehen? Wie bewältigt man die hochgradige Situations-, Stimmungs- und Personenabhängigkeit aller Handlungen und Kommunikationen am Set? Antwort: durch *talking the talk*[47] und durch eine immer mitlaufende Orientierung an der Unterscheidung von Zentrum und Peripherie.

Talking the talk heißt, laufend, aber auch wohl dosiert so über die Arbeit, und vornehmlich über die *eigene Arbeit* zu reden, dass der andere, den man nicht kennt, aber kennen lernt, Anhaltspunkte dafür gewinnt, wie er *seine* Arbeit zu dieser Arbeit in ein Verhältnis setzen kann. Hier ist nichts vorab definiert und nichts beliebig. Man muss es mit Geschichten versuchen, mit Träumen und Visionen, mit technischen Hinweisen, mit Prozessmarkierungen, mit Aufwertungen und Abwertungen, mit Beispielen und Befürchtungen, bis der andere den Anhaltspunkt hat, und zwar so hat, dass man mit ihm leben kann, der es ihm erlaubt, seine jeweiligen Problemlösungen zu entwickeln. Dass dies ein kommunikativer Prozess voller Abgründe, voller Gefahren des zu hohen und zu niedrigen Engagements ist, liegt auf der Hand. Und dass man immer wieder dazu neigen wird, dann doch lieber mit Leuten zu arbeiten, mit denen man diesen Prozess bereits erfolgreich bewältigt hat, liegt ebenfalls auf der Hand. Und doch wird man immer wieder nach Gelegenheiten suchen, sich auf diesen unter Umständen so quälenden Prozess neu einzulassen, weil es keinen Ersatz für dessen Herausforderung gibt, immer wieder neu die Bilder und Geschichten zu erfinden, die schließlich das entscheidende Material der eigenen Arbeit sind.

Andererseits liefe dieses *talking the talk* Gefahr, sich in der eigenen Hysterisierung oder alternativ in der eigenen Ratlosigkeit oder auch in der Oszillation zwischen dem einen und dem anderen festzulaufen, wenn man nicht und trotz der jeweiligen Unwägbarkeiten jedes Projekts Orientierungspunkte hätte, die im Netzwerk allgemein bekannt und anerkannt sind. Diese Orientierungspunkte liefert das Zentrum, und das Zentrum gibt es nur in dem Ausmaße, in dem es diese Orientierungspunkte liefert. Sie bestehen, wie schon gesagt, in der Propagierung eines *Arbeitsstils*, an den man sich trotz allem halten kann (timing, Kosten, Hackordnungen), und in der Propagation eines Typs von *Reputation*, die man innerhalb und außerhalb des Netzwerks (je unterschiedlich) für bestimmte Leistungen erwerben kann.

Für diese Orientierungspunkte braucht man Persönlichkeiten, und dies in genau der Form, wie sie durch eine Elite präsentiert werden. Man braucht die Zurechnung auf Willkürakte der Ressourcenzuteilung inklusive der dadurch gegebenen Chance, die eigenen Freiheitsspielräume zu entdecken und sie mit anderen konkurrierend zur klingenden Münze des Wettbewerbs um die nächsten Willkürakte zu machen. Und man braucht die Zurechnung auf die Persönlichkeiten, die für diese Willkürakte gerade stehen, indem sie ihre ganze Persönlichkeit dazu nutzen, erlebbar zu machen, wie sie erleben, um was es in diesem Netzwerk eigentlich geht. In diesem Sinne sind die Persönlichkeiten im Zentrum eines Netzwerks funktionale Äquivalente sowohl der Codierung als auch der Programmierung eines Funktionssystems: Sie entscheiden über Erfolg und Misserfolg *und* sie geben vor, wie der Erfolg und wie der Misserfolg wahrscheinlicher gemacht werden kann.

Von einer Elite kann man dementsprechend immer dann sprechen, wenn diese Persönlichkeiten im Zentrum eines Netzwerks zum einen im Hinblick auf ihre Willkürakte im Medium der Persönlichkeit und zum anderen im Hinblick auf ihre, dann doch, Austauschbarkeit (Zirkulation) beobachtet werden.[48] Denn das enorme Risiko, das in der Zurechnung auf Personen angesichts deren Fragilität liegt, kann nur gegenbalanciert werden, indem man sie austauscht, und zwar gerade, das macht es individuell so schwierig, im Hinblick auf ihre Unersetzbarkeit und Unaustauschbarkeit austauscht. Eine Elite, die diesem Namen (das heißt der hier entwickelten soziologischen Theorie) gerecht wird, besteht aus Persönlichkeiten, die die Konditionierung ihrer Willkür durch das Milieu, in dem sie sich bewähren müssen, für ein so anspruchsvolles Geschäft halten, dass sie die Befristung ihrer Funktion als ein entlastendes Korrektiv begrüßen.

Publikum

Kommen wir zurück zur Integrationsfunktion der Eliten. Die Rolle der Eliten im Netzwerk besteht darin, diese komplexen und dynamischen sozialen Einheiten durch Akte der Einführung und Konditionierung von Willkür so zu orientieren, dass diese Netzwerke mit dem Rest der Gesellschaft integriert werden können.

Aber wie ist das zu verstehen? Manuel Castells versteht unter der »technocratic-financial-managerial elite« der Netzwerkgesellschaft eine Elite, die eher traditionell als Träger und Produkt eines kulturellen Codes zu verstehen ist und sich nur dadurch von klassischen Eliten unterscheidet, dass sie eine von drei Schichten (»layers«) eines »space of flows« ist, deren andere beiden elektronische Schaltkreise und hierarchisierte Orte sind.[49] In der Nachbarschaft solcher Schichten funktionieren Eliten sicherlich anders, als man das bislang vielleicht gewohnt ist. Bei Armin Nassehi finden sich Andeutungen dazu, dass Eliten nicht im Sinne alter Oberschichten, herrschender Klassen oder auch Funktionseliten zu verstehen sind, sondern ganz im Gegenteil als »Parasiten« dieser Funktionssysteme und »Jongleure« mit neuen Organisationsstrukturen, die längst von einem anderen Differenzierungsmodus der Gesellschaft ausgehen als demjenigen, der im Theorem der funktionalen Differenzierung unterstellt ist.[50] Vielleicht kommen wir hier weiter, wenn wir die Analyse um einen weiteren Schritt komplizierter machen und dabei noch genauer als bisher darauf achten, dass wir nicht nur an einer soziologischen Theorie der Elite, sondern auch an einer soziologischen Theorie der Zirkulation von Eliten arbeiten.

Wir bleiben bei der Systemreferenz Gesellschaft. Wir gehen also nicht davon aus, dass das, was wir hier als Eliten beschreiben, auch in den Netzwerken, in denen sie aus der Besetzung zentraler Positionen mit willkürfähigen Persönlichkeiten emergieren, als Elite bezeichnet und verstanden werden. In den Netzwerken selber genügt es vollkommen, zu wissen, wer welchen Einfluss hat und wer nicht. Von Eliten spricht man erst, wenn es um die Beobachtung einflussreicher Leute *aus der Perspektive der Gesellschaft* geht. Und da das Identifizierungsproblem einer Elite nicht nur für die Soziologie,[51] sondern auch für die Gesellschaft schwer zu lösen ist, kann und muss man hier mit einigen optischen Täuschungen rechnen.

Wir führen daher zur Kontrolle unserer Analyse, aber auch als Hilfestellung für die Gesellschaft auf der Suche nach ihren Eliten eine weitere Kategorie ein, die sich in der Soziologie zur Beschreibung verlässlicher Erwartungsstrukturen und deren Verschaltung mit dem Rest der Gesellschaft bereits bewährt hat, nämlich die Kategorie des *Publikums*. Unter einem Publikum ist hierbei zunächst mit Blick auf Interaktionsstrukturen unter Anwesenden,[52] dann aber auch mit Blick auf Kommunikation mit Abwesenden eine Struktur komplementärer Erwartungen zu verstehen, die zum einen die Voraussetzung des Gelingens von Darstellungen (*performances*) ist, zum anderen jedoch auch dafür sorgt, dass jede Aufmerksamkeit auf eine Darstellung unter den Konkurrenzdruck der Aufmerksamkeit für anderes gerät.[53] Auch Eliten sind darauf angewiesen, dass sie nicht nur beobachtet werden, sondern dass ihnen ihre Rolle und Funktion einer Elite von einem Publikum auch zugeschrieben wird. Zu diesem Publikum können auch die Mitglieder des eigenen Netzwerks gehören, dies jedoch nur dann, wenn diesen Mitgliedern auffällt, dass ihre einflussreichen Personen vom Rest der Gesellschaft als Persönlichkeiten mit der Fähigkeit zum Willkürhandeln beobachtet werden.

Denn darum geht es. Eliten sind eine im Verhältnis zum Rest der Gesellschaft relativ kleine Gruppe von Leuten, denen Einfluss und Macht zugemutet werden und unter denen jene Personen rekrutiert werden, denen eine willkürfähige Persönlichkeit zugeschrieben wird. Und wozu das? Die Gesellschaft insgesamt ist mit Bezug auf ihre Selbstbeobachtung und Selbstbeschreibung in derselben Situation ist wie jedes einzelne Netzwerk: Sie sucht nach einer Orientierung im Hinblick auf Sachhorizonte, Zeithorizonte und Sozialhorizonte sinnvollen Handelns und Kommunizierens, die das eigene Handeln und Kommunizieren, vor allem jedoch die Integration mit dem Handeln und Kommunizieren anderer strukturieren kann. Auch hier ist die Beobachtung von Macht, also von Willkür, hilfreicher als jede andere, weil sie eindeutige Handlungszurechnungen ermöglicht, die gleichzeitig hinreichend ambivalent unter dem Gesichtspunkt der immer nur prekären Stabilisierbarkeit von Willkür sind. Willkürhandeln ist, eben weil es willkürlich ist, wie ein Versuchsballon, den man aufsteigen lassen, aber auch wieder einziehen kann. Für diese Versuchsballons gesellschaftlichen Handelns und Kommunizierens sind die Eliten zuständig. Und auf diese Versuchsballons achtet ihr Publikum, soweit es von den Massenmedien der Gesellschaft bedient wird und je nach Bedarf religiös und politisch, aber auch wissenschaftlich mit dazu passenden Informationen versorgt wird.

Bemerkenswert ist, dass aus der erfolgreichen Wahrnehmung dieser Orientierungsfunktion bereits jene *Macht* resultiert, die die Machttheorie der Elite dann mehr oder minder unbefragt voraussetzen kann.[54] Denn Willkürhandeln, das andere zu orientieren vermag, attrahiert Ressourcen (an Kapital, Zeit und Personal), die nach hinreichend kalkulierbaren Anlagechancen suchen. Man braucht, mit anderen Worten, nicht viel mehr als risikoaverses Verhalten zu unterstellen,[55] um eine selbstverstärkende und dann rasch pfadabhängige, also gegenüber Alternativen resistente, Tendenz zu entdecken, die dazu führt, dass dort immer mehr Einfluss auch auf die nötigen *assets* zurückgreifen kann, wo bereits Einfluss akkumuliert ist.

Wir haben es bei Eliten mit einer *selbstähnlichen und insofern robusten* (das heißt in verschiedenen Situationen und Umwelten und auf verschiedenen Ebenen der Gesellschaft reproduktionsfähigen) *Struktur* zu tun,[56] die in der Gesellschaft aus der Beobachtung und Zuschreibung von Willkürhandeln entsteht und sich in genau dieser Form in einzelnen Netzwerken, aber auch in Organisationen, Protestbewegungen und nicht zuletzt in Interaktionen bewähren lässt. Die Einheit dieser selbstähnlichen Struktur stammt nicht aus der Willkür oder der Persönlichkeit des Personals der Eliten, das wäre damit überfordert, sondern aus den Beobachtungen des Publikums. Man rechnet mit einer Elite und ist deswegen in der Lage, sie dort zu identifizieren, wo man sie braucht. Nur deswegen können sich Personen, entsprechend angesprochen, in den Interaktionen einer Abendgesellschaft oder eines Pferderennens, in Verhandlungen mit Unternehmen,

Behörden, Universitäten oder Kirchen, in Kampagnen der Gewerkschaften oder einer sozialen Bewegung (Frauenemanzipation, Globalisierungskritik, Ausländerfeindlichkeit) und vor den Mikrofonen und Kameras der Massenmedien *elitär* bewegen und verhalten. *Das Publikum lauert auf ihre Willkür, misstraut ihrer Persönlichkeit und bremst ihren Einfluss – um sie in genau dieser Form zu Orientierungsmarken zu präparieren, mit deren Hilfe man auf die Suche nach Koordinationschancen des eigenen Handelns und Kommunizierens gehen kann.*

Der Begriff der »Form« ist auch hier wieder genau am Platze. Denn Form heißt, nicht nur auf die jeweiligen Markierungen (hier: Willkür und Persönlichkeit) zu achten, sondern diese Markierungen als Unterscheidungen zu betrachten, die ihrerseits eine Außenseite haben und mit beiden Seiten, der Innenseite der Markierungen und der Außenseite dieser Markierungen, auf den Sachverhalt zu verweisen, der gemeint ist.[57] Wer eine Elite beobachtet, beobachtet ihre Willkür *und* ihre Ohnmacht, ihre Persönlichkeiten *und* ihre Chargen, ihre Fähigkeit *und* ihre Unfähigkeit, ihren Einfluss *und* ihre Bedeutungslosigkeit. Und er tut dies nicht etwa aus Bewunderung und gutem Willen, beziehungsweise aus Neid und Bosheit, sondern um abwarten zu können, welche Beobachtungen sich zur Koordination des eigenen Handelns und Kommunizierens mit dem Handeln und Kommunizieren anderer eignen und welche nicht.

In genau diesem Sinne integrieren Eliten eine Gesellschaft. Ihre Willkür setzt sachliche, zeitliche und soziale Orientierungsmarken (worum geht es, im Hinblick auf welche Vergangenheit und welche Zukunft und mit wem und gegen wen?), die ausprobiert werden, indem sie im Zuge vielfältiger Beobachtungen zweiter Ordnung (wer lässt sich worauf wozu ein?) beim Wort genommen werden.

Das Publikum ist die passende Kategorie zur Beschreibung jener Prozesse der Beobachtung zweiter Ordnung inklusive ihrer blinden Flecken und deren Invisibilisierung,[58] ohne die auch hier nichts zustande kommt. Denn im Publikum entscheidet sich nicht nur, wer oder was als Elite gilt und wer oder was gleich anschließend die von kritischer Beobachtung in Frage gestellten Positionen neu besetzt, sondern mit Blick auf das Publikum und dessen Strukturvorgaben kann auch nahezu jeder versuchen, eine Eliteposition einzunehmen, dem bislang weder Einfluss noch Persönlichkeit zugeschrieben wurde. Wenn das Publikum den

Versuch positiv honoriert, hat jemand damit auch den Einfluss und die Persönlichkeit, die er vorher nicht hatte, denn er kann genau diese Zuschreibungen dazu verwenden, sich entsprechend der Antizipation einer Macht zu verhalten, die nichts anderes braucht als die Bewährung dieser Antizipation.[59] Das Wenn des vorigen Satzes ist jedoch durch keine noch so gelungene Darstellung zu bewirken, sondern nur durch das Publikum selbst, das heißt durch die in der Gesellschaft zirkulierende Beobachtung zweiter Ordnung. Macht entsteht eben nicht nur aus der Einführung von Willkür, sondern nur aus deren zugleich gelingender Konditionierung.

Eliten sind gesellschaftlich nur in dem Maße möglich, in dem sie sich auf einen kybernetischen und damit zirkulären Kreislauf von Kommunikation und Kontrolle einlassen.[60] Dessen Einsatzpunkt ist die alles Weitere entscheidende Frage, in welchem Ausmaß eine Gesellschaft auf die *Markierung und Symbolisierung von Willkür zur Integration ihrer ökologischen Form der Differenzierung* angewiesen ist. Stammesgesellschaften, bürokratische Reiche und Adelsgesellschaften scheinen auf diese Markierung und Symbolisierung zu einem höheren Grade angewiesen gewesen zu sein als die funktional differenzierte Gesellschaft der Moderne. Der Hauptgrund dafür liegt vermutlich in dem hohen sozialen Risiko, das diese Gesellschaften eingehen, indem sie Hierarchien ausbilden, die naturgemäß nicht ohne eine Spitze zu denken sind, die dann auch personal besetzt werden muss. Angesichts der Unverzichtbarkeit der Hierarchie als Form sozialer Ordnung für viele Jahrhunderte[61] blieb nichts anderes übrig, als für die Austauschbarkeit des Personals an der Spitze zu sorgen. Struktur und Begriff der Eliten liefern dafür die passende Handhabung und Begründung. Die funktional differenzierte Gesellschaft der Moderne kann auf diese Struktur und auch auf diesen Begriff weitgehend verzichten, weil die Lösung des Problems der Flexibilisierung von Anpassungschancen an die eigene und die Umweltkomplexität in die binären Codes der Funktionssysteme verlegt wird.

Aber vielleicht stehen wir jetzt erneut vor der Frage, ob die Verschiebung des Ordnungsrisikos der Gesellschaft auf die Sachebene ausreicht, um zum einen das erhebliche Zeitrisiko aufzufangen, das aus der ökologischen Selbstgefährdung der Gesellschaft resultiert,[62] und zum anderen mit den Folgen der Einführung des Computers, das heißt insbesondere mit einem explodierenden Gedächtnis der Gesellschaft und mit einem hochgradig lateralen, weder organisational noch funktional zu bändigenden Typ von Kommunikation, fertig zu werden. Die Differenzierungsform der Gesellschaft scheint mit sich selbst zu experimentieren, oszillierend zwischen der Wiedergeburt der Stämme (*tribes*, aber auch *nations* im amerikanischen Sinne) und der Großreiche (*empires*) auf der einen Seite und einer zivilgesellschaftlichen Beharrung auf den Errungenschaften der funktionalen Differenzierung sowie vorsichtigen Annäherungen an eine mögliche Netzwerkgesellschaft auf der anderen Seite.

Zur Stunde der Eliten wird, dass in diesem Moment der gesellschaftlichen Evolution auch die Ordnungsform der Hierarchisierung inklusive ihres Problems der riskanten Besetzung der Spitze wiederbelebt wird. Dass sich dafür dann auch das passende Personal einfindet, kann nicht überraschen (so schwer es dann auch wieder sein mag, darunter auch die passenden Persönlichkeiten zu finden). Der soziologischen Theorie ist jedoch zu entnehmen, dass man vor allem das Publikum im Auge behalten sollte. Denn einerseits ist das Publikum genauso auf dem Sprung zwischen den verschiedenen Systemreferenzen der Interaktion, Organisation, Protestbewegung, Funktionssysteme und Gesellschaft und den verschiedenen Differenzierungsformen der Stammesgesellschaft, Adelsgesellschaft und modernen Gesellschaft wie diese Gesellschaft auch, so dass es für Eliten jeder Art schwierig werden dürfte, hinreichend robuste Anhaltspunkte für die Etablierung des passenden kybernetischen Kreislaufs von Kommunikation und Kontrolle zu finden. Und andererseits enthält die Oszillation das Risiko der sozialen Zermürbung des Publikums beziehungsweise der Überforderung der Beobachtung zweiter Ordnung und damit das Risiko der wie immer religiös, politisch oder wirtschaftlich begründeten Einpendelung auf eine unterkomplexe Differenzierungsform (Stamm, Reich, Nation), die dann aus ihrer eigenen Unterkomplexität starke Motive der Grenzziehung und damit einhergehender Inklusions- und Exklusionspraktiken (sachlicher Rücksichten, zeitlicher Vorsorge und sozialer Divergenz) gewinnt.

Auch darauf freilich wäre man mithilfe einer entsprechend informierten soziologischen Theorie der Elite vorbereitet: Man bräuchte sich nur das Personal an der Spitze anzuschauen und die Frage zu stellen, wofür seine Willkür und seine Persönlichkeiten einzustehen haben, um zu wissen, woran man ist.

Soziale Hilfe als Funktionssystem der Gesellschaft

Kontrolle versus Hilfe

Die soziale Hilfe ist eine gesellschaftliche Praxis, die in dem Maße, in dem jede Praxis sich selbst genügt, auf einen Begriff der Gesellschaft, in der sie praktiziert, verzichten kann. Dass in dieser Gesellschaft so etwas wie soziale Hilfe überhaupt nötig ist, ist ihr Begriff der Gesellschaft genug. Dabei könnte man es auch bewenden lassen und sich auf eine Untersuchung der Möglichkeit und Reichweite helfender Eingriffe konzentrieren,[1] wären nicht genau diese Möglichkeit und Reichweite helfender Eingriffe als Praxis der sozialen Hilfe immer wieder einer Reihe von Zweifeln ausgesetzt, die die Profession weithin verunsichern und zur Bewältigung ihrer eigenen Widersprüche in die Radikalisierung treiben. Stellvertretend für viele andere Stimmen sei der Stoßseufzer des englischen Sozialarbeiters Mike Simpkin zitiert: »In order to make any progress in our work, we have to deny, cover-up, rationalize, reconcile, compromise and cheat.«[2] Erstens unterliegt alle Hilfe dem Motivverdacht, eher dem Helfenden zu nutzen als dem, dem zu helfen ist. Unbekümmert um die Eigenqualität einer Abweichung ist Hilfe die Aufrechterhaltung bestimmter Eigenzustände der Gesellschaft. Zweitens unterliegt alle Hilfe dem Stigmatisierungsverdacht, eher der Kontinuierung der Hilfsbedürftigkeit denn ihrer Behebung zu dienen. Die Markierung der Hilfsbedürftigkeit schiebt sich vor die Möglichkeit der Hilfe und sichert sich den Nachschub auch dann, wenn tatsächlich geholfen wird. Und drittens unterliegt die Hilfe dem Effizienzverdacht, Potentiale der Selbsthilfe eher zu verstellen denn zu nutzen. Wer Hilfe anbietet, schafft damit Situationen, in denen die Aufrechterhaltung der Hilfsbedürftigkeit aussichtsreicher ist als ihre Selbstbehebung.

Die theoretische Reflexion sozialer Hilfe kommt diesen Zweifeln eher entgegen, als dass sie Abhilfe schaffen könnte. Sie unterstreicht die Relevanz der drei Verdachtsmomente, indem sie alle

Formen der Sozialarbeit und Sozialhilfe in der gesellschaftstheoretischen Tradition von Emile Durkheim und Talcott Parsons auf die Differenz von Konformität und Abweichung zu beziehen sucht.[3] Die Gesellschaft selbst wird auf der Seite der Konformität und alle die, denen geholfen werden soll, kann oder muss, werden auf der Seite der Abweichung verrechnet. Hilfe wird dann zur Korrektur von Abweichungen aus Interesse an der Norm. Entsprechend spaltet sich die Hilfe auf in Sozial*hilfe* einerseits, die aus Sorge um die Norm hilft, und Sozial*arbeit* andererseits, die vor das Interesse an einer Korrektur der Devianz das Interesse an den Abweichungen stellt. Die Sozialhilfe beansprucht monetäre und rechtliche Ressourcen, die ohne weitere Auffälligkeiten zur Verfügung gestellt werden können und denen, denen geholfen wird, Teilnahmechancen an der Gesellschaft sichern. Die Sozialarbeit dagegen markiert aus Respekt vor den Abweichenden die Abweichung, stabilisiert die Differenz, die die Norm der Norm und die Abweichung der Abweichung versichert, und ruiniert schließlich die Möglichkeit, anders zu helfen als durch die Festschreibung der Hilfsbedürftigkeit. Aus diesem Dilemma bleibt dann kein anderer Ausweg als der, die Konformitätsstandards erodieren zu lassen, Devianz im Gegenzug zu renormalisieren und die dadurch zunehmend an Trennschärfe verlierende Differenz durch eine Verfeinerung diagnostischer und statistischer Verfahren zu kompensieren, die denjenigen Organisationen in die Hände spielen, die dies noch leisten können.

Die Sozialarbeit etabliert sich als ein »unmögliches« Unterfangen, das die Klientel erst schafft, deren sie sich annimmt, und gleichzeitig die Gesellschaft in Frage stellt, die so etwas überhaupt nötig macht. Diese Paradoxie der Problemschaffung durch Problemidentifizierung, die die Intervention der sozialen Hilfe in die Gesellschaft auszeichnet und auf ihren Weg bringt, ist in der Soziologie seit langem unter dem Titel der ungewollten Effekte der Stigmatisierung und des »labeling« bekannt. Erving Goffman hat darauf hingewiesen, dass jede Operation an der Devianz, die ein Individuum wieder gesellschaftsweit kreditfähig im allgemeinsten Sinne des Wortes machen soll, *als* Identifizierung der Devianz riskiert, jenes Stigma allererst zu schaffen und dann zu verstärken, das die Diskreditierung begründet.[4] In genau diesem Sinne riskiert jede Intervention durch Sozialarbeit, jene »reflexiven Zeichen« zu verstärken, die über den Status eines Individuums deswegen so verlässlich und unausweichlich informieren, weil sie mit dem Individuum zusammenfallen. Der »labeling«-Ansatz in der Tradition von Howard S. Becker und anderen ergänzt diese Diagnose zwar nicht um den Begriff, aber um die Beschreibung des Phänomens der Rückkopplung zwischen Identifizierungsinstanzen und Identifizierten, durch die bestimmte Devianzkarrieren geschaffen werden, die der Sozialarbeit zwar ihre Klientel sichern, sie jedoch gleichzeitig permanent ihr Ziel verfehlen lassen.[5]

Das »unmögliche« Verfahren der Sozialarbeit, sich die Probleme allererst zu schaffen, um deren Lösung sie sich anschließend, die Probleme dadurch immer wieder neu bestätigend, bemüht, weist jedoch auch Vorteile auf. Denn die Sozialarbeit zieht dadurch gesellschaftliche Aufmerksamkeit in der Gestalt sowohl von Ressourcen wie von Kritik auf sich, die es erlauben, den Problemfall gleichsam aus dem Feuer der Paradoxie herauszunehmen und die soziale Hilfe selbst als das Problem darzustellen. Der Streit um die Hilfe, der dann nicht mehr abreißt, gibt dem Problemfall Zeit, auf jene günstigen Umstände, Zufälle und Auflösung von Schwierigkeiten zu warten, die einzig in der Lage sind, ihm wirklich zu helfen.

Dennoch kann dieser Stand der Dinge in Sachen Sozialhilfe und Sozialarbeit nicht befriedigen. Er bedeutet eine enorme psychische und moralische Belastung aller Beteiligten, die nicht nur individuell getragen, sondern untereinander sei es aufgefangen, sei es ausgetragen werden muss. Manchmal schafft dies klare Fronten, Feindbilder und Weltanschauungen, erleichtert im Rückschub auf beiden Seiten der Differenz die Ausbildung von Solidarität und Gemeinschaft; aber all dies doch um den Preis einer Rekonstruktion von Gesellschaft aus dem einen Punkt der kollabierenden und in ihrem Kollaps aufrechterhaltenen Differenz von Konformität und Abweichung heraus, die unterkomplex ist gegenüber dem, was die Gesellschaft zu »bieten« hat, und damit andere Möglichkeiten der Beobachtung unter Umständen weiterreichender Veränderung von Teilnahmechancen an der Gesellschaft verstellt. Diese Situation begünstigt Parasiten sowohl auf der Seite der helfenden Organisationen wie auf der Seite der betroffenen Personen, die umso unbehelligteres Spiel haben, je unbezweifelbarer die Dilemmastruktur behauptet werden kann.[6] Aber diese Situation ist zugleich inhärent instabil, da sie nur so lange aufrechterhalten werden kann, wie die wohlfahrtsstaatlichen Finanzierungsmechanismen noch zureichen. Die Reflexionstheorien der Sozialpädagogik und Sozialarbeit reagieren auf diese Instabilität, indem sie einerseits auf eine Versicherung der Sozialarbeit in ihrer eigenen Praxis reflektieren und andererseits die Verankerung der Sozialarbeit im Wohlfahrtsstaat ein Stück weit zur Disposition stellen. Ein neues Praxisselbstverständnis wird typischerweise vor allem dort gesucht, wo die Praxis nicht mehr selbstverständlich oder das Selbstverständnis keines einer besonderen Praxis ist: Entweder versucht man, mithilfe der Ethnomethodologie oder einer Hermeneutik des »tacit knowledge« der Sozialhilfe diejenigen bisher unterschätzten Ressourcen ihrer Praxis anzuzapfen, die auch den neuen Zweifeln noch gewachsen sind;[7] oder man entdeckt in einem sozialen Alltag, in dem Sozialhilfe noch gar nicht zum Zuge gekommen ist, Praktiken des »social support«, denen erfolgreich gelingt, was der Sozialarbeit kaum noch gelingt.[8] Parallel dazu verständigt sich die Theorie der Sozialarbeit auf einen Begriff des Wohlfahrtsstaats, der aus finanzökonomischen und ordnungspolitischen Gründen den Weg für Formen subsidiärer und freiwilliger Selbsthilfe freigibt.[9]

Aber was jetzt? Es handelt sich nicht nur um eine Frage des Geldes. In Frage steht auch, ob sich die Gesellschaft ausgerechnet dort, wo die sie Kompensationsmaßnahmen für die Probleme der Inklusion der Bevölkerung trifft, ein Gesellschaftsbild leisten kann, das auf die Differenz von Konformität und Abweichung zusammenschrumpft und alle weiteren Differenzierungen auf der Seite der Devianz, aber kaum noch Differenzierungen auf der Seite der Norm zulässt. Die Gesellschaft macht sich damit wehrlos gegenüber der Produktion ihrer eigenen Probleme.

Tatsächlich hat die Gesellschaft jedoch schon längst eine Reaktionsmöglichkeit auf das Problem zunehmend anspruchsvoller, zunehmend unwahrscheinlicher und zunehmend massenhaft auftretender Hilfsbedürftigkeit gefunden. Überall dort, wo die Hilfe aussichtslos wird, hilft sie entweder durch Organisation trotzdem, solange diese sich noch finanzieren kann, oder sie hilft gar nicht. Immer weitere Teile der Bevölkerung fallen innerhalb wie außerhalb der reichen Industrieländer aus dem Netzwerk von Hilfsangeboten heraus und bilden eine Sekundärgesellschaft, die weder an der Wirtschaft noch an der Politik, weder an der Erziehung noch an der Religion, weder an der Kunst noch an der Wissenschaft der Primärgesellschaft teilhat. Hier geht es nur noch um das Überleben.

Die Nichthilfe, die sich hier durchsetzt, ist jedoch keine offen gelegte Option, sondern eine »tragic choice«, eine weder dem Markt noch der Politik zurechenbare Allokationsentscheidung,[10] deren Effekte nur noch den Massenmedien auffallen und von diesen in Szene gesetzt werden. Im Bereich der monetären Sozialhilfe gelingt Nichthilfe am besten, denn hier brauchen nur die Kriterien für Hilfe den verfügbaren Budgets angepasst zu werden. Im Bereich der Sozialarbeit gelingt Nichthilfe auch, aber nur um den Preis einerseits der Produktion von Resignation unter den Sozialarbeitern und andererseits verstärkter Kritikwürdigkeit der Normen einer nichthelfenden Gesellschaft. Die Nichthilfe ist die Schattenseite des Einsatzes von Sozialhilfe und Sozialarbeit, deren Ausleuchtung alle schon genannten Zweifel an einer helfenden Gesellschaft unterstreichen. Wenn sie überhaupt diskutiert wird, dann unter dem Gesichtspunkt des Unterlassens von Hilfe, das heißt als moralisch attribuierbares Problem.

Über diese Situation kommt man hinaus, wenn man die Möglichkeit der Nichthilfe an die Möglichkeit der Hilfe heranführt und *beide* Möglichkeiten als die beiden Seiten *einer* Differenz betrachtet, die von einem Funktionssystem der Gesellschaft eingeführt, durchgesetzt und betreut wird, das bis dato noch nicht bei seinem Namen genannt worden ist. Dieser Beitrag versucht, es bei seinem Namen zu nennen und mit den verfügbaren Mitteln soziologischer Theorie die These zu formulieren und zu prüfen, ob sich in der modernen Gesellschaft ein *Funktionssystem der Sozialhilfe* ausdifferenziert hat, das mittels des Codes von Helfen versus Nichthelfen Inklusionsprobleme der Bevölkerung in die Gesellschaft betreut, die von anderen Funktionssystemen nicht mehr aufgegriffen werden und von der Politik alleine, also wohlfahrtsstaatlich, nicht mehr betreut werden können.[11] Die These eines Funktionssystems der Sozialhilfe führt dazu, die »tragic choices« als Optionen desselben Systems vorzuführen, das auch über die Option der Hilfe verfügt. Die Möglichkeit der Nichthilfe wird vom System längst genutzt, so dass die Anerkennung dieser Möglichkeit Reflexionschancen auch auf die Möglichkeit der Hilfe bietet, die über Reflexionschancen im Anschluss an die Differenz von Norm und Devianz hinausführen.

Die Offenlegung der Differenz von Helfen versus Nichthelfen ist, so die Vermutung, geeignet, die Dilemmastruktur der Sozialarbeit zu entzerren und die Reibungslosigkeiten der Sozialhilfe auf die Optionen hin zu überprüfen, die bisher stillschweigend in ihr getroffen wurden. Freilich ist diese Offenlegung der Differenz daran gebunden, dass man auch soziologisch Farbe bekennt. Den Begriff eines Funktionssystems sozialer Hilfe kann man nicht ex cathedra einführen. Und auch die Differenz von Konformität und Abweichung ist nicht auszuräumen, wenn man nicht eine zur Kontrolltheorie alternative Gesellschaftstheorie ins Feld führt, die dieser Differenz einen untergeordneten Status zuweist.[12] Die Konsequenzen eines solchen Theoriemanövers sind weitreichend:

- während die Differenz von Konformität und Devianz auf die Einheit von Gesellschaft zielt, zielt die Differenz von Helfen und Nicht-Helfen auf die Einheit eines Funktionssystems;
- während die Differenz von Konformität und Devianz das Verhalten von Personen sortiert, sortiert die Differenz von Helfen und Nicht-Helfen die Kommunikationen eines sozialen Systems;
- während die Differenz von Konformität und Devianz die soziale Hilfe unter den Verdacht stellt, ebenso viel Devianz wie Konformität zu produzieren, kann man die Differenz von Helfen und Nicht-Helfen dazu verwenden, sie auf die Hilfe selbst anzuwenden und zu prüfen, ob sie in dem Maße, in dem sie hilft, hilfreich ist oder unter Umständen nicht gerade dann hilfreich ist, wenn sie nicht hilft;
- während die Wiedereinführung der Differenz von Konformität und Devianz in die soziale Hilfe ungewiss erscheinen lässt, ob man soziale Hilfe eher als einen Fall abweichenden Verhaltens oder als einen Fall normalen Verhaltens bezeichnen soll,[13] kann die Wiedereinführung der Differenz von Helfen und Nicht-Helfen in die soziale Hilfe diese genau dort mit Reflexionschancen ausstatten, wo sie ihre operativen Aufgaben sieht.

Der wichtigste Vorteil eines Wechsels von der Differenz zwischen Konformität und Abweichung zur Differenz zwischen Helfen und Nichthelfen liegt jedoch darin, dass an die Stelle von »tragic choices« Stoppregeln treten können, die das Funktionssystem reflexionsfähig machen und von den Organisationen, die sich an diesem Funktionssystem orientieren, entscheidungsfähig gemacht werden können.

Allerdings haben die These eines Funktionssystems und vor allem die Formulierung dieser These im Rahmen der soziologischen Systemtheorie auch eine Konsequenz, die nicht unterschätzt werden darf. Sie zielen auf die *Sozial*dimension von Hilfe und Nichthilfe, auf Kommunikation, und damit auf Veränderungen an Psyche und Körper betroffener Individuen nur insofern, als diese von dieser Kommunikation auf eine Art und Weise irritiert werden, die sie zur Selbstveränderung anregt. Eine soziologische Theorie der Sozialhilfe stellt daher auf einen Interventionsbegriff ab, der nur insoweit mit dem Interventionsbegriff von Ärzten und Therapeuten kompatibel ist, als auch diese auf ein Verständnis operational geschlossener Systeme und auf eine Irritationsdynamik struktureller Kopplungen zwischen diesen Systemen abstellen.[14] Auch die medizinische und die therapeutische Kommunikation sind zunächst einmal genau dies: Kommunikationen. Aber sie sind zugleich nicht nur dies, sondern sie behaupten, wie auch immer abhängig von Kommunikation, Möglichkeiten des Eingriffs in die körperliche und psychische Umwelt von Gesellschaft, über die man als Soziologe nichts weiß. Eine soziologische Theorie sozialer Arbeit und sozialer Hilfe kann nur untersuchen, wie das, was im Rahmen sozialer Arbeit und sozialer Hilfe kommuniziert wird, innerhalb der Gesellschaft und innerhalb dieser Arbeit und Hilfe anschlussfähig und differenzierungsfähig ist. Wenn diese Kommunikation hilfreich ist, dann ist sie es, in den Augen des Soziologen, als Kommunikation. – Das schließt nicht aus, sondern ein, dass sich komplementär und substitutiv zum System sozialer Hilfe ein System der Krankenbehandlung ausdifferenziert, das nicht mit der Codierung Helfen/Nicht-Helfen, sondern mit der Codierung gesund/krank arbeitet. Für die medizinische und die therapeutische Hilfe kommt Nicht-Hilfe nicht in Frage, es sei denn in der Form der Überweisung in das System sozialer Hilfe, in dem beide Optionen, die Option der Hilfe wie die der Nicht-Hilfe, zur Verfügung stehen. Das System der Krankenbehandlung operiert wie das der sozialen Hilfe auf der Ebene der Beobachtung zweiter Ordnung. Aber während es im Fall sozialer Hilfe auf die Beobachtung von Kommunikation ankommt, kommt es im Fall der Krankenbehandlung auf die Beobachtung der Körper der Patienten an.[15] Das Funktionssystem der sozialen Hilfe, wenn auch nicht unbedingt eine mit Referenz auf dieses System arbeitenden Organisation, sucht nach Fällen, in denen nicht mehr geholfen zu werden braucht – und verwendet dazu (siehe unten) die Kontingenzformel »Gerechtigkeit«. Das Funktionssystem der Krankenbehandlung betrachtet dagegen Fälle, denen nicht geholfen werden kann, als Steigerungsbedingung seiner selbst – während die Organisationen (Praxen und Krankenhäuser), die mit Referenz auf dieses System arbeiten, solche Fälle eher als Gefährdung ihres Rufes behandeln und immer dann, wenn es sich nicht um legitimerweise letale Fälle handelt, auszuschließen trachten.

Funktion, operationale Schließung, Code

Nun kann man nicht nach Belieben dort, wo man andernfalls mit seinem Latein am Ende wäre, ein soziales Phänomen zu einem Funktionssystem erklären und dann den von der Theorie sozialer Differenzierung gelieferten Begriffsapparat dazu nutzen, seine Beschreibungen wieder in Schwung zu bringen. Ich verkenne nicht, dass die Theorie der Funktionssysteme als Bestandteil einer Theorie sozialer Differenzierung in der Soziologie nicht unumstritten ist. Ich plädiere hier jedoch für ein paralleles Vorgehen. Man kann die Theorie der Funktionssysteme in der fachlichen Diskussion nicht plausibilisieren, geschweige fruchtbar machen, wenn man nicht zugleich Fälle angibt, auf die sie zutrifft. Zuweilen ist man geneigt, den Fall der Wirtschaft zu konzedieren, aber für die Politik, die Religion, das Recht und die Erziehung, spätestens jedoch für Wissenschaft, Kunst und Intimität Zweifel anzumelden. Dabei wird immer wieder die Radikalität des Postulats der Theorie der Funktionssysteme übersehen, die ausschließlich für die das System in seiner Umwelt ausdifferenzierende rekursive Applikation der *Unterscheidung*, nicht jedoch für von dieser Unterscheidung bezeichnete Sachverhalte Selbstreferenz, also operationale Schließung, also Autopoiesis fordert.

Der Begriff des Funktionssystems ist sehr anspruchsvoll gebaut. Er nennt bestimmte Voraussetzungen, die erfüllt sein müssen, wenn man von einem Funktionssystem sprechen will. Er kontrolliert sich durch Verweis auf Empirie. Bei Niklas Luhmann wie bei Renate Mayntz heißt es, dass man erst dann von einem Funktionssystem sprechen kann, wenn bestimmte Handlungsbeziehungsweise Kommunikationszusammenhänge mit einem speziellen Sinn ausgestattet sind, der erkennbar werden lässt, dass sie eine gesamtgesellschaftliche Funktion erfüllen, die nur und ausschließlich in diesem Funktionssystem erfüllt wird.[16] Da dieser Begriff des Funktionssystems nicht frei von Tautologien ist, die nicht nur dem Begriff des Sinns oder der Funktion, sondern auch der nicht anders zu leistenden Abhängigkeit der Einsatzbedingungen des Begriffs von sich selbst geschuldet sind, wird die empirische Prüfung der möglichen Anwendung des Begriffs auf ein bestimmtes Phänomen an die Prüfung einer Reihe von Anschlussbegriffen gebunden, die die Tautologie zwar nicht aus der Welt schaffen, aber immerhin »entfalten«. Solche Anschlussbegriffe sind zum Beispiel, und auf deren Prüfung will ich mich in diesem Abschnitt beschränken, die Begriffe der Funktion, der operationalen Geschlossenheit und der Codierung. Weitere Prüfbegriffe, nämlich diejenigen der Ausdifferenzierung, der Kontingenzformel und des Kommunikationsmediums, greife ich weiter unten auf.

Mit dem ersten Prüfbegriff, dem *Begriff der Funktion*, hängt auch die Frage zusammen, welchen Namen das System bekommen kann. Obwohl die Bezeichnung als Sozialarbeit in der Soziologie, in der Sozialpädagogik und in den entsprechenden Berufen mehr Profil hat als die Bezeichnung als soziale Hilfe scheint es mir sinnvoll, nicht von einem System der Sozialarbeit, sondern von einem System der sozialen Hilfe zu sprechen. Und dies aus vier Gründen:

Erstens erlaubt die Rede von sozialer Hilfe eine unmittelbarere Reflexion auf Nichthilfe. Dass es Teil der Funktion von Sozialarbeit sein kann, nicht zu helfen, ist weniger leicht plausibel zu machen als der Gedanke, dass soziale Hilfe gerade dann als erfolgreich zu bezeichnen ist, wenn sie sich erübrigt, also in Nichthilfe übergehen kann. Hat man diesen Begriff einer Sozialhilfe, die auf Nichthilfe im Sinne von Nichtmehrhilfe oder vielleicht auch Nochnichthilfe zielt, erst einmal plausibel gemacht, kann man ihn und muss man ihn selbstverständlich auch auf Sozialarbeit ausdehnen.

Zweitens fällt es auch dann, wenn man den Begriff der Arbeit auf einen Begriff der Dienstleistungsarbeit erweitert,[17] schwer, sich von den materiellen Konnotationen des Begriffs der Arbeit zu trennen und stattdessen Kommunikation zu beobachten. Der Begriff der Arbeit ist gerade in Bezug auf die helfende Intervention nicht unwahrscheinlich genug angelegt: Er behauptet als möglich, wenn auch schwierig, was der Begriff der Kommunikation als unmöglich, wenn auch alltäglich beschreibt. Wenn man von sozialer Arbeit zu sozialer Hilfe wechselt, akzentuiert man nicht mehr die objektivierende Bearbeitung, die dem Sozialfall nur mehr die Wahl zwischen Verweigerung und Mitspielen lässt. Stattdessen stellt man auf die resubjektivierende Intervention ab, die erst dann erfolgreich ist, wenn sie sich überflüssig macht.

Drittens erlaubt es die Rede von sozialer Hilfe, die Sozialarbeit als ein spezielles und in der modernen Gesellschaft meist in Abhängigkeit von staatlichen Programmen organisiertes Geschehen zu beschreiben, das dieselbe Funktion erfüllt wie andere Formen der Hilfe auch. Sozialarbeit steht in komplementären Beziehungen, aber auch in Substitutionskonkurrenz zu spontaner Hilfe, wohltätiger Hilfe, Entwicklungshilfe oder auch auf nichtstaatlicher Ebene organisierter Hilfe etwa des Roten Kreuzes oder von Cap Anamur. Wenn die Sozialarbeit auf ihre Art und Weise dieselbe Funktion erfüllt wie diese Formen der Hilfe, dann muss sie sich einerseits mit ihnen vergleichen lassen und kann andererseits von diesen lernen so wie diese von ihr.

Und viertens liegt für das Phänomen sozialer Hilfe bereits eine Funktionsbestimmung vor, die sich unmittelbar aufgreifen lässt. Die Funktion des Helfens, so Niklas Luhmann,[18] besteht in der Bereitstellung eines durch die Auszeichnungen bestimmter Formen des Helfens erwartbaren »zeitlichen Ausgleiches von Bedürfnissen und Kapazitäten«: Komplementär zur Wirtschaft, die als System der »Daseinsvorsorge«, nämlich der gegenwärtigen Sicherstellung zukünftiger Möglichkeiten der Bedürfnisbefriedigung, ausdifferenziert ist, geht es beim Helfen um »Daseinsnachsorge« im Sinne einer gegenwärtigen Kompensation aus der Vergangenheit übernommener Defizite an Teilnahmechancen an gesellschaftlicher Kommunikation.[19]

Die Funktion der Daseinsnachsorge dient wie die Funktion in allen anderen Funktionssystemen dazu, innerhalb des Systems einen Bezug auf die Umwelt des Systems (die Gesellschaft) bereitzustellen, um im Bezug auf diesen Bezug eine bei allen Kommunikationen des Systems mitlaufende Selbstreferenz abzusichern.[20] Innerhalb dieses Bezugs auf die eigene Funktion, also innerhalb dieser Selbstreferenz gewinnt das Funktionssystem jene Distanz gegenüber seiner Umwelt, die es für den Aufbau sachlicher, zeitlicher und sozialer, kurz: operativer,[21] Komplexität nutzen kann.

In Differenz zu dieser Funktion werden Leistungsbezüge kenntlich, vergleichbar und in Grenzen austauschbar, die das System nicht auf die Gesellschaft insgesamt, sondern auf andere Teilsysteme in der eigenen Umwelt zu beziehen erlauben.

Sobald die Funktion der Daseinsnachsorge bestimmt ist, kann sie sowohl gegenüber der Politik wie der Wirtschaft, aber auch gegenüber Erziehung, Wissenschaft, Kunst und Religion in Anschlag gebracht werden, um reflektierbar zu machen, was das System der sozialen Hilfe diesen an Leistungen zu bieten hat und nicht zuletzt von diesen an Leistungen auch gebrauchen kann. Im Hinblick auf Politik kann und muss anders geholfen und nicht geholfen werden als im Hinblick auf Wirtschaft, denn ein politisches Bewusstsein befähigt noch nicht zum Umgang mit einem Konsumentenkredit; und wer die Inklusion in Religion vermisst und Sinnlosigkeit reklamiert, kann und muss anders behandelt werden als jemand, der in Erziehung und Wissenschaft nicht inkludiert werden kann, weil er nicht lesen und schreiben kann. Und umgekehrt kann soziale Hilfe auf Leistungen der Wirtschaft, nämlich Geld, dort nicht zurückgreifen, wo Probleme familiärer Gewalt zu bewältigen sind, während es durchaus sinnvoll sein kann, Leistungen des Rechts in Anspruch zu nehmen, um Zugriffe auf Geld, Erziehung, vielleicht sogar einen Arbeitsplatz abzusichern. Aber nur dann, wenn man Funktions- und Leistungsbezüge trennt, sieht man, dass man dem gegenwärtigen Zugriff der sozialen Hilfe auf die Dreieinigkeit von Politik, Recht und Geld mit der Diskussion alternativer Möglichkeiten gegensteuern kann.

Auf Kommunikation stellt auch der zweite Begriff ab, mit dem wir die Hypothese eines Funktionssystems überprüfen können. Der *Begriff der operationalen Schließung* ist zwar nicht direkt auf Funktionssysteme gemünzt und nicht einmal nur auf soziale Systeme, sondern ganz im Gegenteil auf jedes selbstreferentiell geschlossene, autopoietische System, operiere es nun auf der Basis von Leben, von Bewusstsein oder von Kommunikation, doch könnten wir uns gerade deswegen jede weitere Prüfung sparen, wenn es nicht auch gelingt, von der Autopoiesis eines Systems sozialer Hilfe zu sprechen. Ohne Autopoiesis kein System. Um von einem autopoietischen System sprechen zu können, ist es im Fall eines sozialen Systems erforderlich, einen bestimmten Typ von Kommunikation anzugeben, der in einem bestimmen System vorkommt, nur dort vorkommt, das heißt das System in der Gesellschaft vom Rest der Gesellschaft unterscheidet, und geeignet ist, durch rekursive Verknüpfung zu einem Netzwerk genau dieser und keiner anderen kommunikativen Operation das System zu reproduzieren.

Die Operation, die im System der sozialen Hilfe vorkommt, nur dort vorkommt und immer dann, wenn sie vorkommt, das System reproduziert, ist Helfen. Diese Operation ist kein Eingriff in die Umwelt des Systems, ist also keine Veränderung von Personen. Veränderungen von Personen ergeben sich im Prinzip unkalkulierbar aus Selbstanpassungen der Personen an die Kommunikation von Hilfe. Und Helfen ist eine Kommunikation, die entsprechend der Funktionsbestimmung auf Defizitkompensation abstellt. Helfen ist eine Kommunikation, die darüber *informiert*, dass ein Defizit besteht, *mitteilt*, dass dieses Defizit behoben werden soll, und *verständlich* macht, dass zwischen dem Bestehen eines Defizits und seiner Behebung nicht etwa ein kausal verlässlicher, sondern ein höchst kontingenter Zusammenhang besteht.[22] Diese Kontingenz macht es unter anderem möglich, Helfen mit Konditionierungen zu verbinden, die zu regeln erlauben, wann Hilfe oder Nichthilfe fällig ist. Gleichzeitig kann die als kontingent kommunizierte Hilfe sich selbst im Hinblick auf ihre Kontinuierung an eine von ihr selbst nicht zu leistende Produktion von Begleitumständen, etwa Personenänderung, binden.

Vor allem jedoch ist Helfen eine Kommunikation, die auf eine Unterscheidung abstellt, nämlich die Unterscheidung von Nichthilfe, und nur als diese Unterscheidung operativen und damit auch rekursiven Wert gewinnt. Diese Kommunikation stellt mit Hilfe Nichthilfe in Aussicht und mit Nichthilfe Hilfe. Und nur insofern als dies in Aussicht gestellt wird und der Wechsel zwischen den beiden Optionen im Bereich des Möglichen und Tatsächlichen liegt, handelt es sich um die Operationen eines eigenen Funktionssystems, das auf wiederum eigens ausdifferenzierte Organisationssysteme angewiesen ist, um diesen Wechsel entscheidungsfähig zu machen.

Helfen als einen eigenen Typ von Kommunikation zu beschreiben, bedeutet also gerade nicht, etwa Zahlungen oder kollektiv bindende Entscheidungen oder Liebesbeweise nicht als hilfreich bestimmen zu können. Ganz im Gegenteil. Aber sie sind es nicht nur. Und sie sind es nicht immer. Sie sind zunächst einmal Zahlungen, kollektiv bindende Entscheidungen oder Liebesbeweise und reproduzieren damit das System, dem sie angehören (Wirtschaft, Politik, Intimität). Aber nur insofern, als sie ein Defizit kompensieren, das auch nicht kompensiert werden könnte, sind sie überdies auch hilfreich. In genau dem

Maße, in dem sie helfen, wo auch nicht geholfen werden könnte, können sie dem System der sozialen Hilfe zugerechnet werden. Und in genau dem Maße, in dem sie helfen, wo auch nicht geholfen werden könnte, riskieren sie, ihren Status einer Reproduktion von Wirtschaft, Politik oder Intimität zu verlieren. Wer nur noch helfen will, ruiniert damit seine ökonomischen und politischen Kalküle ebenso wie eine Aussicht auf Liebe, die auf beiden Seiten Passion für den anderen und nicht für dessen Probleme voraussetzt.

Achtet man in diesem Sinne auf die Differenzierungstypik von Kommunikationen, fällt auf, wie leicht sich das System der sozialen Hilfe in den eigenen Augen (wiewohl nicht in den Augen externer Beobachter, zum Beispiel der Adressaten von Hilfe) korrumpieren kann, indem es dadurch, dass es etwa mit Zahlungen hilft und damit jede weitere Hilfe überflüssig macht, zwar den Wechsel zur Nichthilfe, aber nicht den Wechsel wieder zurück zur Hilfe möglich macht. Der Ausweg liegt auf der Hand: Immer etwas zu wenig zahlen! Das System der Sozialhilfe landet hier in ähnlichen Schwierigkeiten wie das System der Erziehung, das auch auf das Nachwachsen der Fälle und das Einfangen der Fälle durch Organisation angewiesen ist, um sich zu reproduzieren.[23]

Der Begriff der *binären Codierung* ist wieder ein Prüfbegriff, der nicht nur für soziale Systeme oder gar selbstreferentielle Systeme allgemein gilt, sondern ausschließlich für Funktionssysteme. Nur Funktionssysteme, so Luhmann,[24] verfügen über eine Codierung, die alle Kommunikationen, die in dem System vorkommen, entweder als Anschlusswert für weitere Kommunikationen oder als Reflexionswert auf die Kontingenz der Kommunikationen und damit der Reproduktion des Systems zu verwenden erlauben. Das System der sozialen Hilfe ist durch die Unterscheidung von Helfen und Nichthelfen binär codiert. Helfen ist der positive Wert, der immer dann, wenn er vorkommt, Anschlussmöglichkeiten für weitere Hilfe indiziert. Wo bereits geholfen wird, da kann geholfen werden. Nichthelfen ist der negative Wert, der Reflexionswert, der es einerseits ermöglicht, alle Formen sonstiger Kommunikation daraufhin abzusuchen, ob dort nicht Ansatzpunkte für Defizitkompensation, also für Hilfe bestehen, und es andererseits auch erlaubt, jedes Vorkommen von Hilfe als kontingent und damit auch als abschließbar, beendbar zu beschreiben. Auch dort, wo nicht geholfen wird, kann geholfen werden, und wo geholfen wird, muss nicht geholfen werden. Das System sucht und wählt immer den positiven, den Anschlusswert. Es sucht nach Möglichkeiten zu helfen und verwendet dazu die Vorstellung der Möglichkeit der Nichthilfe. Aber es sieht sich selbst auf Organisation verwiesen: nicht nur dort, wo es um die Versorgung mit Fällen geht, sondern auch dort, wo Fälle abgeschlossen und Hilfe beendet werden kann.

Im Hinblick auf den binären Code wird noch einmal verständlich, warum man bisher eher von Sozialarbeit denn von Sozialhilfe gesprochen hat. Als Sozialarbeit kann der Wechsel von Hilfe zu Nichthilfe und zurück *als Absicht*, nämlich als bearbeitbar und kontrollierbar behauptet werden, der in der Sozialhilfe den Kontingenzen des Gelingens und Misslingens von Hilfe und Nichthilfe anheimgestellt werden muss. Die Sozialarbeit symbolisiert das System im System. Ihre Absichten erzeugen Bindungen, Verpflichtungen, Programmatiken. Von daher fällt es nicht schwer, sich Formen sozialer Hilfe vorzustellen, die entlang ihrer eigenen Absichten nicht auf Abweichungskontrolle, sondern auf Abweichungsverstärkung zielen, zum Beispiel die Entwicklungshilfe, aber auch andere erzieherische Hilfen bis hin zur Inszenierung ganzer Revolutionen. Walter Benjamin ist nicht der Einzige, der sich eine »erzieherische Gewalt« in genau diesem Sinne nicht der Durchsetzung, sondern der Einsetzung von Grenzen vorstellen kann, die Strukturwert für Weiteres bieten.[25] Die Sozialhilfe dagegen reflektiert auf das System in der Gesellschaft. Ihre Perspektive ist es, dass das System sich auch dann und gerade dann kontinuieren können muss, wenn es seine Absichten erreicht.

Die Kommunikation von Hilfe

Wenn es so etwas gibt, wie ein System der sozialen Hilfe, dann entscheidet sich dies auf der Ebene einer besonderen Typik von Kommunikationen, die nicht nur sich selbst als Helfen oder Nichthelfen zu bestimmen in der Lage sind, sondern diese Bestimmung gegenüber anderen Funktionssystemen auch aufrechterhalten können. Wie jedes Funktionssystem neigt auch das System der sozialen Hilfe zu einer internen Unterschatzung und externen Übertreibung seiner Funktion, also zu Legitimation und Ideologie, und kann die darin angelegte Universalisierung seiner

Funktion in der Konkurrenz mit den Systemen in seiner Umwelt nur durch eine entsprechende Spezifizierung seiner Perspektive sowohl auffangen wie aufrechterhalten.

Die Spannung zwischen Universalisierung und Spezifizierung, die hier aufgebaut wird, ist auf der Ebene von Personen, die sich dem einen oder anderen Funktionssystem zuordnen, oder auf der Ebene von Professionen, die das Wissen ihres Funktionssystems im Unterschied zu anderen Funktionssystemen verwalten, nicht mehr auszutragen. Rudolf Stichweh bezweifelt allerdings, ob die Sozialarbeit als ein professionalisierter Beruf zu bezeichnen ist, denn sie sei nicht eindeutig einem Funktionssystem, sondern nur mehreren zugleich (Recht, Politik, Gesundheit) zuzuordnen. Diese Schwierigkeit erübrigt sich mit der Hypothese eines eigenen Funktionssystems Sozialhilfe, dem die Sozialarbeit als Profession zugehört. Man kann dann auch alle jene Bemühungen der Sozialarbeiter einfangen, ihr professionelles Selbstverständnis nicht auf die Anwendung von Rechtsverordnungen, die Verteilungen des Segens des Wohlfahrtsstaates und die Heilung von Krankheiten zusammenschrumpfen zu lassen, sondern darauf abzustellen, über stellvertretende Inklusion Inklusionschancen nachzubessern.[26]

Rollenasymmetrien zwischen Personen sind ebenso wie Professionen Vehikel der Ausdifferenzierung eines Funktionssystems. Sie sind Institutionen, die es erlauben, Unwahrscheinlichkeitsschwellen der Ausdifferenzierung zu überwinden. Aber in dem Maße, in dem die Überwindung dieser Unwahrscheinlichkeitsschwellen, also der Durchsetzung und Aufrechterhaltung der eigenen Spezifizierung gegenüber den Universalitätsansprüchen anderer Funktionssysteme gelingt, verlieren vor allem die Professionen, aber auch die Rollenasymmetrien ihren stimulierenden und generierenden Status und werden stattdessen zu Parasiten ihres Funktionssystems, die sich ebenso erfolgreich von ihm ernähren wie gleichzeitig ihren eigenen Status dadurch absichern, dass sie die Differenzierung ihres Funktionssystems selbst zur Disposition zu stellen scheinen. Die Rollenasymmetrien wie die Professionen werden zu Institutionen der Akzeption *und* Rejektion der Differenzierung zwischen Funktionssystemen. Sie betreuen die Ausdifferenzierung des Systems, indem sie sie laufend gefährden. Denn genauso wie das Unbehagen an der Rollenasymmetrisierung letztlich nur asymmetrisierend aufgefangen werden kann, führt auch alle Kritik an den Professionen nur zu einer Bestätigung der Relevanz von Kompetenz, die wiederum professionell ausgebeutet werden kann.

Über diesen Stand der Dinge kommt man nur hinaus, wenn man einsieht, dass es nicht um die Personen geht: weder um die, denen geholfen werden soll, noch um die, die helfen können, sondern um die Typik von Kommunikationen, denen sich Personen wie diese zuordnen können. Die Arbeit an Grenzen findet ihren Fokus nicht im System Person-in-ihrer-Umwelt, wie in den frühen systemtheoretischen Überlegungen von William E. Gordon und Gordon Hearn zur Sozialarbeit angenommen wird,[27] sondern im Erfolg oder Misserfolg einer binären Codierung, mit deren Hilfe auftauchende und wieder verschwindende kommunikative Ereignisse als das eine und nicht als etwas anderes behauptet und als genau dies auch reproduziert werden können.

Worin besteht die Grenze, die von einem System sozialer Hilfe gezogen wird und die Kommunikationen dieses Systems von Kommunikationen anderer Systeme zu unterscheiden erlaubt? Wie setzt das Funktionssystem der sozialen Hilfe seine Kommunikationstypik gegen jede Negationswahrscheinlichkeit seiner Kommunikationen durch? Was zeichnet die Kommunikation von Hilfe gegenüber Kommunikationen von kollektiv bindenden Entscheidungen, Zahlungen, Liebesbeweisen, Erkenntnissen oder religiösen Erlebnissen in einem Sinne aus, der es innerhalb des Systems auch und gerade dann ermöglicht, Zuordnungen zu treffen, wenn man aus dem Blickwinkel anderer Systeme Zweifel haben kann? – Da Kommunikation von Funktionssystemen gleichzeitig Kommunikation von Gesellschaft ist, und dies im Fall *aller* Funktionssysteme, ist der Zweifel an der Zugehörigkeit bestimmter Kommunikationen zu bestimmten Systemen endemisch. Er wird einerseits durch die bereits genannte Dynamik von Universalisierung und Spezifizierung aufgefangen und andererseits innerhalb der Funktionssysteme sowohl zur Reflexion auf die Gesellschaft wie zur Einführung struktureller (auf wechselseitiger Irritation, nicht auf grenzüberschreitenden Operationen beruhender) Kopplungen zwischen den Funktionssystemen genutzt.

Schließlich kommt es nur darauf an: auf die Selbstbezeichnung eines sozialen Systems in Abhängigkeit von seiner Unterscheidung von einer Umwelt. Es selbst und nichts anderes entscheidet, indem es ihm gelingt, sich zu reproduzieren, über seine Form der Schließung.

Die Antwort auf diese Fragen ist nicht einfach. Helfen ist eine Kommunikation, die darauf abstellt, nicht nur zur Hilfe, sondern auch zur Annahme von Hilfe motivieren zu können. Sie setzt dazu zweierlei voraus. Zum einen erfordert die Motivation zur *Leistung von Hilfe* Hilflosigkeit auf der Seite dessen, dem geholfen werden soll (sonst braucht ihm nicht geholfen zu werden), sowie die Möglichkeit des Helfenden, sich den Erfolg der Hilfe selbst zurechnen, also die eigenen Motive auch regenerieren zu können.[28] Und zum anderen kann zur *Annahme von Hilfe* nur motiviert werden, wenn derjenige, dem geholfen werden soll, zumindest gegenüber der Annahme oder Ablehnung von Hilfe nicht hilflos ist, das heißt, wenn er selbst entscheiden kann, Hilfe in Anspruch zu nehmen und sich den Erfolg der Hilfe dann auch zu einem bestimmten Grade, und zwar gerade in Bezug auf die ausschlaggebende Erfolgsbedingung, selber zurechnen kann.[29] Darin steckt natürlich ein Widerspruch. Und in genau diesem Widerspruch liegt die Unwahrscheinlichkeit der Kommunikation von Hilfe begründet. Käme es nur auf die Motivationen der beteiligten Personen an, wäre Hilfe nicht beziehungsweise nur solange möglich, wie Unklarheit über die Motivationen des Gegenübers bestehen.

Kommunikation ist zumindest auf der Ebene erforderlich, auf der über die Motivationen des Gegenübers hinweggetäuscht werden kann. Aber das würde nicht genügen beziehungsweise wäre ein Opfer spätestens der Aufklärung geworden. Die Kommunikation der Hilfe muss Mittel und Wege finden, sich zu ermöglichen, indem und obwohl sie widersprüchliche Motivationen voraussetzt. Und das gelingt ihr durch eine eigentümliche Kombination von Permissivität und Reziprozitätsverweigerung.[30] Dem, dem geholfen werden soll, wird pauschal Hilflosigkeit attestiert, indem ihm alles verziehen wird, was ihn hilflos gemacht oder ihn hilflos bleiben lässt. Permissivität ist eine Devise des Zurechnungsverzichts, die die Aufgabe hat, die Motivation des Helfenden gegen jede Gefährdung durch die Motive dessen, dem geholfen werden soll, abzudichten und ihm zu helfen, ohne ihm zuzustimmen. Das Zustimmungsverbot ist freilich nur dann erforderlich, wenn die Hilfe im Kontext von Norm und Devianz verortet wird. Und dem, dem geholfen werden soll, wird zugesichert, sich durch die Annahme der Hilfe nicht selbst auf Dauer zu binden. Reziprozitätsverweigerung stellt sicher, dass die Kommunikation von Hilfe jederzeit abgebrochen werden kann; sie garantiert dadurch die Regenerierung der Motive, sich dennoch auf sie einzulassen.

Man kann sich kaum vorstellen, dass die Etablierung der Kommunikation von Hilfe auf einem solchen Weg gelingen kann. Sie gelingt auch nur, indem die Permissivität zu Beginn der Moderne von einem Respekt vor den Geschöpfen Gottes auf ein Interesse an der Perfektibilität dieser Geschöpfe umgestellt wird und indem die Forderung der Reziprozitäts*verweigerung* von einer Ideologie der Hilfe als Reziprozitäts*beweis* überlagert wird. Durch beides, das Interesse an der Perfektibilität wie die Ideologie der Reziprozität, wurde es möglich, allmählich und im Anschluss an eine Reihe mittelalterlicher Institutionen der Armuts- und Wohlfahrtspflege Organisation dort einzurücken, wo die Motivationen sich zu verlieren drohen. – Inzwischen weiß man, dass die Fokussierung in den beiden Systemreferenzen der Person und der Organisation in einem hohen Maße mitverantwortlich ist für die zunehmende Ausdifferenzierung, nämlich Professionalisierung und Administrierung der Sozialarbeit: Ohne die Beschränkung auf die Interventionsmethode des »casework«, die andere Methoden wie die settlement houses und die community organization zunächst verdrängt hat, wäre es in der amerikanischen Sozialarbeit um die Jahrhundertwende nicht gelungen, die Sozialarbeit aus ihrer Verankerung in der freiwilligen Wohltätigkeitsarbeit herauszulösen und auf einem Niveau organisationsfähig zu machen, das einerseits nach dem Vorbild des Arztes Professionalität und andererseits nach dem Vorbild der Unternehmensorganisation Effizienz und Rationalität demonstrieren konnte.[31] Gleichzeitig war und blieb Sozialarbeit auch und gerade als »casework« helfendes Handeln. Das bedeutet einerseits, dass der Fall in seiner Differenz zur Umwelt, und andererseits, dass die Kriterien und Konditionen administrativen Handelns in Differenz zum fallweise Erforderlichen gesehen werden konnten. Damit sicherte sich die Sozialarbeit Beweglichkeit in der Setzung und Generalisierung der Bedingungen ihres Einsatzes. Zugleich macht sie sich damit jedoch auch abhängig von diesen selbstgesetzten Bedingungen. So kann und muss ihr der Verweis auf die Realität der Armut dazu dienen, eine strikt individualisierende psychiatrische Sichtweise ebenso zu verweigern wie die Möglichkeit, dem zahlungskräftigen Teil ihrer Klientel zu folgen und mit der Psychotherapie zusammenzufallen.[32]

Organisationen helfen auch dort, wo die Ausbeutung der Mildtätigkeit nicht mehr zu übersehen ist:[33] Sie helfen trotzdem. Das Problem organisierter Hilfe besteht dann folgerichtig darin, dass sie Hilfebeanspruchende attrahiert, die in ihrem eigenen Interesse Ressourcen vernachlässigen oder sogar ruinieren, die es überflüssig machen könnten, dass ihnen geholfen werden muss.

Stellvertretende Inklusion

Wie kein anderes Funktionssystem der modernen Gesellschaft ist das System der sozialen Hilfe mit dem Problem konfrontiert, dass es seine eigenen Leistungen nicht aus eigener Kraft, sondern nur dank Problemnachschub aus der gesellschaftlichen Umwelt kontinuieren kann. Wie in allen anderen Funktionssystemen liegt zwar auch beim System der sozialen Hilfe der Problembezug in der Differenz von Gegenwart und Zukunft, nämlich in einer gelingenden Defizitkompensation, aber mit jeder Lösung des Problems diskontinuiert sich das System. Es kann sich dann nur kontinuieren, wenn es Kriterien bereitstellt, die in ausreichendem Maße Defizite zu identifizieren erlauben, die den Nachschub sichern. Mit jeder gelungenen Daseinsnachsorge muss die Kommunikation von Hilfe als beendet gelten, so dass im Gegenzug dazu genügend Motive für Sorge mobilisiert werden müssen, die für neue Kommunikationen brauchbar sind. Es kann sich nicht darauf beschränken, seine Problemfälle festzuhalten, denn in dem Maße, in dem ihm dies gelingt, stellt es seine Funktionsfähigkeit in Frage. Während sich im Fall von Wirtschaft, Politik, Wissenschaft und Religion dieselben Probleme, die von den Kommunikationen dieser Systeme betreut werden (Daseinsvorsorge, bindende Entscheidungen, Erkenntnisgewinn, Rückversicherung im Glauben), mit diesen Kommunikation regenerieren und die jeweiligen Systeme aus ihren eigenen Rekursionen heraus (Vorsorge für Vorsorge, Bindung der Bindung, Erkenntnisse über Erkenntnisse, Glauben an den Glauben) reproduzieren, riskiert das System der Sozialhilfe, sich mit jeder seiner Operationen wieder in die Gesellschaft aufzulösen.

Der Grund dafür liegt darin, dass das System der Sozialhilfe seine Funktion nur erfüllt, wenn es die stellvertretende Inklusion, die es bewerkstelligt, in Inklusion überführen kann, die gerade nicht von ihm, sondern von den anderen Funktionssystemen der Gesellschaft geleistet werden muss. Talcott Parsons macht diesen Zusammenhang mit seinem Hinweis auf die Kombination von Permissivität und Reziprozitätsverweigerung deutlich. Die Hilfe kommt erst dadurch zum Abschluss, dass Sanktionen und Reziprozität wieder zu ihrem Recht verholfen wird, und dies geht nur außerhalb des Systems. Solange es bei stellvertretender Inklusion bleibt, muss die Inklusion als misslungen gelten, und die Frage ist dann nur noch, in welchem Ausmaß und wie lange die Gesellschaft misslungene Inklusion mittragen kann.

Das System der Sozialhilfe arbeitet in diesem entscheidenden Punkt gegenläufig zum Rest der Gesellschaft. Die funktional differenzierte Gesellschaft verzichtet im Gegensatz zu Stammesgesellschaften und Hochkulturen auf Vollinklusion der Personen in die Gesellschaft und sieht nur Teilinklusionen in die Interaktions-, Organisations- und Funktionssysteme vor. Sie setzt Exklusion voraus, um in wechselnden Hinsichten Inklusion zu ermöglichen, und begibt sich damit der Möglichkeit, einer Exklusion gegenzusteuern, die nichtgewolltes, aber auch nichtgesehenes Abfallprodukt der Eigendynamik dieser Interaktions-, Organisations- und Funktionssysteme ist. Die Sozialhilfe nimmt sich dieses Problems an. Sie inkludiert stellvertretend. Aber damit nimmt sie sich eines Problems an, das nicht das ihre ist, und erzeugt ein Ersatzproblem, nämlich das der stellvertretenden Inklusion, das nicht das der Restgesellschaft ist.

Das System der Sozialhilfe teilt das Dilemma der das System diskontinuierenden Operationen mit allen Systemen, die auf die Veränderung der Personen in der Umwelt des Systems abstellen, also mit dem Gesundheitssystem, dessen Kommunikationen mit der Heilung ihren Abschluss finden, mit dem Erziehungssystem, dessen Kommunikationen mit erreichtem Bildungsabschluss ihr Ende finden, und mit therapeutischen Systemen, die sich auflösen, wenn die Bewusstseine wieder mit sich zurande kommen. Und auch in diesen Systemen gibt es einen starken Hang zur Selbstkontinuierung, indem die Krankheiten multipliziert, die Bildungsmöglichkeiten als unabschließbar formuliert und die Bewusstseine wieder neu irritiert werden.

Man kann sich daher ansehen, wie diese Systeme mit dem Dilemma umgehen, um nach einer entsprechenden Möglichkeit auch für die Sozialhilfe zu suchen. Auffällig ist, dass personenverändernde Funktionssysteme über Kontingenzformeln, also über Formeln der Anschlussfindung, verfügen, die als positive Werte formuliert werden und in dieser Formulierung nicht nur zur Fortsetzung, sondern auch zur Beendigung motivieren können. Das gilt für Bildung im Fall von Erziehung ebenso wie für körperliche und psychische Gesundheit im Fall von Heilung und Therapie. Diese Werte werden als Abschlussformeln formuliert, die in der Lage sind, die erfolgreich veränderten Personen an den Rest der Gesellschaft zu überstellen. Man lernt nicht für die Schule, man wird nicht für das Krankenhaus gesund und man bewältigt nicht dem Therapeuten zuliebe seine Verwirrung. In der Wirtschaft zum Beispiel ist das anders. Dort wird eine negativ formulierte Kontingenzformel, nämlich Knappheit, zur Gewinnung immer neuer Fortsetzungsmöglichkeiten eingesetzt. Und auch in der Religion wird die Kontingenzformel Gott negativ, als deus absconditus, formuliert, um die Kontinuität des Glaubens zu sichern.

Tatsächlich gibt es auch im Fall der Sozialhilfe einen Kandidaten für die positive Formulierung einer auf Abschlüsse zielenden Kontinuierung der Systeme. Dieser Kandidat ist die Gerechtigkeitsidee. Sie wäre dann allerdings nicht im Sinne einer »Moralerziehung«[34] und auch nur bedingt im Sinne einer »Erhaltung und Verbesserung der Gesellschaft«[35] zu formulieren, sondern als Regeneration von Inklusionschancen in die Gesellschaft. Die Gerechtigkeitsidee wird auch als Kontingenzformel des Rechtssystems in Anspruch genommen, dort allerdings als Formulierung der Regel, gleiche Fälle gleich und ungleiche Fälle ungleich zu behandeln.[36] Unter Umständen ist die Verwendung einer Gerechtigkeitsformel durch die soziale Hilfe der im Zuge der Entwicklung des Wohlfahrtsstaates entstandenen Anlehnung der sozialen Hilfe an das Rechtssystem und an strukturelle Kopplungen zwischen dem Rechtssystem und dem politischen System geschuldet. »Gerecht« wäre es dann auch im System der sozialen Hilfe, dass in Fällen, in denen bisher geholfen oder nicht geholfen wurde, auch weiterhin zu helfen beziehungsweise nicht zu helfen. Und als »ungerecht« müssten alle Versuche verdächtigt werden, die Kriterien der Hilfe und Nichthilfe im Zuge einer »Reformierung« des Wohlfahrtsstaates oder einer staatlichen Sparpolitik auszuwechseln und denen nicht mehr zu helfen, denen bisher geholfen wurde, sowie denen zu helfen, denen bisher nicht geholfen wurde. Auch auf diesem Umweg über eine strukturelle Kopplung an das Rechtssystem käme man zu für die soziale Hilfe brauchbaren Kriterien, Möglichkeiten des Nichthelfens als Stoppregel der eigenen Operationen auszuweisen, freilich mit dem Risiko, diese Kriterien an rechtliche und politische Entscheidungen zu binden. Mit zunehmender Ausdifferenzierung des Funktionssystems der sozialen Hilfe wird man dann auch eine trennschärfere Unterscheidung der eigenen Kontingenzformel erwarten können. Ob diese dann immer noch den Namen »Gerechtigkeit« trägt, wird man abwarten müssen.

Gerechtigkeitsziele werden dort eingesetzt, wo es um die *Unterbrechung* der Selbstreferenz des Systems geht, also dort, wo es darum geht, das Helfen, wo bereits geholfen wurde, abzubrechen, stattdessen nicht zu helfen und genau dies als Gerechtigkeit, nämlich als Abbruch der Reziprozitätsverweigerung und Wiedereinsetzung der Optionen von Reziprozität und Nichtreziprozität und damit als Wiedereinsetzung der Gesellschaft einschließlich ihrer Zumutung von Vollexklusion und Teilinklusion zu reflektieren.

Die Funktionssystemperspektive trägt dazu bei, eine solche Kontingenzformel abzusichern, weil sie es erlaubt, personenbezogene Problembearbeitung gesellschaftlich zu reflektieren und in die Kommunikation von Hilfe Motive einzubauen, die auf den Kontext der Hilfe verweisen, um sie beenden zu können.

Die Kontingenzformel Gerechtigkeit ist umso unerlässlicher, als das Funktionssystem Sozialhilfe im Zuge seiner Operationen ein Kommunikationsmedium produziert und reproduziert, das auch dann für Motivation und Selektion von Hilfe sorgt, wenn den Personen eigene Motive abhanden kommen und die Organisationen an ihren Programmen zu zweifeln beginnen. Im Anschluss an die Beschreibung der »Produktion von Fürsorglichkeit« bei Stephan Wolff schlägt Micha Brumlik vor, vom Medium der Fürsorglichkeit zu sprechen.[37] Dieses Medium ist das Symbol einer generalisierten Hilfsbereitschaft. Es findet in jeder einzelnen Kommunikation von Hilfe zu einer Form, die anschließend wieder zerfällt und für neue Kommunikationen zur Verfügung steht.[38] Es motiviert allein dadurch, dass es zur Verfügung steht, zur Kommunikation von Hilfe. Und es selegiert Möglichkeiten der Hilfe entlang der Formen von Hilfe, denen es bisher zu einem Ausdruck verholfen hat. Das heißt, es lädt ein zur Hilfe und es diskriminiert unbekannte Formen von Hilfe zugunsten bekannter und bewährter Formen. Es symbolisiert damit auch alle Untugenden des Systems, seinen Hang zur »fürsorglichen Belagerung«, um mit Heinrich Böll zu sprechen, denn die Fürsorglichkeit ist so zweifelsfrei gut gemeint, dass sie gar kein Ende finden kann, und sie ist so sehr ein Produkt der bisherigen Operationen des Systems, so konservativ, das es schwer fällt, innovative Formen von Hilfe in ihr zu realisieren.

Auch hier kann nur die Reflexion auf Gerechtigkeit, wenn es nicht gleich finanzielle Engpässe sein sollen oder Begrenzungen der Reichweite von Organisation, dazu helfen, das Medium der Fürsorglichkeit seinerseits auf seine Form hin zu beobachten und damit zu beobachten, welche Formen von Hilfe es bezeichnet und welche möglichen anderen Formen es ausschließt. Gerechtigkeit wird dann zu einer Formel der Korrektur der Vorurteile, mit denen das System der sozialen Hilfe aufgrund seiner eigenen Geschichte auf seine eigene Zukunft zugeht. Sie wird zu einer Formel, die das Geschick der Gesamtgesellschaft innerhalb des Systems der sozialen Hilfe abbildet und die Kommunikationen des Systems auf Möglichkeiten einer sich selbst erübrigenden Korrektur dieses Geschicks abzusuchen erlaubt.

Die Programme der Organisation

Zum Abschluss dieser Überlegungen können einige Konsequenzen für zwei weitere Problembereiche sozialer Hilfe und Arbeit skizziert werden. Sowohl für die Organisationsfrage sozialer Hilfe wie für die Interventionsfrage bietet die Funktionssystemperspektive einige Möglichkeiten der Entspannung und Entlastung.

Bisher ist man geneigt, die Leistung von Hilfe und die Organisation von Hilfe identisch, nämlich als Produkt »psychosozialer Dienstleistungssysteme« zu setzen.[39] Jedes Rationalitätsdefizit von Organisation schlägt dann unmittelbar um in ein Rationalitätsdefizit psychosozialer oder sonstiger Sozialhilfe. Und bei jedem Hinweis auf Funktionalität und Dysfunktionalität von Sozialhilfe fühlen sich Organisationen angesprochen, wobei diese dann auch noch oft die Erfahrung machen müssen, dass sich die legitimationsbedürftigen Professionen der Sozialhilfe die positiven funktionale Leistungen zurechnen und negative, also dysfunktionale Leistungen den bekanntermaßen eher unbeweglichen Organisationen zugerechnet werden. – Kaum ein

Wissen ist in der Sozialarbeit besser ausgearbeitet als der Bürokratieverdacht gegen die Organisation. Man weiß, über welche Mechanismen der Ungewissheitsabsorption durch routinierte Selektivität Organisationen verfügen und hat auch das Ergebnis unter dem Titel der »Devianzkarriere« oft genug beschrieben: Probleme werden als Fälle identifiziert und typisiert, auf dieser Ebene rechtlich abgesichert gleichbehandelt und bearbeitet, indem Veränderungen herbeigeführt oder als nicht herbeiführbar diagnostiziert werden, die eine Überweisung an eine andere Stelle oder eine andere Organisation ermöglichen, wo, angepasst an eine andere Problemsituation, dieselben Verfahren greifen.[40] Man weiß, durch ihre Skandalempfindlichkeit schlau geworden, dass Organisationen der Sozialarbeit von Krankenhäusern über Pflegeheime bis zu Behindertenarbeitsstätten ihre Arbeit eher am Ziel der Ressourcenmaximierung denn an ihrer programmatisch ausgewiesenen Aufgabe orientieren.[41] Man weiß auch, dass die Konstitution der sozialen Probleme immer »hybrider« wird, weil die Konkurrenz der Organisationen untereinander *und* das Nachwachsen der Probleme eine immer artifiziellere Problemdiagnose erfordern.[42] Und man weiß schließlich, dass das alles unter Umständen nicht weiter bedenklich wäre, wenn sich nicht unter der Klientel dieser Organisationen eine erstaunliche Bereitschaft fände, die Artifizialität der Problemdefinitionen mitzuvollziehen und genau dort ihre Ansprüche anzumelden, wo Chancen auf ihre Erfüllung bestehen.[43] Ohne diese Komplizität der Klientel, die allerdings oft gar keine andere Wahl hat, weil sie ihrerseits auf Ressourcenmaximierung angewiesen ist, käme es nicht zu diesem Selbstlauf der Problembearbeitung und zur prinzipiellen Endlosigkeit der Hilfe.

Eine Differenzierung von Funktionssystem und Organisationssystemen bringt hier eine erhebliche Entspannung und damit auch Entlastung zustande. Das erste und wichtigste Produkt einer solchen Differenzierung ist die Möglichkeit, zwischen der Codierung des Funktionssystems auf der einen Seite und den Programmen von Organisationen, die sich an diesem Code orientieren, auf der anderen Seite zu unterscheiden.[44] Organisationen der Sozialarbeit machen die Unterscheidung zwischen Helfen und Nichthelfen entscheidungsfähig, das heißt, sie führen sie auf der Ebene ihrer Programmgestaltung als Zielwerte ein, *und zwar beide*, so dass auf der Ebene der Organisation entschieden werden kann und auch muss, was auf der Ebene des

Funktionssystems nicht entschieden werden kann, nämlich ob in bestimmten Fällen geholfen wird oder nicht geholfen wird.

Für die soziale Hilfe bedeutet das, dass es nicht mehr darum geht, Helfen als Programm, sondern Helfen oder Nichthelfen als Code des Systems einzusetzen. Das System verfügt über beide Möglichkeiten und sichert in eben dieser Verfügung seine eigene Schließung. Denn es kann nur entweder Helfen oder Nichthelfen. Über andere Möglichkeiten verfügt es nicht. Es ist auf genau dieser Ebene frei von aller Codierung durch Zahlung oder Nicht-Zahlung, Macht oder Ohnmacht, Glauben oder Nicht-Glauben, Liebe oder Nicht-Liebe, die jedoch auf der Ebene der Programmierung des Systems, also auf der Ebene der Frage danach, wie *richtig* zu helfen oder nicht zu helfen ist, ins Spiel kommen und auf dieser Ebene untereinander konkurrieren, weil sie auf dieser Ebene miteinander verglichen werden können. Auf der Ebene des Codes geht es nur um Helfen oder Nichthelfen. Andere Möglichkeiten der Diskriminierung hat das System nicht. Auf der Ebene der Programme jedoch können dritte und vierte Werte eingeführt werden. Hier ist das System offen in Bezug auf andere Möglichkeiten der Diskriminierung.

Am Beispiel anderer Systeme wie etwa der Wirtschaft oder der Erziehung kann man sehen, dass der Code auf der Ebene der Einheit (Schließung) des Systems wirksam wird, die Programme hingegen auf der Ebene der im oder am System operierenden Organisationen implementiert werden. Die Programme und damit auch die Organisationen sind austauschbar. Sie müssen sich an einem Markt bewähren. Und damit sind auch die Strukturen des Systems, das heißt die jeweiligen Realisierungsformen von Helfen oder Nichthelfen austauschbar. Das System steht und fällt nicht mit seinen Programmen, sondern es bleibt jederzeit frei in der Beurteilung der Richtigkeit oder Falschheit von Programmen im Hinblick auf einen Code, der zwei Möglichkeiten, und nicht nur eine, vorsieht. Auf der Ebene der Programme können sich einzelne Organisationen das Ziel setzen, dadurch zu helfen, dass sie die Zahlungsfähigkeit, die Liebesfähigkeit, die Machtansprüche, die Glaubensstärke, das Selbstvertrauen fördern. Oder sie können versuchen, dadurch zu helfen, dass sie den Umgang mit Schulden, mit einem übersteigerten Verlangen nach Liebe, mit Ohnmacht, mit Glaubenslosigkeit, mit Überforderung einüben. Das bleibt die Entscheidung der Organisationen und derer, die die Organisationen auf ihr Angebot hin beobachten und sich für das eine und nicht für ein anderes entscheiden.

Allerdings ist es nicht ohne eigene Risiken, es Organisationen der sozialen Hilfe selbst zu überlassen, sich ihr Feld der Arbeit zu suchen. Das ist der Grund dafür, dass man sich bisher kaum vorstellen konnte, Sozialhilfe und Sozialarbeit anders als auf der Ebene staatlich entschiedener und rechtlich abgesicherter Programme zu verankern. Die Existenz der Wohlfahrtsverbände belegt jedoch auch hier Privatisierungsspielräume, die sich nutzen lassen.[45] Es kommt dadurch nicht nur zu einer höheren Spezialisierung, sondern auch zu höheren Graden der Selektivität.[46] Auch in der sozialen Hilfe muss man mit Organisationen rechnen, die sich die Rosinen aus dem Kuchen der Hilfebedürftigkeit herauspicken und nur noch in der Pflege gutbetuchter Senioren tätig sind. Aber Organisationen forcieren Selektivität nicht nur, sie machen sie auch beobachtbar,[47] so dass andere Organisationen Lücken erkennen können und es vom Geschick dieser Organisationen abhängig ist, öffentliche und private Finanzierungs-, Subventions- und Spendebereitschaften anzuzapfen, ob diese Lücken auch bearbeitet werden können.

Die Systemreferenz der Intervention

Die Einführung einer Funktionssystemperspektive hat auch Folgen für das Verständnis der Interventionsziele sozialer Hilfe. Zunächst ist festzuhalten, dass die Kommunikationen des Systems sozialer Hilfe nichts anderes gezielt beeinflussen und verändern können als die Kommunikationen des eigenen Systems. Das folgt unmittelbar aus dem Theorem der operationalen Schließung. Ein Funktionssystem kann nicht über seine eigenen Grenzen hinweg operieren. Es kann durch seine eigenen Kommunikationen weder Kommunikationen anderer sozialer Systeme auslösen noch kann es in die psychischen Systeme der Personen hineinkommunizieren, denen es helfen möchte. Eine Intervention ist eine »zielgerichtete Kommunikation«[48] nur insofern, als das Ziel der Intervention innerhalb der Reproduktionsdynamik des intervenierenden Systems zur Steuerung der eigenen Kommunikationen dient. Im Hinblick auf das Ziel einer Intervention kann man intern Bedingungen festlegen, welche Umweltveränderungen (gedeutet durch das intervenierende

System) sich einstellen müssen, damit Kommunikationen von weiteren Interventionsversuchen ablassen und intern entweder Erfolg oder Scheitern verrechnen.

Die Begrifflichkeit der Intervention ist eine Begrifflichkeit der Selbststeuerung des Systems, und zwar eine Selbststeuerung in erster Linie nicht im Hinblick auf die Aufrechterhaltung bestimmter Eigenzustände des Systems, sondern im Hinblick auf die Veränderung bestimmter, vom System gedeuteter Umweltzustände. Aus der Veränderung dieser Umweltzustände werden dann wiederum Schlüsse auf Beibehaltung, Verschiebung, Ausbau oder Abbau von Eigenzuständen gezogen. Der Interventionsbegriff ist somit ein Begriff der Reflexion auf die Differenz zwischen System und Umwelt, ein Begriff der Wiedereinführung dieser Differenz in das System und damit ein Begriff der Beschreibung der Umwelt des Systems mithilfe einer dem System aus seinen eigenen Unterscheidungen verfügbaren Sprache.[49] Die Intervention beschreibt Umweltzustände aus der Perspektive der Systemreferenz des intervenierenden Systems.

Das ist deswegen zu unterstreichen, weil man andernfalls Gefahr läuft, die Umweltbeschreibungen des Systems für bare Münze, also für unabhängig vom Beobachterstandort der Beschreibung, zu nehmen und dem System dann die scheinbare Konditionierung der eigenen Kommunikationen durch bestimmte Sachverhalte seiner Umwelt abzukaufen. Tatsächlich ist diese Konditionierung eine Selbstkonditionierung, nämlich ein Einbau von Fremdreferenzen, die selbstreferentiell verwaltet werden. Die Einnahme eines anderen Beobachterstandorts, zum Beispiel die Einnahme eines religiösen, eines ökonomischen oder eines künstlerischen Beobachterstandorts würde »dieselben« Umweltsachverhalte in ein ganz anderes Licht rücken und Anschlusskommunikationen weniger im Bereich der Hilfe als vielmehr im Bereich der Predigt, des Kalküls oder der Literatur suchen.

Dieser Interventionsbegriff, der auf die Orthogonalität (also kausale Unbeeinflussbarkeit) des intervenierenden im Verhältnis zum intervenierten und, schärfer noch, auf die Selbstreferenz der Intervention, abstellt,[50] zwingt das intervenierende System dazu, von Vorstellungen Abschied zu nehmen, die auf der Seite des Systems nur gute Absichten und auf der Seite seiner Umwelt nur die Reduktion der Eigendynamik der Systeme in dieser Umwelt zulassen. Das System wird zu einer schärferen Reflexion auf die Bedingungen seiner eigenen Dynamik gezwungen und es riskiert im Rahmen dieser Reflexion sowohl tautologische und paradoxale Verwicklungen wie auch Verführungen zur selbstreferenzunterbrechenden Ausflucht in die Aktion. Aber im Gegenzug zu diesen hochgetriebenen Zumutungen an das System, seine eigenen Kommunikationen im Spiegel seiner eigenen Kommunikationen zu beobachten, gewinnt es größere Freiheitsgrade in der Auswahl der Umweltsachverhalte, die es zur Konditionierung seiner Eigenzustände verwenden kann. Und es kann diese größeren Freiheitsgrade wiederum nur ausbeuten, weil die Zumutung des selbstreferentiell formulierten Begriffs der Intervention es mit einer höheren Eigenkomplexität ausstattet.

Denn sobald die Funktionssystemperspektive eingeführt ist, zwingt nichts dazu, helfende Intervention auf die Dyade von Organisation (Sozialhilfeorganisation) einerseits und Person (hilfsbedürftige Person) andererseits einzugrenzen. So sehr diese Gegenüberstellung von Organisation und Person auch dazu beigetragen hat, das System der sozialen Hilfe entlang seiner eigenen Interventionskommunikationen auszudifferenzieren,[51] so wenig ließ sich das System auf diese Gegenüberstellung begrenzen. Seine Absichten reichten und reichen weiter. Die helfende Kommunikation wurde und wird aufgeladen mit der Inszenierung von Gemeinschaft zwischen helfenden Personen und betroffenen Personen, die auf die Irritation einer Gesellschaft zielt, deren wichtigstes Merkmal darin gesehen wird, dass sie Gemeinschaft in Distanz setzt.[52] Mit anderen Worten, nichts schließt aus, dass Sozialhilfe auf Gesellschaft ebenso zielt wie auf Politik, Wirtschaft, Erziehung, Wissenschaft, auf andere Organisationen ebenso wie auf den Personenbestand einer Gesellschaft. Die Umweltsachverhalte, die das eigene Interventionsverständnis unterscheidet und sichtbar macht, können psychische Systeme und deren Klarsinn ebenso betreffen wie personale Systeme, also durch Kommunikation adressierte Individuen, und deren Teilnahmechancen an Gesellschaft. Sie können Funktionssysteme wie Erziehung, Recht und Wirtschaft und deren Inklusions- und Exklusionspraktiken von Individuen ebenso betreffen wie die Politik, in der die Sozialhilfe um Akzeptanz und Ressourcen werben muss. Und mit Bezug auf die Systemreferenz Gesellschaft kann sich die Sozialhilfe sowohl als Institution denken, die innerhalb der Gesellschaft ausdifferenziert ist wie im Fall der »kapitalistischen« Gesellschaft, als auch als Institution, die mit der Gesellschaft koextensiv ist wie im Fall der »sozialistischen« Gesellschaft. Aber all dies sind Fragen, die zwar auch innerhalb der Gesamtgesellschaft zur Diskussion und Reflexion stehen, die aber nur innerhalb des Funktionssystems Sozialhilfe ausgetragen und entschieden werden können und die, welche Interventionen auch immer die Sozialhilfe schließlich bezweckt, die Ausdifferenzierung dieses Systems betreiben und absichern und nicht etwa aufheben. Das gilt auch dann, wenn das System der Sozialhilfe sich unter dem Codewort »Sozialismus« mit dem der Politik verbündet und die Ausdifferenzierung von Recht, Wirtschaft, Wissenschaft usw. unter Bedingungen setzt, die die Eigendynamik dieser Systeme unter erhebliche Einschränkungen setzen.

Die Einführung einer Systemreferenz in den Begriff der Intervention führt demnach einerseits zur Reflexion auf die Selbstreferenz der Intervention und sie führt andererseits zu einer reichhaltigeren Beschreibung möglicher Systemreferenzen in der Umwelt des intervenierenden Systems, deren Eigendynamik sowohl als Einschränkung wie als Voraussetzung einer erfolgreichen Intervention entdeckt wird. Die Sozialhilfe kann *in* psychische Systeme oder Personen ebenso wenig hineinintervenieren wie *in* die Wirtschaft, *in* die Politik oder *in* die Gesellschaft. Intervention in diesem Sinne ist unmöglich. Aber sie kann Kommunikationen anbieten, die *von* diesen Personen, *von* Wirtschaft, Politik und Gesellschaft anhand eigener Kriterien als hilfreich aufgegriffen werden und *insofern* dann auch diese Personen, Funktionssysteme und auch die Gesellschaft verändern. Nur in diesem Sinne der Überbrückung einer Differenz,[53] die auf beiden Seiten nach wechselseitig nicht bestimmbaren Regeln verwaltet wird, ist Intervention möglich.

Das heißt, der Erfolg einer Intervention ist Zufall. Schon deswegen ist das intervenierende System gut beraten, sich für die Zurechnung von Erfolg und Misserfolg nur nach eigenen Kriterien zu richten. Oder genauer gesagt: Der Erfolg einer Intervention (aber auch ihr Misserfolg) ist das Ergebnis der strukturellen (nicht: operationalen) Kopplung zweier Systeme, die für einander black boxes bleiben und nur entlang einer angebotenen und angenommenen Intervention eine wechselseitige Transparenz, eine white box, herstellen, die die Transparenz einer im Rahmen der Intervention selegierten Kopplung, aber nicht der black boxes als solcher ist.[54] Der Erfolg einer Intervention ist ebenso wie ihr Misserfolg das Ergebnis der Selbstanpassungen des »intervenierten« Systems. Die Transparenz der Interaktion und damit die Fortsetzbarkeit der Kommunikation von Hilfe beruht überdies auf der Fiktion, dass die angenommene gleich der angebotenen Intervention ist, was schon deswegen nicht der Fall sein kann, weil die eine Intervention mithilfe anderer Unterscheidungen beobachtet wird als die andere. Aber auch diese Fiktion ist als Unmöglichkeitsbedingung der Intervention ihre Möglichkeitsbedingung.

Es sollte deutlich geworden sein, dass dieser Interventionsbegriff nicht dazu einlädt, alle Kommunikationen von Hilfe als aussichtslos zu betrachten und die Operationen des Systems der Sozialhilfe ab sofort einzustellen. Eine solche Einstellung könnte auch gar nicht entschieden werden: Das System reproduziert sich, wenn und indem es sich reproduziert, das heißt, wenn und indem es hilft oder nicht hilft. Es ist in diesem Punkt abhängig und unabhängig von Organisationen, die sich entscheiden können, so oder anders oder gar nicht mehr zu helfen. Der Interventionsbegriff zielt nicht auf Aussichtslosigkeit, sondern ganz im Gegenteil auf die Beobachtung einerseits der Selbstbeobachtung des intervenierenden Systems und andererseits der Kopplungseffekte gegenüber Systemen in der Umwelt des intervenierenden Systems. Das heißt, einerseits lässt sich die Frage stellen und zuspitzen, welche Interventionsziele das System der Sozialhilfe für denkbar und erreichbar hält. Und andererseits lässt sich die Frage untersuchen, welche Systeme in der Umwelt der Sozialhilfe ihre eigenen Reproduktionen mit welchen Effekten an die Annahme von Hilfe zu binden bereit sind.

So unwahrscheinlich, wenn auch nicht ausgeschlossen eine kausal applizierbare Intervention ist, so wahrscheinlich, wenn auch nach wie vor nicht kausal steuerbar, werden diese Effekte struktureller Kopplung. Kausalität wird dabei durch operationale Schließung nicht ausgeschlossen, sondern eingeschlossen. Allerdings wird sie nicht auf den Systemkontakt als solchen zugerechnet, sondern auf den Beobachter, der Ursachen hier und Wirkungen dort unterscheiden und miteinander in Beziehung setzen zu können glaubt. Mit anderen Worten, nur ein Beobachter kann über Einschränkungen der Eigendynamik eines Systems durch Kausalität entscheiden. In dem Maße, in dem ihm das gelingt, wird dann der Beobachter interessant, nicht das System, das er beobachtet. Damit rücken auch die »labeling-Probleme«

der Intervention in ein neues Licht, deren Reflexion zu Plädoyers für »radikale Nichtintervention« geführt haben, weil nicht auszuschließen ist, dass die Verteilung des labels genau die Hilfe unmöglich macht, die mit der Intervention bezweckt wird.[55] In dem Maße, in dem es gelingt, soziale Hilfe auf die Kommunikation eines Funktionssystems zurückzunehmen und zuzurechnen, wird die Produktion jener »disidentifiers« im Sinne von Goffman leichter,[56] die das Individuum vor der Stigmatisierung bewahren. Den wichtigsten Beitrag zur Disidentifizierung liefert die mit der Funktionssystemperspektive einhergehende Umstellung von der Differenz zwischen Konformität und Abweichung, die die Individuen sortiert, auf die Differenz zwischen Inklusion und Exklusion, die die Kriterien zu beobachten erlaubt, nach denen die Gesellschaft entweder inkludiert oder exkludiert.

Im Rahmen der Bearbeitung jeweils eigener Probleme stellen sich die Systeme in der Umwelt des Sozialhilfesystems darauf ein, dass in bestimmten Fällen geholfen und auch nicht geholfen wird. Die Wirtschaft rechnet mit Arbeitslosenunterstützung und Stressberatung; die Politik vertraut auf die Aufrechterhaltung des sozialen Friedens; das Recht stellt sich auf Möglichkeiten ein, dort nicht strafen zu können, wo geholfen werden muss; die Familien kontrollieren aus Angst vor der Fürsorge ihre Gewaltbereitschaft; und die Personen gewöhnen sich entweder an Kommunikationen im Medium der Fürsorglichkeit und unterlassen, was diese in Frage stellen könnte, oder sie lassen sich schon deswegen auf Hilfe nicht ein, weil sie sich dann auch auf Fürsorglichkeit einlassen müssten.

Zur Krankenbehandlung ins Krankenhaus

Die Rolle der Organisation

Krankenbehandlung ist in der modernen Gesellschaft nahezu vollständig eingebettet in organisiertes Handeln und Entscheiden. Von den Vorzimmern der praktizierenden Ärzte über die Ambulanzen der Notfallärzte bis zu den Stationen und Operationssälen der Kliniken hat man es mit Entscheidungsabläufen zu tun, die durch andere Entscheidungen vergleichbarer Art konditioniert sind, während sie sich mit dem besonderen und singulären Fall eines Patienten beschäftigen. In einem verblüffenden Ausmaß greift die Gesellschaft auf eine für Zwecke der Quarantäne, der Gastlichkeit gegenüber Fremden, der Unterbringung wandernder Gesellen, der Armenfürsorge, der Sterbebegleitung und der gottesfürchtigen Dokumentation von Caritas geschaffene Einrichtung zurück, um Krankheiten zu diagnostizieren, zu erforschen, zu therapieren und, wenn möglich, zu kurieren.[1] Die Einrichtung von Hospizen löste im Mittelalter gleich mehrere Probleme: Ihre Finanzierung erlaubte den Spendern eine Kontrolle der Verwendung ihrer Gelder; sie konnten parallel dazu die Funktion von Banken übernehmen, und so konnte es Christen erspart werden, auf jüdische Geldverleiher zurückgreifen zu müssen; sie dienten der Rentenfinanzierung auf der Grundlage von Stiftungen; mit ihrer Hilfe konnte man Arme, die dies verdienten, besser behandeln als solche, die dies nicht verdienten (zum Beispiel weil sie auf Wanderung gingen, um nach Arbeit zu suchen); der soziale Status gerade der Unheilbaren konnte gesichert werden, indem sie hier einen Platz fanden; man konnte zum Lob der Stifter in prachtvolle Architektur investieren, oft auf der Grundlage eines Grundrisses in Form des christlichen Kreuzes; und nicht zuletzt konnte man Ärzte beschäftigen, die dabei halfen, die Sorge um die Armen und Kranken als weniger lästig zu empfinden.

In einer komplizierten und immer noch anhaltenden Geschichte der Transformation von Einrichtungen zur Unterscheidung der eigenen Leute von den Fremden (siehe das Gastrecht der Hospize) und der Lebenden von den Toten (siehe das *ius funerandi* der mittelalterlichen Hospitäler oder die Debatte um den Moment des Todes in der modernen Medizin) in Einrichtungen, die sich der Wiedererlangung von Gesundheit verschrieben haben, war und ist das Krankenhaus immer auch eine Einrichtung zur zunächst religiösen, dann polizeilichen, schließlich medizinischen (und vielleicht eines Tages genetischen) Vernichtung, Vertilgung und Aneignung des Gefährlichen und Bedrohlichen sowie eine Einrichtung zur Entwicklung und Erprobung des klinischen Blicks zur Unterscheidung und Klassifizierung und damit auch zur Produktion und Konstruktion dieses Gefährlichen und Bedrohlichen.[2]

Vor allem im Rückblick erstaunt, wie sehr es dem Krankenhaus gelungen ist, sich zum Schnittpunkt der Ansprüche hochgradig unterschiedlicher Funktionssysteme zu machen: die *Medizin* legt sich im Zeichen von Antisepsis und Anästhesie im Krankenhaus ihre Patienten zurecht (selbst die Reichen müssen sich irgendwann bequemen, ihre Krankheiten in Krankenhäusern behandeln zu lassen, weil nur hier hinreichend viel Licht vorhanden ist, um anspruchsvolle chirurgische Eingriffe vornehmen zu können)[3]; die *Ökonomie* macht sich den Umstand, dass im Krankenhaus Rechnungen über Unterbringung und Verpflegung an Förderer und Selbstzahler gestellt werden konnten, zunutze, auch andere Leistungen in Rechnung zu stellen; die *Erziehung* findet im Krankenhaus die Krankheiten vor, um deren Erkenntnis es der Ausbildung geht; und die *Wissenschaft* kann im Krankenhaus darüber streiten, mit welcher Trennschärfe welche Diagnosen und Therapien hier wie voneinander unterschieden werden können.[4] Im Schnittpunkt dieser vielfältigen Problemlagen konnte das im engeren Sinne medizinische Problem, der Umgang mit der hinfälligen Sterblichkeit des Menschen, zugleich definiert, ausgebeutet und entschärft werden. Und so sehr man es sich mittlerweile angewöhnt hat, diese positive Funktion des Krankenhauses auf ihre negativen Begleiterscheinungen hin zu beobachten, auf Phänomene des Hospitalismus, der Iatrogenese, der Präferenz der Nachschubsicherung vor »wirklicher« Heilung, der Bürokratisierung, Formalisierung, Hierarchisierung und Technisierung, der Kostenexplosion und nicht zuletzt der Fehleranfälligkeit,[5] so sehr steht bis heute außer Frage, dass die Konflikte zwischen menschlichem Ehrgeiz und menschlichem

Versagen[6] im Umgang mit der Krankheit, dem Sterben und dem Tod eher *im* Krankenhaus als außerhalb auszutragen sind und dass es eher darum geht, das Krankenhaus *weiterzuentwickeln* als nach Alternativen zu ihm zu suchen.[7]

Eine der wichtigsten und gegenwärtig interessantesten Formen dieser Weiterentwicklung geht allerdings über die traditionelle Form des formal institutionalisierten Krankenhauses hinaus und platziert dieses in einem ebenso differenzierten wie unübersichtlichen *Netzwerk* der Krankenbehandlung.[8] Die bereits *innerhalb* des Krankenhauses auffälligen »ecologies of knowledge« (Paul Atkinson)[9] zwischen den verschiedenen funktionalen und Leistungsbezügen der Krankenbehandlung (inklusive, nicht zu vergessen, der Leistungen des Patienten) erhalten damit eine neuartige Bedeutung, die sich unter dem Gesichtspunkt der Problemlösung ebenso wie dem der Problemgenerierung betrachten lässt. Im Konflikt- und Kooperationsfeld des medizinisch ebenso wie administrativ und ökonomisch, politisch und religiös bestimmten *healthcare* verlieren die bewährten Professionen der Medizin zugunsten neuer, fallgesteuerter Konfigurationen ihre Trennschärfe und erhält die Krankenbehandlung einen Unbestimmtheitsstatus der Einbettung in prinzipiell unentscheidbare Netzwerke, die die Verwaltung eines Krankenhauses vor neue Herausforderungen stellt.[10]

Wir wollen uns in diesem Beitrag die *Rolle der Organisation* in der Krankenbehandlung genauer anschauen, das heißt wir wollen aus soziologischer Sicht darstellen, wie und warum die Gesellschaft *auf rekursiv verknüpfte, hierarchisch formalisierte und medial verteilte Entscheidungen* zurückgreift, um Krankheiten zu identifizieren, zu behandeln und nach Möglichkeit zu heilen. Denn aus soziologischer Sicht sind sowohl Alternativen zur Organisation, die *Interaktion* und ein *Funktionssystem der Gesellschaft*, denkbar wie auch, vor dem Hintergrund dieser Alternativen, die Typik und Dynamik von *Entscheidungen*, im Unterschied zur interaktiven Kommunikation unter Anwesenden oder zur offenen Kommunikation in Funktionssystemen, darstellbar. Wir greifen für diese Untersuchung der Rolle organisierten Entscheidens auf die soziologische Systemtheorie zurück, die mit ihrer Unterscheidung von Systemtypen der Kommunikation besonders geeignet ist, trennscharfe Vergleiche anzuregen.[11] Zusätzlich nutzen wir die soziologische Netzwerktheorie, die in der Lage ist, Verknüpfungen riskanten Handelns unter dem

Gesichtspunkt der wechselseitigen Kontrolle der daran beteiligten Identitäten von Personen, Institutionen und Disziplinen zu beobachten.[12] Wir integrieren diese beiden Ansätze zu einer Formtheorie der Kommunikation, die andernorts ausgearbeitet ist.[13]

Wir orientieren uns bei unseren Überlegungen an einem Grundgedanken, der darin besteht, dass es dem Krankenhaus nur dann möglich ist, sich in dieser Gemengelage von Problemerzeugung und Problemlösung zu reproduzieren, wenn es letztlich als besser gilt, ins Krankenhaus zu gehen, als es zu vermeiden. Wir orientieren uns an der Idee des *guten* Krankenhauses und versuchen zu fragen, wie es gelingen kann, diese Idee immer wieder hochzuhalten. Letztlich liegt dem »guten Krankenhaus« ein einfacher Umstand zugrunde, auf den Johannes Sigrist aufmerksam gemacht hat: Angesichts der Stressoren, mit denen der Kranke dank seiner Krankheit konfrontiert ist, insbesondere, wenn es sich um eine schwere Krankheit handelt, wiegt die Situation des Krankenhauses, so stressig sie sein mag, nicht schwer; man nimmt das Krankenhaus in Kauf, weil die Unannehmlichkeiten andernfalls noch größer wären.[14] Man kann vielleicht noch einen Schritt weitergehen und vermuten, dass die vielfach untersuchten, auch von Sigrist aufgelisteten Stressfaktoren des Krankenhauses, der abrupte Rollenwechsel vom souverän Gesunden zum hilfsbedürftig Kranken, die Unterwerfung unter einen kollektiv geregelten Tagesablauf, die Konfrontation mit ständiger Präsenz von anderen (Verlust der Privatheit) bei gleichzeitiger Kontaktbegrenzung, die begrenzte Versorgung mit Information, die Unpersönlichkeit der Beziehungsformen bei hohem und ungeregeltem Sanktionspotential,[15] ganz abgesehen von der Konfrontation mit dem Schmerz, einer vielfach, wie man heute weiß,[16] vermeidbaren Konfrontation, und ganz abgesehen von den Gesundheitsrisiken und Nebenfolgen der Krankenbehandlung, nicht zuletzt eine Art Dramaturgie der Bewältigung des stärksten Stressfaktors, der eigentlichen Krankheit, darstellen, eine Dramaturgie der Konzentration und Ablenkung von Aufmerksamkeit. Den organisationalen Bedingungen dieser Dramaturgie gilt im Folgenden unsere Aufmerksamkeit.

Wir haben dabei im Blick, dass die hier aufgeworfenen Fragen heute vielfach als »ethische« Fragen gelten. Daran ist interessant, dass *ethos* im Griechischen sowohl auf die bloße Gewohnheit eines Verhaltens wie auf dessen sittliche Überhöhung im Sinne seiner moralischen Wünschbarkeit verweist. Das ist im griechischen Denken unproblematisch, weil die kosmologische Ordnung des Ganzen jedem Verhalten sein *telos*, seinen natürlichen Zustand und Ort des Einklangs mit allem anderen, gleich mit auf den Weg gegeben hat. Von diesem behaupteten Einklang zwischen Natur und Sitte kann man heute nicht mehr ausgehen. Vermutlich ist auch bereits dessen griechische Thematisierung, ausgelöst durch die Differenzerfahrung der Schrift,[17] die Thematisierung eines *problematischen* Einklangs. Wir verstehen daher die folgenden Überlegungen nicht zuletzt auch als eine soziologische Klärung der Einsatzbedingungen der ethischen Frage. Die Ethik[18] gibt Antworten auf Fragen, die die Soziologie stellt. Wir brauchen die Ethik, um herauszufinden, wo der Schuh drückt. Und wir brauchen die Soziologie, um uns anzuschauen, was für Füße hier in welchen Schuhen stecken.

Das gute Krankenhaus

Die Dramaturgie des guten Krankenhauses ist anspruchsvoller, als man sich dies auf den ersten Blick vorstellt. Da es um beides geht, um die Konzentration und um die Ablenkung von Aufmerksamkeit, muss mit Positionen und Negationen gearbeitet werden, die ihr jeweiliges Gegenteil enthalten.[19] Das heißt, wir müssen damit rechnen, dass die Kranken behandelt werden, während sie nicht behandelt werden, und nicht behandelt werden, während sie behandelt werden.[20] Wir nähern uns dem Problem der Erklärung organisierten Handelns in Krankenhäusern, das sich hierdurch stellt, gesellschaftstheoretisch, das heißt, wir unterscheiden zwischen Interaktion, Organisation und Gesellschaft, um die Verteilung der Ressourcen thematisieren zu können, auf die zurückgegriffen wird, um das Krankenhaus im Schnittpunkt der Dramaturgie der Krankenbehandlung sicherzustellen und zu reproduzieren.

Hierzu gibt es genügend Vorarbeiten. Man weiß dank Talcott Parsons um das »Kollektiv« der Arzt/Patienten-Beziehung, innerhalb dessen es eine Verteilung komplementär aufeinander abgestimmter Rollen gibt, die es erlauben, psychoanalytisch formuliert, miteinander im Rahmen körperlicher Berührungen intim zu werden, ohne das dadurch auftretende Risiko der Ausbeutung regressiver Wünsche der Hilfsbedürftigkeit auf der einen Seite und sexueller Wünsche auf der anderen Seite (wobei die Wünsche ebenso oszillieren wie die Seiten) dominant werden zu lassen.[21] Die Norm der affektiven Neutralität, die laut Parsons dieses Abrutschen in die Regression blockiert, ist verständlicherweise am ehesten in einem Kontext organisierten Entscheidens und Handelns abzusichern, der genügend Anlässe (formale Bedingungen und Anhaltspunkte für die Beobachtung durch Dritte) bietet, von den Attraktionen und Gefährdungen des Moments abzusehen, während man sich auf ihn einlässt.

Überlegungen dieser Art stellen die Körperlichkeit sowohl des Patienten als auch des Arztes und anderer Pfleger in den Mittelpunkt der Analyse. Die soziologische Beobachtung unterläuft damit die medizinische Praxis, den einen, den kranken, vom anderen, dem gesunden, Körper zu unterscheiden, um in diesem Unterschied ihre Norm der affektiven Neutralität zu verankern. Der soziologischen Beobachtung fällt auf, dass die Abstraktionsleistungen der Krankenbehandlung *am* Körper des Kranken vorgenommen werden müssen, und daher gerade nicht von ihm absehen können, während sie von ihm absehen. Die Norm der affektiven Neutralität, auf die sich der Mediziner, aber auch der Kranke berufen, um ihre kollektive Praxis zu bewältigen, ist daher die kommunikative Lösung eines strukturellen Problems und damit nur von der Kommunikation, das heißt jeweils prekär, sicherzustellen. Während der Arzt und der Kranke sich auf ihre affektive Neutralität konzentrieren, beobachtet der Soziologe die kommunikative Arbeit, die in die Aufrechterhaltung, die Erkundung und bei Bedarf die Verletzung der Norm fließen. Eine wichtige Rolle spielt hierbei die Technik. Der Körper des Arztes kontrolliert die Technik (vom Stethoskop bis zur Computertomographie), die dem Körper des Patienten helfen soll. An den Einsatzbedingungen der Technik hängt die Asymmetrie einer Rollenverteilung, die als solche die Situation der Krankenbehandlung strukturiert.

Jede Krankenbehandlung ist, darauf hat Paul Ridder in sorgfältigen Analysen hingewiesen, zunächst einmal Interaktion, das heißt Kommunikation unter Anwesenden, die sich wechselseitig wahrnehmen und dabei vor dem Problem stehen, das Ausmaß, in dem wir uns gesellschaftlich daran gewöhnt haben, unsere Körperlichkeit gerade nicht wahrzunehmen, einerseits zu respektieren, das gebieten die Normen des zivilisierten Umgangs miteinander, und andererseits hoch selektiv und sehr spezifisch aufzuheben, denn andernfalls wäre eine Krankenbehandlung nicht möglich.[22] Arzt und Patient müssen in der Lage sein, den Körper des Kranken minutiös auf Fortschritte und Rückschritte der Heilung hin zu beobachten.

Hilfreich ist hierbei, dass die Krankenbehandlung dem backstage-Bereich der Gesellschaft zugeordnet wird. Das heißt, es besteht zwischen Arzt, Pfleger und Patient Einvernehmen darüber, dass es hier nicht darum geht, Eindruck zu machen, sondern darauf ankommt, die Fähigkeit zum Eindruckmachen, »impression management« im Sinne von Erving Goffman,[23] wiederzugewinnen. Dass man auch in dieser Situation Eindruck schinden, also sein »Selbst« darstellen muss, gehört zu den Paradoxien der sozialen Situation, die vermutlich nicht unverantwortlich dafür ist, dass der Kranke so leidend und Arzt und Pfleger so bestimmend auftreten: Man akzentuiert dadurch die Besonderheit der Situation, riskiert jedoch pathologische Verwechslungen, die den Kranken auch andernorts in der Gesellschaft im Leiden und Arzt und Pfleger auch andernorts in der Gesellschaft in ihrer Autorität und zupackend korrekturbereiten Einfühlsamkeit ihr Selbst suchen lassen. Kontextverwechslungen dieser Art sind letztlich aber ihrerseits nichts anderes als Formen der gesellschaftlichen Repräsentation unverzichtbarer Differenzen: Man lernt etwas über den Kontext der Krankenbehandlung, die Bedingungen der Medizin, wenn man Patienten, Ärzten und Pflegern dabei zuschaut, wie sie sich hier, wo es unpassend ist, so verhalten, wie sie es dort, wo es passt, gelernt haben.

Vermutlich spielt das Auftreten und das Schwächerwerden des *Schmerzes* eine entscheidende Rolle bei dieser Fokussierung der Aufmerksamkeit auf den Körper des Patienten unter gleichzeitiger Beachtung von Dezenzgeboten und Intimitätsverboten. Der Schmerz indiziert, was man sich anschauen darf und muss und was nicht, und entzieht die schmerzfreien Zonen des Körpers der gleichwohl mitlaufenden Aufmerksamkeit. Insofern sind jüngere Initiativen zugunsten einer »schmerzfreien« Krankenbehandlung nicht nur von medizinischem Interesse, sondern auch Indikatoren einer möglichen Umwertung des Arzt/Patient-Kollektivs und der in ihm enthaltenen Rollen der Einbettung der Krankenbehandlung in die kommunikativen Kontexte von Interaktion, Organisation und Gesellschaft. Man wird nicht so weit gehen müssen, zu behaupten, dass der Schmerz bisher produziert wurde, um die Dramaturgie der Krankenbehandlung so zuzurichten, dass Abweichungen von den Normen des Umgangs mit dem Körper sowohl zugelassen als auch auf den Kontext der Gesellschaft zurückbezogen werden konnten. Der Schmerz ist mit einem Begriff der Organisationstheorie so etwas wie die »indifference zone«[24] der Krankenbehandlung: Innerhalb der Schmerzzone sind alle Eingriff erlaubt, außerhalb nicht. Aber man wird sagen können, dass die Schmerzen gesucht und gefunden wurden, die dieser Dramaturgie zuarbeiten konnten, und dass sich an der Dramaturgie etwas geändert haben muss, wenn die Schmerzen mit einem Mal als verzichtbar, als überflüssig, als unnötig gelten.

Es wäre nicht das erste Mal, dass sich bei näherem Besehen in Luft auflöst, was jahrzehntelang als unverzichtbare Praxis gilt. David Armstrong verweist auf *das Bett*, das zu hüten für die Chance der Heilung nahezu jeder Krankheit oberstes Gebot war, solange man es zum einen brauchte, um die anderen vor Ansteckung zu schützen, und zum anderen, um den Körper des Kranken hinreichend still zu stellen, um die Durchführung und Wirkung therapeutischer Maßnahmen kontrollieren zu können.[25] Sobald sich der Schwerpunkt der zu behandelnden Krankheiten von akuten Infektionskrankheiten auf tendenziell eher chronische Zivilisationskrankheiten verlagert und der Patient darüber hinaus als hinreichend diszipliniert gelten kann, um an der Therapie mitzuarbeiten, die ihm verschrieben wird, scheint das Bett überflüssig zu werden und gerät eine Institution, wie das auf dem Bett als »safety device« und »therapeutic space« beruhenden Krankenhaus, in Gefahr. Das allfällige compliance-Problem ist nicht der Gegenbeleg zu dieser These, sondern sein Beweis, denn im Rahmen der Bearbeitung dieses Problems findet die Disziplinierung des Patienten statt.

Interessant ist an diesem Beispiel jedoch nicht, dass man das Bett vor dem Hintergrund dieser doppelten Funktion auch bei Krankheiten einsetzte, die auf das Hüten des Betts nicht angewiesen sind, und auch nicht, dass man diese Doppelfunktion ökonomisch ausbeuten konnte, um die Auslastung, wenn nicht sogar den Ausbau der Krankenhäuser sicherzustellen. Ganz zu schweigen davon, dass man Jahrzehnte brauchte, um die Einsicht, dass unzureichend desinfizierte Betten und Bettzeug zu den wichtigsten Bakterienherden im Krankenhaus gehören, nicht nur zu realisieren, sondern auch ernst zu nehmen. Dasselbe Phänomen spielt sich heute, Stichwort: »patientensichere

Klinik«, auf dem Feld der Durchsetzung des Händewaschens unter Ärzten ab. Man hat den Eindruck, dass Ärzte glauben, buchstäblich auf Tuchfühlung mit den Risiken bleiben zu müssen, die sie zu bearbeiten haben, um das Gefühl, den Sinn, für sie nicht zu verlieren. Auch das zeigt, dass man neben dem Körper des Patienten die komplexe Rolle des Körpers des Arztes nicht aus den Augen verlieren sollte. Sondern interessant ist, dass die medizinische Entscheidung, jemandem Bettruhe zu verordnen, vielfältig und durchaus nicht ambivalenzfrei in Kontexte dieser Entscheidung verwoben ist, die sich auf eine rein medizinische Begründung nicht reduzieren lassen, sondern interaktionelle ebenso wie organisatorische, institutionelle und gesellschaftliche einschließen. Mit diesen Kontexten bekommt man es immer erst zu tun, wenn man nach Alternativen für bislang praktizierte Routinen sucht. Solange man sich an die Routinen hält, fallen die Kontexte so wenig auf, dass man sogar den Glauben daran verliert, dass es sie gibt. Man glaubt dann stattdessen, nicht das kontextuell Mögliche, sondern das technisch Notwendige zu tun. Das hilft dabei, den jeweils zu fällenden Entscheidungen kommunikativen Nachdruck zu verleihen, aber man sitzt dabei in der Falle selbst definierter Möglichkeiten, zu denen Alternativen nicht mehr in den Blick kommen. Technik, weil man auf die »Natur der Sache« verweisen kann, entlastet die Kommunikation, so vermutet die Soziologie von Arnold Gehlen bis Niklas Luhmann.[26]

Die Medizinsoziologie ist der Komplexität der Dramaturgie der Krankenbehandlung an verschiedenen Stellen auf die Spur gekommen. Sie hat das Krankenhaus, insbesondere die psychiatrische Anstalt, als »totale Institution« beschrieben, in der alles darauf hinausläuft, die Asymmetrie zwischen Arzt und Patient zu unterstreichen und für die Inszenierung einer Krankenkarriere zu nutzen, die je nach Verlauf der Karriere (und erst in zweiter Linie: der Krankheit) zur Heilung, zur Chronifizierung der Krankheit oder zum Tod führen kann.[27] Nach wie vor wichtig ist daran, dass jede Karriere eine Kombination von Selbstselektion und Fremdselektion ist, so dass man hieraus umfangreiche Forschungsprogramme gewinnen kann, die sich anschauen, in welchen Schritten, Phasen und Interpunktionen unterschiedliche Krankheitsverläufe so organisiert sind, dass sie als zwangsläufig gelten können (was sie organisch bedingt zuweilen auch sein mögen), obwohl und während Arzt und Patient alles dafür tun, dass es zu keinen Abweichungen von einer Karriere kommt, die eher häufiger als seltener zugleich einem Skript entspricht, auf das man sich einlässt, wenn man sich zu einer bestimmten Krankheit bekennt. Diese Einsicht gilt auch dann, wenn man sie aus dem spezifischen, weil beunruhigende Formen sozialer Kontrolle und Selbstdefinition implizierenden Zusammenhang der Untersuchung psychiatrischer Anstalten herauslöst und auf aufgeklärte Praktiken der Therapie anwendet.

Denn wie man zeigen kann und wie Marc Berg eindrucksvoll gezeigt hat, folgt die medizinische Praxis von der Aufnahme des Befunds bis zur Durchführung der Therapie mehr oder minder formalisierten Skripten, in denen festgehalten ist, wie man die selektive Aufmerksamkeit auf bestimmte Aspekte des Körpers des Kranken richten kann, ohne dabei Gefahr zu laufen, dem Körper und der Person des Patienten zu nahe zu kommen, geschweige denn, sich in den Unwägbarkeiten des Lebenswandels und der ambivalenten Selbstdiagnose des Patienten zu verlieren.[28] Im Zweifel hält die medizinische Praxis sich an das Krankenblatt, an das »medical record«, auf dem nicht nur verzeichnet ist, welche Zustände des Patienten relevant sind und welche nicht, sondern auch, wer sie beurteilen kann (nämlich derjenige, der die Einträge vornehmen darf, und das sind weder die Pfleger noch die Patienten noch ihre Angehörigen) und wer nicht, und wer daraufhin welche Maßnahmen zu ergreifen, wer zu kontrollieren und wer zu erdulden hat.

Niemand unter den Beteiligten nimmt an, dass die Krankenblätter determinieren, was geschieht. Stattdessen dienen sie einer selektiven Orientierung, die nicht nur den Fokus auf etwas Bestimmtes zu lenken erlaubt, sondern auch jeden Widerspruch, bestimmte Momente ausgenommen, auszuschließen erlaubt. Sie inszenieren die bearbeitbaren Zustandsveränderungen eines Körpers im Kontext einer organisationalen Hierarchie, die nicht nur die Zustände definiert, sondern auch die mögliche Veränderung, und sich so lange reproduzieren kann, wie alle Beteiligten in dem durch diese Definitionen aufgespannten Raum von Möglichkeiten ihren Rollen gerecht werden und ihren Platz bestätigt finden. Jeder Protest gegen die Hierarchie, gegen die in ihr vorgesehenen Rollen und Plätze, wird daher immer auch versuchen, die Zustände der behandelten Körper (von den von diesen unterschiedenen und gleichwohl ihnen zugerechneten psychischen und psychosomatischen Zuständen zu schweigen) und deren mögliche Veränderung anders zu definieren, als die herrschende Praxis es wahrhaben will. In dieser Form fangen die Krankenblätter die grundsätzlich unvorhersehbaren, als solche jedoch antizipierten Ereignisse des Krankheitsverlaufs ein und sorgen zur Überraschung aller Beteiligten dafür, dass sich das Unvorhersehbare zumindest im Rückblick als dasselbe herausstellt. Natürlich legt man diese Erfahrung allen weiteren Antizipationen zugrunde, so dass sich eine Weltsicht bestätigt, die in genau diesem Rahmen davon ausgehen kann, nicht wissen zu können, was als Nächstes geschieht.[29]

Das Ganze ist kein Spiel, sondern definiert »Trajektorien« des Möglichen, an denen mit der Reproduktion des Krankenhauses und der Reputation der Medizin auch die Überlebenschancen der Patienten hängen. Anselm Strauss hat diese Trajektorien des Möglichen: die diagnostische Arbeit des Arztes, die pflegerische Arbeit der Pfleger, die administrative Arbeit der Verwalter und die Gesundungsarbeit des Patienten, im Kontext einer immer wieder neu auszuhandelnden, weil mit ambivalenten Rollen, mit prekären Aussichten, mit dem Verdacht auf eigennutzorientiertes Handeln belasteten Ordnung mit wechselnden Forschungsteams ausführlich untersucht und dargestellt.[30] Und Werner Vogd hat dies jüngst durch den Hinweis darauf ergänzt, dass der Sachverhalt dadurch nicht einfacher wird, dass die Krankenbehandlung nicht nur unter dem Verdacht des Eigennutzes des Krankenhauspersonals, das sich um seine Arbeitsplätze Sorgen macht, steht, sondern darüber hinaus systematisch unter dem Verdacht der Täuschung:[31] Ärzte täuschen Patienten über ihre Heilungschancen; dieselben Ärzte, kontrolliert und unterstützt von der Krankenhausverwaltung, täuschen die Krankenkassen über die Notwendigkeit medizinischer Maßnahmen; Patienten täuschen Ärzte über das Ausmaß ihrer compliance; und die Krankenkassen täuschen die Patienten über das Ausmaß ihrer Finanzierungsbereitschaft. Der Witz daran, so Vogd, ist nicht, dass man diese Täuschungen durch Aufklärung und Kontrolle so schnell wie möglich ausräumen sollte, sondern dass sich in ihnen, in ihrer Notwendigkeit im Rahmen der Selbsttäuschung des Patienten zum einen und der Reproduktionserfordernisse der Krankenkassen (hier, wenn auch vielleicht nur hier, durchaus im Einklang mit den Patienten) zum anderen und in dem beides begleitenden Verdacht, die Systemrationalität einer Krankenhauspraxis verankert, die immer nur fallweise auch Anspruch auf Zweckrationalität erheben kann.[32] Die Krankenbehandlung im Krankenhaus ist gesellschaftlich derart aufgestellt, dass immer wieder dort Entscheidungen der unterschiedlichen Behandlung getroffen werden können, wo gleichzeitig der Eindruck der bloßen Notwendigkeit, das heißt der konditionalen Programmierung, nicht der Zweckprogrammierung,[33] aufrechterhalten wird. In einem wichtigen Buch haben Guido Calabresi und Philip Bobbit in diesem Zusammenhang gezeigt, dass das Krankenhaus dort »tragic choices« (über freie Betten, Ersatzorgane, Operationstermine, verfügbare Heilmethoden etc.) vorführen können muss, wo es »deliberate choices« trifft.[34]

Vermutlich kann man auch hier einen Schritt weitergehen und die Überlegung anstellen, ob es nicht gerade der Verdacht auf Täuschung ist, der die Täuschung immer wieder neu und für alle Beteiligten heilsam ermöglicht. Denn der Verdacht auf Täuschung wird unweigerlich die Aufmerksamkeit so selektiv fokussieren, dass währenddessen andernorts Unbeobachtetes geschehen kann. Ohne ein gewisses Element an Zauberei, ohne eine »Mogelei«,[35] die nach Bedarf dem Krankenhaus zurechnet, was im Körper des Patienten, und dem Patienten, was im Krankenhaus determiniert wird, kommt auch das Krankenhaus, kommt auch der Patient nicht aus. Eine solche Überlegung passt nicht zum Aufklärungsanspruch der Moderne, aber sie passt zu einer soziologischen Aufklärung, die darauf hinweist, dass jede soziale Praxis einen gewissen Intransparenzschutz verdient, weil sie vielfach Probleme zwar adressieren, aber nicht aus der Welt schaffen kann, und trotzdem für diese Problembewältigung unverzichtbar ist. Wo gälte dies mehr als im Bereich der Krankenbehandlung und der Einsicht in die Endlichkeit des menschlichen Lebens? Die Täuschung und der sie begleitende Verdacht, getäuscht zu werden, mögen insofern zu einer Dramaturgie des Krankenhauses dazugehören, die das Nein zur Krankheit im Kontext des Jas zur Krankheit braucht, um überhaupt irgendetwas ausrichten zu können. Ich plädiere damit nicht für die Kontinuität der Täuschung. Aber ich plädiere für einen behutsamen Umgang mit den Notwendigkeiten des Latenzschutzes sozialer Praktiken und der Gemütszustände aller Beteiligten.

Erst wenn man der Komplexität jeder denkbaren Entscheidung im Kontext der medizinischen Praxis einigermaßen ansichtig geworden ist, kann man sich mit ihrer Reduktion beschäftigen, mit einer Reduktion zumal, die den Sachverhalt nicht einfacher macht, sondern die Orientierung in ihm derart ermöglicht, dass Praktiken beibehalten werden können, die ihn so komplex werden lassen, wie er es ist.

Tatsächlich haben wir bereits an der Reduktion der Komplexität gearbeitet, während wir begonnen haben, sie sichtbar zu machen. Wir haben vom *Körper* des Patienten, von seiner *Interaktion* mit dem Arzt, von der *Organisation* des Krankenhauses und von einer *Gesellschaft* des Umgangs mit dem Problem des Todes gesprochen (und hätten hier jeweils noch sehr viel mehr ins Detail gehen können), so als seien dies isolierbare Sachverhalte, die man nur zusammennehmen müsse, um schließlich ein Bild davon zu haben, was Krankenbehandlung im Krankenhaus ausmacht. Und keine Frage, in allen vier Hinsichten, um uns auf diese zu beschränken, gibt es mehr oder minder ausgearbeitete Hinweise, auf die man zurückgreifen kann, um sich anzuschauen,

- was es bedeutet, über und von einem Körper zu *reden* und in ihn *einzugreifen*, der gleichzeitig und trotz allen diagnostischen Raffinements *nicht spricht*;[36]
- was es bedeutet, es in der Interaktion mit einer wechselseitigen Wahrnehmung zu tun zu haben, die alle Signale der Hilfsbedürftigkeit und der Autorität immer zugleich stützt und dekonstruiert (instruktiv und lesenswert zu diesem Doppelspiel sind in Krankenhäusern spielende Romane, von Thomas Manns *Zauberberg*, 1924, bis zu Wladimir Makanins *Underground oder Ein Held unserer Zeit*, 1998);
- was es bedeutet, mit jeder diagnostischen und therapeutischen Entscheidung, die einem bestimmten Patienten, einem bestimmten Fall und meist sogar einer bestimmten Situation entspricht, im Auge behalten zu müssen, wie in früheren und späteren, ebenso vergleichbar einzigartigen Fällen und Situationen entschieden worden ist und entschieden werden kann, um so den strukturellen Bedingungen der Krankenhausorganisation (ihren Programmen, ihren Entscheidungswegen und ihrem Personal) gerecht zu werden;[37]

– und was es bedeutet, dass eine Gesellschaft Mittel und Wege finden muss, anlässlich jedes einzelnen Todes eines ihrer Mitglieder diesen Tod zugleich anzuerkennen und das Leben der noch Lebenden zu respektieren. »And, of course, death has that positive side. However good the man, he becomes a toxic nuisance if he stays around to long. The blackboard, where all the information accumulates, must be wiped off, and the pretty lettering on it must be reduced to random chalky dust,« so Gregory Bateson.[38]

Das ändert jedoch nichts daran, sondern wird im Gegenteil eher unterstreichen, dass jedes einzelne dieser Teilphänomene zum Umgang mit den ihm inhärenten Problemen und Möglichkeiten auf Ressourcen aller anderen Teilphänomene zurückgreifen muss, so dass man mit fortschreitender Analyse den Gesamtzusammenhang sowohl besser erkennt als auch komplexer, also unübersichtlicher und undurchschaubarer, werden sieht.

Die »Form« der Krankenbehandlung ist daher, unter Zuhilfenahme der Notation von George Spencer-Brown mindestens die folgende:[39]

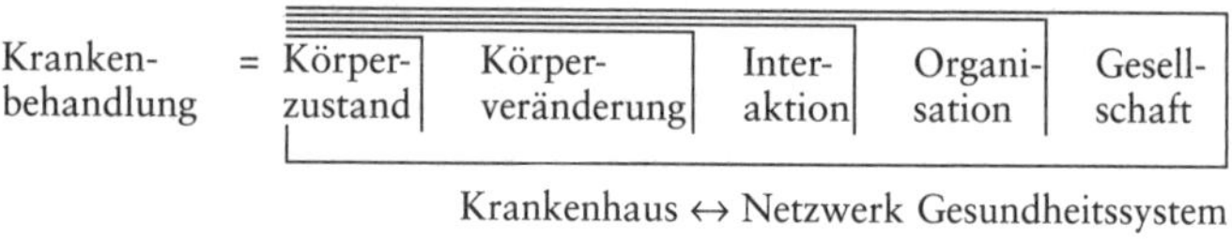

Sie »arbeitet« mit fünf Variablen (»Körperzustand«, »Körperveränderung«, »Interaktion«, »Organisation«, »Gesellschaft«) im Kontext von fünf Konstanten (den Unterscheidungen der fünf Variablen zuzüglich der Unterscheidung der Innenseiten der Form von ihrer Außenseite) und einem Wiedereintritt (re-entry) der Form in die Form, der Transformation vom Krankenhaus zum Netzwerk des Gesundheitssystems, in dem das Krankenhaus eine neuartige Rolle erhält, die jedoch nach wie vor abhängig ist von der einmal gewählten Form. Wir wählen diese Notation, weil sie es uns ermöglicht, Abhängigkeiten zwischen den Variablen zu beschreiben, ohne diese Variablen auf kausale Beziehungen festlegen zu müssen. Sie stehen stattdessen in »kommunikativen« Beziehungen zueinander.[40] Sie konstituieren im Kontext ihrer Unterscheidungen ein eigenes Netzwerk, das aus Unentscheidbarkeiten und Unbestimmtheiten besteht, die von Beobachtern, nämlich von denjenigen Personen, Konventionen, Praktiken, Skripts und Institutionen, die die genannten Unterscheidungen treffen, in jedem einzelnen Fall erst in Bestimmtheit überführt werden.[41] Die »Form« der Krankenbehandlung bildet auf diese Art und Weise den »Eigenwert« dessen, was als organisierte Praxis der Krankenbehandlung gelten kann,[42] die Anlässe und Umstände, die Sicherheiten und Unsicherheiten dieser Praxis variieren.

Wir müssen nach einer Möglichkeit Ausschau halten, die Analyse von Teilen des Phänomens der Krankenbehandlung zu ermöglichen, während wir die Komplexität des Gesamtphänomens unterstreichen. Mit anderen Worten, wir müssen unsere Beobachtungsfähigkeiten für überfordert erklären, denn nichts anderes impliziert der Begriff der Komplexität,[43] während wir unsere Analyse so weit entfalten, dass verständlich wird, dass die beteiligten Akteure im Feld, die im Prinzip, das heißt, sobald sie sich auf Beobachtung oder gar auf Reflexion verlegen, genauso überfordert sind wie wir, dennoch navigationsfähig bleiben und sogar vielfach das Gefühl haben, den vollen Durchblick zu haben. Es trifft sich gut, dass der kybernetische und systemtheoretische Komplexitätsbegriff auf dieses Problem antwortet, indem er zeigt, dass der Umgang mit komplexen Phänomenen immer dann möglich ist, wenn man auf ein »Verstehen« (im emphatischen Sinne) des Phänomens verzichtet und auf »Kontrolle« (im angelsächsischen Sinne) des eigenen Verhaltens im Umgang mit dem Phänomen, das heißt auf Selbstbeobachtung, Gedächtnis und korrigierbare Erwartungen, umstellt.[44] Kontrolle ist eine Form der Beobachtung, die die Zwischenergebnisse der Rekursionen und Iterationen einer Form des Sozialen, hier der Krankenbehandlung, beim Wort nimmt, ohne dafür wissen zu müssen, wie es zu diesen Rekursionen und Iterationen in jedem Einzelfall kommt. Die Kybernetik zieht damit dieselben Lehren aus der statistischen Mechanik, auf die auch Claude E. Shannon mit seinem Wahrscheinlichkeitsbegriff der Information rekurriert.[45]

Nimmt man hinzu, dass diese Kontrolle als wechselseitige, als zirkuläre Kontrolle des Kontrollierenden durch das Kontrollierte, und umgekehrt, zu interpretieren ist,[46] dann wird deutlich, dass wir mit diesem Komplexitäts- und diesem Kontrollbegriff schon da sind, wo wir soziologisch hinwollen: beim Verständnis des Verhaltens, der Kommunikation und der Entscheidungen der Akteure *als Beitrag* zur Entstehung und Bewältigung der Komplexität des Feldes, in dem sie agieren.

Wir brauchen, mit anderen Worten, eine Ahnung davon, wie sich die Beteiligten am Phänomen Krankenhaus, Ärzte und Patienten, Pfleger und Verwalter im dauernden Einverständnis und Konflikt miteinander jene einfachen Orientierungsregeln zurechtlegen, mit deren Hilfe sie Entscheidungen treffen, begründen und bezweifeln können, als deren Ergebnis wir es mit einem Phänomen zu tun bekommen, das ohne diese einfachen Orientierungsregeln längst an seiner Komplexität erstickt wäre. Und nur die Beteiligten wissen, wie viel Einverständnis der Konflikt voraussetzt und welche Konflikte das Einverständnis übertönt. Dass diese Regeln sich auf diese Art und Weise in ihrer Notwendigkeit und in ihrer Funktionalität selber bestätigen, macht keinen kleinen Teil ihrer Attraktivität und Überzeugungskraft aus. Versucht man sie zu ändern, bekommt man es deswegen auch gleich mit dem gesamten System zu tun.

In der soziologischen Systemtheorie hat es sich bewährt, zumindest im Fall von Funktionssystemen der Gesellschaft, wie das System der Krankenbehandlung eines ist, mit der Annahme zu arbeiten, dass die Kommunikation in diesem Funktionssystem einem binären Code unterworfen ist, der es erlaubt, zu erkennen, zu bestimmen und zu klären, was zum System gehört und was nicht, und der es daher ebenfalls erlaubt, alles andere, was nicht zum System gehört, mit einer entsprechenden Toleranz und Indifferenz als nicht anschlussfähig zu behandeln und auf sich beruhen zu lassen. Mit anderen Worten, binäre Codes machen ein System fehlerfreundlich, indem sie Störungen, insofern sie überhaupt bemerkt werden, aus dem System herausfallen lassen und unbekümmert nach weiteren Anschlüssen suchen, die es erlauben, das System zu reproduzieren. Das beste Beispiel dafür ist das Wirtschaftssystem, das einen langen Schatten externer Effekte hinter sich herzieht (eine Art »long tail«, lange bevor Googles Suchergebnisse dieses Phänomen – eben nicht: – augenfällig werden ließen), die, obwohl für Beobachter erkennbar vom System erzeugt, in dessen Preisen und damit in dessen Code Zahlung/Nicht-Zahlung nicht sichtbar werden und daher nur externen Beobachtern auffallen.

Auch das System der Krankenbehandlung, ein Funktionssystem der Gesellschaft, das für die Gesellschaft klärt, wie mit Kranken umgegangen wird, und das weder auf einzelne Arztpraxen und Krankenhäuser noch auf deren Summe reduziert werden kann, sondern auch häusliche Praktiken des Umgangs mit Krankheiten und auch soziale Praktiken des Nichtumgangs mit Krankheiten umfasst, arbeitet laut Annahmen der soziologischen Systemtheorie mit einem solchen binären Code.[47] Mithilfe dieses Codes, der aus dem positiven, Anschlüsse ermöglichenden Wert der *Krankheit* und dem negativen, das System insgesamt reflektierenden Wert der *Gesundheit* besteht, erkennt das System, was zu ihm gehört und was nicht, und kann es daher seine Blindheit gegenüber allem anderen organisieren.

Die Irritation, dass das Negative, die Krankheit, hier als *positiver* Anschlusswert, und das Positive, die Gesundheit, hier als *negativer Reflexionswert* veranschlagt werden, ist einerseits durchaus gewollt, weil so der Blick auf die Ambivalenz der Wirklichkeitskonstruktion gelenkt werden kann, und andererseits analytisch nicht zu vermeiden, weil ein positiver Anschlusswert darin besteht, Anschlüsse zu organisieren, und ein negativer Reflexionswert darin, sich ein System im System wie von außen anschauen zu können. In genau diesem Sinne behandelt das Krankenhaus nur Krankheiten, keine Gesundheiten, und bedarf der Gesundheit, um sich die Grenzen des eigenen Tuns vor Augen zu halten. Eine Alternative dazu wäre eine binäre Codierung im Rahmen der Unterscheidung *Krankheit/Tod*, mit der jedoch meines Wissens das System der Krankenbehandlung bisher nicht experimentiert hat.

Die oben genannte »Form« der Krankenbehandlung wird durch eine Unterscheidung supercodiert, die angibt, woraus diese Form ihre »Schließung« zum »System« erfährt:

Krankenbehandlung = Krankheit | Gesundheit

System

Man sieht, was dieser Code leistet, wenn man den entscheidenden analytischen Schritt macht, die soziologische Annahme zu teilen, dass Krankheiten einen *kommunikativen* Wert haben und dass von diesem Wert nicht zuletzt auch abhängt, dass und wie sie für die Medizin einen Wert bekommen können, so sehr Letzterer dann auch darin besteht, Ersteren zu bestätigen und im Verlauf zu modifizieren. Aber der entscheidende Punkt, darauf eben zielten die Analysen des klinischen Blicks bei Michel Foucault, besteht darin, eine Krankheit so zu bestimmen, dass man von ihr und über sie reden, sie an bestimmten Zeichen (»Symptomen«) erkennen, ihr bestimmte Ursachen und Wirkungen zurechnen und anhand dieser Zurechnungen von anderen unterscheiden (»Differentialdiagnose«) und ihr so nicht zuletzt einen Handlungsbedarf (»Therapie«) zurechnen kann. Das gilt auch dann, wenn man an Krankheiten sichtbar sterben kann, denn auch dann muss die kausale Zurechnung eines Todes auf eine Krankheit vorgenommen worden sein, da man andernfalls auch Opfer eines bösen Fluches oder neidischer Götter hätte werden können. Und diese kausale Zurechnung, so sehr sie dann auch »in der Sache« verankert werden kann, muss kommunikativ vorgenommen werden, das heißt, man muss in der Gesellschaft erst einmal auf die Idee gekommen sein und für diese Idee Unterstützung (wie immer widerstrebend) gefunden haben, dass man es nicht mit dem Fluch der Götter, Geister, Hexen oder des Schicksals, sondern mit einem organischen Phänomen und hier mit bestimmten Organen und so weiter zu tun hat.

Insofern ordnet der positive Wert des Codes nicht etwa das, was eine Krankheit »ist«, sondern das, was man sich in einer Gesellschaft, wie immer positivistisch überprüft durch eine evidenzbasierte Medizin,[48] unter einer Krankheit derart vorstellt, dass man auf die Idee kommen kann, zu einem Arzt zu gehen, sich in ein Krankenhaus überweisen zu lassen und dann auch noch mit Eingriffen in die körperliche Unversehrtheit konfrontieren zu lassen, die man unter anderen Umständen nicht hinnehmen würde – so sehr dann auch der gesamte medizinische Betrieb daran arbeitet, diese Umstände so zu bestimmen, dass die Eingriffe tragbar werden. Dabei ist die evidenzbasierte Medizin selbst ein Ergebnis gesellschaftlicher Verhandlung darüber, für welche Krankheiten unter welchen Umständen welche Diagnosen und Therapien als vertretbar gelten. Auf Evidenz, nämlich Beweise, muss man nur ausweichen, wenn sie allzu lange gefehlt hat.

Aber auch auf Seiten der Ärzte, Pfleger und nicht zuletzt der Verwalter, Träger, Kassen und Gesundheitsbehörden müssen Krankheiten so adressiert und bestimmt werden, dass Anschlusshandlungen, die ansonsten nicht im Bereich des Vorstellbaren liegen, möglich werden. Man muss körperliche Eingriffe vornehmen können, ohne dass diese mit Gewaltausübung verwechselt würden. Man muss Mitmenschen körperlich isolieren und ihnen eine extreme Immobilität zumuten. Man muss mit Todesfällen zurande kommen und Angehörigen Trost spenden und alles dafür tun, dass niemand bezweifelt, dass man alles Denkbare versucht hat. Heute spricht man von »palliativer Medizin«, wenn man speziell die Bemühungen hierzu meint. Aber das sollte nicht darüber hinwegtäuschen, dass die Medizin immer und unvermeidlich in Todesnähe operiert. Auf Seiten der Ärzte, Pfleger, Verwalter, Kassen und Behörden muss der Tod der Patienten immer wieder hingenommen werden, obwohl das gesamte System der Krankenbehandlung so aufgestellt ist, als könne es ihn verhindern. Die palliative Medizin zielt hier insbesondere darauf, das soziale Umfeld des Patienten dafür in Anspruch zu nehmen, den Moment des Sterbens wieder wenn nicht zum Gegenstand einer Entscheidung des Patienten, so zumindest seines Handelns und seines Erlebens zu machen.[49]

Tatsächlich wird die Ordnung dieser kaum noch zu ordnenden Situation (man erinnere sich an die Sterbeszenen des polnischen Grafen in Rainer Maria Rilkes Roman *Die Aufzeichnungen des Malte Laurids Brigge*, 1910) durch die Form einer binären Codierung aufrechterhalten, die es erlaubt, die Schwierigkeit der Applikation des Codes für die Lösung des Problems fruchtbar zu machen. Getragen von der Asymmetrie zwischen hilflosem, ertragendem Patienten auf der einen Seite und helfendem, die Hilflosigkeit permissiv zulassendem und unterstützenden Arzt auf der anderen Seite[50] wird eine Fülle möglicher Krankheitsdiagnosen auf der »positiven«, der Anschlussseite des Codes mit einem letztlich ebenso diffusen wie unrealistischen Reflexionswert der Gesundheit auf der »negativen« Seite des Codes konfrontiert, um so das Augenmerk auf eine Differenz zu lenken, die »kontrolliert« werden kann im oben genannten Sinne, ohne »verstanden« werden zu müssen. Die Eigentümlichkeit dieser Situation muss unterstrichen werden. Die Permissivität des Arztes lässt eine Hilflosigkeit des Patienten zu, die in Situationen außerhalb der Therapie (und mancher Formen der Erziehung) zu negativen Sanktionen führen würde, weil sie als abweichendes Verhalten wahrgenommen würde. Hier jedoch spannt die Permissivität des Arztes einen Handlungs- und Kommunikationsrahmen auf, in dem der Patient die anschließenden Diagnosen und Therapien sowohl hinnehmen muss als auch hinnehmen kann. Die zu kontrollierende Differenz jedenfalls ist diejenige zwischen körperlicher Zustandsbeschreibung und körperlicher Zustandsänderung – wobei es sich hier in erster Linie um den Körper des Patienten handelt, obwohl der Körper des Arztes und des Pflegers im Rahmen der Dosierung und Moderation seiner eigenen Intrusion, wenn man so sagen darf, eine nicht zu vernachlässigende Rolle spielt. Behandlung und Pflege sind abgeschlossen, wenn der Körper von Arzt und Pfleger sich vom Körper des Patienten wieder vollständig lösen kann.

Zwischen den beiden Polen denkbarer Krankheiten auf der einen Seite und einer zu Reflexionszwecken mitgeführten Möglichkeit der Gesundheit auf der anderen Seite wird der Körper des Patienten zum Subjekt und Objekt einer Karriere, die ihn von der Aufnahme des Patienten ins Krankenhaus bis zu seiner Entlassung nicht nur mit allen einschlägig erforderlichen Abteilungen des Krankenhauses in Berührung bringt, sondern ihn auch durch diese Abteilungen zu erfassen, zu behandeln und weiterzugeben erlaubt. Die dank entsprechender Verlautbarungen etwa der Weltgesundheitsorganisation ins Illusionäre gesteigerte Reflexion auf die Möglichkeit der Gesundheit erlaubt es, den Bedarf der Krankheitsdefinition an psychischen, somatischen, genetischen und biographischen Aspekten des Patientenkörpers festzumachen und ihn mit einer Ausdifferenzierung des Krankenhauses in entsprechende Einrichtungen des Gesundheitssystems zu korrelieren.[51] Sobald man körperliche Zustandsänderungen am Körper des Patienten mit Zustandsbeschreibungen des Kranken so in ein Verhältnis setzen kann, dass Ausgangspunkt und Zielpunkt eines medizinischen Eingriffes beschrieben und kontrolliert werden können, kann das System der Krankenbehandlung vom »Verstehen« der Krankheiten absehen und auf deren »Kontrolle« spezialisiert werden. Das System der Krankenbehandlung spezialisiert sich auf »einfache« Transformationen des Körpers des Patienten im Kontext »schwieriger«, wenn nicht sogar unverständlicher Zustände des Körpers des Menschen im Spannungsfeld von Krankheit und Gesundheit.

Dieses Verhältnis von einfachen Transformationen und schwierigen Zuständen bedingt das hohe Maß der Organisationsabhängigkeit des Systems der Krankenbehandlung. Während sich die Gesellschaft insgesamt und ihr Funktionssystem der Medizin auf das Ausloten symmetrischer Beziehungen zwischen Gesundheit und Krankheit konzentrieren und das System der Interaktionen zwischen Arzt und Pfleger auf der einen Seite und Patienten (und Angehörigen) auf der anderen Seite die Asymmetrie der Kommunizierbarkeit von Handlungen sicherstellt, kümmert sich die Organisation um das laufende Generieren jener Zustandsveränderungen der beteiligten Körper, angesichts derer die Krankheitsdiagnosen plausibel gehalten und die in die asymmetrische Interaktion investierten Vertrauensvorschüsse bestätigt werden können.

Mit dieser funktionalen Beschreibung der Rolle der Organisation des Krankenhauses korreliert das Ausmaß sowohl der Bürokratisierung als auch der Technisierung des Krankenhauses.[52] Die Differenzierung in Abteilungen, Stellen, Apparate und Berichte weist wie in jeder Organisation ihre soziale Eigendynamik auf, doch ist sie gleichzeitig, so zumindest unsere Vermutung, ein genaues Korrelat sowohl der Möglichkeit wie auch des Bedarfes an mehr oder minder nuancierten Veränderungen der Zustände der Patientenkörper.

Auch deswegen sind jene Zonen der Krankenhäuser, in denen es zu keinen Zustandsveränderungen (mehr) kommt, Krisenzonen sowohl der Medizin als auch der Kommunikation zwischen Ärzten, Patienten und Angehörigen. Im Zustand des Komas oder des Gehirntodes mutiert die Krankenbehandlung in eine Art *Opfer*, in dem der Körper des Patienten zugleich Adressat dieses Opfers als auch Gegenstand des Opfers zu sein scheint und es vor allem darum geht, ihn sterben lassen zu können, ohne an ihm schuldig zu werden.[53] Weniger dramatisch geht es in anderen Zonen zu, in denen es systematisch nicht zu Zustandsänderungen kommt, in den Ruhezonen der Gänge, Aufenthaltsräumen der Patienten und des Pflegepersonals oder in den Shopping- und Wellness-Bereichen eines Krankenhauses. Dementsprechend kann hier erzählt, kommentiert, ironisiert und bezweifelt werden, was auf der anderen Seite der Unterscheidung, in den Zonen der Veränderung, passiert.

Nicht zuletzt können sich am Kriterium der Zustandsveränderung jene Anforderungen an Anamnese, Diagnose und Therapie orientieren, die sich andernfalls im unendlichen Innenraum der kommunikativ nicht erreichbaren Körper und Psychen der Patienten verlieren würden. Die Produktion und Beobachtung der Zustandsveränderung von Körpern in der Krankenhausorganisation gibt einer Medizin ihren Halt, die unter dieser Bedingung an ihrem Nichtwissen nicht nur nicht scheitert, sondern es zum Anlass einer weiteren Ausdifferenzierung, ja Professionalisierung machen kann.[54]

Diese Form der Komplexitätsbewältigung im Rahmen der Produktion und Beobachtung körperlicher Zustandsveränderungen hat zwei Konsequenzen, denen wir zum Abschluss unserer Überlegungen nachgehen wollen. Zum einen wird die Krankenbehandlung zu einem *Netzwerkphänomen*, das Leistungen der Interaktion, der Organisation und des Funktionssystems gleichermaßen in Anspruch nimmt. Und zum anderen transformiert sie die Form des Körpers des Patienten in ein *Medium* der Krankenbehandlung, das den Körper des Menschen in ein *Medium der Gesellschaft* verwandelt. Das hat, nebenbei bemerkt, dramatische Folgen für das humanistische Selbstverständnis des Menschen, wenn dieser nicht *sich* (das heißt seine Bildung und Persönlichkeit), sondern *seinen Körper* (und dessen Prothesen) zum Medium einer nicht zuletzt technologischen Neuorientierung der Gesellschaft werden sieht.[55] Wir greifen beide Konsequenzen zusammen auf, weil in beiden tangiert wird, was unter einem guten Krankenhaus verstanden wird.[56]

Die Vorstellung des guten Krankenhauses definiert, welche körperlichen Zustandsänderungen das Netzwerk der Krankenbehandlung zu reproduzieren erlauben und welche nicht. In der Terminologie von Harrison C. White ist das Krankenhaus sowohl *interface* als auch *arena* und *council*:[57] Es stellt mit Blick auf die Identität aller Beteiligten fest, welche *Qualität* eine Entscheidung haben soll (*interface*), welche Abweichungen (*purity*) man sich von dieser Qualität leisten kann und welche nicht (*arena*) und welche Allianzen wie geschmiedet und aufrechterhalten werden müssen, um für das nötige *Prestige* aller Beteiligten zu sorgen (*council*). Auch hier hätte man es mit einer überfordernden Komplexität zu tun, könnte man nicht an körperlichen Zustandsveränderungen festmachen, worum es jeweils geht und worum nicht.

Das gute Krankenhaus hat sich historisch an drei jeweils hinreichend klar zu kommunizierenden Problemstellungen orientiert und daraus drei Vorstellungen menschlicher Körperlichkeit gewonnen, die es jeweils, wenn auch mit vielfachen Überlagerungen, erlauben, eine Kernkompetenz zu definieren und mit verschiedenen Erweiterungen zu experimentieren.[58]

Der historisch erste dieser drei Fälle ist das *Armenhaus* in Institutionenunion mit der Quarantänestation. Hier gewann das Netzwerk der Krankenbehandlung, das heißt gewannen die Interaktion mit den Patienten, die Organisation ihrer Versorgung und der gesellschaftliche Diskurs der Notwendigkeit dieser Versorgung ihre Identität und die daraus abzuleitenden Kriterien der Qualität, der Reinheit und des Prestiges aus einer *polizeilichen* Funktion, die zum einen auf den Schutz der Gesunden vor den Kranken und zum anderen auf den Schutz der Kranken vor den Gesunden hinauslief. Der daraus abgeleitete Körper war der *legitime* oder »anständige« Körper, für den jeweils bestimmt war, wo er sich aufhalten darf und wo nicht, und dessen Medialität sich darauf beschränkte, dass er eingesperrt, ausgesperrt und deportiert werden konnte.

Der historisch zweite Fall ist das *Akutkrankenhaus*, das auf die Behandlung von Infektionskrankheiten spezialisiert ist und dessen Identität, Qualität und Prestige sich aus der Antwort auf die Frage ergibt, ob es gelingt, die Erreger einer Infektion zu identifizieren und ihre Verbreitung zu kontrollieren oder nicht. Erst hier erhält das Krankenhaus eine im heutigen Sinne des Wortes *medizinische* Funktion, die darauf abstellt, den Infekt im Körper zu diagnostizieren und zu behandeln. Der daraus abgeleitete Körper ist der *rationale* oder »vernünftige« Körper, dem es gelingt, mit sich so umzugehen, dass er allen Gefährdungen entweder aus dem Weg geht oder sie durch angemessene Gegenmaßnahmen übersteht.[59]

Und der dritte Fall ist das Krankenhaus beziehungsweise die Klinik als *Gesundheitszentrum im Gesundheitsnetzwerk*, das die akute Krankheit zum einen im klassischen Sinne medizinisch, zum anderen jedoch unter dem Gesichtspunkt der Prävention, das heißt der Verhinderung von Verschlimmerung, behandelt und daraus eine Funktion gewinnt, die über die medizinische hinaus *therapeutisch* ist. Jetzt geht es darum, nicht nur die bisherige Geschichte der körperlichen Zustände des Patienten, sondern auch die absehbare zukünftige Geschichte in den Blick zu nehmen und durch geeignete Maßnahmen zu beeinflussen. Der Körper, der hier behandelt beziehungsweise begleitet wird, ist der *kommunikative* oder »fitte« Körper, der auf seine Fähigkeit hin beurteilt wird, an allen gesellschaftlichen Angeboten teilzunehmen, die als wünschenswert gelten (im Sinne wiederum der Gesundheitsdefinition der Weltgesundheitsorganisation von 1948). Identität, Qualität und Prestige gewinnt die Krankenbehandlung jetzt vor allem daraus, dass sie nicht mehr nur

Behandlung des kranken, sondern auch des gesunden Körpers ist, der dazu jedoch in ein Kataster von Alter und Fitness, Schlaf und Wachen, Sexualität und Erotik, Gedächtnisfähigkeit und Orientierung gefasst werden muss, das über medizinische Kategorien hinausführt.

Es ist auffällig, dass diese drei historischen Falltypen des Krankenhauses sowohl mit bestimmten Medienkulturen als auch mit bestimmten Organisationsmedien der Gesellschaft korrelieren, das Armenkrankenhaus mit der Schrift- und Hochkultur sowie der Institutionalisierung der Organisation, das Akutkrankenhaus mit der Buchdruck- und modernen Kultur und der Formalisierung der Organisation sowie das Gesundheitszentrum mit der Computer- und gegenwärtigen Kultur sowie der Globalisierung der Organisation. Die *Institutionalisierung* der Organisation bedeutete, dass es für das Krankenhaus zunächst einmal darum ging, als selbstverständliche und damit konsensfähige Einrichtung der Gesellschaft zu gelten.[60] Die *Formalisierung* der Organisation bedeutet, dass das Krankenhaus beginnt, sich nicht nur extern, sondern auch intern auszudifferenzieren, ein Prozess, der historisch schon sehr früh begann[61] und sich in der modernen Gesellschaft uneingeschränkt entfaltete. Voraussetzung hierfür waren der Gewinn und Einbau von Abstraktionsfähigkeit, Regelhaftigkeit und Standardisierbarkeit in jeden einzelnen Schritt der Krankenbehandlung und den Bezug der Schritte aufeinander.[62] Die *Globalisierung* der Organisation schließlich, mit einem hierfür etwas ungewöhnlichen Wort, bedeutet, dass das Krankenhaus sich zunehmend darauf einstellen muss, dass der Relevanz- und Vergleichshorizont des eigenen Therapieangebots wie der zunehmend informierten Suche des Patienten nach Alternativen der Horizont der Weltgesellschaft insgesamt ist.[63]

Die Unterscheidung von drei historischen Fällen in der geschichtlichen Entwicklung des Krankenhauses und ihre Korrelation mit drei Medienkulturen und Organisationsmedien, die sich an der Einführung jeweils eines neuen dominanten Verbreitungsmediums (Schrift, Buchdruck, Computer) in die Gesellschaft orientieren, mag hier etwas schematisch klingen,[64] ist jedoch geeignet, unsere Überlegungen einen Schritt weiterzubringen, weil sie es erlaubt, das Kriterium des *guten* Krankenhauses zu bestimmen. Dieses Kriterium bezieht sich auf eine Identität, eine Qualität und ein Prestige des Krankenhauses und seines Personals (übrigens auch: seiner Patienten!), die *am Körper* der Patienten (und eingeschränkt: auch am Körper der Ärzte und Pfleger) ein *gesellschaftliches* Problem lösen, nämlich das Problem des sinnhaften Umgangs mit den Gefahren und Möglichkeiten von Leben und Tod. Nur in dieser Form, so unsere These, vermag das Krankenhaus die andernfalls unüberschaubare Komplexität der Krankheiten und eines möglichen Umgangs mit ihnen zu ordnen.

In der *Schriftkultur* (der verschiedenen babylonischen, chinesischen, afrikanischen, griechisch-römischen und aztekischen Hochkulturen der Gesellschaft) kommt es nur darauf an, für den Körper einen angemessenen (gemessen am *telos*, das ihm zugeschrieben wird) Ort zu finden, seien es die Orte innerhalb von Stamm und Stadt, seien es die Orte der Aussetzung von Alten und Kranken, seien es die Orte der Quarantäne für Übergangsstadien (Rückkehr von der Jagd und von Reisen, Armut). Der Körper ist hier das Medium der Bewältigung sozialer Konflikte, an dessen Lokalisierung abgelesen wird, wie es um den Konflikt steht.

In der *Buchdruckkultur* (der modernen oder neuzeitlichen Gesellschaft) kommt es darüber hinaus darauf an, sachlich zu bestimmen, wie es diesem Körper geht, woran es ihm fehlt und wie ihm geholfen werden beziehungsweise wie er sich selber helfen kann. Der Körper wird hier zur Ressource der Bewältigung seiner eigenen Probleme – solange die Frist seines Lebens bemessen ist.

Und in der *Computerkultur* (unserer gegenwärtigen, der, wenn man so will, »nächsten« Gesellschaft)[65] wird der Körper zum Medium der Wahrnehmung sozialer Möglichkeiten, und dies ebenso reell und virtuell. Fitness und Wellness ordnen ihn nicht mehr nur lokal im Hinblick auf die Orte der Gesellschaft und auch nicht mehr nur faktoriell im Hinblick auf die Sachzusammenhänge der Reproduktion von Gesellschaft, sondern zusätzlich temporal im Rahmen der Frage, an welchen Optionen der Gesellschaft er schon und noch mit welchen Voraussetzungen teilnehmen kann und an welchen nicht.

War das *Reisebündel*, das anzeigt, dass er, wenn es gut geht, nur vorübergehend hier ist, das Kennzeichen des Kranken in der Schriftkultur, und das *Bett*, das anzeigt, dass alles Erforderliche getan wird, sein Kennzeichen in der Buchdruckkultur, so ist dieses Kennzeichen in der Computerkultur der *Internetzugang* zur Information über Krankheit, Diagnose und Therapie inklusive, in Kürze, einer Software zum Monitoring des eigenen Gesundheitszustands.[66]

Spätestens hier wird auch deutlich, worin die praktischen Konsequenzen unserer Überlegungen bestehen. Im guten Krankenhaus war immer schon Vielerlei wichtig und unverzichtbar, steht jedoch, so vermuten wir, immer etwas Bestimmtes im Zentrum der Imagination und Kommunikation, so dass es sich als einfacher herausstellen könnte, als man gemeinhin denkt, auch über angemessene Formen des *Managements* eines Krankenhauses nachzudenken. Das gute Management eines guten Krankenhauses erschöpft sich nicht in der Anwendung betriebswirtschaftlicher Steuerungskriterien auf die Krankenhäuser, so als seien diese nichts anderes als Unternehmen und daher durch nichts anderes als eine konsequente Kosten/Nutzen- und Verlust/Gewinn-Rechnung zu lenken. Es bezieht sich vielmehr auf die Realisierung und Kultivierung eines Krankenhauses im Rahmen seines sozialen Netzwerks, orientiert an professionellen Kriterien seiner Identität und Qualität. In der Schriftkultur bestand das Management eines Krankenhauses darin, die *Verweildauer* des Patienten sowie Aufnahme- und Entlassungsbedingungen zu regeln, und in der Buchdruckkultur darin, die *Erbringung der differenzierten Leistungen* des Krankenhauses am Bett des Patienten inklusive des Transports dieses Bettes dorthin, wo die Leistungen erbracht werden können, zu kontrollieren.

In der Computerkultur könnte es darin bestehen, den Widerstand der Ärzte gegen die Einführung des Computers aufzugreifen und in eine *kontrollierte Einführung des Computers* zu übersetzen. Welche Form diese Einführung annehmen wird, ob sie eher dem bisher verfolgten Muster der Einführung von decision-support-systems folgen wird[67] oder sich an den innovativen Ideen des Web 2.0 orientiert (information retrieval im Rahmen von search protocols, wikis, blogs und social software),[68] bleibt abzuwarten. So oder so kann man jedoch aus den hier berichteten Ergebnissen der soziologischen Forschung die Einsicht ableiten, dass die Komplexität der Problemstellung im Umgang mit den Krankheiten und Gesundheiten der Patienten nur dann bewältigt werden kann, wenn man sich anschaut, an welchen »boundary objects« sich Interaktion, Organisation und Diskurs orientieren.[69] Reisebündel und Bett sind es nicht mehr, der Computer ist es noch nicht.

Gegenwärtig ist absehbar, dass eine der wichtigsten Konsequenzen der Einführung des Computers gesellschaftsweit darin bestehen wird, dass sich die bisher vornehmlich institutionell und formal differenzierte Sozialordnung dieser Gesellschaft auf eine netzwerkförmige, heterarchische Sozialordnung umstellt.[70] Wir ahnen kaum, worauf die Umstellung der Gesellschaft auf den Buchdruck als dominantes Verbreitungsmedium der Kommunikation hinauslief, da müssen wir uns, zusätzlich zum Verständnis von Film und Fernsehen, um eine Beobachtung der Umstellung der Gesellschaft auf die Kommunikation im Medium des Computers und des Internets einstellen.[71]

Insbesondere für die Welt der mehr oder minder formalisiert-hierarchisch, bürokratisch und technokratisch definierten Welt der Organisationen scheinen die Folgen dieser Umstellung weitreichend zu sein. Ging es bisher und in den Medien der Hierarchie, der Profession und der Formalität vor allem darum, die Abstraktionen der Organisation vom Lebensvollzug der Gesellschaft zu kontrollieren,[72] so geht es jetzt und in den Medien der Heterarchie, der Projektorganisation und der Kompetenz zunehmend darum, Verknüpfungen zwischen verschiedenen Leistungsträgern zu ermöglichen, die laufend sowohl in kompetitiven als auch in komplementären Beziehungen zueinander stehen und daher, leichter gesagt als getan, sowohl zum Konflikt als auch zum Ausgleich miteinander befähigt sein müssen.[73]

Noch ist offen, was dies bedeutet. Doch zwei Folgen sind bereits jetzt absehbar. Auf sie und auf ihren Zusammenhang mit der Einführung und Durchsetzung des Computers könnte sich die medizinsoziologische Forschung in der näheren Zukunft konzentrieren. Die erste Folge liegt auf der Hand. Ein Krankenhaus, das als Klinik im Netzwerk vielfältiger und unterschiedlicher weiterer Leistungsträger bestehen muss, kann nicht mehr und gleichsam nebenbei von Ärzten gemäß deren professionellem Selbstverständnis (»Krankheit« → »Diagnose« → »Therapie«) auch verwaltet werden. Es ist historisch noch nicht lange her, dass es den Medizinern gelungen ist, sich in der Konkurrenz mit ausgedienten Beamten der städtischen und staatlichen Verwaltung und mit verdienten Offizieren der Armee an der Spitze der Krankenhausverwaltung durchzusetzen. Auf Beamte und Soldaten hatte man nicht nur deswegen gerne zurückgegriffen, weil man ihnen Erfahrung mit Verwaltung, Disziplin und Kontrolle zurechnete, sondern auch, weil man mit ihrer Hilfe Ärzte unter Kontrolle halten konnte, die man für Leute mit zu viel Einfluss hielt.[74] Jetzt jedoch tritt eine Verwaltungselite an ihre Stelle, die ihre eigene Ausbildung (vermutlich vor allem im Bereich der »Gesundheitsökonomie«) und ihre eigenen Karrierepfade hat.

Nur auf den ersten Blick werden die Ärzte dadurch entmachtet. Auf den zweiten Blick wird man sehen (lernen), dass Ärzte im Netzwerk über Funktionen und Kompetenzen der Diagnose, Therapie und Abrechnung verfügen, denen sich die Verwaltung ihrerseits anpassen muss. Das jüngst in Deutschland eingeführte System der Diagnosed-Related-Groups (DRGs) ist nicht zwangsläufig ein Instrument zur Durchsetzung einer administrativen Kontrolle der medizinischen Leistungserbringung, sondern kann ebenso sehr auch als Medium der Profilierung ärztlicher Unersetzbarkeiten und damit des fallweise immer erst auszutragenden Konflikts zwischen Krankenhausleitung und Ärzteschaft fungieren. Man kennt entsprechende Medien der Konfliktstimulierung und Konfliktbewältigung aus Unternehmen und hat dort, etwa im dauernden Streit zwischen Holding und Profitzentren um produktiv investiertes versus spekulativ investiertes Kapital, positive Erfahrungen mit ihnen sammeln können.[75]

Im Krankenhaus läuft die entsprechende Diskussion unter dem Titel eines »komplexen Fallmanagements«, das es erlaubt, den Definitions*bedarf* eines jeden Falles in medizinischer und administrativer Hinsicht zu definieren, ohne vorwegzunehmen, *wie* diese Definitionen jeweils ausfallen. Nicht unerwünscht ist dabei die Nebenfolge, dass an der Komplexität des »Falls« die Einfachheit der Unterscheidung administrativer und medizinischer Relevanzen zerbricht und situations- und problemadäquaten Zurechnungen Platz macht. Damit schneiden wir jedoch bereits einen Aspekt an, der für den zweiten Aspekt der Emergenz von Netzwerkorganisationen in der Reaktion auf die Einführung des Computers von Bedeutung ist.

Die zweite Folge der gesellschaftlichen Umstellung auf die Einführung des Computers ist subtiler und betrifft das Ärzte-, Pflege- und Verwaltungspersonal eines Krankenhauses ebenso wie den Patienten. Die heterarchische, also zirkulär vernetzte Form der sozialen Organisation erlaubt eine nicht unerhebliche Zunahme der Komplexität dieser Organisation, deren

Bewältigung nicht auf dem klassischen Weg ihrer entweder kausalen oder statistischen Beschreibung, sondern nur auf dem postklassischen, die *Interaktion mit der Selbstorganisation des Phänomens* suchendem Weg möglich ist.[76] Im besten Einklang mit Überlegungen einer quantenmechanischen Physik läuft diese Komplexitätsbewältigung auf einer Ebene, die die Anerkennung von Unbestimmtheit und Unentscheidbarkeit mit der Konzeption von Stellen, an denen fallweise beobachtet und entschieden wird, wie man jeweils mit dieser Komplexität umgeht, vereinbart.[77]

Diese Unbestimmtheitsstellen als *Stellen der durch keinen Plan vorwegzunehmenden Intervention, das heißt Entscheidung von Beobachtern* sind mindestens für den Patienten, den Arzt und den Verwalter vorzusehen.[78] Nur wenn durch ein entsprechendes Design an mindestens diesen drei Stellen hinreichende Freiheitsgrade der Entscheidung eingeräumt werden, vermag sich das System der Krankenbehandlung auf ein neues Muster der Selbstorganisation einzupendeln, das möglicherweise in einigen Hinsichten dem alten Krankenhaus im Netzwerk von Arztpraxen, Krankenkassen und Krankenhausträgern ähnelt, in vielen anderen Hinsichten jedoch dramatisch anders aussehen wird.[79] Nach wie vor wird es technisch und administrativ bedingte Zentren der Krankenbehandlung geben, doch zwischen diesen Zentren, deren Größe von ihrer Fähigkeit zur Entscheidungsfindung abhängt, wird es hochgradig flexible, auf dem Prinzip der losen Kopplung beruhende und sich fallweise neu organisierende Vernetzungen geben, die jeder klassischen Idee der Planung, Kontrolle und Rationalität spotten. Die Organisationstheorie kennt das sich hier einspielende Modell unter dem Stichwort der »garbage can«,[80] doch für Krankenhäuser, in denen es wie verzögert auch immer um Leben und Tod geht, ist dieses Modell sicherlich auf der Ebene des Alltagshandelns erprobt, doch auf der Ebene bewussten Organisationsdesigns weitgehend unbekannt.[81]

Man wird erwarten dürfen, dass bisherige Möglichkeiten des Treffens von »tragic choices« in der Organisation des Krankenhauses zunächst verloren gehen und wiedergefunden werden müssen, wenn sich diese Organisation auf Netzwerke umstellt. Man wird darüber hinaus erwarten dürfen, dass der Widerstand gegen die Umstellung auf Netzwerke solange nicht gebrochen werden kann, wie diese Bedingung nicht erfüllt ist. Und man darf dementsprechend hinzufügen, dass die Umstellung auf Netzwerke weniger ein Akt administrativer und betriebswirtschaftlicher Entscheidung, sondern vielmehr eine Frage der sozialen Evolution ist,[82] in der die Retention selegierter Variationen nicht zuletzt davon abhängig ist, ob Intransparenzchancen für latent zu haltende Bedingungen der Krankenbehandlung gefunden werden können oder nicht.

Unsere hier vorgestellten Überlegungen zu den Variablen des Körperzustands, der Körperveränderung, der Interaktion, der Organisation und der Gesellschaft haben nicht zuletzt den Zweck, ein genaueres Beobachten der Art und Weise zu ermöglichen, wie auf dem Feld der Suche nach dem guten Krankenhaus die Karten neu gemischt werden. In dieser Hinsicht mag es verblüffen und beruhigen, dass der oft allzu verkürzt unter den Stichworten des *benchmarking* und der *evaluation* laufende Prozess einer *globalen* Ausweitung der Beobachtungshorizonte der Krankenbehandlung im Endeffekt eher auf Formen der Komplexitätsreduktion hinausläuft, die sich lokal durchsetzen lassen, wenn und weil sie sich global bewährt haben. Das *benchmarking* stellt den immer mitlaufenden Vergleich mit anderen administrativen und medizinischen Lösungen ähnlicher Problemstellungen sicher, wobei bereits in der Arbeit an der Problemstellung ein die Rationalität des Verfahrens sicherstellender Aufwand an Intelligenz stecken kann. Und die Bemühungen um *Evaluation* stellen sicher, dass einzelne administrative und medizinische Einheiten jene Befähigung zur Selbststeuerung erhalten können, die mit Netzwerkformen der Fremdsteuerung kompatibel sind,[83] wobei auch hier gilt, dass die Arbeit an den Kriterien, an denen man sich messen lassen will und muss, bereits jenen Schritt zur Systemrationalität enthält, die es erlaubt, die Selbstkontrolle als ökologische Kontrolle im Netzwerk der unterschiedlichen Umwelten der einzelnen organisatorischen Einheiten zu entfalten.

Im vielfach dezentrierten Zentrum des Geschehens steht jedoch nach wie vor das von Talcott Parsons beschriebene Arzt/Patient-Kollektiv. Unabhängig davon, wie sich die Netzwerke der Krankenbehandlung entfalten werden, wird es interaktiv, organisational und gesellschaftlich immer darauf ankommen, die Art und Weise zu moderieren, wie sich der Körper des Arztes dem Körper des Patienten nähert, dessen Zustände beschreibt und verändert und sich wieder von ihm löst. Technik und Bürokratie sind die Schnittstellen dieser ebenso körperlichen wie kommunikativen Begegnung, nicht die Bedingungen ihrer Unmöglichkeit.

Erziehung im Medium der Intelligenz

Ort und Anspruch der Erziehung

Die Erziehungswissenschaften diskutieren über Niklas Luhmanns Vermutung, dass sich das Erziehungssystem der Gesellschaft im Laufe des 20. Jahrhunderts von der bisherigen Kommunikation im Medium des »Kindes« auf eine Kommunikation im Medium des »Lebenslaufs« umgestellt hat.[1] Jochen Kade greift diese Diskussion in einem neuen Beitrag auf und verstärkt die Skepsis der Erziehungswissenschaften gegenüber Luhmanns Vermutung mithilfe zweier gegenläufiger Überlegungen.[2] Die erste Überlegung befürchtet angesichts des Umstands, dass auch andere soziale Systeme, vor allem Organisationen mit ihren Karriereangeboten, auf den Lebenslauf eines Individuums Einfluss nehmen, einen Autonomieverlust des Erziehungssystems. Und die zweite Überlegung befürchtet gerade umgekehrt, dass sich das Erziehungssystem gegen diesen Zugriff anderer sozialer Systeme auf den Lebenslauf des Individuums durchsetzen könnte und damit eine einzigartige, riskante und auf Dauer nicht durchhaltbare Stellung in der Gesellschaft gewinnen könnte. Für Jochen Kade ist es zu früh, der einen oder anderen Befürchtung das größere Gewicht beizumessen. Stattdessen verweist er darauf, dass zum einen nicht alle Erziehung im Erziehungssystem stattfindet, so dass ein gewisser Autonomieverlust offenbar eher zu verschmerzen ist, und dass zum anderen die erziehungswissenschaftliche Perspektive möglicherweise dazu neigt, die Ausdifferenzierung des Erziehungssystems zu übertreiben, so dass es realgesellschaftlich eher nicht so schlimm kommen wird, wie es von manchen befürchtet und anderen betrieben wird.

Es mag sein, dass diese Diskussion für das Erziehungssystem so typisch ist wie für die Erziehungswissenschaften. Das System befindet sich in einer Orientierungskrise, angesichts deren die Reflexionstheorie des Systems (nämlich die Erziehungswissenschaft) nicht weiß, ob sie eher defensiv oder eher offensiv reagieren soll. Ist die Pädagogisierung der Gesellschaft dank der Übertreibung der guten Absichten der Erziehung und dank der Eroberung auch der Erwachsenen als Klientel »lebenslangen Lernens« zu weit getrieben worden? Leistet das Erziehungssystem als inhärenter Bestandteil der Wohlfahrts- und Versorgungsgesellschaft zu viel, so dass individuelle Chancen der selbständigen Orientierung und Reorientierung in der Gesellschaft angesichts laufend neuer Lehr- und Lernangebote ungenutzt bleiben? Oder befinden wir uns eher umgekehrt in der Situation, dass die Möglichkeiten des Erziehungssystems beim Aufbruch in die schöne neue Welt der »Wissensgesellschaft« noch gar nicht hinreichend genutzt werden? Leistet das Erziehungssystem als nachhinkender Teil der Informations- und Wissensgesellschaft eher zu wenig, so dass sich große Teile der Bevölkerung nach wie vor in einem unmündigen Zustand des Umgangs mit den Informations- und Unterhaltungsmedien der Gesellschaft befinden?

Der Beitrag von Jochen Kade beansprucht nicht, diese Fragen zu beantworten. Er macht jedoch deutlich, dass die Vermutung, die Reproduktion des Erziehungssystems vollziehe sich im Kommunikationsmedium des »Lebenslaufs«, eher ungeeignet ist, sich einer Entscheidung dieser Fragen zu nähern. Das hängt vor allem damit zusammen, dass der Lebenslauf eines Individuums dem Erziehungssystem eben nicht vollständig zugänglich ist, also nicht von diesem in Eigenregie verwaltet werden kann, sondern als gesellschaftliche Voraussetzung des Erziehungssystems hingenommen werden muss. Das Erziehungssystems kann mithilfe der von ihm angebotenen Schul- und Kompetenzkarrieren dann zwar versuchen, in diesen Lebenslauf mit eigenen Konditionierungen einzugreifen und ihm Formen einzuprägen, die nicht unbedingt auf der Linie der Vorstellungen einzelner Individuen oder der Organisationen anderer Funktionssysteme liegen; aber auch dann muss das Erziehungssystem diese Formen der Erprobung und Bewährung in der Gesellschaft aussetzen, ohne sicherstellen zu können, dass diese Erprobung und Bewährung nach pädagogischen Kriterien vorgenommen werden. Jochen Kade neigt dazu, diese Einsicht in die »Transzendenz« des Mediums Lebenslauf gegenüber dem Erziehungssystem letztlich eher als willkommene Grenzbedingung des Systems zu bewerten, die das System mit der Gesellschaft strukturell koppelt und den Zugriff der Pädagogik auf die Gesellschaft damit einigermaßen in Grenzen hält.

Das bedeutet jedoch andererseits nicht, dass die Probleme der Theorie der Erziehung damit hinreichend gelöst wären.

Denn erstens hat man den Eindruck, dass die Vermutung des Kommunikationsmediums »Lebenslauf« bei aller theoretischen Eleganz wieder nur ein Fall »enttäuschender Theorie« ist,[3] weil die begriffliche Beweglichkeit das sachliche Urteil eher erschwert als erleichtert. Und zweitens fällt es angesichts der ungeklärten Fragen zum Medium »Lebenslauf« schwer, eine Diskussion zu beurteilen, die über das Postulat dieses Mediums noch hinausgeht und mit Dieter Lenzen aufs Ganze eines Mediums der »Humanontogenese« innerhalb nicht mehr nur eines Erziehungssystems, sondern eines »kurativen Systems« der Gesellschaft geht.[4]

Aus einer soziologischen Perspektive zögert man, dem Erziehungssystem in welcher neuen Form auch immer so viel Verantwortung für Mensch und Menschwerdung zuzuweisen, selbst wenn diese Verantwortung *für das Medium* der Menschwerdung und nicht für die in diesem Medium möglichen *Formen* des Menschlichen formuliert wird. Dieses Zögern wird jedoch nur fruchtbar, wenn man sich aus einer soziologischen Perspektive an der Diskussion um die Grenzen des Erziehungssystems beteiligt. Nur bei einem zureichenden Verständnis der Limitationalität von Erziehung kann allzu defensiven oder offensiven, deflationären und inflationären Tendenzen der Entwicklung von Erziehung gegengesteuert werden. Die Medienfrage steht im Zentrum dieses Interesses an Limitationalität, weil sie über Autonomie und Grenzziehung des Systems gleichermaßen entscheidet. Sie entscheidet über die Autonomie, weil das Medium zu spezifizieren erlaubt, welche Kommunikation in einem Funktionssystem der Gesellschaft motivations- und selektionsfähig ist. Und sie entscheidet über die Grenzziehung, weil das Medium nicht zwangsläufig, aber doch regelmäßig mit einer binären Codierung der Kommunikation einhergeht, die als Erkenntnisregel verstanden werden kann, welche Kommunikation der Erziehung zuzuordnen ist und welche nicht. Die Medienfrage ist daher ein geeigneter Ausgangspunkt, um nach Kriterien zu suchen, unter denen dem Erziehungssystem von der Gesellschaft wieder ein Vertrauen entgegengebracht werden kann, das es weder überfordert noch unterfordert.

Mein Kommentar zum Beitrag von Jochen Kade wird sich daher im Folgenden darauf konzentrieren, zum Medium »Lebenslauf« einen Gegenvorschlag zu machen, der interessanterweise weder in den Überlegungen von Luhmann noch in der erziehungswissenschaftlichen Diskussion eine große Rolle spielt, obwohl er von Talcott Parsons hinreichend prominent in Stellung gebracht worden ist. Ich möchte vorschlagen, zu prüfen, ob es aus den genannten Schwierigkeiten hinausführt, die »Intelligenz« als Medium der Erziehung anzunehmen. Es mag sein, dass dieser Vorschlag angesichts des gegenwärtigen Zustands schulischer und universitärer Erziehung sehr weit hergeholt ist, weil man hier nur noch selten auf die Idee kommt, die beobachtbaren Vorgänge auf welche Art und Weise auch immer mit dem Stichwort »Intelligenz« zu assoziieren. Es mag jedoch auch sein, dass dies bereits ein Beleg für die Intelligenz des Systems ist, das sich im Hinblick auf die eigenen Zustände eben keiner Selbsttäuschung hingibt und die Beobachtung der eigenen Zustände dazu nutzt, jene Umstellungen vorzunehmen, die der gesellschaftliche Strukturwandel offenbar, aber hinreichend unklar, zu fordern scheint.

Darin liegt der Vorteil der soziologischen Perspektive. Sie hält Abstand zu den Professionsideologien der Erziehungswissenschaft und rekurriert stattdessen auf Versuche, die Modalitäten der Ausdifferenzierung des Erziehungssystems mit gesellschaftlichen Strukturen und deren Veränderung rückzukoppeln. Sie hält sich nicht an die Notwendigkeit einer Reflexionstheorie, die *Identität* des betreuten Systems zu bestätigen und zu pflegen, sondern setzt stattdessen auf die *Differenz* des Systems im gesellschaftlichen Zusammenhang. Anlass dazu ist zur Genüge gegeben, da die Umstellung von der Buchdruckgesellschaft auf die Computergesellschaft das Erziehungssystem nicht unberührt lässt. Das Kommunikationsmedium »Kind« hat Luhmann als ein Produkt der Buchdruckgesellschaft beschrieben. Beim Kommunikationsmedium »Lebenslauf« hat er keine Zuordnung zu einer gesellschaftlichen Differenzierungsstruktur vorgenommen, sondern sich stattdessen und vielleicht voreilig von der Erweiterung der Erziehung zur »Weiterbildung« leiten lassen.[5] Möglicherweise lässt sich das Medium »Intelligenz« schlüssiger mit der Hypothese eines Übergangs zu einer Computergesellschaft vereinbaren.

Luhmann hat seine abschließende, aber Fragment gebliebene Monographie zum Funktionssystem der Erziehung unter dem eher vorsichtigen Titel *Das Erziehungssystem der Gesellschaft* geschrieben und nicht unter dem von der Serie seiner Monographien über die Funktionssysteme der Gesellschaft her zu erwartenden Titel *Die Erziehung der Gesellschaft*. Meines Erachtens hat er damit einen noch einzulösenden Anspruch markiert. Von der Erziehung der Gesellschaft ist erst dann schlüssig zu sprechen, wenn Erziehung und Gesellschaft über Ort und Anspruch der Erziehung mit sich im Reinen sind. Möglicherweise leistet die Medienfrage auch zur Klärung dieses Anspruchs einen Beitrag.

Die Krise der Erziehung

Talcott Parsons' Vorschlag, die »Intelligenz« als Kommunikationsmedium (er sprach unter Bezug auf einen »Austausch« zwischen Systemen noch von »Austauschmedien«) zumindest der höheren Erziehung an Universitäten zu konzipieren, reagierte ebenfalls bereits auf eine Orientierungskrise der Erziehung, die in den 1960er Jahren durch Konflikte um die Rollenstruktur der Erziehung, sprich: durch die Auseinandersetzung der Studenten mit den Autoritätsbehauptungen der Professoren, ausgelöst worden war.[6] Parsons zog aus seiner Beobachtung dieses Konflikts eine denkbar weitreichende Konsequenz, die ähnlich wie Dieter Lenzens Idee eines Mediums der »Humanontogenese« davon ausgeht, dass die Krise der Erziehung nicht nur das Ergebnis eines innergesellschaftlichen Konflikts zum Beispiel zwischen Erziehung und Wirtschaft (Arbeitsmarkt, Berufsbilder) oder zwischen Erziehung und Politik (Demokratisierungsvorstellungen) ist, sondern darüber hinaus die Ausdifferenzierung der Gesellschaft im Verhältnis zu Körper, Natur und Bewusstsein betrifft. Erst daraus ergibt sich die Bezeichnung der studentischen Bewegung als eine »kulturelle« Krise der Gesellschaft. Denn diese Bezeichnung soll die Bewegung nicht etwa als »bloß kulturell« abwerten, sondern ganz im Gegenteil auf den »ökologischen« Kontext einer Neubewertung gesellschaftlicher Strukturen verweisen: »A storm center of disturbance and a primary focus of ideological preoccupation centered on the status of cognitive standards, of the academic profession and of students. The shift has been from an adaptive level within the social system – the economy, to the adaptive level in the general system of action, with special stress on the *cultural* level.«[7] Es ging nicht nur um die Anpassung an die Bedürfnisse der Wirtschaft (obwohl auch diese nicht zuletzt aus der Perspektive akademischer Karrierebedürfnisse eine Rolle spielten), sondern darüber hinaus um die Anpassung an die »human condition« schlechthin, die

Ausdifferenzierung von »Handlung« im Kontext von Kultur, Gesellschaft, Verhalten und Persönlichkeit.[8]

Parsons' Reaktion auf die studentische Bewegung ist ein Musterfall soziologischer Beobachtung. Die damaligen Forderungen der Studenten werden gewürdigt, relativiert und neu kontextuiert – ein Moderationsangebot, das niemand aufgriff, da Parsons längst zum konservativen Denker abgestempelt worden war, dessen Einsichten und Beschreibungen keinerlei Gewinn versprachen. Zu kühl war vielleicht auch sein Hinweis darauf, dass die Antiuniversitätsideologie seiner Zeit zu viel mit einem bereits von Karl Marx gewohnten und bereits dort vergeblichen bloßen Protest gegen das Faktum der Ausdifferenzierung und mit einem bereits von Marx gewohnten und bereits bei ihm vergeblichen Ausdruck moralischer und expressiver Bedürfnisse zu tun hat. Den Einwand der »Lebenswelt« gegen das Establishment des »Systems« hat bereits Parsons als Ausdruck einer Furcht vor dem drohenden Einflussverlust der akademischen Welt diagnostiziert, so als sei der Lern- und Lehrraum der Universität, gegen den man doch gleichzeitig protestierte, das Musterbeispiel einer gelungenen Alternative zum herrschenden Modus der Vergesellschaftung durch funktional differenzierte Systeme. Der Protest gegen die Universität war nötig, um deren Ideal gegen ihre eigene Wirklichkeit zu behaupten und mit der Gesellschaft zu konfrontieren. Er war überdies nötig, um die Universität zu einer Veränderung ihrer Strukturen zu bewegen, von der die protestierenden Studenten nichts wissen konnten und nichts wissen wollten. Immerhin stand hier nichts Geringeres auf dem Spiel als die Anpassung der Arbeitsteilungsmuster von Erziehung und Wissenschaft an eine sich verändernde Gesellschaft. Der studentische Protest gegen die Arbeitsteilung und für neue Formen der Integration war somit funktional nichts anderes als ein Geburtshelfer der Umstellung auf neue Formen der Arbeitsteilung. Parsons schenkt den Studenten den manifesten Ausdruck ihrer Utopie und schaut sich an, welche latente Funktion der Protest wohl haben könnte. Auch das hat ihm nicht unbedingt Freunde gemacht.

Parsons war aufgefallen, dass die Auseinandersetzungen an der Universität um die Frage der »Theorie« kreisten. Nicht nur wurde erbittert um die »richtige« Theorie (vor allem der Gesellschaft), sondern es wurde zugleich auch um den Stellenwert der Theorie überhaupt und vor allem im Vergleich mit der »Praxis«

gestritten. Das machte die Lage nicht eindeutiger, war aber ein wichtiger Hinweis auf den Kontext des studentischen Protests. Denn zum einen hatte Daniel Bell, auf den sich Parsons bezieht, das »theoretical knowledge« als Gravitationszentrum der Rolle der Universitäten in einer »postindustriellen Gesellschaft« identifiziert, da nur dieses theoretische Wissen eine fächerübergreifende Integrationsaufgabe in der Suche nach neuem Wissen und in der Ausbildung von neuen Kompetenzen erfüllen konnte.[9] Und zum anderen kam der Bezug auf »Theorie« den Relevanzbedürfnissen der verunsicherten Jungakademiker entgegen, die noch nicht wussten, in welchen beruflichen Kontexten sie einmal arbeiten würden, sich von dieser Unsicherheit aber nicht daran hindern lassen wollten, die kontextübergreifenden Generalisierungen gleichsam vorab auf Reserve zu entwickeln und deutlich zu markieren. Im Interesse an »Theorie« stecken akademische Verunsicherung, elitäre Bedürfnisse und kognitive Generalisierungen gleichermaßen.[10] In dieser Form, so Parsons, entspricht die Theorie sowohl einer neuen Universität, die als in sich ebenso konflikt- wie chancenreiches »bundle« (Neil J. Smelser) unterschiedlicher Anforderungen an Grundlagenforschung, angewandte Forschung, klinische Praxis (nicht nur in der Medizin), Grundausbildung und Nachwuchsausbildung zu beschreiben ist, als auch der Rekrutierung des dafür notwendigen Personals. Wobei darauf hinzuweisen ist, dass die amerikanische Universität angesichts eines sehr differenzierten, heterogenen und freien Systems der höheren Schulbildung in einem wesentlich höheren Maße der Ausbildung des Nachwuchses für die Lehre an Colleges und Universitäten dient, als das an europäischen Universitäten der Fall ist, die aus Oberschichteneinrichtungen in Anstalten der Massenausbildung verwandelt worden sind, ohne groß darüber nachzudenken, welche Nachfrage der Gesellschaft nach den eigenen Absolventen damit geschaffen werden könnte.[11]

Das Interesse an »Theorie«, das einem »Theoretiker« wie Parsons nicht unsympathisch sein musste und das von Jacques Derrida später zu Recht als ebenso destruktiv wie konstruktiv, nämlich als »dekonstruktiv« beschrieben und weniger auf »Wissenschaft« als vielmehr auf »Gesellschaft« (und nicht zuletzt: auf »Amerika«) bezogen worden ist,[12] steht für Parsons im Zusammenhang mit seiner und Gerald M. Platts Beschreibung der Universität als »Intelligenzbank«.[13] Eine Intelligenzbank erfüllt im akademischen System dieselbe Funktion wie eine Bank im

Wirtschaftssystem: Sie nimmt Einlagen entgegen und ermöglicht aus diesen Einlagen und einer sie absichernden Organisation von Vertrauen die Vergabe von Krediten bis hin zu einer Kreditschöpfung, die über die Summe der Einlagen hinausreicht und zu neuen Einlagen führt. Die Universität erfüllt diese Funktion im allgemeinen Handlungssystem, also in jenem System, in dem sich die universitäre als eine kulturelle Krise in den 1960er Jahren ereignet hat. Es handelt sich um Einlagen und Kredite möglichen Wissens. Im sozialen System der Gesellschaft, wie wir heute sagen würden, erfüllt die Universität hingegen die Funktion einer »Einflussbank«, das heißt durch Investitionen in die Universität und entsprechende Auszahlungen erhielt man damals (und heute?) Chancen auf die Besetzung einflussreicher Positionen in der Gesellschaft. Parsons nahm an, dass Universitäten über ihren Output an Akademikern, Intellektuellen, Künstlern und anderen Professionen über kulturellen Einfluss verfügen, der dem politischen Einfluss von Politikern, Geschäftsleuten und Gewerkschaftsführern zur Seite steht.[14]

Wir lassen die Idee der Universität als Einflussbank hier erst einmal auf sich beruhen und konzentrieren uns auf die Idee der Universität als Intelligenzbank, wobei wir uns nicht in dem Sinne an die Unterscheidung von action system und social system gebunden fühlen, wie dies der Theoriearchitektonik bei Parsons entsprechen würde. Als Intelligenzbank kann die (man ist immer wieder versucht zu ergänzen: »amerikanische«) Universität nur verstanden werden, weil und wenn »Intelligenz« als Kommunikationsmedium des akademischen Systems konzipiert werden kann. Für Parsons ist dies ein begrifflich noch eher locker ausgearbeiteter Vorschlag, den er jedoch mit Platt zu einer genauen Beschreibung der Autoritätskrise der Universität der 1960er Jahre als Ausdruck einer »deflationären Panik« nutzt.[15] Mir kommt es im Folgenden eher auf den begrifflichen Vorschlag als auf die inhaltliche Beschreibung an. Ich möchte daher Parsons' Vorschlag zunächst insoweit skizzieren, als er ihn selbst ausgearbeitet hat, um dann im Anschluss daran mithilfe der von Luhmann entwickelten Strukturmerkmale von Kommunikationsmedien zu überprüfen, ob Intelligenz nicht nur als Medium des akademischen Systems, sondern darüber hinaus des Erziehungssystems beschrieben werden kann. Luhmann hat dies selbst, so viel ich weiß, nicht erwogen, obwohl ihm der Vorschlag von Parsons natürlich vertraut war.[16]

Intelligenz ist für Parsons ein Austauschmedium, das als solches dieselben Strukturmerkmale aufweist wie die bekannteren Austauschmedien Geld, Sprache, Macht und Einfluss. Intelligenz ist keine Eigenschaft von Personen, sondern eine *symbolisch generalisierte Fähigkeit der Verfügung über Wissen* in Handlungssystemen, das heißt in jenen Systemen, die in jeder einzelnen Handlungseinheit (und nur dort) einen (sich anpassenden) Verhaltensorganismus, eine (Ziele verfolgende) Persönlichkeit, ein (integrierendes) soziales System und ein (Werte implementierendes) kulturelles System zur temporären (das heißt, sofort wieder auseinanderfallenden und nach Anschlüssen suchenden) Einheit bringen.[17] Dieses Medium »zirkuliert« zwischen den Handlungssystemen, das heißt, es kann von verschiedenen Leuten und in verschiedenen Situationen für bestimmte Verwendungen eingezahlt und für andere Verwendungen wieder ausgezahlt werden. Zu diesem Zweck muss es überdies »knapp« sein, damit es Interesse finden kann und Auseinandersetzungen um seinen Besitz stattfinden können. Immer wieder neu zielt dieses Intelligenzmedium jedoch auf nichts anderes als auf die Realisierung kognitiver Kompetenz, das heißt Kompetenzen des Wissens, des Lernens, der Problemstellung und der Problemlösung.

Intelligenzeinlagen auf der Intelligenzbank Universität, getätigt sowohl durch Studierende als auch durch Lehrende und Forschende, aber auch durch die Struktur (und den Streit) der Fakultäten und vermutlich auch durch Forschungsmittel und Beratungsaufträge, sind Investitionen in höhere Stufen von Wissen, Kompetenz und, wie Parsons immer hinzufügt, Rationalitätspotentiale, die von der Universität so treuhänderisch verwaltet (oder veruntreut) werden wie Geldeinlagen durch eine Bank, Persönlichkeitseinlagen durch ein Verwandtschaftssystem, Identitätseinlagen durch eine Nation oder Glaubenseinlagen durch eine Religion.[18]

Abgesehen davon, dass Parsons dieses Intelligenzmedium noch sehr viel genauer als Austauschmedium im allgemeinen Handlungssystem beschreibt, das heißt auf Bezüge zwischen Gesellschaft, Persönlichkeit, Kultur und Verhalten eingeht, die heute die Kognitionswissenschaften eigentlich wieder brennend interessieren müssten, wird das Medium nicht weiter ausgearbeitet. Vor allem fehlt eine Differenzierung zwischen Form und Medium,[19] die die Formen, die jeweils zirkulieren, vom Medium unterscheidet, das in seiner Realität und in seinem Potential aus diesen Formen nur »erschlossen« werden kann. Außerdem fehlt, denn das hatte Parsons so weit noch nicht ausgearbeitet, eine Ausarbeitung des Verständnisses von Intelligenz als Kommunikationsmedium. Parsons war an Kommunikationsmedien noch nicht in dem Ausmaß interessiert wie Luhmann, weil die Stabilität und Instabilität gesellschaftlicher Strukturen noch wesentlich stärker an die Existenz von Rollenasymmetrien gebunden waren. Erziehung musste für Parsons funktionieren, solange es eine strukturelle und asymmetrische Unterscheidung zwischen Lehrern und Schülern gibt, die als solche, das heißt als Unterscheidung, dem Rollenverständnis auf beiden Seiten zugrunde liegt.[20] Erziehung funktioniert, sobald und solange die Lehrer die Lehrer- und die Schülerrolle und sobald und solange die Schüler die Schüler- und die Lehrerrolle »internalisiert« haben. Beide Seiten müssen wissen, vom wem sie sich unterscheiden. Zu diesem Zweck müssen die Lehrer ein bisschen Schüler sein, und die Schüler ein bisschen Lehrer. Auf beiden Seiten muss jedoch der Unterschied gewahrt bleiben, das heißt, der Lehrer darf nicht zu kumpelhaft werden und der Schüler nicht zu sehr Streber, um das Spiel der Erziehung mit Gewinn für alle Beteiligten inklusive der beobachtenden Dritten laufen lassen zu können.[21]

Genau diese Rollenasymmetrie steht jedoch in den 1960er Jahren nach der Diagnose von Parsons im Zentrum der Auseinandersetzung um die Autoritätsstruktur der Universität. Man darf annehmen, dass die wechselseitig ebenso genaue wie uneingestandene, ja dissimulierte und invisibilisierte Kenntnis der beiden Rollen die Intensität der Auseinandersetzung eher förderte als mäßigte. Immerhin rebellierte man auch gegen sich selbst – und reagierte gegen sich selbst mit Wut, Enttäuschung und Aussperrung. Talcott Parsons vermerkt auch dies. Zwar stellt er die Rollenasymmetrie nicht zur Disposition. Aber er stellt – an einer eher beunruhigenden Stelle seines Werkes – fest, dass Ordnungsmuster der Gesellschaft, die noch irgendetwas mit Schichtung zu tun haben, in der modernen Gesellschaft nicht mehr überzeugen und durch Medien – vor allem durch Medien des allgemeinen Handlungssystems: Intelligenz, Einfluss und Affekte – ersetzt werden.[22] Luhmann wird darüber hinausgehen und zusätzlich postulieren, dass mit der Entwicklung von Kommunikationsmedien gesellschaftsstrukturelle Asymmetrien generell an Bedeutung verlieren.[23] Für uns ist dies Grund genug, danach zu fragen, wie sich das Medium Intelligenz als Kandidat für die vom »Kind« nicht mehr und vom »Lebenslauf« nicht recht überzeugend besetzte Stelle des Kommunikationsmediums des Erziehungssystems im Kontext der Luhmann'schen Theoriearchitektonik ausmachen würde.

Motivation und Selektion

Niklas Luhmanns Ausgangspunkt seiner Diskussion von Begriff und Phänomen symbolisch generalisierter Kommunikationsmedien besteht in der Frage nach der Funktion und der Differenzierung dieser Medien.[24] Ihre Funktion sieht er darin, dass sie auch dort noch zu unwahrscheinlicher Kommunikation motivieren können, wo die Moral und die ihr zu Hilfe kommende Rhetorik dies nicht mehr leisten. Je mehr Information man hat beziehungsweise zugemutet bekommt, so Luhmann, desto unwahrscheinlicher wird es, sich an Kommunikation zu beteiligen, weil sie gleichsam zu viel zu ändern oder in Frage zu stellen beansprucht. Jede Kommunikation stellt den Status quo in Frage, so dass man nur dann zur Teilnahme an Kommunikation zu motivieren ist, wenn auf der Motivebene (die »Inhalte« der Kommunikation ebenso sensibel registrierend wie die mitlaufenden »Beziehungsangebote«) die Redundanz der Kommunikation gesichert ist.[25] Hierbei geht es wohlgemerkt nicht um individuelle oder gar psychische Motive, sondern um soziale Motive und deswegen auch um gesellschaftliche Vorkehrungen des Wahrscheinlichmachens von unwahrscheinlicher Kommunikation. Kommunikationsmedien sichern ab, mit welchen Anschlussmöglichkeiten Kommunikation unter der Bedingung, dass damit hochunwahrscheinliche Bereitschaften der weiteren Teilnahme an Kommunikation geschaffen werden sollen, dennoch möglich ist.

Konnte diese Motivation unter den Bedingungen schriftloser Gesellschaften im Wesentlichen über Moral, das heißt über die Androhung von Missachtung und die Inaussichtstellung von Achtung zwischen den an der Kommunikation beteiligten Personen, sichergestellt werden, so genügt dies in verschriftlichten Gesellschaften nicht, weil sich politische, wirtschaftliche, religiöse, wissenschaftliche, künstlerische und erzieherische Kommunikation mit Blick auf die dank Schrift größere Reichweite, aber auch auf die dank Schrift voraussetzungsvolleren

Ansprüche der Kommunikation auszudifferenzieren beginnen. Diese Ansprüche mobilisieren Gründe sowohl der Annahme als auch der Ablehnung von Kommunikation, die weit jenseits des Zugriffs der Moral liegen. Letztere kann daher nur noch abstrakt, mit Verweis auf Werte, dazu ermutigen oder davor warnen, sich auf bestimmte Kommunikationen einzulassen. In jeder konkreten Situation genügt dies schon deswegen nicht, weil die Werte untereinander konfligieren und weil nicht zuletzt durch die neuen Medien mehr Werte ins Spiel kommen, als die schriftlose Gesellschaft noch für erforderlich gehalten hat.

Auch zur Erziehung, soweit sie mit Kommunikation einhergeht (also nicht nur die Selbstanpassung der beteiligten Bewusstseine und Körper betrifft), muss daher durch ein Kommunikationsmedium motiviert werden. Kann man sich möglicherweise noch darauf verlassen, dass die Sozialisation der Individuen in die Gesellschaft ohne ein eigenes Medium auskommt, weil die Motivation zur Fortsetzung schlechthin der Kommunikation bereits ausreicht, sich auf die Bedingungen einzulassen, unter denen diese Fortsetzung möglich ist, so bedarf die Erziehung als eine Form der Sozialisation, die mit Absichten einhergeht und diese Absichten kommunikativ deutlich werden lässt,[26] zusätzlicher Motive, weil die Kommunikation der Absicht auch die Gründe vermehrt, die Kommunikation abzulehnen. Die Kommunikation der Absicht der Erziehung bringt zusätzlich zu den Inhalten der Kommunikation auch eine Zukunftsaussicht, einen Erzieher und eine Selbstwahrnehmung des Zöglings ins Spiel, von denen das eine oder andere Grund genug sein kann, sich der entsprechenden Kommunikation eher zu entziehen als mitzuspielen. Und auch hier, um das zu wiederholen, geht es nicht um psychische Motive, sondern um soziale Motive. Die Konfiguration, auf die sich eine Kommunikation einlässt, wenn sie auf Erziehung zielt, mag Möglichkeiten und Ansprüche der Kommunikation markieren, die Kommunikationen in der Umwelt der Erziehung so unter Druck setzen, dass sie der Erziehung ihre Unterstützung verweigern und ihr somit die Motivation entziehen (siehe dazu die Situationsstudien in dem Film *Dangerous Minds*, USA 1995, Regie: John N. Smith, Hauptrolle: Michelle Pfeiffer).

Den wichtigsten Beitrag zur Motivation einer Kommunikation leistet ein Kommunikationsmedium dadurch, dass es diese Kommunikation gegenüber anderer Kommunikation differenziert. Das geschieht auf den beiden Ebenen der Markierung eines Unterschieds gegenüber anderen Kommunikationen und der Strukturierung der Kommunikation selbst – zwei Ebenen, die selbstverständlich uno actu bedient werden, weil die Kommunikation keine Zeit hat, ihr Motivationsproblem stufenweise zu bearbeiten (mit jeder Markierung einer Stufe stiege überdies gleichzeitig wieder die Unwahrscheinlichkeit der Kommunikation). So ist Erziehung als Kommunikation möglich, wenn und weil es nicht gleichzeitig um Liebe oder Macht, um Geld oder Glauben, um Kunst oder Wahrheit geht. So sehr erzieherische Kommunikation in jedem konkret situativen Fall dazu neigen mag, sich der Ressourcen nicht nur der Moral (und Rhetorik), sondern auch der anderen Kommunikationsmedien zu vergewissern und mithilfe von Liebe und Macht, Geld und Glauben, Kunst und Wahrheit sowohl den Erzieher als auch den Zögling zur Teilnahme an Erziehung zu motivieren, so wenig wird dies auf Dauer beziehungsweise auch nur in der Verknüpfung der einen Situation mit der nächsten durchzuhalten sein.

Deswegen muss die Erziehung auch intern so strukturiert werden, dass mit Verweis auf erfolgreiche Motivation erfolgreich zu ihr motiviert werden kann. Diese interne Struktur bezieht sich auf die Selektivität der Kommunikation, das heißt auf die Frage, wie geregelt wird, welche Selektionen einer Kommunikation der in unserem Fall erzieherischen Kommunikation zugerechnet werden und daher als Anschlussstellen für Folgekommunikation markiert werden. Luhmann nimmt an, dass Erziehung durch eine Selektivität strukturiert ist, die das Erleben egos und das Handeln alters miteinander so in Bezug setzt, dass aus diesem Bezug Motive für weitere Kommunikation im selben Medium generiert werden können.[27] Erziehung wird damit strukturell zu einem Parallelfall von Liebe, die dieselbe Zurechnungskonstellation aufweist.[28] Man mag daraus Hinweise für die Beantwortung der Frage gewinnen, warum Erziehung in der Regel nicht nur ihre Absichten markiert, sondern diese Absichten sogar für »gut« hält.[29] Wichtig ist für unseren Zusammenhang jedoch erst einmal nur, dass Luhmann annimmt, dass die Motivationsprobleme der erzieherischen Kommunikation gelöst werden können, wenn und indem diese Kommunikation immer wieder neu das erzieherische Handeln des Erziehers und das lernende Erleben des Zöglings sowie das lernende Handeln des Zöglings und das bewertende Erleben des Erziehers aufeinander bezieht. Es darf kein gemeinsames Erleben (das wäre Wissenschaft) und kein gemeinsames Handeln (das wäre Politik) geben. Und es darf kein bloßes Stillhalten (Erleben) des einen angesichts des Handelns des anderen geben (das wäre Kommunikation im Medium des Geldes beziehungsweise der Kunst). Sondern Erziehung fordert, dass sich das Handeln des einen auf das Erleben des anderen bezieht und aus dem Erfolg dieser Konstellation seine Motive bezieht, sich fortzusetzen. Der eine, mal der Erzieher, mal der Zögling, muss ein Handeln vorführen, das auch anders möglich wäre, und der andere daraus auf Erziehung schließen, nämlich entweder auf die Kommunikation von Lernen (auf der Seite des Zöglings) oder auf die Kommunikation von Bewertung (auf der Seite des Erziehers).

In der Wahl dieser Zurechnungskonstellation innerhalb der Kombinatorik anderer Zurechnungskonstellationen hat die soziologische Theorie Freiheitsgrade, die sie für die empirische Forschung nutzen kann und durch die empirische Forschung wieder einschränken muss. Nirgendwo steht geschrieben, dass Erziehung notwendigerweise Egos Handeln und Alters Erleben miteinander relationiert. Aber im Vergleich mit anderen Konstellationen und durch die empirische Beobachtung der erzieherischen Kommunikation gewinnt (oder verliert) eine solche Hypothese so sehr an Überzeugungskraft, dass man im Rahmen einer Gesellschaftstheorie mit ihr arbeiten kann. Überzeugend wird die Wahl einer Zurechnungskonstellation daher erst dann, wenn es gelingt, Strukturen und Semantiken nachzuweisen, die als das situative und historische Produkt der Reproduktion von Kommunikation innerhalb einer solchen Zurechnungskonstellation gelten können. So wie das Kommunikationsmedium Macht Handeln und Handeln (auf beiden Seiten unter dem Gesichtspunkt der Willkür) relationiert und das Kommunikationsmedium Wahrheit dies im Hinblick auf die wechselseitige Selektion von Erleben und Erleben leistet, so muss es ein benennbares oder zumindest beschreibbares Medium geben, das als Niederschlag erzieherischen Handelns und Erlebens plausibel gemacht werden kann.

Für Luhmann ist das Medium »Kind« in genau diesem Sinne der Niederschlag der erfolgreichen Reproduktion erzieherischer Kommunikation und daher auch der Ansatzpunkt für die Suche nach erfolgreichen Formen der Anschlusskommunikation. Das Kind, nicht zu verwechseln mit den tatsächlich anwesenden (und abwesenden) Kindern in ihrer konkreten körperlichen, psychischen und grundsätzlich strukturdeterminierten Verfassung, ist jene unreife und (noch) nicht voll verantwortliche Struktur der Selektion von Anschlusskommunikation, der durch das Handeln des Erziehers Erleben zugemutet werden kann und muss, damit es (das Kind) beziehungsweise sie (die Struktur) lernt, was es beziehungsweise sie noch nicht kann. Damit geht strukturell einher, worauf Luhmann hier[30] jedoch nicht eingeht, dass im Spiel des taking-the-role-of-the-other[31] auch dem Kind Handeln zugemutet werden muss, das der Erzieher nur erleben darf, ohne daraus eigene Handlungskonsequenzen zu ziehen. Man sieht, wie attraktiv es für das Erziehungssystem sein muss, in Macht, Wahrheit, Liebe und Kunst Rückhalt zu suchen, weil die eigene Zurechnungskonstellation der Kommunikation laufend diese benachbarten Konstellationen streift, und wie wahrscheinlich es ist, dass Pädagogiken und Antipädagogiken die entsprechenden Chancen aufgreifen.

Ein Kommunikationsmedium allein wird daher die Funktion, durch seine Selektivität zu bestimmter Kommunikation zu motivieren, nicht erfüllen können. Es muss in Begleitstrukturen institutionalisiert werden, so Parsons, beziehungsweise strukturell ausdifferenziert werden, so Luhmann. Nur wenn man eine solche Institutionalisierung beziehungsweise Ausdifferenzierung nachweisen kann, kann der empirische Nachweis eines Mediums als gelungen gelten. Zum Medium Kind eines Erziehungssystems hat sich Parsons nie geäußert, da er zumindest für die höhere Erziehung das Medium Intelligenz annahm und dieses in der Universität institutionalisierte. Wir können jedoch vermuten, dass Parsons ein Medium »Kind« vor dem Hintergrund der Reziprozitätsverweigerung geprüft hätte, die die Kommunikation mit Kindern von der Kommunikation unter Erwachsenen unterscheidet, und daraus auf Institutionen geschlossen hätte, die einen eher permissiven Umgang sowohl mit konformem als auch mit abweichendem Verhalten sicherstellen.[32] Er hätte nach einer Institutionalisierung von Permissivität gesucht und hätte unter diesem Aspekt Schulen prüfen müssen. Möglicherweise wäre er hier im Hinblick auf Toleranz gegenüber abweichendem Schülerverhalten und durchaus normgerechtem Lehrerverhalten auch fündig geworden. Er hätte daraus die Diagnose einer gewissen Tendenz zur Markierung schulischen Verhaltens als folgenlos im Vergleich zum Verhalten in der gesellschaftlichen Umwelt ableiten können und hätte sich fragen können, inwieweit diese

Markierung auch das Verhalten der Lehrer bis zur Auswahl der Lerninhalte in Mitleidenschaft zieht beziehungsweise unter einen spezifisch permissiven, Folgen außerhalb der Erziehung indifferent setzenden Druck setzt. Die nicht nur auf Kritik, sondern positiv auf Ausdifferenzierung zielende Reflexion der Erziehung im Erziehungssystem diskutiert das Leiden an und die Ausnutzung von Permissivität und gesellschaftlicher Folgenindifferenz unter dem Stichwort »Frivolität«.[33] Als Frivolität seitens der Lehrenden erscheint hier eine Form des Bestehens auf Indifferenz, die nicht in Rechnung stellt, dass die Lernenden im Unterschied zu den Lehrenden nicht ihr ganzes Leben im Erziehungssystem verbringen, sondern unter Selektionsanforderungen stehen, die Anschlusschancen außerhalb des Systems betreffen.

Tatsächlich lagen eine solche Fragestellung und Diagnose Parsons eher fern. Zu sehr dachte der Durkheimleser bei Erziehung weniger an Permissivität als vielmehr an Disziplin[34] und daher an eine Institutionalisierung der Erziehung in einer Rollenstruktur, die Autorität sicherstellt und sich dafür des organisatorischen Rückhalts in einer Anstalt mit Disziplinargewalt vergewissert.

Luhmann lässt die Frage der Ausdifferenzierung des Mediums Kind offen. Er geht davon aus, dass das Kommunikationsmedium Kind im Gegensatz zu anderen Kommunikationsmedien nicht binär codierbar ist,[35] womit bereits der Ansatzpunkt für eine strukturelle Ausdifferenzierung fehlt und woraus eine Reihe von Strukturdefiziten des Erziehungssystems abgeleitet werden kann,[36] die Luhmann zunächst mehr interessieren als die Suche nach einem alternativen Medium, das dann eventuell binär codierbar ist. Auch dies ist ein Beispiel für die Freiheitsgrade der soziologischen Theorie zum einen und die immer mitlaufende Positionierung dieser soziologischen Theorie in einem zuweilen auch polemischen Gespräch mit anderen Theorien zum anderen. Für das Medium Lebenslauf deutet Luhmann Unterscheidungen wie bereits beschriebener/noch nicht beschriebener Lebenslauf oder auch bereits erworbenes/noch nicht erworbenes Wissen an,[37] aber diese Diskussion leidet darunter, dass er hier Heiders Begriff des lose gekoppelten Mediums, in dem verschiedene Formprägungen möglich sind, verwendet und nicht Parsons' und seinen Begriff des Kommunikationsmediums. Diese beiden verschiedenen Medienbegriffe liefen in Luhmanns Werk lange Zeit parallel und sind erst in der Arbeit über »Die Gesellschaft der Gesellschaft« einigermaßen schlüssig (nämlich evolutionstheoretisch) zusammengeführt worden.[38] Aber in dieser Arbeit wird das Kommunikationsmedium der Erziehung für unsere Zwecke nicht ausführlich genug diskutiert.[39]

Wir halten daher fest, dass wir für die Suche nach einem Kommunikationsmedium der Erziehung eine Zurechnungskonstellation bestimmen können, die Luhmann am Beispiel des Kindes plausibel gemacht hat und die sicherlich auch für das Medium Lebenslauf nicht ohne Überzeugungskraft ist, die jedoch institutionell beziehungsweise strukturell noch eher in der Luft hängt. Tatsächlich ist noch nicht einmal hinreichend klar, ob der Lebenslauf eine geeignete Vorstellung ist, die Schüler dazu motivieren kann, sich erlebend in ein Verhältnis zu einem Wissen zu versetzen, das man zugunsten von Fortsetzungschancen dieses Lebenslaufs erst noch erwerben muss. Zu sehr ist die Plausibilität der Figur des Lebenslaufs und damit die Konditionierbarkeit des Lebenslaufs durch Erziehung, auf die Luhmann so viel Wert legt,[40] daran gebunden, sich selbst *als Handelnden* im Kontext seines eigenen Lebenslaufs sehen zu können und sehen zu müssen. Oder will man umgekehrt davon ausgehen, dass die in den 1990er Jahren beschriebene »no future«-Haltung von Schülern und Studierenden auch damit zusammenhing, dass man ihnen jede Entschlossenheit zu ihrem eigenen Leben dadurch abgekauft hat, dass man sie zu bloß Erlebenden ihres eigenen Lebens gemacht hat?

Man erlaube mir daher, die These von Funktion und Differenzierung eines Kommunikationsmediums der Erziehung zu übernehmen, seine konkrete Ausprägung jedoch mit Parsons eher in der Intelligenz als im Kind oder im Lebenslauf zu sehen und diese Vermutung mithilfe von Luhmanns Beschreibung der Strukturen von Kommunikationsmedien zu überprüfen.

Intelligenz

Zunächst ist jedoch zu prüfen, ob sich ein Medium der Intelligenz eignet, jene Zurechnungskonstellation zu bedienen, die Luhmann für die Erziehung, wenn auch mit Blick auf die von ihm für plausibel gehaltenen Medien, ausgemacht hat. Wenn wir mit Parsons unter »Intelligenz« die symbolisch generalisierte Verfügung über Wissen verstehen und damit auf eine Kommunikation abstellen, die eine »power of appropriate selection«[41]

zitieren können muss, liegt eine Zurechnungskonstellation, die ein Handeln mit der abwartenden, stillhaltenden, erlebenden Beobachtung der Effekte dieses Handelns in Beziehung bringt, zunächst einmal nicht fern. Kommunikation im Medium der Intelligenz hieße dann, Selektionen des Handelns selbst und darüber hinaus einer Problemwahrnehmung und möglicherweise einer Problemlösung als solche, das heißt im Hinblick auf ihre beabsichtigte oder auch unwillkürliche Angemessenheit hin, vorzuschlagen und zu beurteilen. Kommunikation im Medium der Intelligenz hieße darüber hinaus, dies so zu tun, dass die Chance der Reproduktion einer solchen Kommunikation, das heißt die Chance des Findens von Anschlusskommunikation gleichen Typs, eher steigt als sinkt. Intelligente Kommunikation ist dann immer auch eine Kommunikation, die die Intelligenz, die sie in Anspruch nimmt, nicht nur verbraucht, sondern auch wiederherstellt und als Medium anschließender Kommunikation zur Verfügung stellt. Insofern wollen wir hier von einem Kommunikationsmedium reden, das zugleich die Bedingung eines Heidermediums erfüllt, auch wenn wir diesen Aspekt im Folgenden nicht so stark unterstreichen wie den Aspekt der Struktur des symbolisch generalisierten Kommunikationsmediums.

Wenn wir dieses Kommunikationsmedium Intelligenz jedoch nicht nur wie Parsons für den Spezialfall der Universität, sondern für die Erziehung im Allgemeinen in Anspruch nehmen wollen, und wenn wir uns daher nicht auf seine Institutionalisierung in der Universität verlassen können (so einleuchtend es dann auch wäre, die universitäre Ausbildung aller Lehrer zu fordern), müssen wir unser Verständnis dieses Kommunikationsmediums im Sinne zum Beispiel der von Luhmann aufgelisteten Strukturen eines Kommunikationsmediums ausbauen. Vor dem Hintergrund des Verständnisses dieser Strukturen wird dann auch deutlicher werden, was unter »Intelligenz« zumindest in diesem Zusammenhang zu verstehen ist.[42]

(1) Als erstes ist festzuhalten, dass das Medium der Intelligenz die Wahrscheinlichkeit erhöht, dass die erzieherische Kommunikation von einer Verankerung in Rollenasymmetrien, also auch von einer entsprechenden Behauptung von Autorität (und Disziplin) abgelöst und stattdessen auf die *Motivationsstruktur* des Mediums selbst eingestellt werden kann, wie es Parsons und Luhmann, Ersterer nicht ohne Zögern, für die Gesellschaft insgesamt vermutet haben. Denn das Medium der Intelligenz

kommt ohne jene strukturelle Beschreibung von Personen als entweder »Kinder« oder »Erwachsene« aus und ist daher offen für ein taking-the-role-of-the-other, dessen jeweilige Ausprägung nicht an den asymmetrischen Rollenzuschreibungen, sondern an situativen Relevanzen sein Maß finden kann. Lehrer wie Schüler können sich intelligent verhalten. Und Lehrer wie Schüler können voneinander lernen. Eine darauf zielende Pädagogik kann sich mittlerweile auf eine die Semantik des Kindes zugleich beerbende und ablösende kognitionswissenschaftliche Forschung berufen, in der Altersunterschiede nicht mehr unter dem Gesichtspunkt reif/unreif und entsprechenden Perfektionsvorstellungen, sondern zusammen mit anderen Unterschieden unter dem Gesichtspunkt kreativ/routiniert behandelt werden.

Die in der Pädagogik vielbeschworene Umstellung der Tonalität der erzieherischen Kommunikation von »Disziplin« auf »Spaß« hat darin ihren Sinn, in den Situationen der Erziehung die Investition und die Beobachtung von Intelligenz in eine gewisse Reichweite zu rücken, so sehr dann auch in der Auseinandersetzung mit der Situation dann wieder Ernst, Risiko und Wettbewerb ihren intelligenzfördernden Einfluss gewinnen können. Entscheidend ist, dass das Medium der Intelligenz Formen der Erziehung vorstellbar macht, die sich von den klassischen anstaltsartigen (also zwingenden) Institutionen der Verankerung der Autorität des Lehrers und seiner Absichten inklusive entsprechender Engführung von Curricula und Lehr- und Lerndidaktik weitreichend unterscheiden werden. Vor allem wird durch die Einklammerung der Rollenasymmetrie jene Fiktion überflüssig, nach der dem *einen* Lehrer auch *eine* Klasse (»das Kind«) gegenübersteht und von ihm kontrolliert werden muss; stattdessen kontrollieren sich die Kinder, mehr oder minder moderiert durch den Lehrer und unter der Bedingung der Produktion und Ausnutzung von Vielfalt, gegenseitig.[43]

(2) Aber für alles Weitere ausschlaggebend ist die Frage, ob man sich vorstellen kann, dass das Kommunikationsmedium Intelligenz *binär codiert* ist oder nicht. Man erinnere sich daran, dass die binäre Codierung es nach den Analysen von Luhmann ermöglicht, die Kommunikation innerhalb eines Funktionssystems der Gesellschaft in die Form einer harten Entweder/Oder-Unterscheidung zu bringen und dass erst dann die Ausdifferenzierung dieses Funktionssystems entsprechend wahrscheinlich wird.[44] Wir berühren hier demnach unsere Ausgangsfrage nach

der Limitationalität all dessen, was man als Erziehung in unserer Gesellschaft beschreiben kann.

Binäre Codierungen sind Zwei-Seiten-Formen, von denen immer nur eine Seite benutzt werden kann und von denen die eine Seite als positiver Anschlusswert der Kommunikation und die andere Seite als reflexiver Negationswert der Kommunikation *im System* behandelt werden. Beide Werte des binären Codes regeln Kommunikationen des Systems. Es ist nicht etwa so, dass der Negationswert die Umwelt des Systems bezeichnet. Vielmehr dienen beide Werte dazu, die Umwelt des Systems nach Maßgabe des Systems auf Möglichkeiten der Anschlusskommunikation abzusuchen.

Mir scheint es einen Versuch wert zu sein, die beiden Werte des Wissens und des Nichtwissens als den binären Code des Kommunikationsmediums Intelligenz zu begreifen. Attraktiv ist dies zumindest in dem Moment, in dem man Intelligenz nicht nur als Fähigkeit zur Symbolverarbeitung versteht,[45] sondern darüber hinaus als Fähigkeit zum Umgang mit Kontexten, über die man definitionsgemäß nicht vollständig Bescheid wissen kann.[46] Intelligenz setzt daher die Einsicht in das eigene Nichtwissen und deswegen sowohl Reflexivität als auch Rekursivität voraus, weil nur unter dieser Voraussetzung Wissen als Wissen profiliert werden kann.[47]

Diese Formulierung lässt es offen, sich einen Zugriff auf Wissen und Nichtwissen auch in anderen Funktionssystemen und nicht zuletzt in der Gesellschaft insgesamt (werde diese nun als »Wissensgesellschaft« beschrieben oder nicht) vorzustellen. Wissen und Nichtwissen gibt es auch außerhalb des Erziehungssystems. Es mag nicht uninteressant sein, dies mit Blick auf eine bestimmte déformation professionelle von Lehrern (inklusive Hochschullehrern) ausdrücklich festzuhalten. Aber die Artikulation von Wissen und Nichtwissen im Rahmen einer Zwei-Seiten-Form, ihre Zuspitzung auf die beiden Werte eines binären Codes, überhaupt die Formulierung des einen als das Gegenteil des anderen ist eine Leistung der Erziehung für die Zwecke der Ausdifferenzierung der erzieherischen Kommunikation. Man kann daher auch alten Weisheitslehren Recht geben, die für Politik (inklusive Kriegsführung) und Wirtschaft, für Kunst und Religion und auf einer gesellschaftlichen Ebene auch für Erziehung und Wissenschaft behaupten, dass das Nichtwissen selbst eine Form des Wissens und jedes Wissen zugleich ein

Nichtwissen ist. Die Erziehung darf sich von einem Wissen um den weisen Sinn solcher Paradoxien jedoch nicht davon abhalten lassen, in aller Schärfe und Eindeutigkeit zwischen Wissen und Nichtwissen zu unterscheiden und diese Unterscheidung sowohl situativ als auch personal jeweils für operativ verlässlich zu halten. In einer Situation weiß man entweder, wie eine Frage zu formulieren oder ein Problem zu lösen ist, *oder man weiß es nicht*. Und auch einer Person, Lehrer oder Schüler, kann jeweils eindeutig zugerechnet werden, ob sie weiß *oder nicht*. Hier nachzufragen und auf die Einheit der Unterscheidung hin zu beobachten, macht erzieherisch nur dann Sinn, wenn es um die Erziehung zur Philosophie geht,[48] für die dann allerdings auch wiederum gelten muss, dass man entweder begriffen hat, worin die philosophische Frage besteht, oder nicht.

Für das Erziehungssystem hat diese binäre Codierung des Intelligenzmediums durch die Unterscheidung von Wissen und Nichtwissen den Vorteil, dass mithilfe dieser Unterscheidung sowohl gelernt und gelehrt als auch geprüft werden kann, ohne dass das eine mit dem anderen verwechselt werden müsste. In der Prüfung wird temporär mithilfe der Kommunikation einer Rollenasymmetrie (Prüfer/Prüfling) eine Differenz von Wissen und Nichtwissen ausgeflaggt, das heißt für die Selektion von Anschlusshandlungen ausgewiesen, die auch unabhängig von der Rollenasymmetrie und auch in der Prüfung selbst unabhängig von der Rollenasymmetrie gegeben ist. Die Prüfung hält als Differenz zwischen Bewertung von Wissen und Nichtwissen fest, woran gleich anschließend, zuweilen schon in der (mündlichen) Prüfung selbst unter dem Gesichtspunkt eines Wissens*gefälles* wieder gearbeitet werden kann.

Nur so kann es dem Erziehungssystem gelingen, in der Markierung der erzieherischen Kommunikation so exklusiv wie möglich und zugleich im Bezug der erzieherischen Erfolge auf gesellschaftliche Situationen außerhalb der Erziehung so inklusiv wie möglich zu sein. *Jedes Wissen* und *jedes Nichtwissen* der Gesellschaft kann in der Erziehung zum Thema gemacht oder kann von der Erziehung zum Anlass von erzieherischen Bemühungen gemacht werden, dies jedoch *nur in der Form ihrer scharfen Unterscheidung*. Man kann lehren, lernen und prüfen, ohne dass man befürchten müsste, dass irgendjemand innerhalb der Erziehung, weder die Lehrer noch die Schüler, die Erziehung mit irgendetwas anderem außerhalb der Erziehung verwechselt. Und man kann sich vor dem Hintergrund jeweils bereits vorhandenen Wissens und jeweils plausibel zu machenden Nichtwissens die Frage stellen, welches neue Wissen vermittelbar ist und welches nicht, ohne dafür auf anderes zu rekurrieren als die Erfolge (und Misserfolge) der bisherigen Erziehung.[49]

(3) Wie andere Binärcodes auch ist der Code Wissen/Nichtwissen des Erziehungssystems als *Präferenzcode* formuliert, das heißt die Unterscheidung wird so getroffen, dass die Realisierung des einen Wertes der Realisierung des anderen Wertes *innerhalb des Erziehungssystems* vorgezogen wird, so sehr man dies dann wiederum außerhalb des Systems anders sehen mag.[50] Im Erziehungssystem wird das Wissen dem Nichtwissen und daher auch das Lernen dem Nichtlernen vorgezogenen und wird diese Präferenz dazu benutzt, zur Erziehung zu motivieren, und zwar wiederum auf beiden Seiten, auf der Seite des Schülers und der Seite des Lehrers. Sowohl der Schüler als auch der Lehrer ziehen das Wissen dem Nichtwissen vor, der eine, weil er dann weiß, was er lernen soll, der andere, weil er dann weiß, was er prüfen kann. An dieser Präferenz erkennt man, dass Schüler und Lehrer im Erziehungssystem operieren, denn nirgendwo sonst gilt dieser Vorzug des Wissens, so sehr auch andere Funktionssysteme der Gesellschaft in dieser Hinsicht unter einer anfallartigen oder auch schleichenden Pädagogisierung zu leiden haben und so sehr Funktion und Leistung des Nichtwissens in einer nach wie vor im Zeichen der Aufklärung stehenden Gesellschaft bislang eher latent geblieben sind.

Aus der Einsicht in die erzieherische Asymmetrie von Wissen und Nichtwissen ergeben sich jedoch soziologische Chancen, Präferenzen für Nichtwissen auch dann für möglich zu halten, wenn diese, zum Beispiel in den Professionen der Moderne, eher latent gehalten worden sind.[51] Vermutlich darf man es als eine auch die Erziehung selbst in Mitleidenschaft ziehende Folge der pädagogischen Revolution der modernen Gesellschaft[52] betrachten, dass zahlreiche Umwege nicht zuletzt über eine eher »ökologische« Denkweise erforderlich waren, um die Differenz von Wissen und Nichtwissen zu resymmetrisieren und auch Nichtwissen für (wohlgemerkt:) kognitiv anschlussfähig und erkenntnistheoretisch aufschlussreich zu halten.[53] Nichts weniger als die Unterdrückung der in den erzieherischen Impuls mit eingebauten Präferenzen für das Wissen war und ist dazu erforderlich.

Wie auch im Fall anderer Funktionssysteme ist es bemerkenswert, dass das *professionelle* Wissen des Erziehungssystems eher an Fragen des Nichtwissens ansetzt als an Fragen des Wissens.[54] Wer *nichts* weiß, muss *etwas* lernen – und wie das geht, lehren Pädagogiken und Didaktiken. Wer jedoch bereits weiß, ist für das System eigentlich schon verloren. Interessanterweise gilt das vielfach auch für Lehrer, die nicht wirklich wissen dürfen, was sie lehren sollen, und die noch nicht einmal wissen dürfen, wie sie Schülern verlässlich beibringen können, was diese lernen sollen. Die gesamte professionelle Reflexion des Systems hängt an seinem Negativwert, versteckt aber genau dies in der Struktur seines Präferenzcodes. – Die Präferenz für das Wissen ist vermutlich auch ein Korrelat der gesetzlichen Schulpflicht, die politisch nur legitimiert werden kann, wenn jederzeit nachgewiesen (geprüft) werden kann, was in der Schule gelernt werden kann. Deswegen muss die gesetzliche Schulpflicht fallen, wenn, so auch Ulrich Oevermann, das erzieherische Handeln mit Blick auf die Autonomie, die Selbstbegründung des »pädagogischen Arbeitsbündnisses« (Oevermann) in den *beiden* Werten des Codes, professionalisiert werden soll.[55] Im Rahmen der gesetzlichen Schulpflicht *kann* die Erziehung nicht vollständig professionalisiert werden, weil sie dazu die Möglichkeit haben muss, die Schule als Angebot an die Eltern zu positionieren, diesen bei der Wahrnehmung ihres Erziehungsauftrags zu helfen.

(4) Aber auch in der Erziehung ist die Einheit der Differenz des Codes von Bedeutung. Wissen und Nichtwissen sind als Positiv- und Negativwert der Unterscheidung nicht nur voneinander unterschieden, sondern auch aufeinander bezogen. Die Unterscheidung trennt nicht nur, sie formuliert (oder artikuliert) zugleich die beiden Seiten der Unterscheidung als die beiden Seiten derselben »*Form*«.[56] Das kann im System nur um den Preis der Entdeckung der Paradoxie der Selbigkeit des Unterschiedenen reflektiert werden und wird daher in der Regel nicht reflektiert. Dass das Wissen immer auch ein Nichtwissen und das Nichtwissen ein Wissen ist, ist ein Wissen, das man der Weisheitslehre überlässt, die ihre tiefere Einsicht jedoch konsequent mit einer bestimmten mangelnden Praktikabilität (Operationalität) bezahlt.

Das bedeutet jedoch nicht, dass die Einheit der Differenz des Codes in der Erziehung keine Rolle spielt. Im Gegenteil, die Duplikation des Positivwerts als Negativwert und umgekehrt, schafft, so Luhmann,[57] »die Grundlage [...] für das Entstehen eines medialen Substrats mit lose gekoppelten Elementen [...]«, das heißt die Grundlagen für die Entstehung eines Heidermediums. An jeder konkreten Form, das heißt an jedem Erziehungsinhalt, aber auch an jedem Curriculum, an jeder Didaktik, an jeder Prüfung, ist jedes Wissen als Nichtwissen zuweilen desselben, zumindest aber eines anderen Sachverhalts ablesbar, und umgekehrt. Ohne dass man dies beobachten könnte, enthält jede Form, verstanden als strikt gekoppeltes »Ding« im Sinne von Heider, Hinweise auf ihre eigene Auflösung, die kommunikativ für die Erprobung anderer Formen genutzt werden können. Man versucht sich an den Grundlagen der Mathematik und merkt irgendwann, dass es einfacher ist, mit der Geometrie als mit der Algebra zu starten und dass die Didaktik des teaching-back Sachverhalte leichter zu erschließen erlauben als der Frontalunterricht. Wenn man solche und andere Erfahrungen sammelt, hat man konkrete Konstellationen von Wissen und Nichtwissen innerhalb einer Form der Erziehung aufgelöst, die Kombination der Elemente variiert und eine neue Form erprobt. Das kann evolutionär zufällig geschehen und auf »Erfahrung« (des Lehrers) zugerechnet werden; das kann jedoch auch geplant werden, wobei hier in der Regel andere Gesichtspunkte als das Wissen um Wissen und Nichtwissen eine Rolle spielen, zum Beispiel Fragen der Organisierbarkeit von Erziehung oder Fragen der Brauchbarkeit der Erziehungsprodukte für Zwecke der Fremdselektion (»Karriere«), die meist dazu führen, dass die neuen Formen der Erziehung überraschende Folgen haben.

Für uns ist nur wichtig, dass auch hier nicht Wissen und Nichtwissen als solches, sondern ihre Differenz den ganzen Unterschied macht. Mit dieser Differenz gewinnt das Erziehungssystem einen Boden, der jeden anderen Realitätsbezug erübrigt, weil von dieser Differenz her beliebige Weltsachverhalte für die Zwecke der Erziehung restrukturiert werden können (beispielhaft: Peter Lustigs Fernsehsendung »Löwenzahn«). Würde das Erziehungssystem jedoch auf die Einheit der Differenz reflektieren, stieße es auf eine Paradoxie und »hinter« dieser Paradoxie nicht auf die Erziehung, sondern auf die Gesellschaft, mit der es jedoch nichts machen könnte.

(5) Unter dem Gesichtspunkt der *Selbstplacierung* des Codes in einem seiner Werte beschreibt Luhmann eine Eigenschaft der Kommunikation in einem Kommunikationsmedium, die

soziologisch generell größere Aufmerksamkeit verdient, weil sie empirisch höchst aufschlussreich ist. Gemeint ist, dass einer der beiden Werte, in der Regel der Präferenzwert, auf die Kommunikation so abfärbt, dass sie sich selbst für das hält oder als das darstellt, was sie doch allererst kommunizieren soll. Wer verliebt ist, spricht liebend. Wer zahlt, kommuniziert als Eigentümer. Wer Recht beansprucht, hat schon Recht. Wer eine wissenschaftliche These aufstellt, hat die Wahrheit bereits auf seiner Seite. Und wer erzieht, weiß.

Man kann sich vorstellen, dass diese Selbstplacierung die Motivations- und Selektionsfunktion des Kommunikationsmediums zum einen unterstreicht, das heißt im Zuge der Ausdifferenzierung des Systems und seines Codes und im Zuge der Durchsetzung gegen die Alternative des moralischen Kommunizierens sicherlich ihre Funktion erfüllt. Man kann sich jedoch auch vorstellen, dass die Selbstplacierung den Code, die Präferenz und damit die Funktion des Systems überzieht und dann nur noch unangenehm auffällt. Man hat es mit einer strukturellen Eigenschaft des Codes zu tun, die durch Übertreibung der Selbstfundierung, durch eine gewisse Selbstgerechtigkeit gleichsam, den Code als solchen markiert und bei den Beobachtern das Interesse an Alternativen der Kommunikation weckt. Anders gesagt, die Selbstplacierung ist zugleich ein »Wiedereintritt« (Spencer-Brown) des Codes und damit des Systems in das System zugunsten der Beobachtung des Unterschieds des Systems zu seiner Umwelt als »Form« und damit zugunsten der Möglichkeit, anstelle des Systems seine Umwelt zu beobachten und eine Form der Kommunikation zu wählen, die Anschlüsse außerhalb des Systems sucht.

Man kann sich auch vorstellen, dass es spätestens im Anschluss an einen solchen Wiedereintritt des Systems in das System für interne und externe Kritiker des Systems attraktiv wird, die Selbstplacierung des Codes in seinem Negativwert zu unterstellen und grundsätzlich das Gegenteil anzunehmen: Wer erzieht, weiß nicht. Wer eine wissenschaftliche These aufstellt, kann nur falsch liegen. Wer Recht beansprucht, hat Unrecht. Wer zahlt, erhöht den Mangel (an Möglichkeiten nichtökonomischen Güteraustausches). Liebe quält (nämlich als »Passion«). Und so weiter. Man bekommt auf diese Art und Weise einen großen Teil der Palette der Kritik der Moderne zu Gesicht und bekommt eine Ahnung davon, dass die Kritik zugleich an der Erweiterung der medialen Möglichkeiten ihren Anteil hat, indem sie Formen auflöst und die Suche nach neuen Formen stimuliert. Auch das Erziehungssystem wäre wohl ohne die Kritik von Habitus und Gestus des wissenden Lehrers und ohne die scharfe Zurückführung des Wissens des Lehrers auf ein Nichtwissen relevanten anderen Wissens nicht das, was es heute ist.

(6) Ein binärer Code hat für die Zwecke der Kommunikation vor allem darin seinen Vorteil, dass er den Wechsel zwischen den beiden Seiten der Unterscheidung erleichtert und diesen Wechsel sogar zu »technisieren« erlaubt. Es bedarf nur eines geringfügigen Blickwechsels des Lehrers, und das Wissen des Schülers wird zum Nichtwissen (der Begründung, des nächsten Schrittes im Curriculum, des Kontexts, der Anwendung oder was auch immer). Es bedarf nur eines mehr oder minder großen Lernaufwands, und das Nichtwissen des Schülers wird zum Wissen. Diese strukturelle Eigenschaft des Codes führt dazu, dass auch die *Unterscheidung und Differenzierung von Beobachtung erster und Beobachtung zweiter Ordnung* erleichtert wird und auf diese Art und Weise eine für Luhmann wesentliche Struktureigenschaft der Moderne auch im Erziehungssystem realisiert wird.

Sobald man das Hin- und Herkreuzen zwischen Wissen und Nichtwissen beobachten kann, kann man zum einen schneller sehen, was jeweils gewusst und was nicht gewusst wird, und zum anderen besser darauf achten (und daraus lernen), wie andere Schüler oder andere Lehrer diesen Wechsel bewerkstelligen. Man lernt nicht nur, welche Gesten erforderlich sind, um der Unterstellung von Wissen entgegenzukommen und Nichtwissen zu dissimulieren,[58] man lernt auch, mithilfe welcher Verfahren es anderen (oder auch einem selbst) gelingt, den Wechsel vom Nichtwissen zum Wissen zu bewältigen und zurück zum Nichtwissen zu vermeiden. Nicht zuletzt hieraus motiviert sich die Umstellung des Erziehungssystems vom inhaltlichen Lernen auf ein methodisches Lernen. Das Erziehungssystem kapriziert sich auf die Beobachtung zweiter Ordnung, das Lernen des Lernens, und damit wird auch in diesem System, »mit immensen Folgen, die Beobachtung erster Ordnung freigegeben und auf Überraschungen eingestellt«[59].

(7) Aber gerade weil der Wechsel zwischen den beiden Werten so leicht ist (immer unter der Voraussetzung allerdings: dass die Einheit der Unterscheidung dabei nicht auffällt), muss das

System Mittel und Wege finden, festzulegen, wann eine Kommunikation jeweils dem Positivwert des Wissens und wann sie dem Negativwert des Nichtwissens zugerechnet wird. Die Leichtigkeit des Wechsels darf die Härte der Unterscheidung nicht in Frage stellen. Deswegen entwickelt das System *Programme*, in denen festgelegt wird, wann es richtig ist, von Wissen, und wann es richtig ist, von Nichtwissen zu reden.

Hier kommen verschiedene Pädagogiken und Didaktiken ins Spiel, die nicht nur spezifizieren, was sie unter Wissen und unter Nichtwissen verstehen, sondern die auch festlegen, was jeweils als ein Wechsel zu gelten hat. Hier kommen nicht zuletzt auch Organisationsformen wie die der Schulform, der Klassenbildung und des Prüfungswesens ins Spiel, die es ermöglichen, Episoden des Wissenserwerbs (inklusive des dazu erforderlichen Verlernens anderen Wissens) zu definieren und Entscheidungen darüber zu treffen, wann ein Wissen als erworben gelten kann, so dass man nicht immer wieder neu prüfen muss, ob es vorhanden ist oder nicht. Programme erlauben es, mit anderen Worten, festzulegen, wann ein bestimmtes Wissen und das dazugehörige Nichtwissen auch wieder vergessen werden dürfen, weil es um Anschlussfragen anderen Wissens und anderen Nichtwissens geht.

Im Gegensatz zum Code, über den innerhalb des Systems nicht disponiert werden kann, solange er befolgt wird, stehen die Programme des Systems dem System prinzipiell zur Disposition. Sie können ausgewechselt werden, um neue und andere Formen der Zurechnung erzieherischer Kommunikation auf Wissen und Nichtwissen zu erproben. So kann unter dem Gesichtspunkt eines im System mobilisierbaren Wissens über das Wissen und das Nichtwissen einzelner Schulformen, Klassen und Curricula überprüft werden, welche Selektivität des Vergessens und Erinnerns im Zuge der schulischen und universitären Ausbildung Sinn macht und können neue Organisationsformen vorgeschlagen und ausprobiert werden, die im Hinblick auf die Beobachtung von Nichtwissen und den darauf bezogenen Erwerb von Wissen intelligenter scheinen. Nicht nur die Diskussion über Schulung durch Fächer versus Schulung durch Projekte, die seit jeher »traditionelle« von »progressiven« Schulen unterscheidet,[60] sondern auch die ebenso beliebte Diskussion über theorieorientierte versus praxisorientierte Ausbildung gehören hierher, weil »Fach«, »Projekt«, »Theorie« und »Praxis« in diesem Zusammenhang nichts anderes sind als je unterschiedliche Cluster von Wissens-

und Nichtwissenskombinationen inklusive von Vorstellungen darüber, wie man vom einen zum anderen kommt und behält, was man gelernt hat.

(8) Jedes Kommunikationsmedium bedarf eines sogenannten *symbiotischen Mechanismus*, der die Anbindung der jeweiligen Kommunikation an die von den Individuen, die sich an der Kommunikation beteiligen, mitgebrachten Körper ermöglicht. Über symbiotische Mechanismen stellt die Kommunikation sicher, dass sie durch die Körper, die Psyche und sonstige Charakteristika der sich beteiligenden Individuen hinreichend irritierbar ist, um immer wieder neu die Bedingungen überprüfen zu können, unter denen sie für die Individuen attraktiv genug ist, um Aussichten auf Fortsetzung zu haben. Wenn es der Kommunikation nicht mehr gelingt, Teilnehmer zu rekrutieren, stirbt sie aus (wer weiß, wann Ökologen verschiedene soziale Formen der Kommunikation als weitere Fälle von »endangered species« entdecken werden). Nicht nur die Soziologie, sondern auch die Sozialpsychologie entdecken diese Notwendigkeit des Rekrutierens von Personal für die anspruchsvollen Kommunikationsprozesse in Organisationen und Funktionssystemen als einen möglichen Engpassfaktor der aktuellen Gesellschaft.[61] Wer findet sich noch bereit zu Börsenhandel, Parteipolitik, universitärer Lehre, ehelicher Liebe, experimenteller Kunst und säkularisiertem Priestertum, wenn er die Chance hat, an den eigenen körperlichen und mentalen Zuständen den Zumutungsgehalt zu ermessen, der in diesen Kommunikationsformen liegt?

Man sieht, dass sich hier das Motivations- und Selektionsproblem wiederholt, auf das die Kommunikationsmedien antworten sollen, und dass es sich hier an jener Grenze der Ausdifferenzierung von Gesellschaft wiederholt, wo die Kommunikation selber, als Einheit der Differenz von Kommunikation und Individuum, auf dem Spiel steht. Der symbiotische Mechanismus des Erziehungssystems ist die *Kompetenz*, ganz im Sinne von Parsons verstanden als auf dieses zurechenbare Fähigkeit eines Individuums, in Situationen problemstellend und problemlösend aktiv zu werden. Jedes Wissen und jede Mitführung und jedes Aushalten von Nichtwissen muss sich letztlich daran bewähren, was ein Individuum kann.

Kommunikation im Medium der Intelligenz ist für Individuen dann attraktiv, wenn sie ihre eigenen Erfahrungen von und Erlebnisse mit kompetentem Verhalten und kompetentem Denken bestätigt oder zumindest im Vergleich mit diesen Erfahrungen und Erlebnissen nicht allzu dramatisch enttäuscht. Und umgekehrt bleibt die erzieherische Kommunikation für Körper und Psyche der Individuen in ihrer Umwelt hinreichend irritierbar, solange es ihr gelingt, die Kompetenz der Körper und Bewusstseinssysteme dieser Individuen zu beobachten, Anregungen aufzugreifen und Enttäuschungen zu registrieren.

Daran sind auch die beiden Codewerte in ihrer Unterscheidung voneinander immer wieder neu zu messen: Welches Wissen und welches Nichtwissen machen für Individuen, insofern diese ein Interesse an Kompetenzen haben, einen Unterschied? Man kann feststellen, dass es eine mitlaufende Beobachtung dieses symbiotischen Mechanismus in nahezu allen Formen von Erziehung gibt, sobald man darauf achtet, welche Stoppregeln zitiert werden, um ein Interesse an »Theorie« oder an »Praxis«, am »Fach« oder am »Projekt« nicht zu überziehen. Hier ist dann oft von »Relevanz« die Rede. Aber diese Relevanz ist nicht eindeutig gesellschaftlich definiert, sondern sie soll und sie muss erst noch überzeugen, und zwar Individuen überzeugen, die es jederzeit überzeugender finden können (gemessen an ihren Fähigkeiten und gemessen an ihren Aussichten), sich für anderes zu interessieren.

Wie in den Fällen anderer Kommunikationsmedien auch, ist der symbiotische Mechanismus des Erziehungssystems, die Kompetenz, kein objektiv und systemextern bereits vorliegender Sachverhalt, sondern ein Produkt des Erziehungssystems selber, genauer: ein Produkt der Koevolution von Erziehung und Individuum. Damit eröffnen sich auch Chancen für Forschungsprogramme, die der Form dieser Kompetenz und dem Misstrauen gegenüber dieser Kompetenz im erzieherischen und gesellschaftlichen Rahmen in seinen Auswirkungen auf Prozesse der Individualisierung nachgehen. Zu erforschen wären hier Prozesse auf der Ebene des allgemeinen Handlungssystems im Sinne von Talcott Parsons. Doch die Kognitionswissenschaften, die wie berufen sind, sich diesen Fragen zu widmen, finden bislang unter Ausschluss der Soziologie statt.

Luhmann unterstreicht, dass sich die Symbole des symbiotischen Mechanismus nicht von selbst verstehen. Was Kompetenz »ist«, bedarf einer Interpretation, die ihrerseits zwischen der Gesellschaft und den Individuen, die dies für attraktiv halten müssen, immer wieder neu ausgehandelt wird. Inwieweit Kompetenz auf Vernunft und Rationalität abstellt, wie es das 18. und 19. Jahrhundert angesichts der erschrockenen Entdeckung der unzugänglichen und damit unkontrollierbaren und somit nur zu disziplinierenden Sinnlichkeit der Individuen gegen den zwar nicht begrifflichen, aber phänomenologischen Einspruch der Dichter behauptet hat, oder inwieweit Kompetenz neben einer »kognitiven« auch eine »soziale« und »emotionale« und neben einer »abstrakten« auch eine »eingebettete« Dimension hat, ist zwangsläufig umstritten, weil nur der Streit attraktiv ist und nur der Streit irritierbar macht und nur der Streit zum Ausgangspunkt der Erprobung neuer erzieherischer Formen taugt.

Festzuhalten ist bei allem Streit nur eines: Selbstbefriedigung ist auch im Fall des symbiotischen Mechanismus Kompetenz verboten. Ebenso wenig, wie man sich Recht und Wahrheit, Kunst und Liebe selber machen darf, darf man sich auch die Kompetenz nicht selber bestätigen. Die Adressierung von Kompetenz bedarf des kommunikativen Umwegs, der Auseinandersetzung mit anderen, der Bestätigung und der Hinterfragung durch andere. Kompetent bin ich nicht, wenn ich mich dafür halte, sondern wenn sich diese Annahme im gesellschaftlichen Verkehr bewährt.

Luhmann vermutet, dass symbiotische Mechanismen ihrerseits nicht im Körperbezug, sondern in Organisation abgesichert werden, als traue auch hier die Gesellschaft letztlich nur sich selber. Das scheint auch für die Kompetenz zu gelten, wenn man sich anschaut, wie sehr gerade in diesem Punkt Schulen, Universitäten und ihre Abnehmer, Unternehmen, Behörden und andere Organisationen, miteinander abzustimmen suchen, was als praktische und theoretische, als fachliche und methodische, als sachliche und soziale Kompetenz jeweils zu gelten hat. Michel Foucault ist deswegen darin Recht zu geben, wenn er unterstreicht, wie sehr es Gerichten, Gefängnissen, Krankenhäusern und Psychotherapeuten darum zu tun ist, die Kompetenz der Beteiligten auf beiden Seiten der jeweiligen Rollenasymmetrie, das heißt unter Richtern und Angeklagten, Wächtern und Strafgefangenen, Ärzten und Patienten, Liebhabern und Geliebten so zu definieren, dass sie individuell durchsetzbar wurde.[62] Und möglicherweise haben wir es hier tatsächlich mit Formen einer »Kontrollgesellschaft« zu tun, die die Individuen »dividuiert« und sie zu einem laufenden upgrading und updating ihrer Kompetenzen je nach den neuesten Anforderungen und Moden zwingt.[63]

Aber all das, so organisiert es ist, muss sich an der Fähigkeit, die dazu passenden Individuen auch tatsächlich zu rekrutieren, messen lassen. Mit »Herrschaft« alleine ist es nicht getan. Nicht zuletzt deswegen entwickelt das Erziehungssystem ein ausgeprägtes Interesse daran, die gegenwärtige Kompetenzkrise in den Organisationen der Gesellschaft mit der Legitimitätskrise der Erziehung in einen Bezug zu setzen und den Fluchtpunkt hier wie dort weniger in der Rebellion der Individuen als vielmehr in ihrer ökologischen Unruhe zu sehen.[64]

(9) Eine der ertragreichsten Vermutungen im Zusammenhang der Entdeckung von Austausch- beziehungsweise Kommunikationsmedien durch Parsons besteht darin, dass diese Medien ebenso wie das Geld, das zunächst einmal das Schema ihrer Analyse abgab, Prozessen der *Inflation* und *Deflation* unterliegen und dies möglicherweise auch gleichzeitig. Luhmann reformuliert das entsprechende Konzept dahingehend, dass er nicht wie Parsons auf »Realien« der Kommunikation abstellt, sondern auf Vertrauen beziehungsweise Misstrauen im Hinblick auf die weitere Verwendbarkeit der im Rahmen der Kommunikation »erworbenen« Sinnsymbole. Wir haben es mit einer Inflation im Medium der Intelligenz zu tun, wenn die Erziehung ihre Möglichkeiten der Ausbildung von Wissen und Kompetenz überschätzt beziehungsweise überzieht und feststellen muss, dass sie diese Ausbildung nicht einlösen kann, das heißt, dass sie sie nicht absetzen kann. Und wir haben es mit einer Deflation im Medium der Intelligenz zu tun, wenn Möglichkeiten, Vertrauen zu gewinnen, nicht genutzt werden, das heißt, wenn Wissen ausgebildet, Nichtwissen markiert und Kompetenzen angeboten werden könnten, die Erziehung jedoch auf all dies aus welchen Gründen auch immer verzichtet.

Beides, Inflation wie Deflation, betrifft sowohl interne Systemprozesse als auch Leistungsbeziehungen mit der gesellschaftlichen Umwelt. Auch innerhalb der Erziehung selbst kann man es daher mit zu viel beziehungsweise zu wenig Vertrauen in die Erziehung selbst zu tun bekommen, so dass Symbole des Wissens, des Lernerfolgs, der Problemlösungskompetenz hergestellt werden, die im System unglaubwürdig sind und außerhalb kein Interesse finden, beziehungsweise auf die Herstellung dieser Symbole verzichtet wird, obwohl Lehrer wie Schüler die Möglichkeit hätten, sie herzustellen und außerhalb des Systems für sie Nachfrage zu finden. Man könnte das Verhältnis von Hochschulen und Fachhochschulen in Deutschland in den letzten zwanzig Jahren als ein Verhältnis der Inflation universitärer und allmählich korrigierter Deflation fachhochschulmäßiger Ausbildung beschreiben, weil die Hochschulen zu viel Vertrauen in fachgebundene Ausbildung und die Fachhochschulen zu wenig Vertrauen in praxisorientierte Ausbildung vorausgesetzt haben. Aber auch das Verhältnis von Theorie und Praxis an den Hochschulen ist durch einen solchen Parallelvorgang geprägt, insofern lange Zeit zu viel Vertrauen in Theoriebezug und zu wenig Vertrauen in Praxisbezug gesetzt wurde. Interessanterweise bestätigt das eine das andere, so dass sich die Inflationsspirale und die Deflationsspirale gegenseitig angetrieben haben.

Letztlich geht es um die Frage, wie »liquide« ein System in seinem Medium ist und wie sehr es ihm gelingt, die Symbole des Mediums gesellschaftsweit »zirkulieren« zu lassen. Mit Blick auf das Medium des Erziehungssystems hat man den Eindruck, dass es in den vergangenen Jahren regelrecht ausgetrocknet ist und hier kaum noch eine Intelligenz zirkuliert, von der doch Erziehungswissenschaftler und Pädagogen wissen, dass sie vorhanden ist und ausgebaut werden könnte.

(10) Wenn ein Kommunikationsmedium universell, das heißt nicht überall, aber doch unter allen Umständen, verwendet werden können soll, muss es, so wiederum Luhmann, über eine »*Nullmethodik*« verfügen, die es ihm ermöglicht, auch den Einschluss des Ausschlusses zu symbolisieren. Jedes Kommunikationsmedium, so die Annahme, ist selektiv beziehungsweise in der Form einer Unterscheidung gebaut und schließt daher zwangsläufig Sachverhalte aus, deren Ausschluss allerdings im System mitreflektiert werden muss, um das System mit stop- and go-Regeln und damit mit Anhaltspunkten für die Wiedereinbettung des ausdifferenzierten Systems in die gesellschaftliche Umwelt auszustatten.

Für das Erziehungsmedium Intelligenz liegt diese Nullmethodik vermutlich in der Reflexion auf die Dummheit der Intelligenz. Heinz von Foerster hat diese Reflexion in eine Form jeweils für Lehrer und für Schüler gebracht. Ersteren schreibt er ins Stammbuch: »Auch vom Dümmsten kann man lernen«, und Letzteren: »Laßt sie deppert sterben«.[65] Damit ist eine Reflexion darauf gemeint, dass – seit Nietzsche – niemand sicher sein kann, worin die Intelligenz der Intelligenz und worin möglicherweise die Intelligenz des Stumpfsinns oder auch des Wahnsinns besteht. Auch der Dümmste könnte etwas wissen. Und auch vom Dümmsten kann man lernen, was ein Fehler ist und wie er möglicherweise zu vermeiden ist. Immerhin steckt in der Kunst der Fehlerdiagnose und laufenden Fehlervermeidung die operativ genaueste Form der Intelligenz.[66] Und mit der Aufforderung »Laßt sie deppert sterben« können sich Schüler mit Blick auf die am wenigsten wünschenswerte Alternative selbst dann noch zur Kommunikation im Medium der Intelligenz motivieren, wenn dieses jedes weitere Interesse vermissen lässt.

Die Reflexion auf die Dummheit der Intelligenz läuft deswegen in Schulen und mehr noch in Universitäten immer mit, sobald Wiedereinbettungsfragen im Sinne von Fragen des Anschlusses von Erziehung an Gesellschaft behandelt werden müssen und man sich im System darüber Klarheit verschafft, was man ausschließen muss, wenn man sich auf Fragen des Wissens und Nichtwissens spezialisiert. Eine Zweitfassung dieser Nullmethodik, die Albernheit, sichert ihr in Schulen und Universitäten einen nach Bedarf abrufbaren Alltag und findet auch außerhalb des Erziehungssystems, vor allem in auf den Bedarf von Jugendlichen spezialisierten Unterhaltungssendungen der Massenmedien, großes Interesse (Stichwort: Harald Schmidt).

(11) Im letzten Punkt schließlich, den wir hier nennen wollen, fassen wir die beiden von Luhmann unter den Stichworten *Systembildung* und *Selbstvalidierung* genannten Punkte zusammen.[67] Ein Medium, so Luhmann, sei ein Katalysator für Systembildung, da erst im Medium eine Kommunikation zu Vor- und Rückgriffen auf Kommunikation desselben Typs und damit zur Autopoiesis befähigt werde. Dies hänge jedoch nicht zuletzt davon ab, dass es dem Medium gelingt, über einen Verweis auf die offene Zukunft, an deren Bewältigung es sich misst und messen lässt, sich selbst zu bestätigen. Nur dann, wenn Erziehung im Medium der Intelligenz Anhaltspunkte für die Strukturbildung des Systems und in eins damit Anhaltspunkte für die zukünftige Bewährung des Systems innerhalb dieser Strukturen, innerhalb der gesellschaftlichen Umwelt und innerhalb der Strukturen der Ausdifferenzierung der Gesellschaft findet, bewährt sich dieses Medium und funktioniert Erziehung.

Es ist dieser Aspekt der Orientierung des Erziehungssystems an seiner offenen Zukunft, der uns noch einmal an den Ausgangspunkt unserer Überlegungen zurückkehren lässt, um zu fragen, welche Anhaltspunkte in der Umstellung gesellschaftlicher

Strukturen wir möglicherweise haben, um unsere Vermutung plausibilisieren zu können, dass wir mittendrin stecken in der Umstellung des Erziehungssystems vom Medium Kind auf das Medium Intelligenz.

Intelligenz im Labyrinth

Im Prinzip ist über den Aspekt einer möglichen Umstellung der gesellschaftlichen Differenzierung von Strukturen, die der Kommunikation im Medium des Buchdrucks angepasst sind, auf Strukturen, die der Kommunikation im Medium des Computers angepasst sind, noch nicht sehr viel zu sagen. Zu jung ist die Computergesellschaft, zu unerprobt sind die Grundlagen ihrer soziologischen Beobachtung. Es ist kein Zufall, dass Niklas Luhmann sein abschließendes Werk zur Gesellschaftstheorie der Buchdruckgesellschaft widmete, obwohl er mit zu jenen gehörte, die der Einführung des Computers in die Gesellschaft ähnlich weitreichende Folgen zutrauen wie einst der Einführung der Schrift und später der Einführung des Buchdrucks – von der Einführung der Sprache zu schweigen. Nur wenn wir uns darüber im Klaren sind, was es für die Gesellschaft bedeutete, sich von der Schrift auf den Buchdruck umzustellen, können wir auch nur anfangen, über die Folgen der Einführung des Computers nachzudenken. Und Luhmann war bescheiden genug, anzunehmen, dass seine Gesellschaftstheorie damit begonnen hat, die Umstellung auf den Buchdruck nachzuvollziehen. Dem Computer räumte er, ähnlich wie dem Menschen, eine »Unbestimmtheitsstelle« ein,[68] genauer bestimmt als mögliche strukturelle Kopplung zwischen Computern auf der einen Seite und Bewusstsein und Kommunikation auf der anderen Seite, deren Verständnis und Beschreibung nichts weniger verlangt als die Berücksichtigung des ganzen Arsenals an kommunikations-, evolutions- und differenzierungstheoretischen Begriffen und Einsichten, die Luhmann entwickelt hat.

Aber das nur zur Warnung. Immerhin gibt Luhmann einige Hinweise, worauf es bei der Beobachtung der entstehenden Computergesellschaft ankommen könnte. Und immerhin brauchen wir diesen Aspekt hier nur insoweit, als es darum geht, die Annahme der Umstellung des Erziehungssystems auf das Medium Intelligenz zu plausibilisieren. Da wir es den Erziehungswissenschaftlern überlassen müssen, die Annahme des Intelligenzmediums für verschiedene Schul- und Universitätsformen, für Curricula, Prüfungswesen und Reflexionsformen des Erziehungssystems zu überprüfen, beschränken wir uns hier auf die gesellschaftliche und damit die soziologische Perspektive. Uns interessiert, ob die gegenwärtige Krise der Erziehung in Schulen und Universitäten damit etwas zu tun hat, dass das gesellschaftliche und dann auch individuelle Vertrauen in die Erziehung angesichts der Beobachtung neuer Formen der gesellschaftlichen Reproduktion von Kommunikation im Medium des Computers eher abgenommen als zugenommen hat. Wir lassen die Frage auf sich beruhen, ob nicht auch Kino und Fernsehen als zwei weitere jüngere Verbreitungsmedien der Kommunikation einen erheblichen Anteil an diesem Vertrauensverlust haben. Aber wir erwähnen diese Frage, um sie zumindest nicht aus den Augen zu verlieren.

In einem der spekulativsten Kapitel seines Buches *Die Gesellschaft der Gesellschaft* stellt Luhmann Überlegungen dazu an, dass nicht zuletzt an der Theorie, für die er sich Zeit seines Lebens am meisten interessiert hat, an der Systemtheorie nämlich, ablesbar sein könnte, wie sich vielleicht noch nicht die Gesellschaft, aber, in Form einer Art preadaptive advance, zumindest schon einmal ihre Kulturform auf den Umgang mit dem Computer umzustellen begonnen hat.[69] Als eine »Kulturform« bezeichnet Luhmann hier die Art und Weise, wie eine Gesellschaft mit dem Überschusssinn fertig wird, den ein Verbreitungsmedium der Kommunikation in die Gesellschaft schon dadurch einführt, dass es neue Optionen der Kommunikation in Reichweite rückt.

Auf den durch die Schrift eingeführten Verweisungsüberschuss (Kommunikation mit Nichtanwesenden) reagiert die Gesellschaft durch die Entwicklung der Kulturform Zweck (Teleologie), für die der Name Aristoteles steht und die es ihr ermöglicht, neue Sinnangebote unter dem Gesichtspunkt gegenzuprüfen, ob und welcher Zweck mit ihnen eingeht und, das ist der Sinn der Sache, andernfalls unberücksichtigt zu lassen. Man müsste sich noch einmal in die Geschichte der antiken Gesellschaft vertiefen, um zu ermessen, was diesem Prüfkriterium alles zum Opfer gefallen ist.[70] Auf den durch den Buchdruck eingeführten Verweisungsüberschuss (Kommunikation unter Gesichtspunkten von Vergleich und Kontrolle) reagiert die Gesellschaft durch die Entwicklung der Kulturform Unruhe (Selbstreferenz), für die der Name Descartes steht und die es ihr ermöglicht, neue

Sinnangebote unter dem Gesichtspunkt einer Art »operational research«,[71] nämlich einer mitlaufenden Gedächtniskontrolle unter Konsistenzgesichtspunkten, gegenzuprüfen. Dem fällt, wenn auch naturgemäß nicht sofort, nicht zuletzt das teleologische Denken zum Opfer, weil die Zweck/Mittel-Relation für diesen Prüfbedarf strukturell zu arm ist. Sie kann vom gesellschaftlichen Zugriff befreit werden und wird Organisationen anheimgestellt, die in ihr Rationalitätschancen ergreifen, die solange gelten, wie man nicht nach dem Zweck des Zwecks fragt.[72]

Parallel zu dieser Bewältigung neuen, durch Verbreitungsmedien produzierten Überschusssinns in Kulturformen stellt sich die Primärform der gesellschaftlichen Differenzierung um, von der segmentären zunächst auf die stratifikatorische, dann funktionale Differenzierung, beziehungsweise, etwas plakativer, vom Ordnungsprinzip Geheimnis (Religion) zunächst auf das Ordnungsprinzip Familie (Stamm), dann auf das Ordnungsprinzip Bibliothek (Funktion). Darauf können wir hier nicht eingehen.[73] Wichtiger ist, dass an der jeweiligen Kulturform und an der jeweiligen Primärform der gesellschaftlichen Differenzierung unterschiedliche Formen der Erziehung ansetzen, über die Erziehungshistoriker Auskunft geben können.[74]

Wir überspringen die historische Entwicklung – nicht ohne festzuhalten, dass nur ihre Berücksichtigung Klarheit darüber verschaffen kann, welche Leitfragen sich theoretisch durchhalten lassen – und gehen stattdessen auf die Kulturform ein, die Luhmann in der Auseinandersetzung der Gesellschaft mit dem Verweisungsüberschuss des Computers identifizieren zu können glaubt. Wohlgemerkt, es geht nicht um irgendein Verständnis oder gar eine Theorie des Computers selbst, so sehr dessen Beobachtung theoretisch aufschlußreich sein mag,[75] sondern es geht um das Verständnis und die Theorie der Gesellschaft in der Auseinandersetzung mit dem vom Computer in Reichweite gerückten Verweisungsüberschuss der Kommunikation. Der Computer zwingt die Gesellschaft zu einer Reaktion, weil er Kommunikationen optionalisiert, die man sich bisher nicht hätte vorstellen können und die von der Gesellschaft auf der Ebene ihrer Erwartungsstrukturen (andere Strukturen hat sie nicht) bereits im Vorgriff, diesen dadurch Form und Medium gebend, behandelt werden müssen.

Luhmann vermutet, dass sich gegenwärtig eine Kulturform entwickelt, die unter dem Stichwort Form (Differenz) steht und die es ermöglicht, neue Sinnangebote unter dem Gesichtspunkt temporalisierter Formen zu prüfen, genauer: unter dem Gesichtspunkt der Inanspruchnahme einer Zwei-Seiten-Form bestehend aus einer markierten und einer nichtmarkierten Seite.[76] Schwer zu sagen, welcher Name dereinst für diese Kulturform stehen wird, wenn es denn ein Einziger sein wird. Luhmann enthält sich hier der Stimme, aber schon das deutet an, dass er sich auf Spencer-Brown eben nicht festlegt, sondern sich vielleicht auch seinen eigenen Namen vorstellen kann – nicht aus Unbescheidenheit, das sei hier hinzugefügt, sondern um den ultimativen Test zu benennen, dem er seine eigene Theorie ausgesetzt sieht.[77] Auch das verdeutlicht, dass seine Theorie der Buchdruckgesellschaft ein Beitrag zur Theorie der Computergesellschaft ist. Das bedeutet unter anderem, dass sich neben der funktionalen Differenzierung der Gesellschaft (Prinzip Bibliothek) eine neue Primärform der gesellschaftlichen Differenzierung entwickelt, von der wir bislang allenfalls das Prinzip erahnen, nämlich das Netzwerk,[78] jedoch nicht ihre Struktur. Und das wiederum bedeutet, dass wir hier nicht nur über ein neues Kommunikationsmedium des Funktionssystems Erziehung nachdenken, sondern zugleich auch über ein neues Vernetzungsprinzip.

Wie dem auch sei, wir benötigen hier zum Abschluss unserer Überlegungen nur einen Hinweis darauf, ob das Medium Intelligenz, anders als die Medien Kind und Lebenslauf, für ein Erziehungssystem mit Blick auf die entstehende Computergesellschaft so attraktiv sein kann, dass es für die Umstellung auf dieses Medium die eigene Krise riskiert. Es liegt begrifflich wie buchstäblich auf der Hand, dass das Medium Kind aufs Beste mit der Kulturform der Buchdruckgesellschaft, mit der Unruhe und ihrer Theorieform, der Selbstreferenz, korrespondiert. Was man am Erwachsenen trotz Montaigne, Descartes und Pascal schwer eingestehen konnte, nämlich seine Unruhe und sowohl die Möglichkeit als auch Leere seiner Selbstreferenz,[79] das fiel am Kind nicht schwer, so dass seine Erfindung[80] nicht nur in die Erziehung, sondern über diese Erziehung hinaus auch in die Gesellschaft all das einzuführen erlaubte, was man mit Blick auf die Buchdruckgesellschaft an neuen Formen der Spezifizität und Selektivität von Kommunikation brauchte. Vielleicht darf man sagen, dass inzwischen auch die Erwachsenen diese Lektion gelernt haben (Stichwort: Hedonismus,[81] Stichwort: Kulturindustrie[82]). Zugleich fällt jedoch auf, dass diese Unruhe und Selbstreferenz möglicherweise den Verbreitungsmedien Kino und dem Fernsehen noch gewachsen sind (Stichwort: zerstreute Aufmerksamkeit[83]), dem Verbreitungsmedium Computer jedoch nicht.

Das Verbreitungsmedium Computer, das sich anschickt, Mitteilung und Verstehen im Kommunikationsprozess zu entkoppeln, die Nachfrage nach Quelle und Absicht der Kommunikation zu erübrigen und schließlich sogar mit den Rechenleistungen einer »unsichtbaren Maschine« (Luhmann) in die Informationserarbeitung der Kommunikation einzugreifen,[84] stellt die Kommunikation vor die Herausforderung, im Moment des Angebots einer Kommunikation ohne die üblichen, vom Verdacht gesteuerten, aber hier ins Leere laufenden Überprüfungsmöglichkeiten eine Entscheidung über die Annahme und Weiterverarbeitung der Kommunikation zu treffen. Anders formuliert, die Kommunikation im Medium des Computers hat nichts anderes als die Information selbst, um darüber zu entscheiden, ob etwas und was damit zu machen ist. Man glaubte zu schnell, dass dies die endgültige Realisierung des Traums der sich über sich selbst aufklärenden und dabei keine soziale Verzerrung mehr duldenden modernen Gesellschaft sei. Denn das Gegenteil ist der Fall, weil mit der Reduktion auf die Information die Korrekturmöglichkeiten der sozialen Verzerrung fortfallen, also das Artefakt der nur sachbezogenen Information gar nicht mehr herauszufiltern ist. Statt dessen sieht man sich mit dem Pauschalverdacht der kompletten Fiktionalität, also einer durchweg virtuellen Welt (*Matrix*, USA 1999, Regie: Andy und Larry Wachowski), konfrontiert, ohne daraus irgendeine andere Konsequenz als die der verschärften Beobachtung der Differenz von Realität und Fiktion ableiten zu können.

Das führt dazu, dass die Gesellschaft sich in der Gestalt zahlreicher Netzwerke neu formiert, in denen je nach Bedarf und Kontrollmöglichkeit Sachverhalte unterschiedlichen Realitätsgehalts so miteinander kombiniert werden, dass von Wiedererkennbarkeit und Reproduzierbarkeit die Rede sein kann.[85] Typischerweise handelt es sich dabei um Kombinationen von Sachverhalten, die in dem Sinne »hybrid« sind, dass sie bislang vertraute Kategorien übergreifen und »Gewebe« herstellen, die unterschiedliche Sach-, Sozial- und Zeitdimensionen ineinander »verknoten«.[86] Man erkennt an der Metaphorik, wie ungewohnt die Machart dieser Netzwerke ist. Aber entscheidend ist, dass hier Sachverhalte adressiert werden, die offensichtlich einen

Weg gefunden haben, ihrem Mißtrauen gegenüber sich selbst zu begegnen, indem Elemente aufeinander bezogen werden, die jedes für sich einen unverzichtbaren Beitrag leisten und bei Aufgabe ihrer Bindung an das Netzwerk etwas Unverzichtbares verlieren würden. Man hat aus der Analyse der Institutionen des Kapitalismus gelernt, so möchte man annehmen, und verlässt sich nur noch auf Risikostrukturen, in denen jedes Element durch das von ihm eingegangene und von ihm, wenn auch nicht von ihm allein, beherrschbare Risiko kenntlich und berechenbar wird.[87] Der Gedanke der »Form« im Sinne Spencer-Browns, das heißt der Gedanke an die Einheit der Unterscheidung eines markierten und eines unmarkierten Zustands formuliert in diesem Zusammenhang das Prinzip der Vernetzung selber, das für beides empfänglich sein muss, für den Zusammenhang und für den Zusammenhang mit dem Unbekannten, Unverfügbaren und Unberechenbaren. Denn nur daraus können Anhaltspunkte für die Selektion von Verknüpfungen entwickelt werden.

Auch diesem Gedanken können wir hier nicht weiter nachgehen. Ich möchte nur meinem Eindruck Raum geben, dass das Medium der Intelligenz diesem Sachverhalt der Vernetzung heterogener Elemente wie auf den Leib geschnitten ist, weil es mit seiner Codierung durch die Unterscheidung von Wissen und Nichtwissen selbst auf eine Form abstellt, die zum Errechnen von prekaren und temporalisierten Formen taugt. Wir haben es mit jener Intelligenz zu tun, die Luhmann andernorts als Intelligenz im Labyrinth beschrieben hat[88] und die auf die Unterscheidung von Wissen und Nichtwissen zurückgreift, um laufend nicht nur neue Ressourcen des Erkenntnisgewinns, sondern auch laufend den Verdacht gegenüber sich selber (und nicht mehr, denn das führt zu nichts: den Verdacht gegenüber anderen) mobilisieren zu können.

Wenn es zutrifft, dass Erziehung der Personwerdung des Menschen dient,[89] dann ist diese Person selbst eine »Form« im Netzwerk der Gesellschaft und damit für alle Belange der Kommunikation darauf angewiesen, sich im Zusammenhang mit allem anderen und alles andere im Zusammenhang mit sich errechnen zu können. Eben deswegen fand Luhmann es ja so attraktiv, vom Medium Lebenslauf auszugehen, das laufend Möglichkeiten der Selbstbeobachtung und der Neukombination der eigenen Orientierung zur Verfügung stellt. Eben deswegen möchte ich dem jedoch den Alternativvorschlag des Mediums

Intelligenz zur Seite stellen. Denn wo der Lebenslauf sich an der Organisation (»Karriere«) orientiert und damit eher noch der Buchdruckgesellschaft entspricht, da orientiert sich die Intelligenz am Individuum (»Kompetenz«) und an seinem Bedarf, nicht nur mit Organisationen und deren Selbstauflösung, sondern auch mit anderen prekär werdenden gesellschaftlichen Sachverhalten inklusive des Sachverhalts der Gesellschaft selber zurande zu kommen. Sein Lebenslauf garantiert ihm, als Produkt der eigenen Erziehung, zunehmend nur noch Zufälligkeit und bestenfalls Glück sowie schlimmstenfalls Pech. Daraus ist für die Gestaltung dieses Lebenslaufs wenig zu gewinnen. Unter diesem Gesichtspunkt scheint es attraktiver, den Lebenslauf auf sich selbst beruhen zu lassen und sich stattdessen und mithilfe erzieherischer Angebote auf die Ausbildung der eigenen Kompetenz im Sinne der Bewegung im Medium der Intelligenz zu konzentrieren.

Erziehung motiviert dann zwar nur noch projektförmig, dies jedoch anschlussfähig, aufschlussreich und verlässlich.[90] Die gegenwärtige Herausforderung liegt allerdings nicht darin, dies einzusehen, an dieser Einsicht mangelt es nicht, sondern darin, die dazu passenden Organisationsformen zu finden. Es bleibt dabei, dass das Erziehungssystem primär über organisationsbasierte Interaktion in wie immer modifizierten und moderierten Schulklassen ausdifferenziert wird.[91] Und es bleibt dabei, dass die Organisationen der Erziehung in diesem Zusammenhang nicht mehr für Instanzen oder gar Anstalten der Vernunft und Rationalität gehalten werden müssen, sondern für Zwecke der Respezifikation des (selbst zu stellenden) Erziehungsauftrags freigeben werden können.[92] Eine Reflexion auf die Intelligenz als Medium der Erziehung mag jedoch dazu beitragen, sowohl die Interaktion als auch die Organisation zu entlasten, indem Ansatzpunkte für und Maßnahmen der Erziehung auch außerhalb von Schulklassen als lebensweltliche und alltägliche Emergenzmomente von Erziehung identifiziert werden können. Damit wäre für die Reflexion des Systems im System sichergestellt, dass Erziehung nicht nur als organisierte Veranstaltung abläuft.

Das wiederum ist die Voraussetzung dafür, dass man im System umso genauer und experimenteller darüber nachdenken kann, welche Interaktionsformen und welche Organisationsformen den Ansprüchen einer intelligenten, im Hinblick auf Wissen und Nichtwissen ebenso trennscharfen wie flexiblen Erziehung gewachsen sind. Hinreichend deutlich ist nur, welchem Kriterium diese Interaktion und diese Organisation genügen müssen. Sie müssen in der Lage sein, Formen der Kombination heterogener Sachverhalte zu erproben, in denen zwar prinzipiell jedes Element ausgetauscht werden kann, gleichzeitig jedoch auch für jedes Element, seien es Personen, Inhalte oder Curricula, hinreichend dauerhafte Chancen gegeben sein müssen, Erfahrungen zu machen, aus ihnen zu lernen, sich zu ändern und daraus wiederum neue Konsequenzen zu ziehen. Kurz, Erziehung im Medium der Intelligenz wird in erster Linie darauf abstellen müssen, Selbstbeobachtung in verschiedenen Kontexten auszubilden. Selbstbeobachtung ist Beobachtung des Selbst als Form, als Zwei-Seiten-Form, das heißt in der Auseinandersetzung mit je verschiedenen Sachverhalten. Wer das kann, darf als erzogen gelten und damit als hinreichend präpariert für Zwecke der Weiterbildung. Und wer das kann, wird sich nicht nur mit der Schrift und mit dem Buchdruck, sondern auch mit dem Computer, das heißt mit der flexiblen Relationierung von Datenbanken, weltweiter Kommunikation und eigenen Formangeboten, zurechtfinden.

Bildung

Wir beschließen unsere Überlegungen mit einer Bemerkung zur Kontingenzformel des Erziehungssystems, zur Bildung. Eine Kontingenzformel, so wiederum Luhmann,[93] erlaubt eine »Bewirtschaftung« der Fülle der Möglichkeiten, mit der ein Funktionssystem sich konfrontiert sieht, sobald es beginnt, sich selbst zu beschreiben.

Wirtschaft und Politik, Kunst und Religion, Wissenschaft und Recht und eben auch die Erziehung stoßen in ihrem aus ihrer Selbstbeschreibung gewonnenen Selbstverständnis immer auch auf die Möglichkeit, die Probleme der Welt insgesamt zu lösen. Es gibt nichts, was einem Funktionssystem in seiner Selbsteinschätzung nicht möglich ist. Reflexionstheorien, also zumeist wissenschaftlich ausgearbeitete Selbstbeschreibungen wie die Ökonomie und die Politologie, die Ästhetik und die Theologie, die Wissenschaftstheorie und die Rechtswissenschaften und eben auch die Pädagogik bestärken das jeweilige System in dieser Selbsteinschätzung, weil es sich in der Regel um Offensivsemantiken zur Durchsetzung und Wahrung der Autonomie des

Systems handelt, so dass es letztlich nur die professionelle Reflexion des Systems im System ist, die diese Selbstüberschätzung auf ein erträgliches Maß wieder abkühlt. Es ist interessant, dass diesen professionellen Reflexionen ausdifferenzierte Subdisziplinen der Reflexionstheorien zu Hilfe kommen, wie zum Beispiel die Erziehungswissenschaften im Verhältnis zur Pädagogik, die Erkenntnistheorie im Verhältnis zur Wissenschaftstheorie, die Kunstlehre im Verhältnis zur Ästhetik oder auch die Managementlehre im Verhältnis zu den Wirtschaftswissenschaften, die es den Professionen erleichtern, auf Einschränkungen zu reflektieren, ohne den Selbstzweifel zu übertreiben.

Kontingenzformeln unterstützen diese professionelle Korrektur der Selbstüberschätzung ebenfalls. Sie tun es jedoch interessanterweise auf eine doppelte Art und Weise. Sie markieren die Grenzen des Systems nicht nur von innen, sondern auch von außen, und erlauben es damit, die Selbstbescheidung des Systems mit dem Rekrutieren laufend neuer Anforderungen an das System von Seiten der Gesellschaft zu kombinieren. Die Selbstüberschätzung des Systems wird gleichsam an die Gesellschaft abgegeben, die stellvertretend für das System immer zu viel erwartet und immer zu wenig bekommt und in dieser Figur die Ausdifferenzierung des Systems in einer prekären und immer neu zu findenden Balance hält.

Die Kontingenzformel der Religion, Gott, die Kontingenzformel der Wirtschaft, Knappheit, die Kontingenzformel des Rechts, Gerechtigkeit, sind dafür ebenso gute Beispiele wie die Kontingenzformel des Erziehungssystems, die Bildung. Der Begriff der Bildung bezieht sich in einer spezifisch deutschen Tradition zunächst einmal auf die an den einzelnen Menschen ergehende Aufforderung, sich nach dem Bilde Gottes zu gestalten. Der Begriff wird später, zumal von Hegel, insoweit säkularisiert, dass es um die Bildung zum Allgemeinen und Menschlichen geht, und im Zuge des 19. Jahrhunderts bis hin zu Nietzsche um die Dimension des Selbstverstehens aus dem Fremdverstehen, das heißt auch um die Dimension der Geschichte und Gemeinschaft erweitert.[94] Der Bildungsbegriff ist dabei immer von einer mehr oder minder starken Spannung zwischen der Betonung von *sophia*, Weisheit, einerseits und von *phronesis*, Geschicklichkeit, andererseits gekennzeichnet, so dass der Gebildete sich nach Bedarf auf die Kontemplation zurückziehen oder in der Eloquenz erproben kann.[95]

In diesem doppelten und damit immer hinreichend unklaren Bezug auf Vernunft *und* Urteilskraft, Theorie *und* Praxis, kann das Erziehungssystem am Begriff der Bildung arbeiten und ihn zu einer Kontingenzformel ausarbeiten, der die genannte Funktion der Selbstbescheidung im Zusammenhang mit dem Rekrutieren gesellschaftlicher Erwartungen erfüllt. Der Bildungsbegriff wird typischerweise daher auch immer dann ins Feld geführt, wenn es darum geht, allgemeine gesellschaftliche Erwartungen an das Erziehungssystem so in Stellung zu bringen, dass spezifische Ausbildungserwartungen einzelner Funktionssysteme, vor allem der Politik und der Wirtschaft, aber auch der Wissenschaft auf Abstand gehalten werden können. Bildung lässt sich als *value added* zu jeder Berufsorientierung verstehen, aber eben auch als Ablehnung einer allzu dominanten Berufsorientierung.[96]

Im Bildungsbegriff steht die Ausdifferenzierung des Erziehungssystems selbst zur Diskussion. Sie wird angezweifelt und sie wird verteidigt, sie wird als Irrweg beschrieben und als Notwendigkeit dargestellt. Man sollte sich darüber im Klaren sein, dass diese Diskussion auch und gerade in den Aspekten, in denen sie fruchtbar ist, die Ausdifferenzierung des Systems *voraussetzt* und nicht etwa tatsächlich und zugunsten der Unterordnung der erzieherischen Kommunikation unter die Familie, die Kirche, den Staat oder die Industrie in Frage stellt. Die Diskussion ist die Begleitmusik zur Wiedereinbettung eines ausdifferenzierten Systems; sie kann daher durch die Steigerung der Ausdifferenzierung nur gewinnen, nicht verlieren.

Man kann dies leicht testen, indem man sich anschaut, dass und wie sich im Bildungsbegriff noch einmal alle Probleme wiederholen, die das Erziehungssystem zu bewältigen hat. Das gilt zunächst und vor allem für die Motive zur Erziehung selber. Das deutsche Bildungsbürgertum ist dafür sprichwörtlich geworden, dass es im selben Atemzug die Notwendigkeit der Erziehung zum Beruf pragmatisch befürwortet und die Irrelevanz der Erziehung zum Beruf angesichts der viel wichtigeren Berufung zur Kultur emphatisch unterstreicht.[97] Man geht in die Schule, man besucht die Universität, man befürwortet, wenn es sein muss, auch die Frühpädagogik und die Weiterbildung; und man weiß doch zugleich, dass es auf all dies nicht wirklich, nämlich im Angesicht des Herrn, ankommt. Und man weiß dies wie immer als Schüler und als Lehrer, so dass man sich innerhalb der Erziehung auf die Grenzen der Erziehung verständigen kann, aber auch außerhalb der Erziehung dazu motivieren kann, nicht ganz auf sie zu verzichten.

Dieser gleichsam ideologische Vorbehalt der Bildung gegenüber der Erziehung kann zweitens zu einer Arbeitsteilung genutzt werden, ohne die es sich die Gesellschaft vermutlich nicht leisten könnte, das Erziehungssystem überhaupt auszudifferenzieren. Diese Arbeitsteilung sieht vor, dass die Erziehung im System auf den Erwerb von Zeugnissen, Scheinen und Zertifikaten und die Vermittlung des dafür erforderlichen Wissens operativ und organisatorisch zugespitzt werden kann,[98] ohne dass jemals der Eindruck aufkommen kann, dass das, was in diesem System als Lernen eingerichtet, vorgehalten und ermöglicht wird, bereits abdeckt, was in der Gesellschaft als Lernen möglich und erforderlich ist.

Man hat oft den Eindruck, dass sich das Erziehungssystem damit selbst ad absurdum führt. Wie kann man Kommunikation auf Erziehung und damit auf Lehre zuspitzen, wenn man nicht laufend darüber nachdenkt, ob und wie auch gelernt wird, was hier gelernt werden soll! Tatsächlich ist das Gegenteil der Fall. Nur so, nur unter Abstraktion vom Vorgang des Lernens, ist erzieherische Kommunikation möglich, weil nur so das Handeln der Erzieher auf das Erleben der Zöglinge bezogen werden kann, ohne für dieses Erleben ein eigenes Handeln unterstellen zu müssen. Lernen ist und bleibt Zufall; und nur in dieser Fassung kann sichergestellt werden, dass es im Erziehungssystem genauso möglich ist wie außerhalb. Das ist kontraintuitiv und sichert auch in dieser Form die immer nur prekäre Ausdifferenzierung des Systems. Es bedeutet, dass die scheinbare Selbstbefriedigung des Erziehungssystems im Bereich der Noten, Zeugnisse, Versetzungen und Curricula nicht zuletzt ein Dienst an der Gesellschaft ist. Nicht der Rückzug aus der Notenvergabe, sondern im Gegenteil ihre Weiterentwicklung wäre daher die Forderung, die an das Erziehungssystem zu stellen ist. Mit der Note und dem Zeugnis bringt das Erziehungssystem seine Leistung nicht nur auf den Punkt, sondern erlaubt es zugleich auch die Relativierung dieser Leistung. Wie die Preise in der Wirtschaft[99] leisten die Noten eine Verdichtung der Information, die es in dieser Form nicht nur ermöglicht, sondern auch nahe legt, sich nach den jeweiligen Kontexten zu erkundigen, um eine eigene Einschätzung dieser Information vornehmen zu können.

Drittens leistet der Bildungsgedanke eine Beobachtung zunächst der Schüler/Lehrer-Asymmetrie und später der Kommunikation im Medium der Intelligenz, die es erlauben, die Spezifika dieser Rollenasymmetrie und dieser pädagogischen Kommunikation[100] sowohl als Besonderheiten zu markieren als auch zum Exempel möglicherweise wünschenswerter Kommunikation außerhalb des Erziehungssystems zu machen. Bildung, so hat man immer wieder festgestellt, zielt mindestens auf die Sozialdimension der eigenen Verhaltenskompetenzen, also auf die Chance, bei anderen Verständnis zu finden,[101] wenn nicht sogar auf die Konstitution von Gemeinschaft in einem idealisierten Sinne, an dem dann nicht zuletzt auch die Schulen und Universitäten selber scheitern können.[102]

Auch hier hält der Bildungsgedanke ähnlich wie ein bestimmtes Kulturverständnis[103] den Einwand der Verhältnisse gegen die Verhältnisse fest, ohne doch an diesen Verhältnissen etwas ändern zu können oder zu wollen. In dieser Form kann die Rollenasymmetrie von Lehrern und Schülern als Symmetrie der Bildungsinteressierten und kann die pädagogische Kommunikation im Medium der Intelligenz als Musterfall der Navigation in der Wissensgesellschaft dargestellt werden,[104] ohne dass man doch je Gefahr laufen würde, diese Darstellung mit den Mühen, Risiken und Aussichten der Kommunikation in Gesellschaft zu verwechseln. Dazu eben dient der Gemeinschaftsgedanke, den die Bildung hochhält: zur Markierung der begrenzten Reichweite von Gemeinschaft in Gesellschaft.

Viertens erlaubt es die Bildung, das Problem der Intelligenz noch einmal in ein sowohl günstiges als auch skeptisches Licht zu rücken und so auch in dieser Form noch einmal das System in das System und in die Gesellschaft, in der es ausdifferenziert wird, wiedereinzuführen.[105] Denn ebenso wie alle Intelligenz letztlich auf Bildung, nämlich auf die Fähigkeit, einschätzen zu können, was man wissen kann und was nicht, hinausläuft, so ist es doch genau diese Bildung, die das Interesse an Intelligenz zu relativieren vermag. Dabei geht es einerseits um die bereits zitierte Weisheit, die jedes Wissen als Nichtwissen und umgekehrt darzustellen vermag, andererseits jedoch um die Erinnerung und Mitführung von Verhaltenskompetenzen, die mit Wissen und Nichtwissen nichts, dafür jedoch sehr viel mit Stil, Geste und Habitus zu tun haben. Wer mit Bildung vertraut ist, weiß, dass es in der Kommunikation eben nicht unbedingt auf die

Darstellung von Wissen und das Eruieren von Nichtwissen in einem sachlichen Sinne ankommen muss, sondern dass sie sich sehr weitgehend darauf kaprizieren kann, das Wissen um die Kommunikation selber vorzuführen beziehungsweise andere am Nichtwissen um diese Kommunikation gesellschaftlichen (beziehungsweise: geselligen) Schiffbruch erleiden zu lassen.

Das Medium der Intelligenz erfährt im Bildungsgedanken eine Selbstreflexion, die sich mit bestimmten Formen der Intelligenz niemals ganz beruhigen lässt, sondern die immer den Wechsel und die Bewährung der einen, zum Beispiel sachlichen, an der anderen, zum Beispiel sozialen, Intelligenz sucht. Deswegen spricht man zum Beispiel von »Herzensbildung«, wenn eine Form emotionaler, das heißt, mit Talcott Parsons,[106] an Solidarität appellierender Intelligenz vorliegt, die ihr eigenes Wissen und Nichtwissen hat und sich darin von sachlichen Einwänden und zeitlichen Vorwänden nicht beeindrucken lässt.

Fünftens wird mit der Kontingenzformel der Bildung eine Differenz wieder aufgehoben, die wie keine andere für Erziehung konstitutiv ist, nämlich die Differenz zwischen Sozialisation mit Absicht (»Erziehung«) und Sozialisation ohne Absicht (»Sozialisation«).[107] Denn Bildung lässt sich weder auf absichtsvolle pädagogische Kommunikation noch auf bloßes Erlernen des Mitkommunizierens zurückführen, sondern verweist auf die eigenen Absichten des Gebildeten, die aber auch nicht als individuelle Absicht, als handele es sich um ein Interesse an Bildungsgütern, dargestellt wird, sondern als eine Art Dienst, ein Gottes-, ein Liebes-, ein Herrschaftsdienst an der Bildung selber verstanden wird. Das ermöglicht es, die Absichten der Erzieher im emphatischen Sinne zu verstehen. Und es ermöglicht es, sie abzulehnen, weil sie der Art widersprechen, wie man den eigenen Dienst zu verrichten gedenkt. So kommt man als Gebildeter selbst ins Spiel, und zwar als Handelnder, ohne doch genau darauf den Akzent legen zu dürfen.

Der Gebildete kann die eigene Sozialisation als Absicht darstellen – und muss dann riskieren, durch Ideologiekritik, Literaturkenntnis und Psychoanalyse, jenes Dreigestirn des Motivverdachts, eines Besseren beziehungsweise Schlechteren überführt zu werden. Aber auch das relativiert das Erziehungssystem und rekrutiert Motive, sich auf seine Angebote und Absichten einzulassen, weil sie als kompatibel mit den eigenen Absichten dargestellt werden können. Im Ergebnis lässt man sich dann vom

Erziehungssystem sozialisieren – und kann sich dann nur noch als Philister beschimpfen lassen. Oder man sucht, gegenwärtig wohl die weit verbreitete Strategie, nach Bildungsangeboten, die dadurch qualifiziert sind, dass sie an keiner (staatlichen) Schule oder Universität vorkommen. Damit wird der Bildung ein reiches Spektrum an Selbsthilfeliteratur und Selbsthilfekursen bis hin zu allen möglichen Formen der Esoterik, und auch dies wieder in Form von Literatur wie von Unterricht, erschlossen, an denen die Absicht weniger unangenehm auffällt, weil sie zunächst einmal als die eigene verstanden und dann im Rahmen flankierender therapeutischer Maßnahmen auch abgesichert wird.

Durch Bildung wird die Absicht eingeklammert. Aber das heißt nicht, dass sie unmöglich wird. Sondern es bedeutet, dass sie unwahrscheinlich wird, und dass das Erziehungssystem sein eigenes Medium in Stellung bringen muss, um diese dergestalt aufgefrischte Unwahrscheinlichkeit wiederum in Wahrscheinlichkeit zu transformieren. Auch in dieser Form ist die Bildung Kontingenzformel in dem Sinne, dass sie die Kontingenz der Erziehung sowohl zu reflektieren als auch zu bearbeiten vermag. Grundschulen führen Meditations- und Ruheräume ein und ermutigen die Kleinen, sich gegenseitig zu massieren. Dem ist die Esoterik nicht mehr anzusehen; statt dessen werden ganz neue Motive verfügbar, sich auf Erziehung nicht zuletzt deswegen einzulassen, weil es hier erst einmal schwer fällt, auf Absichten zuzurechnen.

Und nicht zuletzt steht die Kontingenzformel der Bildung bereit, jenen alten Anspruch, dass Erziehung nicht nur Intelligenz, sondern auch Einfluss vermittelt, zumindest in der Form des »cooling out« wach zu halten.[108] Was könnte besser über den trotz aller Erziehung doch nicht gewonnenen Einfluss hinwegtrösten als der Blick auf die Bildung, die man immerhin erworben hat? Und was könnte, weniger negativ formuliert, in der Erwartung der vermeintlich erworbenen Einflusschancen besser zu einer gewissen Durchhaltefähigkeit stimulieren als die Generalisierung und Verdichtung der eigenen Erziehung zu einer Bildung, die gepflegt und gezeigt werden kann? Vielleicht erklärt dies, warum der Bildungsgedanke in Deutschland ungleich stärker ausgebildet ist als in England, Frankreich oder in den USA, wo es nie so sehr wie in Deutschland darauf ankam, einem Bürgertum die Selbstüberschätzung zu erhalten, obwohl sie durch keine dementsprechend elitäre Positionierung eingelöst und gedeckt wird. – Unter diesem Gesichtspunkt mag es interessant sein, sich Übergangssemantiken wie zum Beispiel die »Verhaltenslehre der Kälte« (Helmut Lethen) anzuschauen, die es ermöglichen, die mit Blick auf Einfluss in Staat und Wirtschaft erworbenen, dort aber enttäuschten Einflussansprüche statt dessen in eine Karriere im Militär zu investieren und auch dies noch als Ergebnis von Bildung zu verstehen.[109]

Mit all dem wird die Bildung zum Joker[110] des Erziehungssystems der Gesellschaft. Sie tritt überall dort auf, wo eine Verzweigung attraktiv wird, und eröffnet scheinbar ganz neue Wege, ohne doch, sobald es operativ darum geht, die passenden Interaktionen und Organisationen zu finden, etwas anderes bieten zu können als Erziehung. Weniges ist daher für unsere Ausgangsfrage nach der Limitationalität des Erziehungssystems bezeichnender als die Versuchung, das Erziehungssystem in ein Bildungssystem umzutaufen, um die Orientierungskrise durch die Übernahme aller gesellschaftlichen Erwartungen an Erziehung und Bildung zu beheben. Dem Bildungssystem, einmal angenommen, es gibt so etwas, können keine Grenzen aufgezeigt werden. Es ist letztlich mit der Gesellschaft identisch, insoweit diese auf eine Sozialisation abstellt, die Individuen als ihre eigene Absicht darstellen können, ohne sie deswegen auch absichtsvoll betreiben zu müssen. Die Rede vom Bildungssystem ist so unrealistisch wie der Versuch, die Gesellschaft als Gemeinschaft zu verstehen. Das Erziehungssystem ist daher gut beraten, wenn es den Bildungsgedanken als Kontingenzformel ernst nimmt, um die eigene Ausdifferenzierung ebenso kritisch wie affirmativ reflektieren zu können, gleichzeitig jedoch Wert darauf legt, die eigene Erziehung nicht mit dem, was hier Bildung heißt, zu verwechseln. Auch darin erwiese sich, was wir hier versuchsweise Erziehung im Medium der Intelligenz genannt haben.

Zu Funktion und Form der Kunst

Kommunikation

Wir starten unsere Überlegungen mit einer einfachen These, die allerdings immer noch verwundert, weil man ihren theoretischen Hintergrund nicht zu teilen gewohnt ist: Die Kunst ist ein soziales System, das in der Gesellschaft auf ausgezeichnete Art und Weise die Funktion wahrnimmt, sich an die Wahrnehmung psychischer Systeme (oder Bewusstseinssysteme) zu wenden.[1] Den theoretischen Hintergrund für diese These liefern systemtheoretische und kognitionswissenschaftliche Überlegungen, die mit der Vermutung arbeiten, dass soziale Systeme (Kommunikation) und psychische Systeme (Bewusstsein) ähnlich wie Organismen und neuronale Systeme (Gehirn, Nervensystem, Immunsystem) als operational geschlossene Systeme zu verstehen sind.[2] Das heißt, sie nehmen zwar Energie und Materie, aber keinerlei Information aus ihrer Umwelt auf; und sie geben zwar Energie und Materie, aber keinerlei Information an ihre Umwelt ab.[3] Sie produzieren alle Information, die sie im Zuge der Aufrechterhaltung ihrer Autopoiesis benötigen, selbst. Der Begriff der Information wird hierbei zum Begriff eines Beobachters, der die gelingende (oder misslingende) Auseinandersetzung eines Systems mit seiner Umwelt darauf bezieht, dass es dem System immer wieder gelingt (oder misslingt), jene Form anzunehmen, die sich in der Auseinandersetzung mit der Umwelt (und mit sich selbst in dieser Auseinandersetzung mit der Umwelt) bewährt.[4] Der Begriff der Information beschreibt die fremdreferentielle Zurechnung selbstreferentiell produzierter Formen der Reproduktion eines Systems durch einen Beobachter, der auch das System selber sein kann.

Niklas Luhmann hat aus diesen Überlegungen eine Konsequenz gezogen, die Bedeutung für die Formulierung jeder Sozialtheorie hat. Wenn es sich bewähren sollte, soziale Systeme als operational geschlossene Systeme zu beschreiben, und darüber hinaus psychische Systeme nicht, wie in der alteuropäischen

Tradition, als Teile der Gesellschaft, sondern als Systeme eigenen Typs zu verstehen sind, die auf der Grundlage von Bewusstsein operieren,[5] dann muss man annehmen, dass Bewusstseinssysteme etwas können, was soziale Systeme nicht können, nämlich wahrnehmen.[6] Menschen können dank ihres Körpers, ihres Gehirns und ihres Bewusstseins (in wechselseitiger Verschränkung dieser Systeme, die ein Thema für sich ist)[7] hören und sehen, riechen und schmecken, tasten und fühlen. Soziale Systeme können dies nicht; sie können nur kommunizieren, und dabei allerdings auch über Wahrnehmung kommunizieren. Der gesamte Bereich der Wahrnehmung gehört in das sich etwas vorstellende Denken eines Bewusstseinssystems, das, wie bereits John Locke festgestellt hat, in der Brust des Menschen verschlossen ist.[8] Daraus bezog die Ästhetik des 18. Jahrhunderts ihre wichtigsten Impulse, denn sie musste nun herausfinden, wie den idiosynkratischen Wahrnehmungen eines Individuums jene Form von Geschmacksurteilen gegeben werden kann, die im geselligen Verkehr miteinander nicht anstößig, sondern mitteilungsfähig sind.[9] Anders als die Gesellschaftstheorie, die bis heute Schwierigkeiten hat, mit der Idee der operationalen Geschlossenheit zu arbeiten und die Differenz zwischen Individuum und Gesellschaft so ernst zu nehmen, wie sie dann ernst zu nehmen ist, hat die Gesellschaft rasch begriffen, dass es diese Differenz ist, über die Sozialisation am verlässlichsten sicherzustellen ist. Sozialisation, so konnte Pierre Bourdieu im Sinne alter Geschmackslehren zeigen, läuft am besten auf der Ebene der Unterstellung und Unterscheidung von Geschmacksurteilen; nichts vermag sicherer und anschlussfähiger zu dokumentieren, wer dazugehört und was deswegen von ihm oder ihr zu erwarten ist, und wer nicht.[10]

Bewusstseinssysteme können wahrnehmen, soziale Systeme können dies nicht. Es ist fast unmöglich herauszuarbeiten, was dies bedeutet, weil wir zu diesen Bewusstseinssystemen immer nur in einem einzigen, unserem eigenen, Fall Zugang haben und weil es diesen Bewusstseinssystemen insgesamt unbenommen ist, noch die Codierung ihrer Wahrnehmung durch gesellschaftliche Standards, gesellige Orientierungen und soziale Erwartungen zum Gegenstand entsprechend raffinierter und subtiler Wahrnehmung zu machen.[11] Damit sind wir vertraut, seit das 18. Jahrhundert, das Jahrhundert der Ästhetik und nicht zufällig auch der deren Schrecken bannenden Aufklärung, als Jahrhundert des Sentiments, der Empfindsamkeit, in die Geschichte eingegangen ist. Wir wollen hier versuchen, einem anderen Aspekt des Themas nachzugehen, nämlich der Frage, wie es der Kommunikation gelingen kann, ein Defizit der Wahrnehmung zu kompensieren, das die soziale Ordnung möglicherweise mehr gefährdet als die idiosynkratische Individualität der inkommunikablen Wahrnehmung. Im Umgang mit Letzterer, das zeigt bereits die Begrifflichkeit, sind hinreichende Vorkehrungen der Ausblendung und Abwertung getroffen worden: Wahrnehmungen können jederzeit als »idiosynkratisch«, »individuell« und »inkommunikabel« beschrieben werden, um ihnen so den Zugang zur Kommunikation zu verwehren. Man versteht dann nicht, was ein Individuum meint, und sieht auch keine Möglichkeit, darüber zu sprechen. Nein, problematischer als dies ist eine andere Eigenschaft der Wahrnehmung, auf die man in der Literatur, insbesondere bei Niklas Luhmann, hin und wieder stößt, ohne dass sie je systematisch geklärt worden zu sein scheint: Wahrnehmung kann im Gegensatz zur Kommunikation nicht negiert werden: Im Gegensatz zur Kommunikation, die sich hierfür auf die Sprache stützt, können an Wahrnehmungen weder Information und Mitteilung unterschieden noch dementsprechend Ja/Nein-Codierungen vorgenommen werden.[12] Im Gegensatz zu Sätzen über die Welt sind Wahrnehmungen bereits die Welt, die in ihnen wahrgenommen wird. Und im Gegensatz zu Mitteilungen, bei denen man die Wahl hat, ob man ihren Inhalt (ihre Information) und ihre Absicht annimmt oder ablehnt, das heißt mit Ja oder Nein beantwortet, ist eine Wahrnehmung, was sie ist, ohne dass man auf die Idee kommen würde, Ja oder Nein zu ihr zu sagen. Es mag einem gefallen oder missfallen, was man sieht oder hört, riecht oder schmeckt, ertastet oder erfühlt, aber man kann nicht in Abrede stellen, *dass* man es sieht oder hört, riecht oder schmeckt, ertastet oder erfühlt. Wahrnehmung, so kann man mit Paul Watzlawick, Janet H. Beavin und Don D. Jackson formulieren, ist »analog«, Kommunikation »digital« verfasst:[13] Die digitale Kommunikation kann im Anschluss an mehr oder minder raffinierte Formen der Negation[14] logisch bearbeitet, das heißt in ihrerseits nachvollziehbare Formen der modifizierten und konditionierten Annahme und Ablehnung gebracht werden, analoge Wahrnehmung hingegen hat die Struktur eines Beziehungsappells, dem man sich nur hingeben oder entziehen kann, ohne ihn grammatisch oder semantisch interpretieren zu können.

Deswegen gibt es den Verdacht der Täuschung, der Illusion oder auch der Manipulation als eine Art Generalverdacht, der darauf hinausläuft, dass spezifische Wahrnehmungen zwar nicht zu bestreiten sind, sich jedoch einer trickreichen Vorspiegelung verdanken und nicht durch die Welt gedeckt sind. So kann man pauschal ablehnen, ohne im Detail begründen zu müssen. Mit diesem Generalverdacht sind wir so umfassend vertraut, dass wir nicht mehr auf die Idee kommen, Wahrnehmung für unnegierbar zu halten. Wir sind immer schon in der Lage, Wahrnehmung so zu behandeln, wie wir es in und von der Kommunikation gewohnt sind, nämlich im Rahmen der Möglichkeit, Ja oder Nein zu dem zu sagen, was uns geboten wird. Aber damit, so zumindest die These der folgenden Überlegungen, täuschen wir uns. Wir machen uns kommunikativ blind für den Umstand, dass wir gegenüber Wahrnehmungen wehrlos sind. Obwohl wir, das heißt unser Bewusstsein, unser Gehirn, unser Körper, diese Wahrnehmungen selber vollziehen müssen, widerfahren sie uns, ohne dass wir eine andere Chance hätten, als sie für Wahrnehmungen von der Welt zu halten, die wir genau deswegen, aber anschließend, kritisch überprüfen müssen, um uns überlegen zu können, auf welche von ihnen wir uns, auch im Rahmen von Kommunikation, einlassen und verlassen können und auf welche nicht. Der Grund für diese Täuschung ist ein systemischer. Unser Bewusstsein ist es gewohnt, seine Wahrnehmungen der Welt und eben nicht sich selbst zuzurechnen. Man könnte sogar mit Luhmann vermuten, dass die Funktion des Bewusstseins, etwa gegenüber dem Körper und dem Gehirn, auf die es sich stützt, darin besteht, die Wahrnehmungen des Organismus auf die Welt zu externalisieren und dabei unsichtbar zu machen, dass es selbst der Träger und Produzent der Wahrnehmung ist und dass es selbst für diese Externalisierung verantwortlich ist.[15] Einer der wichtigsten Ansatzpunkte für die Kognitionswissenschaften in der Erforschung von Bewusstsein und Kommunikation besteht daher darin, wie es Karl Marx bereits gegenüber dem Kapitalismus praktizierte, die Prozesse wieder sichtbar zu machen, die in ihren Resultaten verschwinden. Einstweilen ist der Phänomenologie dieser Sachverhalt allerdings vertrauter als den Kognitionswissenschaften; und dies vor allem dann, wenn sie sich auf Phänomene der Kunst bezieht.[16]

Wie also, so können wir im Anschluss an diesen theoriegesteuerten Ausgangspunkt fragen, richtet sich die Kunst an die

Wahrnehmung? Oder besser, wozu tut sie dies? Die Annahme, die wir hier prüfen wollen, liegt auf der Hand: Könnte es sein, dass die Kunst innerhalb der Gesellschaft, das heißt auf der Ebene von Kommunikation, damit beschäftigt ist, Wahrnehmungssachverhalte zu präparieren, an denen die an Kunst interessierten Bewusstseinssysteme (aber unwillkürlich, das heißt als Ergebnis ihrer Teilhabe an Gesellschaft, auch alle anderen) lernen, üben und überprüfen können, wann und wie methodisch ebenso wie inhaltlich Wahrnehmungen nicht über den Weg zu trauen ist? Ist die Kunst als ein soziales System zu verstehen, dessen gesellschaftliche Funktion darin besteht, das Negationsdefizit von Wahrnehmung kommunikativ zu kompensieren? Und wenn ja, wie macht sie das?

Wahrnehmung

Wir setzen mit einer etwas anders gelagerten Überlegung noch einmal neu an. Die Gesellschaft ist, worauf zu selten geachtet wird, nicht zuletzt auch ein Gegenstand der Wahrnehmung. Familien und Organisationen, Politik und Wirtschaft, Sport und Erziehung, Wissenschaft und Religion, Stadt und Land präsentieren sich auf eine Art und Weise der Wahrnehmung, die es den Individuen ermöglicht, sich zu orientieren, Verhaltenserwartungen zu überprüfen sowie eigene Erwartungen zu adressieren und zu profilieren. In der Insektenforschung hat man zur Beschreibung dieses Phänomens das Konzept der Stigmergie entwickelt,[17] das einen Modus der Verhaltenskoordination definiert, der über die Variation der Umwelt läuft. Die Individuen orientieren sich nicht aneinander, in einem wie immer mühsamen Prozess der Interpretation und Korrektur von Absichten und Möglichkeiten, sondern sie verändern durch ihr eigenes Verhalten ihre und ihrer Artgenossen Umwelt, so dass es für anschließendes Verhalten ausreicht, sich an dieser veränderten Umwelt zu orientieren. Aktivitäten hinterlassen Spuren (offensichtlich am verlässlichsten: Duftstoffe), die zum Anschluss oder zur Unterlassung weiterer, ähnlicher, dazu passender Aktivitäten einladen.

Dazu passt, dass Niklas Luhmann vorgeschlagen hat, den Begriff des Designs so auszuarbeiten, dass er die Koordination von Individuen in sozialen Systemen über das Präparieren von Wahrnehmungssachverhalten beschreibt. Design ist ein symbiotischer, Kommunikation auf Körperlichkeit beziehender Mechanismus, der es den an sozialen Systemen beteiligten Individuen ermöglicht, herauszufinden, mit welchen Verhaltenserwartungen sie es zu tun haben, und dies schnell, sicher, unauffällig und, für uns besonders interessant, ohne die Möglichkeit der Rückfrage. Dies gilt für Organisationen, die auf das Design von Büros, Maschinen, Kleidung, Gesten und Sprachfloskeln zurückgreifen, um »dem System bei allen extravaganten Generalisierungen sozusagen Bodenhaftung (zu) garantieren«,[18] das gilt aber auch für alle anderen sozialen Systeme inklusive der Gesellschaft, die in ihren verschiedenen Fassungen als moderne Gesellschaft, Arbeitsgesellschaft, Hochkultur, bürokratische Herrschaft, Konsumgesellschaft, Risikogesellschaft, Informationsgesellschaft, Dienstleistungsgesellschaft, Wissensgesellschaft und so weiter nicht überzeugen und binden könnte, wenn sie nicht zu den jeweiligen Selbstbeschreibungen jeweils passende Wahrnehmungssachverhalte finden und pflegen würde: zwischen Ornament und Sachlichkeit oszillierende Architekturen für die moderne Gesellschaft, Arbeitskleidung und Freizeitkleidung für die Arbeitsgesellschaft, Opernhäuser und Schauspielhäuser für die Hochkultur, Verwaltungsbauten und Beamtenmentalitäten für die bürokratische Herrschaft, Werbung und Einkaufsflaniermeilen für die Konsumgesellschaft, Diskussionen über verschmutzte Luft, Böden und Gewässer für die Risikogesellschaft, Nachrichtensendungen und Computerterminals für die Informationsgesellschaft, das freundliche Zuvorkommen der Dienstleister für die Dienstleistungsgesellschaft, Datenbanken für die Wissensgesellschaft und so weiter.

Wir sind es gewohnt, die Selbstbeschreibung der Gesellschaft, einer Organisation, einer Schule, eines Theaters ebenso schnell wie unbemerkt an ihrem Design zu überprüfen und entsprechend zu korrigieren, wenn uns andere Wahrnehmungssachverhalte auffallen, die mit dieser Selbstbeschreibung nicht übereinstimmen. So manch eine Revolution einer Organisationskultur nahm ihren Ausgangspunkt davon, dass ein Abteilungsleiter seine Bürotür offen ließ, sich andere Cartoons an die Wand hing und andere Witze erzählte.[19] Mein Lieblingsbeispiel ist der Bereichsleiter eines großen deutschen Unternehmens, der sich dessen Unternehmensleitlinien durchgerissen, aber golden gerahmt über den Schreibtisch hing: Was seine Mitarbeiter wahrnahmen, wenn sie dies sahen, ist nahezu nicht in Worte zu fassen. (Tatsächlich scheiterte der Versuch einer Gruppe von Studenten unter meiner Leitung, dem Unternehmen zu erklären, dass seine Unternehmenskultur nur wirkt, weil sie *nicht* wirkt, das heißt, weil es im Unternehmen selbstverständlich wird, an Absichten gemessen zu werden, die viel zu oft nicht eingelöst werden. Der symbiotische Mechanismus Design wirkt eben nicht kausal, sondern kommunikativ, das heißt über den Einbau und die Konditionierung von Freiheitsgraden.)

Allerorten staffiert sich die Gesellschaft mit Wahrnehmungssachverhalten aus. Sie macht es hell und dunkel, laut und leise, feierlich und alltäglich, überraschend und beruhigend und bindet so die Individuen an die jeweiligen Kontexte, bevor diese auch nur begonnen haben, zu glauben, sie würden sich an Kommunikation beteiligen. Sie zieht Grenzen, markiert Schwellen, errichtet Totems und Tabus, um anzulocken und abzuschrecken.[20] Die Gesellschaft kommuniziert, was Individuen wahrnehmen, doch die Individuen schließen nicht auf Kommunikation, sondern halten sich an die Wahrnehmung. Nur so ist es verständlich zu machen, dass die Gesellschaft umgekehrt auch kommunizieren kann, welche Wahrnehmungen nicht wahrzunehmen sind, so dass die Individuen etwas erleben und erfahren, was anschließend nicht als Wahrnehmungssachverhalt thematisiert wird und keinerlei kommunikativen Anschluss findet.[21] Das Design einer Gesellschaft ermutigt bestimmte Wahrnehmungen und entmutigt andere; und setzt damit Zeichen, worüber mit Aussicht auf Verständnis und Erfolg (inklusive der damit einhergehenden Selbstdarstellung) kommuniziert werden kann und worüber nicht.

Für unsere Überlegungen ist jetzt wichtig, dass wir im laufenden Prozess der Gesellschaft diese Kommunikation von Wahrnehmung, das Binden der Individuen über optische und akustische, olfaktorische und haptische Eindrücke, die ihnen klarmachen, womit sie es jeweils zu tun haben, normalerweise nicht wahrnehmen. Stattdessen sind wir es gewohnt, uns an die Wahrnehmung zu halten, um uns einer Wirklichkeit zu vergewissern, die in den Kommunikationen der Gesellschaft allzu oft nur allzu verzerrt gesehen, akzeptiert und gewürdigt wird. Genau hier springt die Kunst ein. Die Kunst kommuniziert die Kommunikation von Wahrnehmungen so, dass man lernt, Wahrnehmungen auf Kommunikation zurückzubuchstabieren, und damit fähig wird, auch zu Wahrnehmungen, und dies unter Bezug auf ihre Kommunikation, Ja und Nein zu sagen.

Um diese These diskutieren und überprüfen zu können, ist jedoch zunächst darauf einzugehen, dass die Kunst, als ein soziales System der Gesellschaft wie andere auch, zunächst einmal dasselbe macht wie die Gesellschaft. Bevor sie die Kommunikation von Wahrnehmungen kommuniziert, kommuniziert sie Wahrnehmungen. Auch sie staffiert die Welt und ihre Gesellschaft mit Wahrnehmungssachverhalten aus, die nur die eine Aufgabe haben, klarzumachen, dass man es mit Kunst zu tun hat. Auch sie entwirft ein Design, das als ein symbiotischer Mechanismus wirkt, der es Individuen erleichtert, und dies ebenso unwillkürlich (also verdächtig) wie das Design anderer Systeme auch, an die Kunst kommunikativen Anschluss zu finden, sich mit ihren sozialen Möglichkeiten vertraut zu machen und Orientierungen einzuüben, die in der Kunst und im Umgang mit der Kunst als angemessen gelten. Ateliers und Galerien, Museen und Konzerthäuser, künstlerische Gesten und die Inszenierung idiosynkratischer (also attraktiver, ebenso kopierbarer wie ablehnbarer) Individualität, schweigendes Betrachten und modifizierbare Beifallskundgebungen sind nicht nur allesamt Formen der Kommunikation von Kunst, sondern gehören auch zum Design von Kunst, das etwas als Kunst wahrnehmbar macht, bevor auch nur das erste Kunstwerk wahrgenommen wird (dessen Wahrnehmung dann allerdings zum wahrgenommenen Kontext passen muss). Harrison C. White hat die Vermutung aufgestellt, dass manche Kunst im 19. Jahrhundert, aber das gilt sicherlich bis heute, gesellschaftlich nicht zuletzt wegen der mit ihr einhergehenden Inszenierungen von Künstlerpersönlichkeiten funktionierte und akzeptiert wurde; denn die Gesellschaft ist immer wieder auf der Suche nach neuen Individualitätsmustern und konzediert der Kunst, einem sozial ebenso auffallenden wie relativ leicht zu isolierenden Bereich der Gesellschaft, das Ausprobieren interessanter Möglichkeiten.[22]

Mit anderen Worten, wenn es um die Kommunikation von Wahrnehmung geht, ist die Kunst zunächst einmal selbst gemeint, gleichsam als ein Ornament der Gesellschaft, das seine eigene stigmergetische Orientierungskraft hat. Das gilt auf der Ebene ihres eigenen Designs mithilfe ihrer Kontexte, der Architektur ihrer Institutionen und des Habitus ihrer Vertreter; das gilt jedoch auch für ihre Werke, das heißt für Musik und Literatur, Theater und Tanz, Malerei und Plastik. Sie machen die Gesellschaft hörbar und lesbar, sichtbar und spürbar; und dazu gehört ebenso viel Kunst wie Kunsthandwerk, ebenso viel Schönes wie Erhabenes, ebenso viel Kitsch wie camp, ebenso viel Populäres wie Elitäres. Es gibt ein Handwerk der Kunst, und es gibt ein Ausschmücken der Welt mit Kunstwerken, die sich beide auf die Kunst nur beziehen, weil sie relativ leicht zugänglich jene Wahrnehmungssachverhalte liefert, die in der Gesellschaft jenen ornamentalen Wert gewinnen können, der allerdings über sonstiges Design immerhin insoweit hinausführt, als er eine Absicht erkennen lässt. Ein Kunstwerk kommuniziert immer mindestens eine Absicht der Kommunikation. Man kann es nicht hinstellen, aufhängen, abspielen oder sonst wie geschehen lassen, ohne damit unbestreitbar zu machen, dass kommuniziert worden ist, inklusive der Dokumentation einer Mitteilungsabsicht und eines Informationsgehalts.

Die Kunst wandelt damit gesellschaftlich auf einem schmalen Grat. Zum einen spielt sie das Spiel der Gesellschaft mit, indem sie über ihr eigenes Design, aber auch über ihre Kunstwerke den symbiotischen Mechanismus bedient, auf den die Gesellschaft zur Bindung von Körper und Bewusstsein der Individuen angewiesen ist, mit all jenen Nuancierungen und »feinen Unterschieden«, die es der Gesellschaft insgesamt und ihren Teilbereichen ermöglichen, Inklusionen und Exklusionen zu praktizieren. Zum anderen ist sie aber auch zu diesem einverstandenen Spiel in der Gesellschaft nur in der Lage, wenn sie sich als Kunst versteht und das heißt mindestens, die Kommunikation von Wahrnehmung mit Absicht zu betreiben.

Aber selbstverständlich genügt das nicht, denn die Absicht der Kommunikation von Wahrnehmung gibt es auch außerhalb der Kunst. Schildern aller Art, die auf Verkehrsregeln, Einkaufsmöglichkeiten, Reiseziele und sonstige Orientierungen im Raum verweisen, ist die Absicht der Kommunikation von Wahrnehmung nicht nur nicht zu bestreiten, sondern sie wirken nur, wenn diese Absicht mitgelesen wird. Auch Häuserfassaden, Kleidung, Make-up und manchen, dann gerne als »affektiert« bezeichneten Gesten steht die Absicht der Kommunikation von Wahrnehmung auf die Stirn geschrieben, ohne dass man deswegen dazu neigen würde, sie mit Kunst zu verwechseln. Und nicht zuletzt die rasche Kommunikation der Notwendigkeit von Aufmerksamkeit bei Gefahren oder auch bei Attraktionen greift auf Gesten und Laute zurück, die die jeweilige Kommunikation durch Wahrnehmungspräparate (auffällige Gesten, lautstarke

Warnrufe) unterstützen, die ebenfalls Absicht sind, ohne deswegen Kunst zu sein.

Die Absicht der Kunst kann also nicht nur auf die Kommunikation von Wahrnehmung zielen, sondern muss darüber hinaus die Kommunikation der Kommunikation von Wahrnehmung betreffen. Was ist darunter zu verstehen? Luhmann hatte festgestellt, dass Kunst im Medium der durchschauten Täuschung stattfindet.[23] Man bewundert die täuschend echt aussehenden Apfelsinen auf einem Gemälde, die gelungene Geste eines Schauspielers, die Schilderung einer nachempfindbaren Empfindung in einem Roman oder die Auslösung eines eigensinnigen Bewusstseinszustands durch eine Symphonie und beobachtet zugleich, mehr oder minder genau und treffend, wie die jeweiligen Eindrücke hervorgerufen werden. Kunst ist, so bereits der klassische Topos, nur Kunst, wenn sie gut gemacht ist, dies aber im Kunstwerk vergessen lässt, um dann erst, mit Kant, schön oder erhaben zu sein.

Um dieses Phänomen geht es uns. Kunst muss, um Kunst zu sein, kommunizieren, wie es zu bestimmten Wahrnehmungseindrücken kommt. Jedes Kunstwerk oszilliert daher kommunikativ zwischen Kommunikation und Wahrnehmung; und die entscheidende Frage für unsere Überlegungen lautet, mit welcher gesellschaftlichen Funktion sie dies tut und auf welche soziale Form sie sich dabei stützt.

Ästhetik

Die Funktion der Kunst besteht darin, Wahrnehmung kommunikativ mit Negationspotential auszustatten. Wer ein Bild sieht, eine Sonate hört, die Inszenierung eines Theaterstücks erlebt oder einen Roman liest, kann nicht nur zum Bild, zur Sonate, zum Theaterstück oder zum Roman Nein sagen, sondern auch zu dem, was jeweils als Wahrnehmungsinhalt vermittelt wird, und dies, obwohl und weil die Wahrnehmung selber bereits geschehen ist und nicht mehr bestritten werden kann. Die Formen, in denen die Kunst diese Funktion erfüllt, orientieren sich an der Beobachtung der Verteilung gesellschaftlich allzu wahrscheinlicher Jas und allzu unwahrscheinlicher Neins. Wo das Ja zur Wahrnehmung zu wahrscheinlich wird, engagiert sich die Kunst.

Zunächst einmal ist diese Aussage jedoch denkbar kontraintuitiv. Geht es der Kunst nicht gerade im Gegenteil darum, Schönes und Erhabenes auf eine Art und Weise vorzustellen und darzustellen, dass dem kommunikativ immer allzu nahe liegenden Nein Einhalt geboten und affirmative Bewunderung an seine Stelle treten kann? Will Kunst nicht gerade das Vollkommene und Gelungene, das nicht mehr Bezweifelbare an die Stelle des Unvollkommenen und Misslungenen, des immer Bezweifelbaren, setzen? Ja natürlich, aber wie gelingt ihr das? Worauf ich den Blick lenken möchte, ist das Phänomen, dass schon sehr viel passiert sein muss und dass das, was da passiert ist, vielleicht das gesellschaftlich Entscheidende ist, wenn ein Kunstwerk für gelungen und vollkommen gehalten wird.

Wenn man sich anschaut, worum es der Ästhetik von Aristoteles Poetik über Schillers Briefe und Heideggers Ursprung des Kunstwerks bis zu Adornos kritischer Theorie und Derridas Philosophie der Malerei geht,[24] gewinnt man aus dem hier gewählten Blickwinkel den Eindruck, dass die ästhetische Urteilskraft des Werkes ebenso wie des Betrachters nicht in der Fähigkeit gesucht wird, zuzustimmen, zu loben und zu preisen, sondern darin, qualifiziert zu unterscheiden, selektiv abzulehnen und zuzustimmen und sich dafür in einem individuell immer neu abzuwägenden und sozial abzustimmenden Verfahren sowohl auf Vernunft und Verstand als auch auf Intuition und Imagination verlassen zu können.[25] Im Zentrum des Interesses dieser Ästhetiken stehen Begriffe wie Knoten (Aristoteles), Erziehung (Schiller), Riss (Heidegger), das Nichtidentische (Adorno) und *le sans* (Derrida), die jeweils, so will mir scheinen, auf das Setzen einer Differenz hinauswollen, von der Aristoteles noch wusste, dass sie ohne die Auflösung eines Knotens und eine neue Verwicklung nicht zu haben ist.

In keinem Fall geht es um das Präparieren eines wahrnehmenden Gemüts zum interesselosen Wohlgefallen, wie Kants Beschreibung der Möglichkeitsbedingung eines Geschmacksurteils zuweilen fehlinterpretiert wird. Kant hatte vom uninteressierten, jedoch in Gesellschaft interessanten Wohlgefallen ebenso wie Missfallen gesprochen,[26] um den Blick vom Objekt und von dem, was Neigung und Begehren von diesem halten mag, abzulenken und stattdessen auf das Subjekt und dessen Fähigkeit zum Geschmacksurteil hinzulenken. Von einer »Kritik der Urteilskraft« könnte schlechterdings gar nicht die Rede sein, wenn es nicht darum ginge, auch dem Geschmacksurteil die Fähigkeit zur Differenzierung, zur Annahme im Kontext der Ablehnung und zur Ablehnung im Kontext der Annahme, nahe zu legen. Daran ändert auch der Umstand nichts, dass dieses Bemühen der Ästhetik Kants vermutlich weniger in einer Theorie der Kunst als vielmehr darin seine Begründung fand, dass es darum ging, dem Subjekt jenen Gemeinsinn nahe zu bringen, der es ihm erlaubt, allzu subjektive und damit idiosynkratische, wenn nicht sogar peinliche Geschmacksurteile doch noch in eine Form zu bringen, die sich mitteilen lässt.[27] Im Gegenteil, genau damit wird einer der wichtigsten Gründe, mit Blick auf Kunstwerke die Affirmation und Negation von Wahrnehmung ästhetisch zu schulen, überhaupt erst auf den Punkt gebracht. Es kann ja nicht angehen, so hat Jean Paul in seiner »Vorschule der Ästhetik« beobachtet, dem Individuum, nur weil ihm niemand in seine Wahrnehmung reinreden kann, auch deren Kommunikation frei nach Lust und Laune anheimzustellen. Seither sind Witz, Scharfsinn und Tiefsinn erforderlich,[28] um es dem Individuum ebenso wie der Kommunikation zu erlauben, zu moderieren, wie Geschmacks- und bald auch andere Urteile sowohl individuell wie gesellschaftlich zuzurechnen sind, ohne das eine mit dem anderen unzulässig zu vermengen.

Vielleicht gilt die Regel der zunächst schweigenden Betrachtung von Kunstwerken auch deswegen, nämlich um dem hinschauenden, dem erlebenden, dem hinhörenden Subjekt zwischen Sprachlichem und Nicht-Sprachlichem eine »sprachliche Schichtung« (Bianca Theisen) zu ermöglichen,[29] die immer zweierlei erschließt, die Beobachtung der von Kommunikation immer schon gebannten Wahrnehmung und das Auseinanderdividieren und Variieren von Kommunikation und Wahrnehmung. Wenn sich diese Vermutung bestätigen lässt, könnte man die Funktion der Kunst als eine ästhetische Funktion im Wortsinn beschreiben, nämlich als eine Funktion, die darauf zielt, die Differenz der Wahrnehmung (griech. *aisthesis*)[30] so zu schärfen, dass sie kommunikativ bearbeitet werden kann, ohne deswegen der Kommunikation unterworfen werden zu müssen. Das müsste Schillers Interesse an ästhetischer Erziehung zu einem »Spieltrieb«, der zwischen »Formtrieb« und »sinnlichem Trieb« zu unterscheiden und beide aufeinander zu beziehen weiß (Schiller, vierzehnter Brief), ebenso entgegenkommen wie Heideggers Interesse an der Beobachtung eines Streits zwischen »öffnender

Welt« und »verschließender Erde« und Adornos Interesse an der »Kommunikation des Unkommunizierbaren«.[31]

Mit anderen Worten, zumindest die Ästhetik geht mit uns davon aus, dass Kunst ohne die Fähigkeit zur differenzierten und differenzierenden Wahrnehmung, zum abwägenden Umgang mit Affirmation und Negation, keine Kunst wäre. Das gilt für die Betrachtung des einzelnen Kunstwerks wie für den Vergleich der Kunstwerke untereinander.[32] Und es gilt so weit, dass schließlich Affirmation und Negation selbst zum Gegenstand differenzierter und differenzierender Wahrnehmung werden, mit entsprechenden Ambiguitätsgewinnen mit Blick auf eine zu bejahende Negation und zu verneinende Affirmation, wie Watzlawick, Beavin und Jackson an den ersten Zeilen der ersten *Duineser Elegie* von Rainer Maria Rilke deutlich machen:[33]

> Wer, wenn ich schriee, hörte mich denn aus der Engel
> Ordnungen? und gesetzt selbst, es nähme
> einer mich plötzlich ans Herz: ich verginge vor seinem
> stärkeren Dasein. Denn das Schöne ist nichts
> als des Schrecklichen Anfang, den wir gerade noch ertragen,
> und wir bewundern es so, weil es gelassen verschmäht,
> uns zu zerstören.

Dem entspricht die Definition des Schönen bei Paul Valéry: »il est ce qui désespère«,[34] denn auch hier oszilliert die Verzweiflung zwischen Affirmation und Negation, zwischen Wohlgefallen und Missfallen, zwischen Lust und Unlust, inklusive der präzise angelegten Schwierigkeit, wenn nicht Unmöglichkeit, zwischen dem, was hier kommuniziert wird, und dem, was hier wahrgenommen wird, zu unterscheiden, und der so gesetzten Aufforderung, zur Beobachtung dieser Ununterscheidbarkeit die entsprechende Unterscheidung zu setzen.

David Roberts hat die Bedingung der Oszillation im Kunstwerk auf den Begriff einer mit dem Rahmen (*frame*) des Kunstwerks gesetzten Form (*form*) des Kunstwerks gebracht und damit den meines Erachtens entscheidenden Punkt betont:[35] Man kommt bei der Wahrnehmung eines Kunstwerks nicht darum herum, den Umstand mit wahrzunehmen, dass es kommuniziert wird: Es hängt dort an der Wand, es wird da und da aufgeführt oder da und da abgedruckt; es fängt an und hört auch wieder auf, zeitlich wie räumlich; es hat diesen oder jenen Maler, Regisseur, Autor, Schauspieler und Komponisten und nicht zugleich auch andere, so sehr dies durch Gesten des »Prozesses« oder des »automatischen Schreibens« auch ins Diffuse gezogen werden kann; es wird so von mir, vor meinem biographischen Hintergrund wahrgenommen und muss ähnlich nicht auch von anderen wahrgenommen werden; und es hat diesen Preis und nicht einen anderen. Und natürlich kann der Rahmen, das kommunikative *setting* eines Kunstwerks, seinerseits wahrgenommen werden, bis es nahezu unmöglich und genau deswegen notwendig wird, die Infektion des Kunstwerks durch seinen Rahmen und des Rahmens durch sein Kunstwerk als eigentlichen Ort einer Pragmatik und Strategie zu beobachten, die, je genauer sie gelingen, umso schwieriger auf bestimmte Adressen festzuschreiben sind.[36] Erst daraus ergeben sich die Fragen danach, wie ein Kunstwerk von seiner Betrachtung und der Betrachter vom Künstler zu unterscheiden sind, wenn diese einen »hermeneutischen Zirkel« definieren, in dem die Rollen aller Beteiligten klar genug unterschieden sind, gerade weil sie nicht voneinander zu trennen sind.[37]

Der Betrieb

Der hermeneutische Zirkel lässt sich je nach Bedarf, das heißt abhängig von Kontextbedingungen unterschiedlicher Art, als Tautologie oder als Paradoxie auslegen. Die tautologische Engführung läuft auf den bekannten Satz, dass Kunst ist, was Künstler machen, hinaus, und gibt damit eine willkommene Handhabe, all das, was die Kunst an Zumutungsgehalt für Kommunikation und Wahrnehmung enthält, stillzustellen und weitgehend unschädlich zu machen. Dann ist es eben Kunst, was Künstler machen, und man weiß, wenn man das weiß, etwas mehr über eine Welt, in der offensichtlich auch die Kunst zu den vorkommenden Sachverhalten gehört. Das ist nicht nichts, was man dann weiß. Auch die Tautologie lässt Kommunikation und Wahrnehmung nicht unbeeindruckt. Aber es ist weit entfernt von all dem, was sich aus der Funktion der Kunst für die Einführung eines Negationspotentials in die Wahrnehmung nutzen lässt. Vielleicht kann man sagen, dass die Tautologie den Blick von der Kunst wieder zurück auf die Gesellschaft lenkt, über die man dann weiß, dass auch die Kunst zu einer ihrer Möglichkeiten gehört.

Ganz anders die Auslegung des hermeneutischen Zirkels als Paradoxie. Hier lassen sich je nach Bedarf aus der Feststellung Funken schlagen, dass ein Kunstwerk ist, was es nicht ist, da es ohne seinen Betrachter oder ohne seinen Künstler nicht wäre, was es ist, obwohl es evidenterweise nur ist, was es ist, weil es ein Kunstwerk ist. Das setzt den hermeneutischen Zirkel in Gang und lässt ihn kreisen, ohne dass erkennbar wäre, welche Asymmetrie welchen Typs aus dem Dilemma, nicht wissen zu können, was was ist, auch wieder herausführt. Verschiedene Versuche, Kunst zunächst auf die Mimesis der Natur, dann auf die Allegorie des Menschlichen und die Einfallskraft des Genies und schließlich auf ein Engagement für die Gesellschaft zu verpflichten, mussten allesamt erleben, dass sie in den Zirkel wieder hineingezogen und mit Blick entweder auf die entstehenden Kunstwerke, die beteiligten Künstler oder die interessant-interesselosen Betrachter als Momente der Kunst und eben nicht der Natur, des Menschlichen, des Genies oder der Gesellschaft aufgedeckt wurden. Der Zirkel kennt nur fallweise Asymmetrien, und auf Dauer nur sich selbst.

Am besten kommen Auftraggeber mit dieser Struktur des Zirkels zurande. Sie wissen, dass er sich nur dreht, wenn Kunstwerke entstehen, die einem Künstler zugerechnet werden können, der über den Auftraggeber hinaus sein Publikum sucht. Schon der Moment der Entstehung eines Kunstwerks ist ein Moment des Zirkels beziehungsweise der »Autopoiesis« der Kunst. Aber dass es zu diesem Moment kommt, ist für einen Moment eingebettet in eine Kausalstruktur der Umwelt, die die Kunst zwar nicht instruieren, wohl aber inhibieren kann, und aus dieser Möglichkeit der Inhibition auf einen Impuls der Desinhibition schließt, der so weit geht, dass er sich eine Verantwortung für die daraufhin entstehende Kunst zuschreibt. Wir müssen das so verklausuliert formulieren, weil wir anders nicht dem komplizierten, weil orthogonalen, das heißt wechselseitig unbestimmten Spiel von Kausalität und Zirkularität auf die Spur kommen. Man weiß aus der Struktur der Autopoiesis eines sozialen Systems wie in unserem Fall der Kunst, dass diese sozialen Systeme wie einst Kants Subjekte kausale Durchgriffe der Umwelt auf die eigene Reproduktion abblocken und eigene, selbst gesetzte Ursachen an deren Stelle setzen. Der einzige kausale Durchgriff, der nach wie vor möglich ist, ist derjenige einer Zerstörung der Autopoiesis. Dieser jedoch, das ist hier unser Argument, kann im

Umkehrschluss immerhin daraufhin ausgelegt werden, dass, wer zerstören kann, dem Verzicht auf die Zerstörung auch eine positive, zwar nicht instruierende, aber ermöglichende Rolle zuschreiben kann. Das ist zwar falsch, da die Autopoiesis nur durch sich selbst ermöglicht werden kann und kein Auftraggeber wüsste, was er tun sollte, um Kunst zu ermöglichen, wenn es die Kunst nicht schon gäbe, auf die er sich beziehen muss, um wissen zu können, was er weiß. Aber die Illusion hilft, um für einen Moment den Zirkel zu asymmetrisieren und mit dem Blick auf den Auftraggeber einen Impuls zuzulassen, dem die Struktur eines Anfangs gegeben werden kann.

Wir formulieren das hier deswegen so umständlich, weil wir dem Auftraggeber eine Rolle der Moderation des Zirkels zuschreiben wollen, die weder marginal noch zentral ist, sondern als Komplement der Funktion der Kunst beschrieben werden kann. Der Auftraggeber beziehungsweise, etwas allgemeiner formuliert, der Kunstbetrieb antworten mit eigenen Möglichkeiten der Affirmation und Negation auf die von der Kunst offerierten Verschränkungen von Affirmation und Negation in Kommunikation und Wahrnehmung. Der Kunstbetrieb hängt die Kunst laufend tiefer, mit Wolfgang Ullrich formuliert,[38] weil er aus dieser Position heraus die Möglichkeit gewinnt, jenes subtile Spiel der Wechselwirkung zwischen ästhetischen, politischen, ökonomischen, moralischen, religiösen und anderen Werten zu starten und auszunutzen, das die Kunst mit dem Rest der Gesellschaft vernetzt und die Grundlage für ihre gesellschaftliche Auswertung ist.[39]

Auf die mit dieser gesellschaftlichen Auswertung der Kunst zusammenhängende Zähmung der Kunst zur Kultur kommen wir weiter unten zurück. Wichtig ist uns hier die Beobachtung, dass die Funktion der Kunst in der Gesellschaft von der Gesellschaft nicht unmoderiert hingenommen wird. Wir beobachten die Kunst im Netzwerk der Gesellschaft, um Schnittstellen identifizieren zu können, an denen der Zirkel des hermeneutischen Verstehens der Kunst, der zugleich ein Zirkel der autopoietischen Reproduktion der Kunst ist, wenn als deren basale Elemente die Kommunikation der Kunstwerke gilt, sowohl gebremst als auch in Schwung gesetzt werden kann. Der Betrieb ist eine Kategorie, die es erlaubt, zu beschreiben, dass an der Kunst nichts und alles Zufall ist. Denn der Betrieb liefert jene Strukturen, in die die Autopoiesis der Kunst eingebettet ist und dank deren sie jeweils ihre spezifische Realität gewinnt. So wie Humberto R. Maturana und Francisco J. Varela mit dem Blick auf autopoietische Systeme zwischen deren basaler Zirkularität auf der einen Seite und den Strukturen, in denen der Zirkel jeweils Realität gewinnt, auf der anderen Seite unterscheiden, kann man auch für die Kunst zwischen der basalen Zirkularität der Kunstwerke auf der einen Seite und dem Kunstbetrieb als einer wichtigen Dimension der Strukturen, in denen die Kunst Realität gewinnt, auf der anderen Seite unterscheiden. Andere strukturelle Dimensionen betreffen die Einbettung der Kunstbetrachtung in andere, dazu komplementäre oder auch substitutive Aktivitäten der Kunstbetrachter, die Einbettung der Kunstwerke in das Material, die Technik und die Themen, die in spezifischen Gesellschaften jeweils dem Zugriff der Kunst zur Verfügung stehen, und nicht zuletzt die Einbettung der Künstler in Persönlichkeitsstrukturen, über deren Attraktivität es der Gesellschaft gelingt, Individuen für die Ausübung von Kunst zu rekrutieren und zugleich sicherzustellen, dass moderiert werden kann, was anschließend passiert.

Ich konzentriere mich hier auf den Betrieb. Man stellt sich diesen Betrieb am besten als eine äußerst sensible Schnittstelle zwischen der Kunst und der Gesellschaft vor, über die laufend darauf Einfluss genommen werden kann, was sich die Kunst von der Gesellschaft und diese von der Kunst bieten lässt. Und noch einmal, dieser Einfluss instruiert nicht, sondern er moderiert, was an genau den Stellen, auf die es ankommt, zu endlosen, also Informationen unterschiedlicher Art generierenden Debatten darüber führt, was unter welchen Bedingungen einen nicht nur ästhetischen, sondern auch politischen, ökonomischen, religiösen, moralischen, pädagogischen, wissenschaftlichen und so weiter Wert hat und was nicht und wie auf die Konstitution unterschiedlicher Werte Einfluss genommen werden kann und wie nicht. Kausalitäten können hier zwischen unterschiedlichen Auftraggebern, Käufern, Galeristen, Kuratoren auf der einen Seite und den Kunstwerken der Künstler auf der anderen Seite allenfalls temporär festgelegt werden, aber Sensibilitäten und Sensitivitäten können so dauerhaft etabliert werden, dass es nicht unbedeutender Anstrengungen auf den Seiten der Kunstbetrachter, der Künstler und der Auftraggeber bedarf, die ästhetischen Werte von allen anderen zu unterscheiden und der Kriterien gewiss zu sein, mit deren Hilfe dies möglich ist.[40]

Aber natürlich gilt diese Aussage auch für die Strukturen

der gesellschaftlichen Einbettung der Kunstwerke, der Kunstbetrachtung und der Künstlerpersönlichkeit. Auch hier liegt die Kontamination durch gesellschaftliche Kontexte jeweils so sehr auf der Hand, dass ohne die Bemühung um Differenzierungen im Umgang mit Material, Alltag und Persönlichkeit schnell verloren gehen kann, was das Distinkte der Kunst ausmacht. Interessanterweise ist jedoch gerade der Betrieb, weil er die Gefahr am deutlichsten auf den Punkt bringt, auch am hilfreichsten, wenn es darum geht, diese Bemühungen aufzubringen. An den Zumutungen des Betriebs schärft sich die Distinktion der Kunst. Deswegen ist das Verhältnis zwischen Kunst und Betrieb ein hochgradig allergisches, das nicht umhin kommt, die Berührungen zu suchen, die man um jeden Preis vermeiden muss. An diesem Punkt, innerhalb einer Struktur der Allergie, emergiert jenes Vermögen, auf das es der Kunst ankommt, nämlich sich zu Usancen der Kommunikation und Wahrnehmung in der jeweiligen Gesellschaft in ein gleichermaßen affirmatives wie kritisches Verhältnis setzen zu können. Der Künstler hat nur als unglücklicher ein glückliches Bewusstsein, um den Sachverhalt mit Hegel und eher paradox als dialektisch zu formulieren. Aber in genau dieser Paradoxie kommen ihm Auftraggeber und Betrachter entgegen. Auch sie werden von einer Kunst attrahiert, in der marginale Unstimmigkeiten ausreichen, um wieder Abstand von ihr nehmen zu können. Nur so, in dieser Form der extrem prekären Balance zwischen Werten, von denen sie sich unterscheidet, und (denselben) Werten, auf die sie sich bezieht, erfüllt die Kunst ihre soziale Funktion.

Evolution

Die Beobachtung dieser Schnittstelle zwischen dem hermeneutischen Zirkel, der Autopoiesis der Kunst auf der einen Seite und dem gesellschaftlichen Netzwerk, in das die Kunst eingebettet ist, auf der anderen Seite wäre ein geeigneter Ausgangspunkt für die Betrachtung einzelner Werke oder Stile oder Gattungen, an denen sich jede Theorie der Kunst, auch die soziologische, letztlich bewähren lassen müsste. Wir tun dies, indem wir eine weitere theoriegeleitete Überlegung einführen und an einem Beispiel, dem Theaterstück *Poor Theater* (2004) der The Wooster Group aus New York, erproben.

Die theoriegeleitete Überlegung, die wir vorstellen wollen, bringt aus einer anderen Perspektive noch einmal genau das auf den Punkt, worum es uns hier vor allem geht, nämlich den Zusammenhang von Strukturdeterminiertheit und Anschlussspielräumen, der es Beobachtern der Kunst (wie auch anderer sozialer Systeme) so schwierig macht, sich eine Theorie der Kunst vorzustellen. Denn wie soll man es unter einen Hut bringen, dass die Kunst in allen ihren Werken, in ihren Produktions- und Rezeptionsstilen, in ihrer politischen Inanspruchnahme, wirtschaftlichen Verwertung, religiösen Interpretation und pädagogischen Vernutzung hochgradig historisch determiniert ist, während es unmöglich ist, mit einer auch nur minimalen Sicherheit Voraussagen über ihre künftige Entwicklung oder auch nur den Erfolg einzelner Werke, Künstler oder Stile zu treffen? Heinz von Foerster hat zur Beschreibung eines solchen Zusammenhangs von historischer Determiniertheit und Unvorhersagbarkeit das Konzept der nicht-trivialen Maschine eingeführt, die synthetisch determiniert ist, aber analytisch, das heißt durch einen Beobachter, der sie selber sein kann, nicht determiniert werden kann.[41] Von Foerster hat gezeigt, dass es ausreicht, eine Maschine, ein System, einen Mechanismus zusätzlich zu einer Transformationsfunktion, die einen Input in einen Output übersetzt, auch mit einer Zustandsfunktion, die überprüft, wie es der Maschine geht, während sie arbeitet, auszustatten, um sie, obwohl sie nichts anderes tut, als sich selbst zu beobachten, mit der Fähigkeit zu Reaktionen auszustatten, die jeden Beobachter überraschen.

Ich möchte vorschlagen, sich die Kunst in diesem Sinne als eine nicht-triviale Maschine vorzustellen und dem Verhältnis von synthetischer Determination und analytischer Undeterminierbarkeit mit den Mitteln der Evolutionstheorie, das heißt unter Rückgriff auf eine Beobachtung der drei evolutionären Mechanismen Variation, Selektion und Retention, ein wenig besser auf die Spur zu kommen.[42] Die Evolution von Kunst beginnt, so hat Niklas Luhmann gezeigt,[43] mit der Unterscheidung der Kunst vom Ornament, beziehungsweise genauer, mit der Bezeichnung und dadurch ermöglichten Negation des Ornaments innerhalb einer Form der künstlerischen Bearbeitung, die das Ornament als Verzierung ablehnt und etwas anderes und genau deswegen Interessantes an dessen Stelle setzt. Die Formulierung macht deutlich, wie unwahrscheinlich dieser Vorgang ist. Immerhin muss nichts Geringeres passieren als eine Verschiebung der kultischen Zeichen in ästhetische Zeichen. Diese Verschiebung setzt eine Übersetzung eines Zeichens, das zuvor, in der Terminologie von Charles Sanders Peirce, als Index fungierte, in ein Symbol voraus:[44] Aus der »existentiellen« Beziehung des Index zum Bezeichneten wird eine »interpretative« und damit kontingente Beziehung des Symbols zum Symbolisierten. Was sich hier zeichentheoretisch leicht formulieren lässt, vollzieht sich gesellschaftlich als eine kulturelle Erschütterung, die man sich gar nicht dramatisch genug vorstellen kann und die in ihrer Reichweite dem Drama der Entdeckung der Kultur selber gleichkommt. Immerhin wird erst jetzt die Semiose einer wechselseitigen Konditionierung von Zeichen, Bezeichnetem und Zeicheninterpretant zu einem sozialen Problem der Motivierung von Bindungen, die, sobald ihre Kontingenz entdeckt ist, ebenso viele Freiheitsgrade wie Ansatzpunkte für Einschränkungen aufweist.[45]

Das sozial entscheidende Moment liegt demnach bereits vor der Bearbeitung eines Ornaments durch die Kunst; es liegt in der Entdeckung und Benennung eines kultisch notwendigen Zeichens als »Ornament«, als Verzierung, die mit der Sache nicht identisch ist und daher eine gewisse Überflüssigkeit aufweist, von der niemand weiß, wann sie die Sache selber, die ja auch nichts anderes ist als die Außenseite des Zeichens,[46] ansteckt. Vor allem wegen dieser unkalkulierbaren sozialen Erschütterung des Prozesses der Semiose durfte es jahrhundertelang und im Kontext von Stammesgesellschaften als ausgemacht gelten, dass jede Veränderung des Ornaments allenfalls als Fehler wahrgenommen und negativ selegiert wurde. Wenn schließlich die künstlerische Bearbeitung des Ornaments in der Hochkultur einsetzt und sich bis heute durchhält, erbt sie das Problem, von dem sie profitiert. Bis heute steht jederzeit in Frage, ob die künstlerische Bearbeitung des Ornaments inklusive allfälliger Versuche, die Funktion der Symbolisierung so sehr zu verdichten, dass sie den Status des Index fast wieder erreicht, irgendetwas anderes ist als eine neue Form der Verzierung.

Auch hier stoßen wir auf einen Punkt extremer Empfindlichkeit, den wir jedoch jetzt nicht in synchroner, das gesellschaftliche Netzwerk der Kunst bedenkender Weise auslegen, sondern in diachroner, die Zeitgeschichte der Kunst ins Auge fassender Weise beleuchten. Dabei darf die Unterscheidung von Diachronie und

Synchronie nicht übertrieben werden, weil das Netzwerk nicht nur sachlich und sozial, sondern auch zeitlich, und die Evolution nicht nur zeitlich, sondern auch sachlich und sozial empfindlich sind. Doch auch wenn Netzwerk und Evolution wechselseitig füreinander sowohl Motiv als auch Homöochaos sind,[47] lassen sich ihre Perspektiven für Zwecke der Analyse unterscheiden.

Soziale Evolution vollzieht sich, wie alle Gesellschaft, kommunikativ. Jemand sagt Nein und produziert damit eine Variation, die einerseits massenhaft vorkommt, andererseits auffallen und zum Gegenstand von sei es positiver (verstärkender), sei es negativer (abwehrender) Selektion werden kann. Das die Evolution der Kunst startende und bis heute motivierende Nein des Kunstwerks ist ein Nein zum Ornament an genau der Stelle, wo dessen Wahrnehmung aus der gesellschaftlich allzu angepassten Affirmation herausgelöst und mit Chancen der Negation ausgestattet werden soll. Man beobachtet, um ein aktuelles Beispiel zu geben, wie die Stammeszeichen der australischen Aborigines aus ihrer kultischen Verankerung herausgelöst und zu Kunstwerken stilisiert werden und beginnt, sie als Ornamente zu variieren, um diese Praxis zu komplizieren und zu problematisieren und so mit Ablehnungschancen gleichsam nach allen Seiten auszustatten, im Hinblick auf den Kult, der so nicht mehr verstanden wird, den Betrieb, dem der nötige Respekt abverlangt werden muss, die Künstler, deren Authentizität in Frage steht, und den Alltag, der die Werke allzu reibungslos absorbiert.[48] Für einen Moment, den entscheidenden, steht die Kunst selbst auf dem Spiel, oszillierend zwischen Kult und Kunsthandwerk, und hat nur eine Chance, diesen Moment zu überleben, wenn sie präzise Ambivalenzen aufbaut, die es erlauben, die Kommunikation der Wahrnehmung selber zu beobachten und zu bewundern, wie das Wahrnehmbare, das Kunstwerk, mit dieser Kommunikation, sie in Rechnung stellend und distanzierend zugleich, umgeht.

Für die Beschreibung der Evolution von Kunst genügt es, das in Kunstwerken realisierte variierende Nein (zu Ornamenten, zu anderen Wahrnehmungssachverhalten, zu anderen Kunstwerken, schließlich zum jeweiligen Kunstwerk selbst: Magrittes »ceci n'est pas une pipe«, 1929) zur Selektion dieses Neins in der Form wahrnehmbarer Gestaltungen von Bildern, Texten, Inszenierungen und Kompositionen und zur Retention dieser Selektion in der Form bewährter Stile, Gattungen und Aufführungsmilieus in ein Verhältnis zu setzen, um, so die These, das

Verhältnis von Strukturdeterminiertheit und Unvorhersehbarkeit rekonstruieren zu können. Die Variation wird an Ereignissen festgemacht, an der Kommunikation von Kunstwerken, die auftauchen und wieder verschwinden, die Selektion an Strukturen, die es wahrscheinlicher machen, dass entsprechende Ereignisse nicht mehr oder im Gegenteil häufiger auftreten, und die Retention am System, dem es durch die Selektion entsprechender Variationen gelingen muss, sich selbst im Kontext seiner Form und Funktion zu reproduzieren. An dieser Evolution arbeiten und ihr unterworfen sind der hermeneutische Zirkel, die Autopoiesis der Kunst, ebenso wie das Netzwerk, in dessen Strukturen sich beide realisieren. Jede Sensibilität und Sensitivität, mit der Künstler, Betrachter und der Betrieb auf jedes einzelne Kunstwerk reagieren, trennen und verknüpfen die drei Möglichkeiten eines variierenden, selegierenden oder retentionalen (restabilisierenden) Geschmacksurteils. Und jedes Mal steht in Frage, welches Nein zu welcher Wahrnehmung sich kommunikativ behaupten lässt.

The Poor Theater ist das Resultat der Auseinandersetzung der Wooster Group mit zwei Ikonen, wie es heißt, von Theater und Tanz, nämlich mit Jerzy Grotowski, dem polnischen Regisseur in der Tradition von Konstantin Sergejewitsch Stanislawski, und mit William Forsythe, dem in Frankfurt am Main und Dresden arbeitenden Choreographen.[49] *Poor Theater* in der Regie von Elizabeth LeCompte setzt sein eigenes Ja/Nein zu den Möglichkeiten der Theaterarbeit, die kurz zuvor mit ihrem Stück *To You, The Birdie! (Phèdre)* (2002) einen weiteren Höhepunkt erreicht hatte, in ein Verhältnis zum Ja/Nein von Grotowski und von Forsythe, das sich zunächst in die beiden Pole der emotionalen Authentizität bei Grotowski und kalkulierten Technik bei Forsythe auseinanderzulegen scheint, dann aber doch als Dasselbe erweist, als Theater. *Poor Theater* ist ein Stück über die Arbeit am Theater, das selbst als Theater funktioniert und so auf beispielhafte Art und Weise deutlich machen kann, wie Variation (ein parodierendes Nachstellen der Proben von Grotowski und Forsythe), Selektion (eine geradezu mimetische Übernahme des gerade noch Parodierten) und Retention (ein Ja zum eigenen Theater, weil sich seine Mittel bewähren) ineinander greifen, um einem Stück eine Struktur im Verhältnis zu anderen Stücken anderer Traditionen geben, die in jedem einzelnen Zug überraschend ist, jedoch Zug um

Zug Stringenz, Konsequenz und Notwendigkeit gewinnt, ohne jemals sein eigenes Ja/Nein aufzugeben.

Eines der in unserem Zusammenhang wichtigen Ergebnisse dieser evolutionären Auseinandersetzung des Theaters mit den Mitteln des Theaters ist die Wiedergeburt des Theaters aus der Kritik des Theaters. Die Dekonstruktion der Effekte sowohl authentischer Gefühle als auch kalkulierter Bewegungstechniken läuft auf die Entdeckung hinaus, dass die Anreicherung der kommunizierten Wahrnehmungen mit Anhaltspunkten, auf die man sich berufen kann, um die Wahrnehmungen abzulehnen, sich auf die Kommunikation von Wahrnehmungen verlassen muss, die als solche sowohl auf der perzeptiven wie der kommunikativen Ebene erst einmal gelingen muss, damit man sehen kann, was man sehen will. Auch die von Bertolt Brecht zum Angelpunkt seines Theaters gemachten so genannten Verfremdungseffekte[50] müssen theatralisch dargestellt und ihr Publikum finden können, sonst wird nicht wahrgenommen, was gezeigt werden soll, und scheitert die Kommunikation dieses Theaters, weil es keine Anschlüsse findet. Aus der inneren wie äußeren Grenzüberschreitung, so darf man daraus folgern, entsteht nichts anderes als eine Grenzbeschreitung, aus dem Versuch, das Theater mit den Mitteln des Theaters zu sprengen, nichts anderes als Theater.[51]

Im Theater wird diese evolutionäre Struktur der Kunst besonders deutlich, weil das Theater sowohl in der Probenarbeit wie auch während der Aufführung eine zeitliche Prozessstruktur hat, die in jedem Moment angesichts der Einwände von Schauspielern, Regisseur, Dramaturg, Produzent und Publikum kippen kann und aus dem Registrieren und Überwinden dieser Einwände, das heißt aus der punktuellen Bearbeitung von Affirmation und Negation sowohl des Wahrnehmbaren wie der Kommunikation dieses Wahrnehmbaren, ihre Notwendigkeit gewinnt. Im Prozess der Arbeit am Stück bildet sich selbstähnlich (»fraktal«) die Evolution der Kunst im Kunstwerk noch einmal ab, in allen ihren Dimensionen, wenn auch auf jeweils hoch individuelle, Unterschiedliches unterschiedlich nuancierende Art und Weise. Wenn man sich dies einmal vor Augen geführt hat, kann man denselben Prozess der Arbeit an Variation, Selektion und Retention auch beim Malen eines Bildes, Schreiben eines Gedichts oder Romans und Komponieren eines Musikstücks beobachten, sei es verdichtet in den mit sich ringenden Autor, sei es verteilt auf die verschiedenen Rollen von Künstler, Galerist, Lektor, Dirigent und so weiter. In jedem Kunstwerk kommt es irgendwann zu einem Moment, wo das Überleben dieses Prozesses, die heroische Transformation der evolutionären Unwahrscheinlichkeit in Wahrscheinlichkeit, selbst zum künstlerischen Ereignis wird, weil plötzlich wahrnehmbar wird, welche kommunikativen Klippen eine Wahrnehmung überstehen können muss, um kommuniziert werden zu können.

Form

Unsere hier vorgelegten Überlegungen führen zu einer Einsicht, die einfach genug ist, jedoch nur vor dem Hintergrund einer radikal zu denkenden Differenz von Kommunikation und Wahrnehmung plausibel zu machen und zu verstehen ist. Die Kunst und das Kunstwerk, der Künstler und die Kunstbetrachter, der Kunstbetrieb und jeder andere gesellschaftliche Zugriff auf Kunst arbeiten an einer Form der Kunst, die diese als Zusammenhang des Unterschiedenen, als wechselseitige Abhängigkeit der voneinander getrennten und aufeinander bezogenen Operationen der Wahrnehmung in psychischen Systemen und Kommunikation in sozialen Systemen begreift. Der zu diesem Konzept nicht nur passende, sondern das Konzept tragende Formbegriff ist von George Spencer-Brown im Rahmen eines mathematischen Kalküls entwickelt worden, das den Konsequenzen nachgeht, die sich daraus ergeben, wenn man nach Möglichkeiten sucht, Operationen zu beschreiben, die Unterscheidungen als Relationierungen begreifen.[52]

Die Form der Kunst, so schlagen wir vor, unterscheidet in jedem einzelnen Kunstwerk zwischen Kommunikation und Wahrnehmung, um so und nur so, Kommunikation auf Wahrnehmung und Wahrnehmung auf Kommunikation zu beziehen. Die Form wird in Anspruch genommen, um Wahrnehmungen als Wahrnehmungen zu kommunizieren; und sie wird in Anspruch genommen, um vorzuführen, dass auch die Kommunikation von Wahrnehmungen darauf angewiesen ist, dass die Kommunikation ihrerseits wahrgenommen wird. Aus diesem wechselseitigen Bezug entstehen Spannungen, die die Kunst seither nicht müde wird, auszubuchstabieren, abzumildern und wieder zu verschärfen.

Die Notation, die Spencer-Brown für sein Kalkül entwickelt hat, gibt uns eine einfache und intuitiv eingängige Möglichkeit, den Zusammenhang des Unterschiedenen für den Fall der Kunst in eine mathematische Gleichung zu bringen:

$$\text{Kunst} \;=\; \overline{\overline{\text{Kommunikation}\,\Big|}\;\text{Wahrnehmung}\;\Big|}\;\;.$$

Die Gleichung wird wie folgt gelesen: Kunst entsteht aus der Setzung und Beobachtung der Unterscheidung von Kommunikation im Kontext einer für diese Unterscheidung in Anspruch genommenen Unterscheidung von Wahrnehmung, wobei die Unterscheidung zwischen Kommunikation und Wahrnehmung in den Raum des Unterschiedenen wieder eingeführt wird und damit selbst zur Voraussetzung und zum Gegenstand von Kunst wird. Der Terminus rechts der Unterscheidung der Wahrnehmung, der *unmarked state* in der Terminologie von Spencer-Brown, ist ein wesentlicher Bestandteil der Gleichung, da er eine weitere Pointe des Formbegriffs auf den Punkt bringt, nämlich die Möglichkeit, jede Unterscheidung nicht nur auf ihre Außenseite hin zu beobachten, sondern diese Außenseite als mitlaufende Bedingung oder mitlaufenden Kontext der Unterscheidung zu explorieren. Das heißt, so unwahrscheinlich es klingt, die Form der Kunst setzt kommunikativ ebenso wie perzeptiv ein Bewusstsein, ein Gefühl, ein Wissen darum voraus, dass auch die Bezeichnung von Kommunikation und Wahrnehmung einen Ausschluss praktiziert, auf den hin sie beobachtet werden kann, so sehr dann auch jede Beobachtung wieder auf Kommunikation beziehungsweise Wahrnehmung zurückführt. Luhmann hat dieses Problem und die in ihm steckende Paradoxie auf den Begriff der »Weltkunst« gebracht:[53] Jeder Versuch, der Welt habhaft zu werden, die als Kontext von Kommunikation und Bewusstsein vorausgesetzt werden muss, ohne dass man wissen könnte, was diese jenseits von Kommunikation und Bewusstsein sein kann, führt doch wieder zu einem Bild, einem Text, einem Stück, die auf der Innenseite der Form der Kunst ihre Wirklichkeit haben und nicht auf der von ihnen intendierten Außenseite.

Der hiermit eingeführte Formbegriff erlaubt es, die Funktion der Kunst anhand der von ihr gesetzten Operationen und der in diesen Operationen getroffenen Unterscheidungen zu beobachten, zu rekonstruieren und zu beschreiben. Dabei kann man sich, worauf wir hier nicht weiter eingehen, zunutze machen, dass diese Operationen und Unterscheidungen als innerhalb von Systemen, psychischen wie sozialen, allerdings je unterschiedlich vollzogene und getroffene Operationen und Unterscheidungen Ereignisse sind, die auftauchen und wieder verschwinden. Die Kunst ist ein so temporalisiertes und damit flüchtiges System wie andere soziale Systeme auch. Nur deswegen kann und muss sie den Eindruck pflegen, letztlich Ewigkeit zu wollen. Aber abgesehen von den die Flüchtigkeit kompensierenden, sie damit jedoch zugleich betonenden Bestandsillusionen auf der Ebene der Selbstbeschreibung, des Selbstverständnisses der Kunst bietet das Konzept des temporalisierten Systems den Vorteil, die Trennung und Verschränkung von Kommunikation und Wahrnehmung nicht etwa für eine mit jedem Kunstwerk kategorial ein für alle mal gelungene Leistung, sondern für eine von jedem Kunstwerk immer wieder neu jeweils erst zu erbringende Leistung zu halten. Erst das macht die Rede vom hermeneutischen Zirkel und von der Autopoiesis der Kunst so aufschlussreich. Wenn Kunstwerk, Künstler und Betrachter aus welchen Gründen auch immer hier und heute oder morgen und woanders nicht mehr mitspielen, ist es mit der Kunst in diesem spezifischen Fall vorbei. Nur deswegen ist jeder einzelne Akt der Produktion und Rezeption eines Kunstwerks immer wieder neu eine Auseinandersetzung, in der es um das Ganze der Kunst geht, so sehr sich diese Auseinandersetzung dann auch auf Bewährtes und Selbstverständliches stützen mag. Aber nur deswegen kann jeder einzelne Akt der Produktion und Rezeption eines Kunstwerks auch wieder ganz von vorne anfangen, zwischen Kommunikation und Wahrnehmung bis zum Punkt der unmöglichen Berührung trennen und an so noch nie erlebten Punkten einen neuen Zusammenhang schaffen.

Die Funktion der Kunst besteht in der Einführung von Negationschancen in die (Kommunikation der) Wahrnehmung, ihre Form in der Wiedereinführung des Unterschieds zwischen Kommunikation und Wahrnehmung in die Unterscheidung zwischen Kommunikation und Wahrnehmung. Wenn die Kunst wie das Leben, das Bewusstsein und die Gesellschaft eine sogenannte Einmalerfindung in der uns bekannten sublunaren Welt ist, dann, so muss man mit Blick auf ihre Autopoiesis folgern, erfüllte sie diese Funktion und hatte sie diese Form immer schon. Dann wären ihre Einbindung in den Kult der Stammesgesellschaften, in die Repräsentationsstile der Hochkultur und in den Individualisierungsbedarf der Moderne nur strukturelle Unterschiede desselben, die weder übertrieben noch untertrieben werden dürfen. Dann wären Kult, Mimesis und Ästhetik ihrerseits jeweils Funktionen, die auf Differenz und Zusammenhang von Kommunikation und Bewusstsein ausgelegt werden können, so unterschiedlich dann auch der Grad an wechselseitiger Ausdifferenzierung von Kommunikation und Bewusstsein gewesen sein mag. Man hätte demnach kunsthistorisch allen Anlass, in allen Gesellschaftsformen nach Praktiken zu suchen, die, und sei es nur zwecks Steigerung von Bindungsmöglichkeiten, einen Freiheitsgrad in das Verhältnis von Kommunikation und Bewusstsein einführen, und hätte allen Anlass, diese Praktiken künstlerische Praktiken zu nennen.

Zwei Implikationen dieses Begriffs von Kunst wollen wir zum Abschluss dieser Überlegungen festhalten. Die erste Implikation ist, dass die kultische ebenso wie die mimetische und die ästhetische Funktion der Kunst nicht mehr ontologisch in einem Bezug auf externe Sachverhalte verankert werden, die diese Funktionen wie auch immer »motivieren«, sondern ontogenetisch in ein rekursives Netzwerk eingebunden werden, das sich in allen Leistungen inklusive der Leistung der Externalisierung des Wahrnehmbaren auf eine wahrnehmbare Wirklichkeit eigenen Leistungen verdankt, genau deswegen jedoch von Moment zu Moment immer wieder und denkbar radikal auf dem Spiel steht. Das interessiert vor allem eine »naturalisierte«, das heißt auf Operationen empirischer Systeme bezogene Erkenntnistheorie (à la Quine).[54] Ein Ort, an dem diese Einsicht gegenwärtig wieder für Erschütterungen sorgt, ist passenderweise die kunstwissenschaftliche Bildtheorie, die entdeckt, dass Bilder nicht etwa abbilden, was sie als ihren Gegenstand verstehen, sondern wiedergeben, was Künstler ebenso wie Kunstbetrachter (vom Betrieb zu schweigen) als Gegenstand zu erkennen und zu akzeptieren bereit sind.[55] An diese Implikation lässt sich ein kognitionswissenschaftliches Interesse an der Kunst anschließen, das es im Fall der Kunst mit gleich drei kognitiven Eigendynamiken zu tun bekommt, mit der eines wahrnehmungsfähigen Bewusstseins (vom hier notwendigerweise [?] mitlaufenden Gehirn und Körper zu schweigen), mit der einer kommunikationsfähigen Gesellschaft und mit der einer ihrerseits konventionalisierten, so jedoch evolutionsfähigen Kunst. Im Übrigen zeigt gerade die neuere Hirnforschung, wie sehr die Kognitionswissenschaften auch umgekehrt von der Kunsttheorie und hier insbesondere von der Bildtheorie profitieren können. Denn hier wird so unkritisch von den Erfolgen neuer bildgebender Verfahren bei der Visualisierung aktiver Hirnregionen darauf geschlossen, dass alte Menschheitsrätsel von der Arbeitsweise des Bewusstseins bis zur Existenz des freien Willens bald gelöst werden könnten,[56] als hätte man noch nie davon gehört, dass Bilder nicht abbilden, was sie zeigen, sondern abbilden, was man zu sehen bereit und willens ist.[57]

Die zweite Implikation ist eher soziologischer Art. Man wird damit rechnen müssen, dass, wie bereits angedeutet, die Gesellschaft die Kunst sowohl für die Einführung und Betreuung von Negationschancen der Wahrnehmung freistellt, als auch sich wiederum vorbehält, die daraus entstehenden Konsequenzen für die Adressierung und Positionierung der Wahrnehmung im kommunikativen Zusammenhang zu moderieren. Keine Gesellschaft wird es riskieren, ihr Design auf Gedeih und Verderb den Einfällen ihres Kunstsystems auszuliefern. Deswegen wird der Kunst ihr Negationspotential konzediert, indem ihr im gleichen Zuge und ihrerseits vielfältig moderierbar Fiktionalität unterstellt wird. Nur um den Preis ihrer Beobachtung als Erfindung darf die Kunst negieren – was es nebenbei dann auch ermöglicht, ihrer zuweilen über das Ziel hinausschießenden Affirmationen ebenfalls Herr zu werden. Allerdings ist auch die Fiktionalität von Bild und Dichtung, Theater und Komposition ein zweischneidiges Schwert, da sie es nicht nur erlaubt, die von der Kunst kommunizierten Beobachtungen unter Kontrolle zu halten, sondern zugleich nicht unbeträchtlich den Spielraum erhöht, in dem die Kunst ihre Negationen (und Affirmationen) erst einmal ausprobieren kann, bevor sie auch noch behaupten muss, damit eine wirkliche Wirklichkeit zu treffen.

Abgerundet wird diese gesellschaftliche Moderation der Kunst schließlich dadurch, dass die Kunst zumindest in der Moderne als Kultur dargestellt wird. Das erlaubt es, ihr einen Bezug auf mehr oder minder unverzichtbare Werte zu unterstellen, ohne damit gleich den Anspruch zu erheben, dass sie mit allem, was sie tut, wörtlich genommen werden müsste. Man überträgt die doppelte Chance, Werte sowohl unterstreichen als auch unterlaufen zu können, von der Kultur auf die Kunst und behält es sich zum Kummer der Kunst damit gesellschaftlich vor, die Kunst zuweilen zu fordern und zu fördern, zuweilen jedoch auch auf Abstand zu halten. Kunst und Kultur gilt es deswegen sorgsam zu unterscheiden,[58] um nicht den die Brisanz der Kunst wie auch den Designbedarf der Gesellschaft gleichermaßen unterschätzenden Fehler zu machen, die Kunst für das Fundament der Kultur und die Kultur für die Wiege der Kunst zu halten. Dazu ist das, worum es hier geht, viel zu sehr auf Differenz, auf Spannung und auf eine unbekannte Zukunft eingestellt.

Nachweise und Anmerkungen

Die Natur der Gesellschaft, bisher unveröffentlicht. Erscheint auch in: Heinz Bude (Hrsg.), Die Natur der Gesellschaft: Verhandlungen des 33. Deutschen Soziologentages in Kassel, 9.-13. Oktober 2006. Im Druck.

1 Siehe zu beiden Naturbegriffen Niklas Luhmann, Über Natur. In: ders., Gesellschaftsstruktur und Semantik: Studien zur Wissenssoziologie der modernen Gesellschaft, Bd. 4. Frankfurt a. M.: Suhrkamp, 1995, S. 9-30.

2 So auch Bruno Latour, Wir sind nie modern gewesen: Versuch einer symmetrischen Anthropologie. Dt. Frankfurt a. M.: Fischer Tb., 1998.

3 Siehe nur Jean-Pierre Vernant, Die Entstehung des griechischen Denkens. Aus dem Französischen von Edmund Jacoby, Frankfurt a. M.: Suhrkamp, 1982. Und als Referenztext: Platon, Timaios. In: ders., Sämtliche Werke, Bd. 4. Übersetzt von Friedrich Schleiermacher, neu herausgegeben von Ursula Wolf, Reinbek bei Hamburg: Rowohlt, 1994, S. 11-103.

4 Ähnlich im alten China, siehe François Jullien, Über die Wirksamkeit. Aus dem Französischen von Gabriele Ricke und Ronald Voullié, Berlin: Merve, 1999.

5 Siehe für ein Beispiel die Auseinandersetzung zwischen einer »bürgerlichen« und einer »aristokratischen« Welt bei Albert O. Hirschman, Leidenschaften und Interessen: Politische Begründungen des Kapitalismus vor seinem Sieg. Aus dem Amerikanischen von Sabine Offe, Frankfurt a. M.: Suhrkamp, 1980.

6 So Luhmann, Über Natur, S. 19. Nicht ganz so eindeutig: Heinz von Foerster, Über selbstorganisierende Systeme und ihre Umwelten. In: ders., Wissen und Gewissen: Versuch einer Brücke. Hrsg. von Siegfried J. Schmidt, Frankfurt a. M.: Suhrkamp, 1993, S. 211-232.

7 Zumindest in ihrer eigenen Forschungspraxis hat die Physik für diese Paradoxie sehr viel Verständnis, wenn sie experimentell wie theoretisch immer wieder das äußerst Disparate zu ordnen und aufeinander zu beziehen sucht, wie es Peter Galison, Image and Logic: A Material Culture of Microphysics. Chicago: Chicago UP, 1997, beschreibt. Siehe außerdem Karin Knorr-Cetina, Die Fabrikation von Erkenntnis: Zur Anthropologie der Naturwissenschaft, Frankfurt a. M.: Suhrkamp, 1984.

8 So die vielleicht wichtigste Theorieentscheidung von Niklas Luhmann, Soziale Systeme: Grundriß einer allgemeinen Theorie. Frankfurt a. M.: Suhrkamp, 1984.

9 Alfred North Whitehead, Process and Reality: An Essay in Cosmology. Corrected Edition, hrsg. von David Ray Griffin und Donald W. Sherburne, New York: Free Pr., 1979, S. 25, unterscheidet deswegen zwischen Ereignis und Prozess und kombiniert im Ereignis self-identity und self-diversity.

10 So der Vorschlag von Fritz Heider, Ding und Medium, Nachdruck Berlin: Kulturverlag Kadmos, 2005.

11 Siehe George Spencer-Brown, Gesetze der Form. Aus dem Englischen von Thomas Wolf, Lübeck: Bohmeier, 1997.

12 Siehe nur Edgar Morin, Complexity. In: International Social Science Journal 26 (1974), S. 555-582.

13 Siehe Soziale Systeme, Kap. 4.

14 Siehe Jürgen Habermas, Die Theorie des kommunikativen Handelns. 2 Bde, Frankfurt a. M.: Suhrkamp, 1981; vgl. kritisch Alois Hahn, Verständigung als Strategie. In: Max Haller, Hans-Joachim Hoffmann-Nowotny, Wolfgang Zapf (Hrsg.), Kultur und Gesellschaft. Verhandlungen des 24. Deutschen Soziologentages, Zürich 1988. Frankfurt a. M.: Campus, 1989, S. 346-359.

15 So Jean Baudrillard, Paradoxe Kommunikation. Bern: Benteli, 1989.

16 Siehe in diesem Sinne auch Eric M. Leifer und Valli Rajah, Getting Observations: Strategic Ambiguities in Social Interaction. In: Soziale Systeme: Zeitschrift für soziologische Theorie 6 (2000), S. 251-267; und Eric M. Leifer, Micromoment Management: Jumping at Chances for Status Gain. In: Soziale Systeme: Zeitschrift für soziologische Theorie 8 (2002), S. 165-177.

17 Vgl. Dirk Baecker, Wozu Systeme? Berlin: Kulturverlag Kadmos, 2002, S. 83ff., im Anschluss an Peter Bøgh Andersen, WWW as Self-Organizing System. In: Cybernetics and Human Knowing 5, no. 2 (1998), S. 5-41, hier: S. 15f.

18 Siehe hierzu auch Magoroh Maruyama, The Second Cybernetics: Deviation-Amplifying Mutual Causal Processes. In: American Scientist 51 (1963), S. 164-179 & S. 250A-256A.

19 Siehe neben Morin, Complexity, auch Luhmann, Soziale Systeme, S. 46ff.; ferner zur Begründung des Begriffs Warren Weaver, Science and Complexity. In: American Scientist 36 (1948), S. 536-544.

20 So Martin Heidegger, Die Grundbegriffe der Metaphysik: Welt – Endlichkeit – Einsamkeit. Frankfurt a. M.: Klostermann, 1983, etwa § 51. Zum Motiv der Irritabilität verweist Heidegger, § 60, auf den Physiologen Johannes Müller, dessen Entdeckung des Prinzips der undifferenzierten Codierung für Friedrich Nietzsche so wichtig war wie für Heinz von Foerster. Siehe Friedrich Nietzsche, Über Wahrheit und Lüge im außermoralischen Sinne. In: Werke III, hrsg. von Karl Schlechta, 6., durchges. Aufl., Frankfurt a. M.: Ullstein, 1969, S. 309-322; Heinz von Foerster, Über das Konstruieren von Wirklichkeiten. In: ders., Wissen und Gewissen: Versuch einer Brücke. Frankfurt a. M.: Suhrkamp, 1993, S. 25-49.

21 Heidegger, Die Grundbegriffe der Metaphysik, § 73.

22 Siehe auch die »methodologische Vorbemerkung« Niklas Luhmann, Die Gesellschaft der Gesellschaft. Frankfurt a. M.: Suhrkamp, 1997, S. 36ff.

23 Letzteres im Sinne Spencer-Browns. Vgl. aber durchaus passend auch Arthur L. Stinchcombe, When Formality Works: Authority and Abstraction in Law and Organizations. Chicago: Chicago UP, 2001.

24 Siehe dazu Dirk Baecker, Überlegungen zur Form des Gedächtnisses. In: Siegfried J. Schmidt (Hrsg.), Gedächtnis: Probleme und Perspektiven der interdisziplinären Gedächtnisforschung. Frankfurt a. M.: Suhrkamp, 1991, 337-359; Niklas Luhmann, Zeit und Gedächtnis. In: Soziale Systeme: Zeitschrift für soziologische Theorie 2 (1996), S. 307-330.

25 Siehe dazu Niklas Luhmann, Die Kontrolle von Intransparenz. In: Heinrich W. Ahlemeyer und Roswita Königswieser (Hrsg.), Komplexität managen: Strategien, Konzepte und Fallbeispiele. Wiesbaden: Gabler, 1998, S. 51-76; und zur Grundlegung einer am selben Problem arbeitenden politischen Ökologie Bruno Latour, Das Parlament der Dinge: Für eine politische Ökologie. Frankfurt a. M.: Suhrkamp, 2001.

26 So Luhmann, Die Gesellschaft der Gesellschaft, S. 423.

27 Siehe Max Weber, Die »Objektivität« sozialwissenschaftlicher und sozialpolitischer Erkenntnis. In: ders., Gesammelte Aufsätze zur Wissenschaftslehre. Hrsg. Johannes Winckelmann, Tübingen: Mohr, 1988, S. 146-214, hier: S. 185f., in Rahmen einer Auseinandersetzung mit der Nationalökonomie.

28 Nämlich »community«, »authority«, »status«, »the sacred« und »alienation«, so in Robert A. Nisbet, The Sociological Tradition, New York: Basic Books, 1966, S. 6f.

29 Siehe Shmuel N. Eisenstadt und M. Curelaru, The Form of Sociology: Paradigms and Crises. New York: Wiley, 1976.

30 Siehe Gabriel Tarde, Monadologie et sociologie. Le Plessis-Robinson: Institut Synthélabo, 1999; und vgl. ders., Les lois de l'imitation: Étude sociologique. 2., erw. Aufl., Paris: Alcan, 1895.

31 Siehe inbesondere das Vorwort zur 2. Auflage von Emile Durkheim, De la division du travail social. Paris: PUF, 1998.

32 Siehe Max Weber, Wirtschaft und Gesellschaft: Grundriß der verstehenden Soziologie. 5., rev. Auflage, Studienausgabe, Tübingen: Mohr, 1990, § 9.

33 Eine bereits formtheoretische Formulierung, siehe Georg Simmel, Soziologie: Untersuchungen über die Formen der Vergesellschaftung. Hrsg. von Otthein Rammstedt, Frankfurt a. M.: Suhrkamp, 1992, S. 51, im Rahmen eines Exkurses zur Frage, »Wie ist Gesellschaft möglich?« (S. 42 ff.).

34 Siehe Talcott Parsons, The Structure of Social Action: A Study in Social Theory with Special Reference to a Group of Recent European Writers. Reprint New York: Free Pr., 1968.

35 Siehe Talcott Parsons, The Social System. New York: Free Pr., 1951.

36 Siehe Niklas Luhmann, Einführung in die Systemtheorie. Hrsg. von Dirk Baecker, Heidelberg: Carl-Auer-Systeme, 2002, S. 18.

37 Siehe dazu Niklas Luhmann, Talcott Parsons – Zur Zukunft eines Theorieprogramms. In: Zeitschrift für Soziologie 9 (1980), S. 5-17, der auch bereits darauf hinweist, hier: S. 14, wie sehr Parsons' Problemstellung an die beiden Axiome erinnert, die in Spencer-Browns Gesetzen der Form formuliert sind, an das Axiom des Kreuzens einer Grenze (= Treffens einer Unterscheidung) und an das Axiom der Wiederholung.

38 Siehe hierzu Niklas Luhmann, Warum AGIL? In: Kölner Zeitschrift für Soziologie und Sozialpsychologie 40 (1988), S. 127-139.

39 Siehe Erving Goffman, The Interaction Order. In: American Sociological Review 48 (1983), S. 1-17.

40 Vgl. vor allem Erving Goffman, The Presentation of Self in Everyday Life. New York: Anchor Books, 1959.

41 So Harrison C. White, Network Switchings and Bayesian Forks: Reconstructing the Social and Behavioral Sciences. In: Social Research 62 (1995), S. 1035-1063, hier: S. 1054 ff.

42 Siehe vor allem Harrison C. White, Identity and Control: A Structural Theory of Action. Princeton, NJ: Princeton UP, 1992.

43 Siehe ebd., S. 65.

44 Form bei Karl Marx: Einheit der Differenz von Gebrauchswert und Tauschwert; Form bei Georg Simmel: Einheit der Differenz von Entstehung und Auflösung. Siehe die entsprechenden Formulierungen bei Karl Marx, Das Kapital: Kritik der politischen Ökonomie. Erster Band, Berlin: Dietz, 1980, S. 74 ff.; Georg Simmel, Philosophie des Geldes. Gesamtausgabe, Bd. 6, hrsg. von David P. Frisby und Klaus Christian Köhnke, Frankfurt a. M.: Suhrkamp, 1989, S. 714; und vgl. Hans-Georg Backhaus, Dialektik der Wertform: Untersuchungen zur marxschen Ökonomiekritik. Freiburg: ça ira, 1997; Talcott Parsons, Georg Simmel and Ferdinand Tönnies: Social Relationships and the Elements of Action. In: Teoria Sociologica: Quaderni semestrali patrocinati dall'Istituto di Sociologia dell'Università di Urbino 1 (1993), S. 45-71; Michel Maffesoli, Das ästhetische Paradigma: Soziologie als Kunst. In: Soziale Welt 38 (1987), S. 460-470.

45 Siehe Spencer-Brown, Gesetze der Form. Und vgl. Philip Herbst, Foundations for Behaviour Logic. In: Social Science Information 14 (1975), S. 81-100; ders., Alternatives to Hierarchies. Leiden: Nijhoff, 1976, S. 85 ff.; Louis H. Kauffman, Self-Reference and Recursive Forms. In: Journal of Social and Biological Structure 10 (1987), S. 53-72; Dirk Baecker (Hrsg.), Kalkül der Form. Frankfurt a. M.: Suhrkamp, 1993; ders. (Hrsg.), Probleme der Form. Frankfurt a. M.: Suhrkamp, 1993; Tatjana Schönwälder, Katrin Wille und Thomas Hölscher, George Spencer-Brown: Eine Einführung in die »Laws of Form«. Wiesbaden: VS Verlag für Sozialwissenschaften, 2004; Felix Lau, Die Form der Paradoxie: Eine Einführung in die Mathematik und Philosophie der »Laws of Form« von G. Spencer-Brown. Heidelberg: Carl-Auer-Systeme, 2005.

46 So W. Ross Ashby, Requisite Variety and Its Implications for the Control of Complex Systems. In: Cybernetica 1 (1958), S. 83-99.

47 Siehe wiederum Luhmann, Die Gesellschaft der Gesellschaft, S. 36 ff.

48 Siehe zur Handlungstheorie der Kommunikationstheorie Luhmann, Soziale Systeme, Kap. 4. Und vgl. zur Auseinandersetzung mit der Selektivität von »Handlung«: Hartmut Esser, Verfällt die »soziologische Methode«? In: Wolfgang Zapf (Hrsg.), Die Modernisierung moderner Gesellschaften: Verhandlungen des 25. Deutschen Sozio-

logentages in Frankfurt a.M. 1990. Frankfurt a.M.: Campus, 1991, S. 743-769.

49 Siehe Claude E. Shannon und Warren Weaver, The Mathematical Theory of Communication. Urbana, Ill.: Illinois UP, 1963, insbes. S. 31.

50 Siehe Dirk Baecker, Form und Formen der Kommunikation. Frankfurt a.M.: Suhrkamp, 2005.

51 So Auguste Comte, Plan der wissenschaftlichen Arbeiten, die für eine Reform der Gesellschaft notwendig sind. Mit einer Einleitung von Dieter Prokop, München: Hanser, 1973.

52 Vgl. Maurice Blanchot, Les trois paroles de Marx. In: ders., L'Amitié. Paris: Gallimard, 1971, S. 115-117.

53 Vgl. wiederum Weber, Die »Objektivität« sozialwissenschaftlicher Erkenntnis. Vgl. Detlev J.K. Peukert, Max Webers Diagnose der Moderne. Göttingen: Vandenhoeck & Ruprecht, 1989.

54 Im Sinne von Harold Garfinkel, Studies in Ethnomethodology. Reprint Oxford: Blackwell, 1984.

55 Siehe vor allem Frederick Turner, Chaos and Social Science. In: Raymond A. Eve, Sara Horsfall, Mary E. Lee (Hrsg.), Chaos, Complexity, and Sociology: Myths, Models, and Theories. Thousand Oaks, Cal.: Sage, 1997, xi-xxvii; Stephan Fuchs, Against Essentialism: A Theory of Culture and Society. Cambridge, Mass.: Harvard UP, 2001; Andrew Abbott, Chaos of Disciplines. Chicago: Chicago UP, 2001.

56 Spencer-Brown, Gesetze der Form, S. 60, definiert das Gleichheitszeichen (=) mit den Worten: »wird verwechselt mit«.

57 Siehe Abbott, Chaos of Disciplines, S. 10ff. Siehe dazu passend auch Andrew Abbott, Things of Boundaries. In: Social Research 62 (1995), S. 857-882.

58 Siehe zu einem dazu passenden Modell der wissenschaftlichen Erklärung Humberto Maturana und Francisco Varela, Der Baum der Erkenntnis: Die biologischen Wurzeln des menschlichen Erkennens. Aus dem Spanischen von Kurt Ludewig, Bern: Scherz, 1987, S. 34f.; und vgl. zum kybernetischen und systemtheoretischen Kontext einer entsprechenden Methodologie der Soziologie Dirk Baecker, Rechnen lernen. In: ders., Wozu Soziologie? Berlin: Kulturverlag Kadmos, 2004, S. 293-330; ders., Knowledge and Ignorance: The Heinz von Foerster Lecture 2003. In: Albert Müller, Karl H. Müller (Hrsg.), Knowledge, Organization, Society: Heinz von Foerster and the Biological Computer Laboratory. Im Erscheinen.

59 Dazu gibt es viel Literatur. Siehe zu einem an unserer Problemstellung orientierten Einstieg Francisco J. Varela, Kognitionswissenschaft – Kognitionstechnik: Eine Skizze aktueller Perspektiven. Aus dem Englischen von Wolfram Karl Köck, Frankfurt a.M.: Suhrkamp, 1990.

60 Siehe mit dieser Einteilung Robert A. Wilson, Frank C. Keil (Hrsg.), The MIT Encyclopedia of the Cognitive Sciences. Cambridge, Mass.: MIT Pr., 1999.

61 Siehe grundlegend Gregory Bateson, Steps to an Ecology of Mind. Reprint Chicago: Chicago UP, 2000; ders., Mind and Nature: A Necessary Unity. New York: Dutton, 1979; Heinz von Foerster, Understanding Understanding: Essays on Cybernetics and Cognition. New York: Springer, 2003.

62 Siehe etwa Wolfgang Krohn und Günter Küppers (Hrsg.), Emergenz: Die Entstehung von Ordnung, Organisation und Bedeutung. Frankfurt a.M.: Suhrkamp, 1992; dies. und Helga Nowotny (Hrsg.), Selforganization: Portrait of a Scientific Revolution. Dordrecht: Kluwer, 1990; und zur Mathematik der Selbstreferenz Kauffman, Self-Reference and Recursive Forms; ders., Arithmetic in the Form. In: Cybernetics and Systems 26 (1995), S. 1-57; ders., Knot Logics. In: ders. (Hrsg.), Knots and Applications. Singapore: World Scientific Publ., 1995, S. 1-110; ders. und Francisco J. Varela, Form Dynamics. In: Journal of Social and Biological Structure 3 (1980), S. 171-206.

63 Siehe nur Peter Mittelstaedt, The Interpretation of Quantum Mechanics and the Measurement Process. Cambridge: Cambridge UP, 1998; ders., Universell und inkonsistent? Quantenmechanik am Ende des 20. Jahrhunderts. In: Physikalische Blätter 56, Nr. 12 (2000), S. 65-68.

64 Siehe Louis H. Kauffman, Network Synthesis and Varela's Calculus, in: International Journal of General Systems 4, 1978, 179-187, hier: S. 182; und vgl. Ulrich

Beck, Risikogesellschaft: Auf dem Weg in eine andere Moderne. Frankfurt a. M.: Suhrkamp, 1986, S. 205 ff; sowie Niklas Luhmann, Individuum, Individualität, Individualismus. In: ders., Gesellschaftsstruktur und Semantik: Studien zur Wissenssoziologie der modernen Gesellschaft, Bd. 3. Frankfurt a. M.: Suhrkamp, 1989, S. 149-258.

65 Zum Exempel: Dirk Baecker, Lenin's Twist, or the R-Factor of Communication. In: Soziale Systeme: Zeitschrift für soziologische Theorie 8 (2002), S. 88-100; ders., Lenin's Void: Towards a Kenogrammar of Management. In: Soziale Systeme: Zeitschrift für soziologische Theorie 8 (2002), S. 294-305.

66 Siehe Niklas Luhmann, Soziologische Aufklärung. In: ders., Soziologische Aufklärung 1: Aufsätze zur Theorie sozialer Systeme. Opladen: Westdeutscher Verl., 1970, S. 66-91; im Kontext von ders., Die Gesellschaft der Gesellschaft.

67 Siehe Yuri M. Lotman und B. A. Uspensky, On the Semiotic Mechanism of Culture. In: New Literary History 9 (1978), S. 211-232.

68 So in: Gotthard Günther, Cognition and Volition: A Contribution to a Cybernetic Theory of Subjectivity. In: ders., Beiträge zur Grundlegung einer operationsfähigen Dialektik, Bd. 2. Hamburg: Meiner, 1979, S. 203-240; zum Begriff der Heterarchie außerdem Warren S. McCulloch, A Heterarchy of Values Determined by the Topology of Nervous Nets. In: ders., Embodiments of Mind. 2. Aufl., Cambridge, Mass.: MIT Pr., 1989, S. 40-45.

69 Siehe Johann Gottfried Herder, Auch eine Philosophie der Geschichte zur Bildung der Menschheit: Beitrag zu vielen Beiträgen des Jahrhunderts. Hrsg. von Hans Dietrich Irmscher, Stuttgart: Reclam, 1990; Sigmund Freud, Das Unbehagen in der Kultur und andere kulturtheoretische Schriften. Frankfurt a. M.: Fischer, 1994; und vgl. Talcott Parsons, A Paradigm of the Human Condition. In: ders., Action Theory and the Human Condition. New York: Free Pr., 1978, S. 352-433.

70 Siehe nur Clifford Geertz, The Interpretations of Cultures: Selected Essays. New York: Basic Books, 1973; und vgl. Dirk Baecker, Wozu Kultur? 2. Aufl., Berlin: Kulturverlag Kadmos, 2001.

Gewalt im System, Erstveröffentlichung in: Soziale Welt 47 (1996), S. 92-109.

1 Siehe den Überblick bei Jean-Claude Chesnais, Histoire de la violence: en Occident de 1800 à nos jours. Paris: Laffont, 1981.

2 Damit greife ich ein Argument auf, das Georg Simmel anlässlich seiner Soziologie des Streits und des Kampfes entwickelt hat. Siehe Georg Simmel, Soziologie: Untersuchungen über die Formen der Vergesellschaftung. Hrsg. von Otthein Rammstedt, Frankfurt a. M.: Suhrkamp, 1992, S. 284 ff. Auch die von Wilhelm Heitmeyer angeregten Forschungen zur Gewalt sind in dieser Hinsicht hochsensibel. Siehe etwa den von ihm herausgegebenen Diskussionsband: Wilhelm Heitmeyer (Hrsg.), Das Gewalt-Dilemma: Gesellschaftliche Reaktionen auf fremdenfeindliche Gewalt und Rechtsextremismus, Frankfurt a. M.: Suhrkamp, 1994.

3 Ich danke einem anonymen Gutachter für entsprechende Hinweise zu einer ersten Fassung dieses Textes.

4 So Friedhelm Neidhardt, Gewalt: Soziale Bedeutungen und sozialwissenschaftliche Bestimmungen des Begriffs. In: Bundeskriminalamt (Hrsg.), Was ist Gewalt? Auseinandersetzung mit einem Begriff, Bd. 1, Wiesbaden: Bundeskriminalamt, 1986, S. 109-147, Zitat: S. 117.

5 Siehe als ein Ansatz, soziale Determinationen in die psychologische Fragestellung mit aufzunehmen und somit den allzu umstandslosen Rekurs auf die Psychologie zu blockieren, Albert Bandura, Aggression: A Social Learning Analysis, Englewood Cliffs, NJ: Prentice-Hall, 1973.

6 Siehe Reinhart Koselleck, Kritik und Krise: Eine Studie zur Pathogenese der bürgerlichen Welt, Neuausgabe, Frankfurt a. M.: Suhrkamp, 1973.

7 Der Terminus »Archäologie« ist nicht selbstverständlich. Er bezieht sich einerseits auf das griechische »arche«, das dem »mythos« entgegengesetzt wurde und auf eine Kritik unvordenklicher, Hierarchie begründender Ursprünge zielt. Siehe dazu Jean-Pierre Vernant, Die Entstehung des griechischen Denkens. Dt. Frankfurt a. M.:

Suhrkamp, 1982, S. 117ff. Und er bezieht sich andererseits auf die Praxis des Archäologen, der es gewohnt ist, ausgegrabene Fragmente wieder zusammenzusetzen (der Fachterminus dafür ist defragmentization), ohne ein Wissen um ihren Kontext dabei voraussetzen zu müssen. »Archäologie« ist daher die Übung eines Blicks, der von Kontexten abstrahieren kann, das heißt sich von ihnen keine Interpretationen vorgeben lässt. Siehe dazu Wolfgang Ernst, Das Rumoren der Archive: Ordnung aus Unordnung, Berlin: Merve, 2002.

8 Siehe vor allem Michel Foucault, Histoire de la Folie. Paris: Plon, 1961; ders., Surveiller et punir: La naissance de la prison, Paris: Gallimard, 1975.

9 Siehe René Girard, Mensonge romanesque et vérité romanesque. Paris: Grasset, 1961; ders., La violence et le sacré, Paris: Grasset, 1972; ders., Des choses cachées depuis la fondation du monde. Recherches avec Jean-Michel Oughourlian et Guy Lefort, Paris: Grasset, 1978; ders., A Theater of Envy: William Shakespeare. New York, Oxford: Oxford UP, 1991.

10 Siehe vor allem das Kapitel über den »désir mimétique« in: Girard, La violence et le sacré.

11 In: Des choses cachées depuis la fondation du monde, S. 293ff.

12 Nämlich: Michel Aglietta und André Orléan, La violence de la monnaie. 2. Aufl., Paris: PUF, 1984.

13 Vor allem: Jacques Derrida, Gewalt und Metaphysik: Essay über das Denken Emmanuel Levinas'. In: Die Schrift und die Differenz, dt. Frankfurt a.M.: Suhrkamp, 1972, S. 121-235; ders., Grammatologie. dt. Frankfurt a.M.: Suhrkamp, 1974, S. 197f.; ders., Gesetzeskraft: Der »mystische Grund der Autorität«. Dt. Frankfurt a.M.: Suhrkamp, 1991.

14 Siehe Norbert Elias, Über den Prozeß der Zivilisation: Soziogenetische und psychogenetische Untersuchungen. 2. Aufl., Bern: Francke, 1969, insbes. Bd. 2, S. 351ff.

15 Siehe auch Niklas Luhmann, Staat und Staatsräson im Übergang von traditionaler Herrschaft zu moderner Politik. In: Gesellschaftsstruktur und Semantik: Studien zur Wissenssoziologie der modernen Gesellschaft. Bd. 3, Frankfurt a.M.: Suhrkamp, 1989, S. 65-148, hier: S. 91.

16 Über den Prozeß der Zivilisation. Bd. 2, S. 369f.

17 Siehe für eine Fallstudie Bill Buford, Among the Thugs. London: Secker & Warburg, 1991.

18 Siehe für eine Fallstudie Wolfgang Sofsky, Die Ordnung des Terrors: Das Konzentrationslager. Frankfurt a.M.: S. Fischer, 1993.

19 Siehe Luhmann Niklas Luhmann, Symbiotische Mechanismen. In: Otthein Rammstedt (Hrsg.), Gewaltverhältnisse und die Ohnmacht der Kritik. Frankfurt a.M.: Suhrkamp, 1974, S. 107-131; ders., Macht. Stuttgart: Enke, 1975, S. 60ff.

20 So Walter Benjamin, Zur Kritik der Gewalt. In: Gesammelte Schriften, hrsg. von Rolf Tiedemann und Hermann Schweppenhäuser, Band II. 1, Frankfurt a.M.: Suhrkamp, 1977, S. 179-203; und, daran anschließend, Niklas Luhmann, Die Rückgabe des zwölften Kamels: Zum Sinn einer soziologischen Analyse des Rechts. In: Zeitschrift für Rechtssoziologie 21 (2000), S. 3-60; und Derrida, Gesetzeskraft, S. 60ff.

21 Siehe Niklas Luhmann, Die Wirtschaft der Gesellschaft. Frankfurt a.M., 1988, S. 252f.

22 Siehe Benjamin Zur Kritik der Gewalt, S. 200, zur »erzieherischen Gewalt«, die über den Generalstreik sorelscher Prägung revolutionäre Formen annehmen kann; sowie Niklas Luhmann und Karl Eberhard Schorr, Das Technologiedefizit der Erziehung und die Pädagogik. In: dies. (Hrsg.), Zwischen Technologie und Selbstreferenz: Fragen an die Pädagogik. Frankfurt a.M., 1982, S. 11-40, zur Paradoxie der Erziehung.

23 Vgl. den an die Sozialwissenschaften ergehenden Auftrag, »reflexive Alternativen« zum Einsatz von Gewalt zu entwickeln, der mit diesem Preis bezahlt werden muss, bei Günter Hartfiel, Wörterbuch der Soziologie. Stuttgart: Kröner, 1972, S. 234.

24 Luhmann, Macht, S. 61 und 64.

25 Siehe vor allem Johan Galtung, Strukturelle Gewalt: Beiträge zur Friedens- und Konfliktforschung. Reinbek bei Hamburg: Rowohlt, 1975.

[26] Siehe ebd., S. 13 und 137, Anm. 4

[27] Siehe Johan Galtung, Cultural Violence. In: Journal of Peace Research 27 (1990), S. 291-305.

[28] Ebd., S. 296ff.

[29] So ebd., S. 302. Mit dem Begriff der »unity-of-means-and-ends« wird allerdings auch die These Galtungs (ebd., S. 295) zweifelhaft, zwischen Formen kultureller, struktureller und direkter Gewalt kausale Beziehungen ausmachen zu können – und vor allem: zu wollen.

[30] Siehe Luhmann, Macht, S. 64.

[31] Siehe Hartmut Esser, Verfällt die »soziologische Methode«? In: Wolfgang Zapf (Hrsg.), Die Modernisierung moderner Gesellschaften: Verhandlungen des 25. Deutschen Soziologentages in Frankfurt a.M. 1990. Frankfurt a.M.: Campus, 1991, S. 743-769; ders., Kommunikation und »Handlung«. In: Gebhard Rusch und Siegfried J. Schmidt (Hrsg.), Konstruktivismus und Sozialtheorie. Frankfurt a.M.: Suhrkamp, 1994, S. 172-204.

[32] So Weber, Wirtschaft und Gesellschaft, S. 1.

[33] So ebd., S. 13.

[34] So Alfred Schütz, Der sinnhafte Aufbau der sozialen Welt: Eine Einleitung in die verstehende Soziologie. Frankfurt a.M.: Suhrkamp, 1974, S. 15f. und S. 28.

[35] Ebd., S. 49ff.

[36] Talcott Parsons und Edward A. Shils, Categories of the Orientation and Organization of Action. In: dies. (Hrsg.), Toward a General Theory of Action. Cambridge, Mass.: Harvard UP, 1951, S. 53-109, hier: S. 56.

[37] Siehe Fritz Heider, The Psychology of Interpersonal Relations. London: Wiley, 1958; Harold H. Kelley, The Process of Causal Attribution. In: American Psychologist 28 (1973), S. 107-128; John H. Harvey, William John Ickes und Robert F. Kidd (Hrsg.), New Directions in Attribution Research. Bd. 3, Hillsdale, N.J.: Lawrence Erlbaum Ass., 1981; John H. Harvey und Gifford Weary, Current Issues in Attribution Theory and Research. In: Annual Review of Psychology 35 (1984), S. 427-459.

[38] Festzuhalten ist allerdings, dass auch Max Weber bei der Entwicklung seines Handlungsbegriffs an Phänomene der Gewalt dachte. Sein erstes Beispiel für die Orientierung des eigenen Handelns am Verhalten anderer ist »Rache für frühere Angriffe, Abwehr gegenwärtigen Angriffs, Verteidigungsmaßregeln gegen künftige Angriffe«. Siehe Weber, Wirtschaft und Gesellschaft, S. 11. Und dem stellt er als zweites Beispiel das »Geld« (in Anführungsstrichen) gegenüber, das eine Orientierung am Verhalten »unbestimmt Vieler und ganz Unbekannter« darstellt.

[39] So, mit expliziter Kritik an Galtung, Kenneth E. Boulding, Perspectives on Violence. In: Zygon 18 (1983), S. 425-437.

[40] Siehe Gerald T. Hotaling, Attribution Processes in Husband-Wife Violence. In: Murray A. Straus und Gerald T. Hotaling (Hrsg.), The Social Causes of Husband-Wife Violence. Minneapolis: Minnesota UP, 1980, S. 136-154.

[41] Siehe Talcott Parsons, Some Reflections on the Place of Force in Social Process. In: Harry Eckstein (Hrsg.), Internal War: Problems and Approaches. New York: Free Pr., 1963, S. 33-70.

[42] Siehe Niklas Luhmann, Soziale Systeme: Grundriß einer allgemeinen Theorie. Frankfurt a.M.: Suhrkamp, 1984, S. 226.

[43] Ebd., S. 232f.

[44] Siehe Harrison C. White, Identity and Control: A Structural Theory of Action. Princeton, NJ: Princeton UP, 1992, S. 103ff.

[45] Siehe Robin Fox, The Inherent Rules of Violence. In: Peter Collett (Hrsg.), Social Rules and Social Behaviour. Totowa, NJ: Rowman & Littlefield 1977, S. 132-149.

[46] In: Clifford Geertz, »Deep play«: Bemerkungen zum balinesischen Hahnenkampf. In: ders., Dichte Beschreibung: Beiträge zum Verstehen kultureller Systeme. Dt. Frankfurt a.M.: Suhrkamp 1987, S. 202-260.

[47] So ebd., S. 248 und S. 249.

[48] Siehe dazu den Beitrag »Zweierlei Gewalt«. In: Symptome: Zeitschrift für epistemologische Baustellen, Nr. 12, Winter 1993/94, S. 5-10.

[49] Luhmann, Soziale Systeme, S. 226.

50 So Joyce Carol Oates, On Boxing. London: Bloomsbury, 1987, S. 12. Dass der »volle Wille« nicht mit Situationskontrolle gleichgesetzt werden kann, sah man an dem Misserfolg, den Axel Schulz mit seinen »Konzepten« erfährt, wenn der Gegner durch »doping« einen Großteil der Kontrolle aus der Hand gegeben hat.

51 Siehe vor allem Georges Sorel, Über die Gewalt. Dt. Frankfurt a. M.: Suhrkamp, 1969, S. 90 ff. und 134 ff.

52 Siehe Roger Y. Dufour-Gompers, Watching the Violence of Warfare in the »Theatre« of Operations. In: International Social Science Journal 44 (1992), S. 247-265; Dick Hebdige, Gefallene Buben: Jugendkultur als Anachronismus. Eine kurze Geschichte und Phänomenologie der Skinheads. In: die tageszeitung, 12. März 1993, S. 15 f. Siehe auch den mittlerweile klassischen Beitrag von Erving Goffman »Where the action is« in: Erving Goffman, Interaktionsrituale: Über Verhalten in direkter Kommunikation. Dt. Frankfurt a. M.: Suhrkamp, 1971, S. S. 164-292. Goffman bestimmt »action« als folgenreich, ungewiss und um ihrer selbst willen unternommen.

53 Siehe Helmut Willke, Ironie des Staates: Grundlinien einer Staatstheorie polyzentrischer Gesellschaft. Frankfurt a. M.: Suhrkamp, 1992, insbes. S. 144 ff., zur Umsetzung von Macht (Gewalt) auf Geld (Bedürfnisse) und Wissen (Belehrung).

54 Siehe Luhmann Niklas Luhmann, Das Recht der Gesellschaft. Frankfurt a. M.: Suhrkamp, 1993, S. 281 ff., und ders., Die Wirtschaft der Gesellschaft, S. 252 ff.

55 Siehe zum Begriff des symbolisch generalisierten Tausch- beziehungsweise Kommunikationsmediums Talcott Parsons, Social Structure and the Symbolic Media of Interchange. In: Peter M. Blau (Hrsg.), Approaches to the Study of Social Structure. New York: Free Pr., 1975, S. 94-120; und Niklas Luhmann, Die Gesellschaft der Gesellschaft. Frankfurt a. M.: Suhrkamp, 1997, S. 316 ff.

56 Siehe Rolf-Peter Calliess, Der Begriff der Gewalt im Systemzusammenhang der Strafbestände. Tübingen: Mohr, 1974.

57 So Niklas Luhmann, Das Recht der Gesellschaft. Frankfurt a. M.: Suhrkamp, 1993, S. 281 ff.

58 Siehe zu dieser Unterscheidung Niklas Luhmann, Erleben und Handeln. In: ders., Soziologische Aufklärung 3: Soziales System, Gesellschaft, Organisation. Opladen: Westdeutscher Verlag, 1981, S. 67-80; und ders., Soziale Systeme, S. 124

59 So Luhmann, Macht, S. 64.

60 Siehe dazu Sofsky, Die Ordnung des Terrors.

61 Spätestens jetzt ist daran zu erinnern, dass »Gewalt« eine deutsche Übersetzung für zwei ganz verschiedene lateinische Worte ist, nämlich für »potestas« und für »vis«. Der Wortsinn von potestas schwingt mit, wenn man von politischen Gewalten, väterlicher Gewalt oder davon, dass man sich selbst in der Gewalt hat, spricht. Der Wortsinn von vis und violentia ist dagegen gemeint, wenn man davon spricht, dass man jemandem Gewalt antut. Neidhardt, Gewalt, S. 111, unterscheidet auf dieser Linie zwischen einem Kompetenzbegriff (potestas) und einem Aktionsbegriff (violentia) der Gewalt. Es spricht für die Anreicherung der Hinsichten, unter denen wir Sozialität beobachten, dass wir die Erzwingung der Attributionen auf Handlungen nicht mehr mit einem Kompetenzbegriff in Verbindung bringen können. Und es ist bezeichnend für die Politik unserer Gesellschaft, dass sie genau darauf nicht verzichten kann.

62 Siehe als ein Beispiel für eine nicht nur kommunikativ, sondern auf dem Rechtsweg ausgeübte Gewalt Charles M. Yablon, Formblatt. In: Anselm Haverkamp (Hrsg.), Gewalt und Gerechtigkeit: Derrida – Benjamin. Frankfurt a. M.: Suhrkamp, 1994, S. 54-59.

63 Siehe dazu die Arbeiten von Albert O. Hirschman, Leidenschaften und Interessen: Politische Begründungen des Kapitalismus vor seinem Sieg. Dt. Frankfurt a. M.: Suhrkamp, 1980; ders., Rival Interpretations of Market Society: Civilizing, Destructive, or Feeble? In: Journal of Economic Literature 20 (1982), S. 1463-1484.

64 Auch philosophische Überlegungen können den Zirkel nur bestätigen, aber nicht durchbrechen. Derrida, Gesetzeskraft, S. 15, bestimmt die Gewalt als force différée und force différante, als gewalttätigen Aufschub der Gewalt. Vgl. in diesem Sinne auch die Diskussion in Anselm Haverkamp (Hrsg.), Gewalt und Gerechtigkeit: Derrida – Benjamin. Frankfurt a. M.: Suhrkamp, 1994.

Die Gewalt des Terrorismus, Erstveröffentlichung in: Jens Aderhold, Olaf Kranz (Hrsg.), Zwischen Intention und Funktion: Zur Vermittlung von sozialer Situation und Systemkontext. Jürgen Markowitz zum 65. Geburtstag, Wiesbaden: VS Verlag für Sozialwissenschaften, 2007, S. 215-229.

1 Siehe Aqueil Ahmad, Terrorism in the Global Society: A Sociologically Neglected Domain, in: Paper presented at the Annual Meeting of the Southern Sociological Society, Baltimore, MD, April 3-6, 2002; ders. und C. Sterling Howell, State of Terrorism Research in Pre- and Post-9/11 Sociological/Social Science Literature, in: Paper presented at the Southern Sociological Society, Annual Meeting, March 26-29, 2003, New Orleans, LA.

2 So, durchaus im Anschluss an Max Webers Begriff des sozialen Handelns, Jürgen Markowitz, Verhalten im Systemkontext: Zum Begriff des sozialen Epigramms, diskutiert am Beispiel des Schulunterrichts. Frankfurt a. M.: Suhrkamp, 1986; und ders., Die soziale Situation: Entwurf eines Modells zur Analyse des Verhältnisses zwischen personalen Systemen und ihrer Umwelt. Frankfurt a. M.: Suhrkamp, 1979; vgl. Max Weber, Wirtschaft und Gesellschaft: Grundriß der verstehenden Soziologie. 5., rev. Auflage, Studienausgabe, Tübingen: Mohr, 1990, §1.

3 Siehe vor allem Paul Watzlawick, Janet H. Beavin und Don D. Jackson, Menschliche Kommunikation: Formen, Störungen. Paradoxien, Bern: Huber, 1969; und Jurgen Ruesch und Gregory Bateson, Communication: The Social Matrix of Psychiatry. Reprint New York: Norton 1987.

4 Siehe Fritz B. Simon, Tödliche Konflikte: Zur Selbstorganisation privater und öffentlicher Kriege. Heidelberg: Carl-Auer-Systeme, 2001.

5 So W. Ross Ashby, Requisite Variety and Its Implications for the Control of Complex Systems. In: Cybernetica 1 (1958), S. 83-99; für soziale Verhältnisse: Niklas Luhmann, Soziale Systeme: Grundriß einer allgemeinen Theorie. Frankfurt a. M.: Suhrkamp, 1984, S. 153 ff.; ders., Soziologische Aufklärung 5: Konstruktivistische Perspektiven. Opladen: Westdeutscher Verl., 1990.

6 Robert A. Nisbet, The Sociological Tradition. New York: Basic Books, 1966, macht auf die Paradoxie aufmerksam, die darin liegt, dass die Soziologie, ein Kind der modernen Gesellschaft, einerseits zu einem philosophischen Konservativismus neigt, andererseits jedoch an der auch künstlerischen, kreativen und imaginativen Darstellung eines Problems letztlich mehr interessiert ist als an seiner Lösung.

7 Siehe dazu Armin Nassehi, Der soziologische Diskurs der Moderne. Frankfurt a. M.: Suhrkamp, 2006.

8 Das ist zumindest die These meines Aufsatzes Die Gewalt im System, in diesem Band; im Anschluss an Luhmanns Handlungstheorie in: Soziale Systeme, a.a.O. (1984), S. 225 ff.

9 Siehe nur Friedhelm Neidhardt, Große Wirkungen kleiner Reize, symbolisch vermittelt: Zur Soziologie des Terrorismus. In: Burkart Lutz (Hrsg.), Soziologie und gesellschaftliche Entwicklung: Verhandlungen des 22. Deutschen Soziologentages in Dortmund 1984. Frankfurt a. M.: Campus, 1985, S. 322-333; Peter Waldmann, Terrorismus: Provokation der Macht. München: Gerling Akademie, 1998.

10 Darauf verweist Bruce Hoffman, The Logic of Suicide Terrorism. In: The Atlantic Monthly, June 2003.

11 So ein Ansatz zu einer Kommunikationstheorie des Krieges bei Ruesch und Bateson, Communication, a.a.O., S. 44.

12 Siehe Bruce Hoffman, Al Qaeda, Trends in Terrorism and Future Potentialities: An Assessment. Santa Monica, CA: Rand Corp., 2003; und allgemeiner ders., Inside Terrorism. New York: Columbia UP, 1998; sowie Peter Waldmann, Terrorismus und Bürgerkrieg: Der Staat in Bedrängnis. München: Gerling Akademie Verlag, 2003; Robert Pape, Dying to Win: The Strategic Logic of Suicide Terrorism. New York: Random House, 2005.

13 Siehe Weber, Wirtschaft und Gesellschaft, a.a.O. (1990), S. 821 f.; Niklas Luhmann, Macht. Stuttgart: Enke, 1975; ders., Die Politik der Gesellschaft. Frankfurt a. M.: Suhrkamp, 2000.

14 So etwa Charles Tilly, Terror, Terrorism, Terrorists. In: Sociological Theory 22 (2004), S. 5-13.

[15] So Larry C. Johnson, The Future of Terrorism. In: American Behavioral Scientist 44, (February) 2001, S. 894-913.

[16] So Gary S. Becker und Yona Rubinstein, Fear and the Response to Terrorism: An Economic Analysis. Draft August 2004.

[17] So Anthony Oberschall, Explaining Terrorism: The Contribution of Collective Action Theory. In: Sociological Theory 22 (2004), S. 26-37; Ulrich Schneckener, Transnationaler Terrorismus: Charakter und Hintergründe des »neuen« Terrorismus. Frankfurt a. M.: Suhrkamp, 2006.

[18] Vgl. dazu die Argumentation von Brian Michael Jenkins, Countering al Qaeda: An Appreciation of the Situation and Suggestions for Strategy. Santa Monica, Cal.: RAND Corporation, 2002, der erklärt, die Terrororganisation Al Qaeda sei eher ein Kultphänomen als ein Gegner (»foe«), um dann dennoch politische (und nicht nur polizeilich-militärische) Gegenmaßnahmen zu fordern.

[19] So Joseph S. Roucek, Sociological Elements of a Theory of Terror and Violence. In: American Journal of Economics and Sociology 21 (1962), S. 165-172; und Jack P. Gibbs, Conceptualization of Terrorism. In: American Sociological Review 54 (1989), S. 329-340.

[20] Siehe Eugene V. Walter, Violence and the Process of Terror. In: American Sociological Review 29 (1964), S. 248-257; ders., Terror and Resistance: A Study of Political Violence. New York: Oxford UP, 1969; und für eine Fallstudie: Michael Geyer, War and Terror: Some Timely Observations on the German Way of Waging War. In: ders. (Hrsg.), War and Terror in Historical and Contemporary Perspective. AICGS Humanities, Bd. 14, Washington, DC: American Institute for Contemporary German Studies, 2003, S. 47-69.

[21] Vgl. Luhmann, Die Politik der Gesellschaft, S. 46.

[22] Mit einem Begriff von Ernesto Laclau, Why do Empty Signifiers Matter to Politics? In: Jeffrey Weeks (Hrsg.), The Lesser Evil and the Greater Good: The Theory and Politics of Social Diversity. London: Rivers Oram Pr., 1994, S. 167-178.

[23] Siehe mit einer Fallstudie Karren Hanshew, Militant Democracy, Civil Disobedience and Terror: Political Violence and the West German Left During the »German Autumn«, 1977. In: Michael Geyer (Hrsg.), War and Terror in Historical and Contemporary Perspective. AICGS Humanities, Bd. 14, Washington, DC: American Institute for Contemporary German Studies, 2003, S. 20-46.

[24] Siehe vor allem Robert Payne, Zero: The Story of Terrorism. London: Wingate, 1951; mit Blick auf Al Qaida: Navid Kermani, Dynamit des Geistes: Martyrium, Islam und Nihilismus. 3., durchges. Aufl., Göttingen: Wallstein, 2006; als Studie zur zeitgenössischen Stimmung im Russland des Zaren: Fjodor Dostojewski, Böse Geister. Roman. Aus dem Russischen von Swetlana Geier, Frankfurt a. M.: Fischer Taschenbuch Verl., 2000; und als Studie zur Beschwörung des Armageddon: Haruki Murakami, Untergrundkrieg: Der Anschlag von Tokyo. Aus dem Japanischen von Ursula Gräfe, Köln: DuMont, 2002. Unübertroffen das Bild, das Joseph Conrad, The Secret Agent: A Simple Tale. Oxford: Oxford UP, 2004, S. 227, von seinem Geheimagenten entwirft, der zum Terroristen geworden ist: »And the incorruptible Professor walked too, averting his eyes from the odious multitude of mankind. He had no future. He disdained it. He was a force. His thoughts caressed the images of ruin and destruction. He walked frail, insignificant, shabby, miserable – and terrible in the simplicity of his idea calling madness and despair to the regeneration of the world. Nobody looked at him. He passed on unsuspected and deadly, like a pest in the street full of men.«

[25] Siehe dazu auch Helmuth Plessner, Grenzen der Gemeinschaft: Eine Kritik des sozialen Radikalismus. Frankfurt a. M.: Suhrkamp, 2002; Walter Benjamin, Der destruktive Charakter. In: ders., Denkbilder. Frankfurt a. M.: Suhrkamp, 1974, S. 96-98; Hans Magnus Enzensberger, Der radikale Verlierer. In: Der Spiegel 45, 7. November 2005.

[26] So Klaus Peter Japp, Zur Soziologie des fundamentalistischen Terrors. In: Soziale Systeme: Zeitschrift für soziologische Theorie 9 (2003), S. 54-87.

[27] So Mark Juergensmeyer, The New Religious State. In: Comparative Politics 27 (1995), S. 379-391.

28 Siehe zu diesem Gedanken eines Gewaltrituals Dirk Baecker, Zweierlei GewaltIn: Symptome: Zeitschrift für epistemologische Baustellen, Nr. 12, Winter 1993/94, S. 5-10.

29 So Talcott Parsons Edward A. Shils (Hrsg.), Toward a General Theory of Action. Cambridge, Mass.: Harvard UP, 1951; Luhmann, Soziale Systeme, S. 148 ff.

30 Zur »imitation«: Gabriel Tarde, Les lois de l'imitation: Étude sociologique. 2., erw. Aufl., Paris: Alcan, 1895; ders., Monadologie et sociologie. Nachdruck Le Plessis-Robinson: Institut Synthélabo, 1999; zum »désir mimétique«: René Girard, La Violence et le Sacré. Paris: Grasset, 1972; zu einem strukturell ähnlichen Argument aus evolutionstheoretischer Perspektive: Armen A. Alchian, Uncertainty, Evolution, and Economic Theory. In: Journal of Political Economy 58 (1950), S. 211-221.

31 Siehe René Girard, Le Sacré et la Violence: Propos receullis par Henri Tincq. In: Le Monde, 6 Novembre 2001.

32 Im Sinne von Samuel P. Huntington, The Clash of Civilizations? In: Foreign Affairs 72,3 (Summer 1993), S. 22-49.

33 So bereits Niklas Luhmann, Die Weltgesellschaft. In: Archiv für Rechts- und Sozialphilosophie 57 (1971), S. 1-35.

34 Siehe zur Politik etwa David Held, Regulating Globalization: The Reinvention of Politics. In: International Sociology 15 (2000), S. 394-408; zur Wirtschaft Stanley Fischer, Globalization and Its Challenges. In: American Economic Association Papers & Proceedings 93 (2003), S. 1-30; zum Recht Andreas Fischer-Lescano und Gunther Teubner, Regimekollisionen: Zur Fragmentierung des globalen Rechts. Frankfurt a. M.: Suhrkamp, 2006; zur Religion: Mark Juergensmeyer (Hrsg.), Global Religions: An Introduction. Oxford: Oxford UP, 2003; ders. (Hrsg.), Religion in Global Civil Society. Oxford: Oxford UP, 2005; sowie nach wie vor Max Weber, Gesammelte Aufsätze zur Religionssoziologie. 3 Bde., Nachdruck Tübingen: Mohr, 1988.

35 So Luhmann, Die Politik der Gesellschaft, S. 81 ff.; »kollektives« Entscheiden besteht darin, dass es nicht nur den Adressaten der Entscheidung, sondern auch Dritte und den Entscheider selbst bindet.

36 Siehe zur europäischen Geschichte dieser Hegung Carl Schmitt, Der Nomos der Erde im Völkerrecht des Jus Publicum Europaeum. 3. Aufl., Berlin: Duncker & Humblot, 1988.

37 Vgl. Luhmann, Die Politik der Gesellschaft, S. 126 ff.

38 Eine mögliche These ist, dass in ihr nicht mehr der Buchdruck, sondern der Computer das dominierende Medium der Verbreitung von Kommunikation ist und dass darauf mit anderen Strukturen als denen der Buchdruckkultur reagiert werden muss. Siehe Bruno Latour, Nous n'avons jamais été modernes: Essai d'anthropologie symétrique. Paris: La Découverte, 1994; Manuel Castells, The Rise of the Network Society. Oxford: Blackwell, 1996; Niklas Luhmann, Die Gesellschaft der Gesellschaft. Frankfurt a. M.: Suhrkamp, 1997, S. 405 ff.; Dirk Baecker, Wozu Soziologie? Berlin: Kulturverlag Kadmos, 2004, S. 125 ff.

39 Siehe wiederum Hoffman, Al Qaeda, Trends in Terrorism and Future Potentialities, a.a.O. (2003). Siehe zur Kombination von Netzwerkorganisation und Selbstrekrutierung die Studien in Diego Gambetta (Hrsg.), Making Sense of Suicide Missions. Oxford: Oxford UP, 2005.

40 Siehe dazu sehr lesenswert Faisal Devji, Landscapes of the Jihad: Militancy, Morality, Modernity. Ithaca, NY: Cornell UP, 2005.

41 Siehe Mark Juergensmeyer, Terror in the Mind of God: The Global Rise of Religious Violence. Berkeley: California UP, 2000. Das ändert allerdings nichts daran, dass Religion ebenso wie Ethnie unter den Bedingungen weltweit verschärfter ökonomischer und politischer Konkurrenz zur Stiftung von hinlänglich robusten Risikogemeinschaften herangezogen werden können. Siehe dazu auch Martin van Creveld, The Transformation of War, New York: Free Pr., 1991; und vgl. Dirk Baecker, Volkszählung. In: ders. (Hrsg.), Kapitalismus als Religion. Berlin: Kulturverlag Kadmos, 2003, S. 265-282.

42 So auch Jean Baudrillard, L'esprit du terrorisme. In: Le Monde, 3 Novembre 2001.

Penaten, bisher unveröffentlicht.

1 Siehe Georg Wilhelm Friedrich Hegel, Phänomenologie des Geistes. Werke 3, Frankfurt a. M.: Suhrkamp, 1973, S. 352.

2 Siehe ebd., S. 336 f.

3 Siehe ebd., S. 332.

4 Ebd., S. 352.

5 Siehe dazu Hans Blumenberg, Das Lachen der Thrakerin: Eine Urgeschichte der Theorie. Frankfurt a. M.: Suhrkamp, 1987.

6 Hegel, Phänomenologie des Geistes, S. 352 f.

7 Vgl. Judith Butler, Gender Trouble: Feminism and the Subversion of Identity. New York: Routledge, 1990.

8 Hegel, Phänomenologie des Geistes, S. 353.

9 Siehe zum Kontext der Philosophie Hegels nicht nur Joachim Ritter, Hegel und die Französische Revolution. Frankfurt a. M.: Suhrkamp, 1965, sondern auch Sebastian Haffner, Preußen ohne Legende. 5. Aufl., o.O.: Siedler Taschenbuch, 1998, insbes. S. 193 ff. und 275 ff.

10 Hegel, Phänomenologie des Geistes, S. 579.

11 So Georg Wilhelm Friedrich Hegel, Grundlinien der Philosophie des Rechts oder Naturrecht und Staatswissenschaft im Grundrisse. Mit Hegels eigenhändigen Notizen und den mündlichen Zusätzen. Werke 7, Frankfurt a. M.: Suhrkamp, 1970, Tb. 1986, S. 396.

12 Ebd., S. 398 f.

13 Ebd., S. 277-279.

14 So Georg Friedrich Wilhelm Hegel, Philosophie des Rechts: Die Vorlesung von 1819/20 in einer Nachschrift. Hrsg. von Dieter Henrich, Frankfurt a. M.: Suhrkamp, 1983, S. 113.

15 So Hegel, Phänomenologie des Geistes, S. 330.

16 So ebd., S. 337.

17 Vgl. ebd., S. 354 und 355 ff.

18 Siehe dazu die Beiträge in: Ursula Pasero, Christine Weinbach (Hrsg.), Frauen, Männer, Gender Trouble: Systemtheoretische Essays. Frankfurt a. M.: Suhrkamp, 2003.

19 So die Kategorie von Giorgio Agamben, Homo Sacer: Die souveräne Macht und das nackte Leben. Dt. Frankfurt a. M.: Suhrkamp, 2002.

20 Oft beobachtet. Siehe Erving Goffman, The Arrangement Between the Sexes. In: Theory and Society 4 (1977), S. 301-331; ferner Linda R. Waugh, Marked and Unmarked: A Choice between Unequals in Semiotic Structure. In: Semiotica 38 (1982), S. 299-318; Johan Galtung, Cultural Violence. In: Journal of Peace Research 27 (1990), S. 291-305; Dirk Baecker, Gewalt im System, in diesem Band.

21 Siehe Jacques Derrida, Die différance. In: ders., Randgänge der Philosophie. Aus dem Französischen von Eva Pfaffenberger-Brückner, hrsg. von Peter Engelmann, Wien: Passagen, 1988, S. 29-52.

22 In: Kenneth Burke, The Four Master Tropes. In: ders., A Grammar of Motives. Reprint Berkeley: California UP, 1969, S. 503-517, Zitat: S. 517.

23 »Call the space cloven by any distinction, together with the entire content of the space, the form of the distinction.« So G. Spencer-Brown, Laws of Form. New York: Julian, 1972, S. 4.

24 So Niklas Luhmann, Sozialsystem Familie. In: ders., Soziologische Aufklärung 5: Konstruktivistische Perspektiven. Opladen: Westdeutscher Verl., 1990, S. 196-217; ferner Fritz B. Simon, Organisationen und Familien als soziale Systeme unterschiedlichen Typs. In: Soziale Systeme: Zeitschrift für soziologische Theorie 5 (1999), S. 181-200.

25 So Niklas Luhmann, Geschlecht – und Gesellschaft? In: Soziologische Revue 18 (1995), S. 314-319.

26 Siehe Sigmund Freud, Das Unbehagen in der Kultur. In: ders., Das Unbehagen in der Kultur und andere kulturtheoretische Schriften. Frankfurt a. M.: Fischer, 1994, S. 29-108, hier: insbes. S. 72 ff. (Abschnitt V).

27 Siehe Jean-Paul Sartre, Das Sein und das Nichts: Versuch einer phänomenologischen Ontologie. Aus dem Französischen von Hans Schöneberg und Traugott König,

Reinbek b. Hamburg: Rowohlt, 1991, S. 914ff. (»Mein Tod«) im Kontext von S. 457ff. (»Der Blick«).

28 Vgl. hierzu Alois Hahn, Konsensfiktionen in Kleingruppen: Dargestellt am Beispiel von jungen Ehen. In: Friedhelm Neidhardt (Hrsg.), Gruppensoziologie: Perspektiven und Materialien. Sonderheft 25 der Kölner Zeitschrift für Soziologie und Sozialpsychologie, 1983, S. 210-232; Jean-Claude Kaufmann, Schmutzige Wäsche: Zur ehelichen Konstruktion von Alltag. Dt. Übers., Konstanz: Universitätsverlag, 1994.

29 So Niklas Luhmann, Liebe als Passion: Zur Codierung von Intimität. Frankfurt a.M.: Suhrkamp, 1982.

30 Mit einem Wort von Fritz B. Simon, Tödliche Konflikte: Zur Selbstorganisation privater und öffentlicher Kriege. Heidelberg: Carl-Auer-Systeme, 2001.

31 Siehe dazu Karl E. Weick und Kathleen M. Sutcliffe, Managing the Unexpected: Assuring High-Performance in an Age of Complexity. San Francisco: Jossey-Bass, 2001. Und vgl. das starke Plädoyer für die Schönheit der Frauen bei Tom Peters, The Circle of Innovation: You Can't Shrink Your Way to Greatness. New York: Vintage, 1999.

32 Etwa Frank Schirrmacher, Männerdämmerung: Wer uns denkt: Frauen übernehmen die Bewußtseinsindustrie. In: Frankfurter Allgemeine Zeitung vom 1. Juli 2003, S. 33.

33 Siehe auch Dirk Baecker, Organisation und Geschlecht. In: ders., Organisation und Management: Aufsätze. Frankfurt a.M.: Suhrkamp, 2003, S. 101-110.

34 Dass nur der Rejektionswert den Akzeptionswert und nur beide zusammen die Polykontexturalität der Verhältnisse erschließen, zeigt, in der Auseinandersetzung mit Hegel, Gotthard Günther, Cybernetic Ontology and Transjunctional Operations. In: ders., Beiträge zur Grundlegung einer operationsfähigen Dialektik, Bd. 1. Hamburg: Meiner, 1976, S. 249-328.

35 Siehe Michel Foucault, Sexualität und Wahrheit. 3 Bde. Aus dem Französischen von Ulrich Raulff und Walter Seitter, Frankfurt a.M.: Suhrkamp, 1977 und 1986.

36 Im Sinne von Niklas Luhmann, Ökologie des Nichtwissens, in: ders., Beobachtungen der Moderne. Opladen: Westdeutscher Verl., 1992, S. 149-220.

37 Nicht zuletzt von Freud, Das Unbehagen in der Kultur, a.a.O.

38 So in: Max Weber, Die protestantische Ethik und der Geist des Kapitalismus. In: ders., Gesammelte Aufsätze zur Religionssoziologie I. Tübingen: Mohr, 1920, Reprint 1986, 17-206, hier: S. 170f., Anm. 1.

Oszillierende Öffentlichkeit, Erstveröffentlichung in: Rudolf Maresch (Hrsg.), Medien und Öffentlichkeit. München: Boer, 1995, S. 89-107.

1 Siehe dazu viele Hinweise bei Lucian Hölscher, Öffentlichkeit. In: Geschichtliche Grundbegriffe: Historisches Lexikon zur politisch-sozialen Sprache in Deutschland, Bd. 4, Stuttgart: Klett-Cotta, 1978, S. 413-467.

2 Les origines de la pensée grecque. Paris: PUF, 1962, dt. 1982.

3 Immer wieder lesenswert in diesem Zusammenhang Hans Blumenberg, Das Lachen der Thrakerin: Eine Urgeschichte der Theorie. Frankfurt a.M.: Suhrkamp, 1987.

4 Mit einem Theorem von Alfred Schütz könnte man davon sprechen, dass Staat und Vernunft auch dann, wenn sie sich der Öffentlichkeit entziehen, mit dieser »zusammenaltern«, das heißt in einem Gleichzeitigkeitsverhältnis stehen, das den Entzug nur temporär und nur »imaginär« erlaubt. Siehe Alfred Schütz, Der sinnhafte Aufbau der sozialen Welt: Eine Einleitung in die verstehende Soziologie. Frankfurt a.M.: Suhrkamp, 1974, S. 143f., und vgl. Niklas Luhmann, Gleichzeitigkeit und Synchronisation. In: ders., Soziologische Aufklärung 5: Konstruktivistische Perspektiven. Opladen: Westdeutscher Verl., 1990, S. 95-130.

5 So Oskar Negt und Alexander Kluge, Öffentlichkeit und Erfahrung: Zur Organisationsanalyse von bürgerlicher und proletarischer Öffentlichkeit. Frankfurt a.M.: Suhrkamp, 1972, S. 20.

6 So Jürgen Habermas im Vorwort zur Neuauflage seines Buches Strukturwandel der Öffentlichkeit: Untersuchungen zu einer Kategorie der bürgerlichen Gesellschaft. Frankfurt a.M.: Suhrkamp, 1990, S. 22.

7 Siehe zu beiden Mechanismen Niklas Luhmann, Öffentliche Meinung. In: ders., Politische Planung: Aufsätze zur Soziologie von Politik und Verwaltung. 2. Aufl., Opladen: Westdeutscher Verl., 1975, S. 9-34.

8 So Theodor W. Adorno, Meinungsforschung und Öffentlichkeit. In: ders., Soziologische Schriften I. Frankfurt a. M.: Suhrkamp, 1972, S. 532-537, S. 533. Dass der Dissens, nicht der Konsens das Movens öffentlicher Diskurse ist, muss auch Habermas voraussetzen. Siehe Bernhard Debatin, Kritik und Konsens: Vom herrschaftsfreien Diskurs zur kommunikativen Rationalität. In: Dieter Hirschfeld und ders. (Hrsg.), Antinomien der Öffentlichkeit: Texte zum Streit über die Selbstthematisierung der Gesellschaft. Hamburg: Argument, 1989, S. 16-80, hier S. 35.

9 Siehe dazu Jean-Pierre Dupuy und Francisco J. Varela, Kreative Zirkelschlüsse: Zum Verständnis der Ursprünge. In: Paul Watzlawick, Peter Krieg (Hrsg.), Das Auge des Betrachters: Beiträge zum Konstruktivismus. München: Piper, 1991, S. 247-275.

10 Siehe nur Erich Jantsch, Die Selbstorganisation des Universums: Vom Urknall zum menschlichen Geist. Mit einem Vorwort von Paul Feyerabend, München: dtv, 1982; Wolfgang Krohn und Günter Küppers (Hrsg.), Emergenz: Die Entstehung von Ordnung, Organisation und Bedeutung. Frankfurt a. M.: Suhrkamp, 1992; und zum Ausgangspunkt Heinz von Foerster und G. W. Zopf, jr. (Hrsg.), Principles of Self-Organization. New York: Pergamon, 1961.

11 Siehe W. Ross Ashby, Principles of Self-Organization. In: Roger Conant (Hrsg.), Mechanisms of Intelligence: Ross Ashby's Writings on Cybernetics. Seaside, Cal.: Intersystems, 1981, S. 51-74; und vgl. dazu Ranulph Glanville, Inside Every White Box There Are Two Black Boxes Trying To Get Out. In: Behavioral Science 27 (1982), S. 1-11.

12 Eine schöne Studie dazu ist der Blick des Müden im Café bei Peter Handke, Versuch über die Müdigkeit. Frankfurt a. M.: Suhrkamp, 1989, S. 51 ff.

13 Siehe Niklas Luhmann, Soziale Systeme. Grundriß einer allgemeinen Theorie. Frankfurt a. M.: Suhrkamp, 1984.

14 Im Sinne von G. Spencer-Brown, Laws of Form. Zweite, amerik. Ausgabe, New York: Julian, 1972.

15 Lesenswert dazu sind die Debatten um public opinion und public credit in England um die Wende vom 17. zum 18. Jahrhundert im Zusammenhang mit der Gründung der Bank of England und ihrer Begebung öffentlicher Schuldtitel. Siehe J. G. A. Pocock, The Machiavellian Moment: Florentine Political Thought and the Atlantic Republican Tradition. Princeton: Princeton UP, 1975, S. 451 ff.

16 Siehe Ernesto Laclau, Why do Empty Signifiers Matter to Politics? In: Jeffrey Weeks (Hrsg.), The Lesser Evil and the Greater Good: The Theory and Politics of Social Diversity. London: Rivers Oram Pr., 1994, S. 167-178.

17 Siehe Jean Baudrillard, A l'ombre des majorités silencieuses. Paris: Cahiers d'Utopie, 1978, zit. nach der dt. Übersetzung in: Freibeuter 1 und 2 (1979), S. 17-33 und 37-55.

18 Irritation ist die Innenseite der strukturellen Kopplungen zwischen den sozialen Systemen der Gesellschaft. Siehe Luhmann, Gleichzeitigkeit und Synchronisation, S. 102 f.

19 Siehe Hans Magnus Enzensberger, Bewußtseins-Industrie. In: ders., Einzelheiten I: Bewußtseins-Industrie. Frankfurt a. M.: Suhrkamp, 1962, 7-17; Jean Baudrillard, Pour une critique de l'économie politique du signe. Paris: Gallimard, 1972, S. 208 ff.; Niklas Luhmann, Die Realität der Massenmedien. 2., erw. Aufl., Opladen: Westdeutscher Verlag, 1996.

20 So Klaus Merten und Joachim Westerbarkey, Public Opinion und Public Relations. In: Klaus Merten, Siegfried J. Schmidt, Siegfried Weischenberg (Hrsg.), Die Wirklichkeit der Medien: Eine Einführung in die Kommunikationswissenschaft. Opladen: Westdeutscher Verl., 1994, S. 188-211, S. 190.

21 Siehe William A. Gamson, David Croteau, William Hoynes, Theodore Sasson, Media Images and the Social Construction of Reality. In: Annual Review of Sociology 18 (1992), S. 373-393, mit ihrer These, Medien würden eine Trennung zwischen »natürlicher« und »umstrittener« Realität produzieren. Die Trennung selbst fällt offensichtlich unter keine ihrer Kategorien. Sie kann weder als natürlich noch als umstritten angenommen werden, da sie ebenso artifiziell wie offenkundig ist.

Die Trennung selbst ist daher die wichtigste Aussage der Massenmedien über die Gesellschaft.

22 Die Massenmedien sind eine kommunizierte Phänomenologie der Gesellschaft, sagen Niklas Luhmann und Raffaele De Giorgi, Teoria della società. Milano: Angeli, 1992, S. 96ff.

23 Man hätte es demnach mit einer Drittversion der Selbstbeschreibung der Gesellschaft zu tun – wenn hier eine hierarchische Differenzierung von Ebenen der Selbstbeschreibung angenommen werden könnte. Das ist jedoch nicht der Fall, da die Kommunikation der modernen Gesellschaft nur heterarchisch zu differenzieren ist.

24 Siehe Luhmann, Die Realität der Massenmedien, mit Verweis auf die Kategorie der »quasi-objets« bei Michel Serres, Genèse. Paris: Grasset, 1982, S. 146ff. Vgl. dazu das kybernetische Objektverständnis bei Heinz von Foerster, Gegenstände: greifbare Symbole für (Eigen-) Verhalten. In: ders., Wissen und Gewissen: Versuch einer Brücke. Frankfurt a.M.: Suhrkamp, 1993, S. 103-115, und Ranulph Glanville, Objekte. Berlin: Merve, 1988.

25 Siehe neben Spencer-Brown, a.a.O. (1977), auch Linda R. Waugh, Marked and Unmarked: A Choice between Unequals in Semiotic Structure. In: Semiotica 38 (1982), S. 299-318.

26 Siehe Fritz Heider, Ding und Medium. Neuausgabe Berlin: Kulturverlag Kadmos, 2005.

27 Unter Formtheorie wird hier eine Theorie der Dreiwertigkeit zweiseitiger Unterscheidungen verstanden. Siehe dazu, im Anschluss an G. Spencer-Brown, Philip Herbst, Foundations for Behaviour Logic. In: Social Science Information 14 (1975), S. 81-100; Louis H. Kauffman, Self-Reference and Recursive Forms. In: Journal of Social and Biological Structure 10 (1987), S. 53-72; Niklas Luhmann, Frauen, Männer und George Spencer-Brown. In: Zeitschrift für Soziologie 17 (1988), S. 47-71; Dirk Baecker, Im Tunnel. In: ders. (Hrsg.), Kalkül der Form. Frankfurt a.M.: Suhrkamp, 1993, S. 12-37. Vgl. auch zahlreiche Arbeiten von Jacques Derrida, etwa La »différance«. In: Bulletin de la Soçiété française de Philosophie 63 (1968), S. 73-120 (dt. in: ders., Randgänge der Philosophie. Hrsg. von Peter Engelmann, Wien: Passagen, 1988, S. 29-52); oder ders., Chôra. In: Centre de Recherches Comparées sur les Sociétés Anciennes (Hrsg.), Poikilia: Études offertes à Jean-Pierre Vernant. Paris: École des Hautes Études en Sciences Sociales, 1987, S. 265-296.

28 Das war das Motiv für die Redeweise von der »Materialität der Kommunikation«. Siehe Hans Ulrich Gumbrecht und K. Ludwig Pfeiffer (Hrsg.), Materialität der Kommunikation. Frankfurt a.M.: Suhrkamp, 1988.

29 Siehe etwa Niklas Luhmann, Die Wissenschaft der Gesellschaft. Frankfurt a.M.: Suhrkamp, 1990, S. 181ff.; und Friedrich A. Kittler, Grammophon Film Typewriter. Berlin: Brinkmann & Bose, 1986, S. 8ff.

30 Siehe Friedrich Kittler, Signal-Rausch-Abstand. In: Gumbrecht und Pfeiffer (Hrsg.), Materialität der Kommunikation, S. 342-359, hier: S. 344.

31 Siehe Kittler, Grammophon Film Typewriter, S. 21.

32 So Kittler, ebd., S. 29.

33 So Kittler, ebd., S. 8.

34 Siehe dazu Heinz von Foerster, Lethologie: Eine Theorie des Lernens und Wissens angesichts von Unbestimmbarkeiten, Unentscheidbarkeiten, Unwißbarkeiten. In: ders., KybernEthik. Berlin: Merve, 1993, S. 126-160.

35 Zitiert nach der Ausgabe Michel de Montaigne, Essais. Aus dem Französischen von Hans Stilett, Frankfurt a.M.: Eichborn, 1998, S. 217-300, hier: S. 282.

Ämter, Themen und Kontakte: Zur Form der Politik im Netzwerk der Gesellschaft, Erstveröffentlichung in: Birger P. Priddat (Hrsg.), Der bewegte Staat: Formen seiner ReForm, Notizen zur »new governance«. Marburg: Metropolis, 2000, S. 9-54.

1 So in: Niklas Luhmann, Politische Theorie im Wohlfahrtsstaat. München: Olzog, 1981, S. 122.

2 Siehe Joseph A. Schumpeter, Kapitalismus, Sozialismus und Demokratie. Aus dem Englischen von Susanne Preiswerk, 6. Aufl. Tübingen: Francke, 1987; und Georg

Simmel, Philosophie des Geldes. Gesamtausgabe, Bd. 6, hrsg. von David P. Frisby und Klaus Christian Köhnke, Frankfurt a. M.: Suhrkamp, 1989, S. 591 ff.

3 Siehe Sigmund Freud, Totem und Tabu: Einige Übereinstimmungen im Seelenleben der Wilden und der Neurotiker. In: ders., Essays I: Auswahl 1890-1914, hrsg. von Dietrich Simon. Berlin: Volk und Welt, 1988, S. 318-514, hier: S. 368 ff.

4 Siehe Talcott Parsons, Social Systems. In: ders., Social Systems and the Evolution of Action Theory. New York: Free Pr., 1977, S. 177-203; und Luhmann, Politische Theorie im Wohlfahrtsstaat. – Der vorliegende Beitrag wurde geschrieben, bevor Niklas Luhmanns Buch »Die Politik der Gesellschaft« (Frankfurt a. M.: Suhrkamp, 2000) erschienen war. Insbesondere die Analyse des Zirkels der Macht, die in diesem Buch entwickelt ist, führt über die hier vorgelegten Überlegungen hinaus.

5 Vgl. Niklas Luhmann, Metamorphosen des Staates. In: ders., Gesellschaftsstruktur und Semantik: Studien zur Wissenssoziologie der modernen Gesellschaft, Bd. 4. Frankfurt a. M.: Suhrkamp, 1995, S. 101-137.

6 So Helmut Willke, Die Entzauberung des Staates: Überlegungen zu einer sozietalen Steuerungstheorie. Königstein/Ts.: Athenäum, 1983; ders., Ironie des Staates: Grundlinien einer Staatstheorie polyzentrischer Gesellschaft. Frankfurt a. M.: Suhrkamp, 1992; ders., Supervision des Staates. Frankfurt a. M.: Suhrkamp, 1997.

7 So Niklas Luhmann, Die Rückgabe des zwölften Kamels: Zum Sinn einer soziologischen Analyse des Rechts. In: Zeitschrift für Rechtssoziologie 21 (2000), S. 3-60; und vgl. Michel Serres, Der Parasit. Aus dem Französischen von Michael Bischoff. Frankfurt a. M.: Suhrkamp, 1981; und Walter Benjamin, Zur Kritik der Gewalt. In: Gesammelte Schriften, hrsg. von Rolf Tiedemann und Hermann Schweppenhäuser, Band II.1. Frankfurt a. M.: Suhrkamp 1977, S. 179-203.

8 Siehe dazu Talcott Parsons, Evolutionary Universals in Society. In: American Sociological Review 29 (1964), S. 339-357, hier: S. 347 ff.; und vgl. Max Weber, Wirtschaft und Gesellschaft: Grundriß der verstehenden Soziologie, 5., rev. Auflage, Studienausgabe. Tübingen: Mohr, 1990, S. 125 ff. und 551 ff.

9 Siehe Luhmann, Ökologische Kommunikation, S. 167 ff.

10 Siehe Harrison C. White, Interfaces. In: Connections 5 (1982), S. 11-20.

11 Ich beziehe mich hier auf eine Unterscheidung zwischen selbstreferentieller Autopoiesis eines Systems einerseits und den Strukturen, in denen diese Autopoiesis realisiert und mit der Umwelt des Systems strukturell (nicht: operativ) verknüpft wird, andererseits, die Humberto R. Maturana, Biologie der Realität. Aus dem Englischen von Wolfram K. Köck. Frankfurt a. M.: Suhrkamp, 2000, entwickelt hat.

12 Das ist der Grund dafür, dass wir hier nicht etwa auf eine Netzwerktheorie der Politik à la Harrison C. White, Identity and Control: A Structural Theory of Action. Princeton, NJ: Princeton UP, 1992 wechseln, sondern diese Netzwerkelemente als strukturelle Elemente der Realisierung der Autopoiesis eines Systems in die Systemtheorie einführen und dem Grundgedanken der Autopoiese der Entscheidungsfindung unterordnen.

13 Vgl. Claus Offe, Strukturprobleme des kapitalistischen Staates: Aufsätze zur Politischen Soziologie. Frankfurt a. M.: Suhrkamp, 1972, S. 65 ff.

14 Maurizio Bach, Eine leise Revolution durch Verwaltungsverfahren: Bürokratische Integrationsprozesse in der Europäischen Gemeinschaft. In: Zeitschrift für Soziologie 21 (1992), S. 16-30, spricht von einer »expertokratischen Fusionsbürokratie«.

15 Vgl. Michael Hutter, Die Produktion von Recht: Eine selbstreferentielle Theorie der Wirtschaft, angewandt auf den Fall des Arzneimittelpatentrechts. Tübingen: Mohr, 1989, S. 90 ff.; Gunther Teubner, Recht als autopoietisches System. Frankfurt a. M.: Suhrkamp, 1989, S. 123 ff.; Helmut Willke, Systemtheorie III: Steuerungstheorie. Stuttgart: G. Fischer, 1995, S. 109 ff.

16 Siehe zur Kategorie der Mikropolitik: Tom Burns, Micropolitics: Mechanisms of Institutional Change. In: Administrative Science Quarterly 6 (1961), S. 257-281; sowie Willi Küpper und Günther Ortmann (Hrsg.), Mikropolitik: Rationalität, Macht und Spiele in Organisationen. Opladen: Westdeutscher Verl., 1988.

17 Siehe Michel Foucault, Überwachen und Strafen: Die Geburt des Gefängnisses. Aus dem Französischen von Walter Seitter. Frankfurt a. M.: Suhrkamp, 1976.

[18] Siehe Jean-François Lyotard, Der Widerstreit. Aus dem Französischen von Joseph Vogl. München: Fink, 1987.
[19] Siehe Harrison C. White, Where Do Markets Come From? In: American Journal of Sociology 87 (1981), S. 517-547.
[20] Man fühlt sich an das »weak links are strong links«-Argument von Marc Granovetter, The Strength of Weak Ties. In: American Journal of Sociology 78 (1973), S. 1360-1380, erinnert.
[21] Siehe Niklas Luhmann, Probleme mit operativer Schließung. In: ders., Soziologische Aufklärung 6: Die Soziologie und der Mensch. Opladen: Westdeutscher Verl., 1995, S. 12-24.
[22] Siehe George Spencer-Brown, Gesetze der Form. Aus dem Englischen von Thomas Wolf, Lübeck: Bohmeier, 1997.
[23] Siehe jedoch Dirk Baecker (Hrsg.), Kalkül der Form. Frankfurt a.M.: Suhrkamp, 1993; ders. (Hrsg.), Probleme der Form: Frankfurt a.M.: Suhrkamp; ders., Die Form des Unternehmens. Frankfurt a.M.: Suhrkamp, 1993.
[24] So zum Beispiel J.G.A. Pocock, The Machiavellian Moment: Florentine Political Thought and the Atlantic Republican Tradition. Princeton: Princeton UP, 1975.
[25] Vgl. Niklas Luhmann, Soziale Systeme: Grundriß einer allgemeinen Theorie. Frankfurt a.M.: Suhrkamp, 1984, S. 114.
[26] In: Friedrich August Hayek, Individualismus und wirtschaftliche Ordnung, 2., erw. Aufl. Salzburg: Philosophia, 1976, hier: S. 22ff.
[27] Vgl. Philip Selznick, The Organizational Weapon: A Study of Bolshevik Strategy and Tactics. New York: Free Pr., 1960.
[28] Siehe Jürgen Habermas, Strukturwandel der Öffentlichkeit: Untersuchungen zu einer Kategorie der bürgerlichen Gesellschaft. Mit einem Vorwort zur Neuauflage 1990. Frankfurt a.M.: Suhrkamp, 1990.
[29] In: Reinhart Koselleck, Kritik und Krise: Eine Studie zur Pathogenese der bürgerlichen Welt. Neuausgabe. Frankfurt a.M.: Suhrkamp, 1973.
[30] In: Oskar Negt und Alexander Kluge, Öffentlichkeit und Erfahrung: Zur Organisationsanalyse von bürgerlicher und proletarischer Öffentlichkeit. Frankfurt a.M.: Suhrkamp, 1972.
[31] Siehe den Beitrag Oszillierende Öffentlichkeit, in diesem Band.
[32] Siehe Niklas Luhmann, Die Realität der Massenmedien. 2. erw. Aufl., Opladen: Westdeutscher Verl., 1996.
[33] Siehe etwa White, Identity and Control, S. 142ff.
[34] Vgl. dazu Dirk Baecker, Ein korporatives Projekt gegen den Korporatismus. In: Hans-Jürgen Arlt, Sabine Nehls (Hrsg.), Bündnis für Arbeit: Konstruktion, Kritik, Karriere. Opladen: Westdeutscher Verl., 1999, S. 249-254.
[35] In: Wirtschaft und Gesellschaft, S. 559f.
[36] In: Politik im Wohlfahrtsstaat, S. 118ff.
[37] In: Die Entzauberung des Staates; ders., Ironie des Staates; und ders., Supervision des Staates.
[38] Siehe Niklas Luhmann, Gesellschaftliche Grundlagen der Macht: Steigerung und Verteilung. In: ders., Soziologische Aufklärung 4: Beiträge zur funktionalen Differenzierung der Gesellschaft. Opladen: Westdeutscher Verl., 1987, S. 117-125.

Die Beratung der Gesellschaft, Erstveröffentlichung in: Claus Leggewie (Hrsg.), Von der Politik- zur Gesellschaftsberatung? Neue Wege öffentlicher Konsultation. Frankfurt a.M.: Campus, 2007, S. 73-94.

[1] Siehe Gabriel Tarde, Monadologie et sociologie. Le Plessis-Robinson: Institut Synthélabo 1999, S. 58ff.; und vgl. Bruno Latour, Gabriel Tarde and the End of the Social. In: Patrick Joyce (Hrsg.), The Social in Question: New Bearings in History and the Social Sciences. London: Routledge, 2001, S. 117-132.
[2] Siehe Talcott Parsons, Societies: Evolutionary and Comparative Perspectives. Englewood Cliffs, NJ: Prentice-Hall, 1966; und vgl. Niklas Luhmann, Talcott Parsons – Zur Zukunft eines Theorieprogramms. In: Zeitschrift für Soziologie 9 (1980), S. 5-17.

[3] Siehe Niklas Luhmann, Soziale Systeme: Grundriß einer allgemeinen Theorie. Frankfurt a. M.: Suhrkamp, 1984; ders., Die Gesellschaft der Gesellschaft. Frankfurt a. M.: Suhrkamp, 1997.

[4] Vgl. Andrew Abbott, Chaos of Disciplines. Chicago: Chicago UP, 2001.

[5] Siehe Manuel Castells, The Rise of the Network Society. Oxford: Blackwell, 1996, S. 410 ff.; Luhmann, Die Gesellschaft der Gesellschaft, S. 405 ff.; und vgl. Dirk Baecker, Wozu Soziologie? Berlin: Kulturverlag Kadmos, 2004, S. 125 ff.

[6] Siehe Marshall McLuhan, Understanding Media. New York: McGraw-Hill, 1964.

[7] Siehe hierzu Werner Rammert, Technik aus soziologischer Perspektive: Forschungsstand, Theorieansätze, Fallbeispiele: Ein Überblick. Opladen: Westdeutscher Verl., 1993.

[8] Siehe Niklas Luhmann, The Form of Writing. In: Stanford Literature Review 9 (1992), S. 25-42.

[9] Nämlich im Sinne von René Thom, Modèles mathématiques de la morphogenèse. Neue, erw. Aufl., Paris: Bourgeois, 1980.

[10] So Luhmann, Die Gesellschaft der Gesellschaft, S. 405 ff.

[11] Siehe Ferdinand de Saussure, Cours de linguistique générale. Publié par Charles Bally et Albert Sechehaye, kritische Ausg. von Tullio de Mauro. Paris: Payot, 1972; und vgl. Jacques Derrida, Glas. Paris: Galilée, 1974, S. 104 ff.

[12] Siehe Karl E. Weick, Sensemaking in Organizations. Thousand Oaks: Sage, 1995.

[13] So Mary Douglas, In the Active Voice. London: Routledge & K. Paul, 1982; dies., Risk and Blame: Essays in Cultural Theory. London: Routledge, 1992.

[14] Siehe Aristoteles, Metaphysik, 994a.

[15] So Jürgen Habermas, Strukturwandel der Öffentlichkeit: Untersuchungen zu einer Kategorie der bürgerlichen Gesellschaft. Mit einem Vorwort zur Neuauflage 1990. Frankfurt a. M.: Suhrkamp, 1990, S. 56.

[16] Siehe Platon, Politeia, 368 ff.

[17] Siehe Michel de Montaigne, Essais. Erste moderne Gesamtübersetzung von Hans Stilett, Frankfurt a. M.: Eichborn, 1998; René Descartes, Von der Methode des richtigen Vernunftgebrauchs und der wissenschaftlichen Forschung. Französisch-deutsch. Aus dem Französischen von Lüder Gäbe. 2., verb. Aufl. Hamburg: Meiner, 1997; Blaise Pascal, Pensées. In: Œuvres complètes. Hrsg. von Jacques Chevalier. Paris: Gallimard, 1954; und vgl. Niklas Luhmann, Frühneuzeitliche Anthropologie. Theorietechnische Lösungen für ein Evolutionsproblem der Gesellschaft. In: ders., Gesellschaftsstruktur und Semantik: Studien zur Wissenssoziologie der modernen Gesellschaft. Bd. 1, Frankfurt a. M.: Suhrkamp, 1980, S. 162-234.

[18] Im Sinne von W. Ross Ashby, Requisite Variety and Its Implications for the Control of Complex Systems. In: Cybernetica 1 (1958), S. 83-99, hier: S. 97 f.

[19] Siehe Epiktet, Handbüchlein der Moral. Griechisch/Deutsch. Stuttgart: Reclam, 1992.

[20] So Descartes, Von der Methode, Dritter Teil.

[21] Siehe Lionel Trilling, Sincerity and Authenticity. New York: Oxford UP, 1971.

[22] In: Talcott Parsons, Social Structure and the Symbolic Media of Interchange. In: ders., Social Systems and the Evolution of Action Theory. New York: Free Pr., 1977, S. 204-228.

[23] Siehe auch Niklas Luhmann, Beobachtungen der Moderne. Opladen: Westdeutscher Verl., 1992.

[24] So Luhmann, Die Gesellschaft der Gesellschaft, S. 118.

[25] Siehe hierzu Dirk Baecker, Kommunikation. Leipzig: Reclam, 2005.

[26] Siehe Niklas Luhmann, Was ist Kommunikation? In: ders., Soziologische Aufklärung 6: Die Soziologie und der Mensch. Opladen: Westdeutscher Verl. 1995, S. 113-124.

[27] Siehe hierzu Rainer Kuhlen, Die Konsequenzen der Informationsassistenten: Was bedeutet informationelle Autonomie oder wie kann Vertrauen in elektronische Dienste in offenen Informationsmärkten gesichert werden? Frankfurt a. M.: Suhrkamp, 1999.

[28] Siehe Karin Knorr Cetina und Urs Bruegger, Trader's Engagement with Markets: A Postsocial Relationship. In: Theory, Culture & Society 19 (2002), S. 161-185; Karin Knorr Cetina und Urs Bruegger, Global Microstructures: The Virtual Societies of Financial Markets. In: American Journal of Sociology 107 (2002), S. 905-950; Karin Knorr Cetina, The Market as an Object of Attachment: Exploring Postsocial Relations in Financial Markets. In: Canadian Journal of Sociology 25 (2000), S. 141-168; dies., How Are Markets Global? The Architecture of a Flow World. In: Karin D. Knorr Cetina, Alex Preda (Hrsg.), The Sociology of Financial Markets. Oxford: Oxford UP, 2005, S. 38-61.

[29] Siehe G. Spencer-Brown, Laws of Form. Portland, Ore.: Cognizer Pr., 1994.

[30] So Spencer-Brown, Laws of Form, S. 1.

[31] Siehe Jakob von Uexküll, Streifzüge durch die Umwelten von Tieren und Menschen; Bedeutungslehre. Nachdruck Hamburg: Rowohlt, 1956.

[32] Siehe Jacques Derrida, La »différance«. In: Bulletin de la Soçiété française de Philosophie 63 (1968), S. 73-120.

[33] Wiederum: Ashby, Requisite Variety, S. 97f.

[34] Siehe Jean-Pierre Vernant, Les origines de la pensée grecque. Paris: PUF, 1962; und Geoffrey E. R. Lloyd, Polarity and Analogy: Two Types of Argumentation in Early Greek Thought. Cambridge: Cambridge UP, 1971.

[35] Siehe Charles Baudelaire, Le spleen de Paris: Petits Poèmes en Prose. Paris: Librairie Générale Française, 1972; und vgl. Walter Benjamin, Charles Baudelaire: Ein Lyriker im Zeitalter des Hochkapitalismus. In: ders., Gesammelte Schriften. Bd. I, Frankfurt a.M.: Suhrkamp, 1974, S. 509-690.

[36] Siehe Albert O. Hirschman, Rival Interpretations of Market Society: Civilizing, Destructive, or Feeble? In: Journal of Economic Literature 20 (1982), S. 1463-1484.

[37] Siehe hierzu Yves Barel, Le paradoxe et le système, essai sur le fantastique social. Neue, erw. Aufl., Grenoble: PUG, 1989; Harrison C. White, Identity and Control: A Structural Theory of Action. Princeton, NJ: Princeton UP, 1992; und die Studie von Robert R. Faulkner, Music on Demand: Composers and Careers in the Hollywood Film Industry. New Brunswick, NJ: Transaction Books, 1983.

[38] Vgl. Fritz B. Simon und Christel Rech-Simon, Zirkuläres Fragen: Systemische Therapie in Fallbeispielen – Ein Lesebuch. Heidelberg: Carl-Auer-Systeme, 1999.

[39] Siehe Rudolf Wimmer, Organisation und Beratung: Systemtheoretische Perspektiven für die Praxis. Heidelberg: Carl-Auer-Systeme, 2004.

[40] Siehe Jacques Derrida, De la grammatologie. Paris: Minuit, 1967.

[41] Siehe Niccolò Machiavelli, Der Fürst. Aus dem Italienischen von Rudolf Zorn. Stuttgart: Kröner, 1978; Baltasar Gracián, Handorakel und Kunst der Weltklugheit. Deutsch von Arthur Schopenhauer. Mit einer Einleitung von Karl Voßler. Stuttgart: Kröner, 1978; und vgl. J. A. W. Gunn, »Interest Will Not Lie«: A Seventeenth-Century Political Maxim. In: Journal of the History of Ideas 29 (1968), S. 551-564.

[42] Siehe hierzu Willi Küpper und Günther Ortmann (Hrsg.), Mikropolitik: Rationalität, Macht und Spiele in Organisationen. Opladen: Westdeutscher Verl., 1988.

[43] So Ulrich Beck und Wolfgang Bonß, Weder Sozialtechnologie noch Aufklärung? Analysen zur Verwendung sozialwissenschaftlichen Wissens. Frankfurt a.M.: Suhrkamp, 1989.

[44] Siehe Frank Fischer, Die Agenda der Elite: Amerikanische Think Tanks und die Strategien der Politikberatung. In: Prokla 104 (1996), S. 463-481, und die dort zitierte Literatur.

[45] Im Sinne von Axel Honneth, Kampf um Anerkennung: Zur moralischen Grammatik sozialer Konflikte. Frankfurt a.M.: Suhrkamp, 1992.

[46] Zum Beispiel Mike Noon und Rick Delbridge, News From Behind My Hand: Gossip in Organizations. In: Organization Studies 14 (1992), S. 23-36.

[47] Vgl. Michel Serres, Genèse. Paris: Grasset, 1982, S. 150f.; und Susan Leigh Star, The Structure of Ill-Structured Solutions: Boundary Objects and Heterogenous Distributed Problem Solving. In: Les Gasser, Michael N. Huhns (Hrsg.), Distributed Artificial Intelligence. Bd. 2, London: Pitman, 1989, S. 37-54.

[48] So Immanuel Kant, Beantwortung der Frage: Was ist Aufklärung? In: ders., Werke. Bd. XI, hrsg. von Wilhelm Weischedel, Frankfurt a.M.: Suhrkamp, 1964, S. 53-61.

49 So Erving Goffman, On Cooling the Mark Out: Some Aspects of Adaptation to Failure. In: Psychiatry: Journal of Interpersonal Relations 15 (1952), S. 451-463, hier: S. 453; und vgl. Herman Melville, The Confidence-Man: His Masquerade. Nachdruck New York: Norton, 1971.

50 Siehe Luhmann, Soziale Systeme; und Dirk Baecker, Form und Formen der Kommunikation. Frankfurt a. M.: Suhrkamp, 2005, S. 85 ff.

51 Siehe John Perkins, Confessions of an Economic Hit Man. San Francisco: Berrett-Koehler, 2004, für eine beispielhafte Studie.

52 So zum Beispiel Carlos Castaneda, Journey to Ixtlan: The Lessons of Don Juan. London: Penguin, 1974.

53 Siehe hierzu viel Material in Max Weber, Gesammelte Aufsätze zur Religionssoziologie. 3 Bde., Nachdruck Tübingen: Mohr, 1988.

54 So Tom Peters, Thriving on Chaos. New York: Knopf, 1987.

55 Siehe Jurgen Ruesch und Gregory Bateson, Communication: The Social Matrix of Psychiatry. Nachdruck New York: Norton, 1987; und vgl. Baecker, Form und Formen der Kommunikation, S. 84 ff.

Wozu Gewerkschaften?, Erstveröffentlichung in: Mittelweg 36: Zeitschrift des Hamburger Instituts für Sozialforschung 13 (Juni/Juli 2004), S. 3-20.

1 Siehe Talcott Parsons, The Social System. New York: Free Pr., 1951; Niklas Luhmann, Soziale Systeme: Grundriß einer allgemeinen Theorie. Frankfurt a. M.: Suhrkamp, 1984.

2 So ganz allgemein, das heißt nicht unter Bezug auf das Verhältnis der Soziologen zu den Gewerkschaften, Talcott Parsons und Edward A. Shils (Hrsg.), Toward a General Theory of Action. Cambridge, Mass.: Harvard UP, 1951, S. 5.

3 Siehe Jean-François Lyotard, Der Widerstreit. Aus dem Französischen von Joseph Vogl, München: Fink, 1987.

4 Siehe Jacques Derrida, Die différance. In: ders., Randgänge der Philosophie. Aus dem Französischen von Eva Pfaffenberger-Brückner, hrsg. von Peter Engelmann, Wien: Passagen, 1988, S. 29-52.

5 Vgl. hierzu zum Beispiel Niklas Luhmann, Die Wirtschaft der Gesellschaft. Frankfurt a. M.: Suhrkamp, 1988, und Dirk Baecker, Information und Risiko in der Marktwirtschaft. Frankfurt a. M.: Suhrkamp, 1988, auf der einen Seite und Heiner Ganßmann, Geld und Arbeit: Wirtschaftssoziologische Grundlagen einer Theorie der modernen Gesellschaft. Frankfurt a. M.: Campus, 1996, und Johannes Berger, Die Wirtschaft der modernen Gesellschaft. Frankfurt a. M.: Campus, 1999; auf der anderen Seite.

6 Vgl. dazu grundsätzlich Richard Edwards, Contested Terrain: The Transformation of the Workplace in the Twentieth Century. New York: Basic Books, 1979.

7 Siehe zu diesem Codebegriff Gregory Bateson, Information and Codification: A Philosophical Approach. In: Jurgen Ruesch, Gregory Bateson, Communication: The Social Matrix of Psychiatry. Reprint, New York: Norton, 1987, S. 168-211; und Niklas Luhmann, »Distinctions directrices«: Über Codierung von Semantiken und Systemen. In: ders., Soziologische Aufklärung 4: Beiträge zur funktionalen Differenzierung der Gesellschaft. Opladen: Westdeutscher Verl., 1987, S. 13-31.

8 Siehe Talcott Parsons und Neil J. Smelser, Economy and Society: A Study in the Integration of Economic and Social Theory. Reprint London: Routledge & Kegan Paul, 1984, S. 147 ff.

9 Im Anschluss an George Spencer-Brown, Gesetze der Form: Laws of Form. Aus dem Englischen von Thomas Wolf, Lübeck: Bohmeier, 1997.

10 Vgl. dazu Franz-Xaver Kaufmann, Varianten des Wohlfahrtsstaats: Der deutsche Sozialstaat im internationalen Vergleich. Frankfurt a. M.: Suhrkamp, 2003.

11 Wie immer im Sinne von Michel Serres, Der Parasit. Aus dem Französischen von Michael Bischoff, Frankfurt a. M.: Suhrkamp, 1981.

12 Siehe etwa Peter Auer und Aldo di Luzio (Hrsg.), The Contextualization of Language. Amsterdam: Benjamins, 1992.

13 Siehe dazu Thomas Malsch, Die Informatisierung des betrieblichen Erfahrungswissens und der »Imperialismus der instrumentellen Vernunft«. In: Zeitschrift für

Soziologie 16 (1987), S. 77-91. Und vgl. zu Versuchen der Neubestimmung des »Werts« der Arbeit auch Dirk Baecker (Hrsg.), Archäologie der Arbeit. Berlin: Kulturverlag Kadmos, 2002.

14 Im Sinne von Fritz Heider, Ding und Medium. In: Symposion. Philosophische Zeitschrift für Forschung und Aussprache 1 (1926), S. 109-157.

15 Siehe dazu Dirk Baecker, Organisation und Management: Aufsätze. Frankfurt a. M.: Suhrkamp, 2003, insbes. S. 218 ff. und 256 ff.

16 Im Sinne von Donald F. Roy, Banana Time: Job Satisfaction and Informal Interaction. In: Human Organization 18 (1960), S. 156-169.

17 Vgl. dazu Luhmann, Soziale Systeme, a.a.O., S. 111 ff.

18 Siehe vor allem Harrison C. White, Identity and Control: A Structural Theory of Action. Princeton, NJ: Princeton UP, 1992; sowie Harrison C. White, Scott A. Boorman und Ronald L. Breiger, Social Structure from Multiple Networks: Part I. Blockmodels of Roles and Positions. In: American Journal of Sociology 81 (1976), S. 730-780; Scott A. Boorman und Harrison C. White, Social Structure from Multiple Networks: Part II. Role Interlock. In: American Journal of Sociology 81 (1976), S. 1384-1446.

19 Siehe zur Notation Spencer-Brown, Gesetze der Form, S. 47 ff.

20 Vgl. zum »social network« jeder konkreten gesellschaftlichen Form der Arbeit auch Chris Tilly und Charles Tilly, Work Under Capitalism. Boulder, Col.: Westview Pr., 1998.

21 Vgl. zur um Ideen des Sozialdarwinismus bereinigten sogenannten neo-darwinistischen Synthese aus der Evolutionstheorie und der Selbstorganisationsforschung Donald T. Campbell, Variation and Selective Retention in Socio-Cultural Evolution. In: General Systems 14 (1969), S. 69-85; Stuart A. Kauffman, The Origins of Order: Self Organization and Selection in Evolution. Oxford: Oxford UP, 1993; Niklas Luhmann, Die Gesellschaft der Gesellschaft. Frankfurt a. M.: Suhrkamp, 1997, Kap. 3.

22 Siehe dazu Wolfgang Abendroth, Sozialgeschichte der europäischen Arbeiterbewegung. Frankfurt a. M.: Suhrkamp, 1965.

23 Siehe dazu Claus Offe, Strukturprobleme des kapitalistischen Staates: Aufsätze zur Politischen Soziologie. Frankfurt a. M.: Suhrkamp, 1972.

24 Siehe allgemein Talcott Parsons, Evolutionary Universals in Society. In: American Sociological Review 29 (1964), S. 339-357, und allgemein zu »step-functions« W. Ross Ashby, Design for a Brain: The Origin of Adaptive Behavior. 2., rev. Aufl., New York: Wiley, 1960, S. 86 ff.

25 Im Sinne von W. Brian Arthur, Self-Reinforcing Mechanisms in Economics. In: Philip W. Anderson, Kenneth J. Arrow, David Pines (Hrsg.), The Economy as an Evolving Complex System. Redwood City, Calif.: Addison-Wesley, 1988, S. 9-31.

26 Vgl. dazu Niklas Luhmann, Die Politik der Gesellschaft. Frankfurt a. M.: Suhrkamp, 2000, S. 84 f.

Wozu Eliten?, Erstveröffentlichung unter dem Titel »Das Willkürhandeln von Persönlichkeiten: Die Integrationsfunktion von Eliten im Übergang zur Netzwerkgesellschaft«, in: Herfried Münkler, Grit Straßenberger, Matthias Bohlender (Hrsg.), Deutschlands Eliten im Wandel. Frankfurt a. M.: Campus, 2006, S. 297-317.

1 Siehe nur Manuel Castells, The Rise of the Network Society. Oxford: Blackwell, 1996; Harrison C. White, Identity and Control: A Structural Theory of Action. Princeton. NJ: Princeton UP, 1992.

2 Vgl. Bruno Latour, Nous n'avons jamais été modernes: Essai d'anthropologie symétrique. Paris: La Découverte, 1994.

3 So Niklas Luhmann, Die Gesellschaft der Gesellschaft. Frankfurt a. M.: Suhrkamp, 1997, S. 409 ff.; vgl. Dirk Baecker, Wozu Soziologie? Berlin: Kulturverlag Kadmos, 1994, S. 125 ff.

4 Siehe John Higley und György Lengyel (Hrsg.), Elites after State Socialism: Theories and Analysis. Lanham: Rowman & Littlefield, 2000; Heinz Bude, Auf der Suche nach Elite. In: Kursbuch 139: Die neuen Eliten. Berlin: Rowohlt, 2000, S. 9-16; Herfried Münkler, Werte, Status, Leistung: Über die Probleme der Sozialwissenschaften mit

der Definition von Eliten. In: Kursbuch 139: Die neuen Eliten. Berlin: Rowohlt, 2000, S. 76-88; Stefan Hradil und Peter Imbusch (Hrsg.), Oberschichten – Eliten – Herrschende Klassen. Opladen: Leske & Budrich, 2003; Ronald Hitzler, Stefan Hornbostel, und Cornelia Mohr (Hrsg.), Elitenmacht. Wiesbaden: VS Verlag für Sozialwissenschaften, 2004; Michael Hartmann, Elitesoziologie: Eine Einführung. Frankfurt a. M.: Campus, 2004; Barbara Wasner, Eliten in Europa: Einführung in Theorien, Konzepte und Befunde. Wiesbaden: VS Verlag für Sozialwissenschaften, 2004; siehe auch Dirk Baecker, Wozu werden Eliten gebraucht? In: Merkur: Deutsche Zeitschrift für europäisches Denken 38, Heft 4, Juni 1984, S. 463-467.

5 So Ursula Hoffmann-Lange, Eliten, Macht und Konflikt in der Bundesrepublik. Opladen: Westdeutscher Verl., 1992; The Economist, ever higher society, ever harder to ascend, January 1st 2005, S. 39-41.

6 Siehe Suzanne Keller, Beyond the Ruling Class: Strategic Elites in Modern Society. New York: Random, 1963; dies., Elites. In: Encyclopedia of Social Sciences, hrsg. von David L. Sills, Bd. 5. London: Macmillan, 1968, S. 26-29; im Anschluss an Talcott Parsons und Edward A. Shils (Hrsg.), Toward a General Theory of Action. Cambridge, Mass.: Harvard UP, 1951.

7 Etwa: C. Wright Mills, The Power Elite. London: Oxford UP, 1956; Pierre Bourdieu, La Noblesse d'Etat: Grandes écoles et esprit de corps. Paris: Minuit, 1989; Eva Etzioni-Halevy, Elites: Sociological Aspects. In: International Encyclopedia of the Social and Behavioral Sciences, hrsg. von Neil J. Smelser und Paul B. Baltes, Bd. 7. Amsterdam: Elsevier, 2001, S. 4420-4424.

8 Für eine hilfreiche Diskussion danke ich den Teilnehmern des 2. workshops der AG »Eliten-Integration« an der Berlin-Brandenburgischen Akademie der Wissenschaften am 30. September 2004 und Mitgliedern der Fakultät für Soziologie der Universität Bielefeld während einer Diskussion am 17. Januar 2005.

9 So die Ausgangsvermutung der Arbeit der AG »Eliten-Integration« an der Berlin-Brandenburgischen Akademie der Wissenschaften unter der Leitung von Prof. Dr. Herfried Münkler, siehe Herfried Münkler, Grit Straßenberger und Matthias Bohlender (Hrsg.), Deutschlands Eliten im Wandel, Frankfurt a. M.: Campus, 2006.

10 So Vilfredo Pareto, Les systèmes socialistes. In: Œuvres complètes, hrsg. von Giovanni Busino, Bd. V. Genève: Droz, 1965, S. 8.

11 Ebd., S. 8 ff.

12 Ebd., S. 12.

13 Vgl. mit diesem Ausgangspunkt: Luhmann, Die Gesellschaft der Gesellschaft.

14 Siehe Georg Simmel, Soziologie: Untersuchungen über die Formen der Vergesellschaftung. Hrsg. von Otthein Rammstedt. Frankfurt a. M.: Suhrkamp, 1992, S. 59.

15 Siehe Niklas Luhmann, Organisation und Entscheidung. Opladen: Westdeutscher Verl., 2000, S. 101 ff.

16 Siehe Luhmann, Die Gesellschaft der Gesellschaft, S. 316 ff.

17 Ebd., S. 847 ff.

18 Siehe White, Identity and Control, S. 243.

19 So Robert E. Park, The City: Suggestions for the Investigation of Human Behavior in the Urban Environment. In: ders., Ernest W. Burgess und Roderick D. McKenzie, The City. Nachdruck Chicago: Chicago UP 1967, S. 1-46.

20 So Robert Anderson, Reduction of Variants as a Measure of Cultural Integration. In: Gertrude E. Dole und Robert L. Carneiro (Hrsg.), Essays in the Science of Culture in Honor of Leslie A. White. New York: Crowell, 1960, S. 50-62; vgl. Luhmann, Organisation und Entscheidung, S. 99 ff.

21 So Keller, Elites, S. 26.

22 So Talcott Parsons, Social Structure and the Symbolic Media of Interchange. In: ders., Social Systems and the Evolution of Action Theory. New York: Free Pr., 1977, S. 204-228, hier: S. 228; und vgl. ebd., S. 212 f.

23 Im Sinne von Dirk Baecker, Wozu Kultur? 2., erw. Aufl., Berlin: Kulturverlag Kadmos, 2001, S. 133 ff.

24 Siehe Parsons, Social Structure and the Symbolic Media of Interchange, S. 220 ff.

25 Siehe Niklas Luhmann, Die Politik der Gesellschaft. Hrsg. von André Kieserling. Frankfurt a. M.: Suhrkamp, 2000, S. 38 ff.

[26] Ebd., S. 28 f.
[27] Luhmann, Die Gesellschaft der Gesellschaft, S. 355 f.
[28] Luhmann, Die Politik der Gesellschaft, S. 41 ff.; vgl. Michel Crozier und Erhard Friedberg, L'acteur et le système: Les contraintes de l'action collective. Paris: Le Seuil, 1977.
[29] So Max Weber, Wirtschaft und Gesellschaft: Grundriß der verstehenden Soziologie, 5., rev. Auflage, Studienausgabe. Tübingen: Mohr, 1990, S. 28.
[30] So Luhmann, Die Gesellschaft der Gesellschaft, S. 355.
[31] Parsons, Social Structure and the Symbolic Media of Interchange.
[32] Siehe hierzu Niklas Luhmann, Die Form »Person«. In: Soziale Welt 42 (1991), S. 166-175.
[33] Siehe zum Beispiel Jeffrey Pfeffer, Power in Organizations. Cambridge, Mass.: Ballinger, 1981.
[34] Siehe Weber, Wirtschaft und Gesellschaft, S. 128 f.
[35] Siehe dazu Rolf Krampe, Hochbegabung oder Langstreckenlauf? Eliteleistungen aus der Sicht der Expertiseforschung. In: Herfried Münkler, Grit Straßenberger und Matthias Bohlender (Hrsg.), Deutschlands Eliten im Wandel, Frankfurt a. M.: Campus, 2006, S. 363-383.
[36] Siehe George Spencer-Brown, Gesetze der Form. Aus dem Englischen von Thomas Wolf. Lübeck: Bohmeier, 1997.
[37] Siehe Emile Durkheim, Über soziale Arbeitsteilung: Studie über die Organisation höherer Gesellschaften. Aus dem Französischen von Ludwig Schmidts, mit einer Einleitung von Niklas Luhmann, 2. Aufl., Frankfurt a. M.: Suhrkamp, 1988; Georg Simmel, Über sociale Differenzierung: Soziologische und psychologische Untersuchungen. In: Gesamtausgabe, Bd. 2: Aufsätze 1887-1890, hrsg. von Heinz-Jürgen Dahme. Frankfurt a. M.: Suhrkamp 1989, S. 109-295.
[38] Siehe hierzu Harrison C. White, Social Networks Can Resolve Actor Paradoxes in Economics and in Psychology. In: Journal of Institutional and Theoretical Economics 151 (1995), S. 58-74; ders., Passages reticulaires, acteurs et grammaire de la domination. In: Revue Française de Sociologie 36 (1995), S. 705-723.
[39] Siehe Herbert A. Simon, The Architecture of Complexity, In: ders., The Sciences of the Artificial. 2. Aufl., Cambridge, Mass.: MIT Pr. 1981, S. 192-229.
[40] Siehe White, Identity and Control.
[41] Siehe jedoch beispielhaft John F. Padgett, Hierarchy and Ecological Control in Federal Budgetary Decision-Making. In: American Journal of Sociology 87 (1981), S. 75-129; Shmuel N. Eisenstadt und Luis Roniger, Patrons, Clients and Friends: Interpersonal Relations and the Structure of Trust in Society. Cambridge: Cambridge UP, 1984; Joel Podolny, A Status-based Model of Market Competition. In: American Journal of Sociology 98 (1993), S. 829-872; Massimo Warglien und Michael Masuch, The Logic of Organizational Disorder: An Introduction. In: dies. (Hrsg.), The Logic of Organizational Disorder. Berlin: de Gruyter, 1996, S. 1-34.
[42] Siehe Robert R. Faulkner, Music on Demand: Composers and Careers in the Hollywood Film Industry. New Brunswick, NJ: Transaction Books, 1983.
[43] Ebd., S. 192 f.
[44] Ebd., S. 52 ff.
[45] Ebd., S. 155 ff.
[46] Ebd., S. 120 ff.
[47] Ebd.
[48] Siehe hierzu auch das Konzept der Statusmärkte in der Version von Frank Nullmeier, Wissensmärkte und Bildungsstatus: Elitenformation in der Wissensgesellschaft. In: Herfried Münkler, Grit Straßenberger und Matthias Bohlender (Hrsg.), Deutschlands Eliten im Wandel, Frankfurt a. M.: Campus, 2006, S. 319-341. Auf Statusmärkten wird der Status einer Person oder Position nicht etwa in klingende Münze verwandelt, sondern der Bewährung und laufenden Neubewertung ausgesetzt.
[49] So Castells, The Rise of the Network Society, S. 410 ff.
[50] Siehe Armin Nassehi, Eliten als Differenzierungsparasiten: Skizze eines Forschungsprogramms. In: Ronald Hitzler, Stefan Hornbostel und Cornelia Mohr (Hrsg.), Elitenmacht. Wiesbaden: VS Verlag für Sozialwissenschaften, 2004, S. 25-42. Na

gut, ich übertreibe. Tatsächlich vermutet Nassehi nur, dass Eliten die Differenz der Funktionssysteme dort im Sinne struktureller Kopplungen ausnutzen, wo diese Differenz als Moment einer Gesellschaft dargestellt werden kann und muss.

51 Siehe Wasner, Eliten in Europa, S. 119 ff.

52 Klassisch: Erving Goffman, The Presentation of Self in Everyday Life. New York: Anchor Books, 1959.

53 Siehe Harrison C. White, Network Switchings and Bayesian Forks: Reconstructing the Social and Behavioral Sciences. In: Social Research 62 (1995), S. 1035-1063, hier: S. 1054 ff.

54 Siehe Mills, The Power Elite.

55 Etwa im Sinne von Kenneth J. Arrow, Essays in the Theory of Risk-Bearing. Amsterdam: North-Holland, 1974, S. 121 ff.

56 Siehe zum Konzept der Selbstähnlichkeit Andrew Abbott, Chaos of Disciplines. Chicago: Chicago UP, 2001, S. 157 ff.

57 Man kann noch nicht davon sprechen, dass es in der soziologischen Theorie eine Einigkeit darüber gibt, wie Spencer-Browns Formbegriff zu verstehen ist. Siehe jedoch zur Klarstellung einer Leseweise, die davon ausgeht, dass beide Seiten einer Unterscheidung auf einen Sachverhalt verweisen, Tatjana Schönwälder, Katrin Wille, und Thomas Hölscher, George Spencer-Brown: Eine Einführung in die »Laws of Form«. Wiesbaden: VS Verlag für Sozialwissenschaften, 2004, S. 80 f.

58 Im Sinne von Luhmann, Die Gesellschaft der Gesellschaft, S. 1109 ff.

59 Noch einmal Luhmann, Die Politik der Gesellschaft, S. 28 f.

60 Im Sinne von Norbert Wiener, Cybernetics, or Control and Communication in the Animal and the Machine. 2. Aufl., Cambridge, Mass.: MIT Pr., 1961; Ranulph Glanville, The Question of Cybernetics. In: Cybernetics and Systems 18 (1987), S. 99-112.

61 Siehe Louis Dumont, Homo hierarchicus: Essai sur le système de castes. Paris: Gallimard, 1966; ders., Homo aequalis: Genèse et épanouissement de l'idéologie économique. Paris: Gallimard, 1977.

62 Siehe Niklas Luhmann, Ökologische Kommunikation: Kann die moderne Gesellschaft sich auf ökologische Gefährdungen einstellen? Opladen: Westdeutscher Verl., 1986.

Soziale Hilfe als Funktionssystem der Gesellschaft, Erstveröffentlichung in: Zeitschrift für Soziologie 23 (1994), S. 93-110

1 Siehe etwa Klaus Hurrelmann, Franz-Xaver Kaufmann und Friedrich Lösel (Hrsg.), Social Intervention: Potential and Constraints. Berlin und New York: de Gruyter, 1987; Günter Albrecht und Hans-Uwe Otto (Hrsg.), Social Prevention and the Social Sciences: Theoretical Controversies, Research Problems, and Evaluation Strategies. Berlin und New York: de Gruyter, 1991.

2 So Mike Simpkin, Trapped Within Welfare: Surviving Social Work. 2. Aufl. London: Macmillan, 1983, S. 3. Siehe zu den Paradoxien professionellen Handelns in Sozialarbeit und Sozialpädagogik auch Regine Gildemeister, Als Helfer überleben: Beruf und Identität in der Sozialarbeit/Sozialpädagogik. Neuwied und Darmstadt: Luchterhand, 1983, S. 64 ff.; und Fritz Schütze, Sozialarbeit als »bescheidene« Profession. In: Bernd Dewe, Wilfried Ferchhoff und Frank-Olaf Radtke (Hrsg.), Erziehen als Profession: Zur Logik professionellen Handelns in pädagogischen Feldern. Opladen: Leske & Budrich, 1992, S. 132-170.

3 Wenn Klaus P. Japp und Thomas Olk in ihren Arbeiten darauf hinweisen, dass soziale Arbeit und soziale Hilfe einerseits Formen der Kontrolle von Abweichungen seien, andererseits jedoch zunehmend die Standards unklar würden, an denen die Abweichungen gemessen werden können, markieren sie das Dilemma der theoretischen Reflexion, ohne bereits aus ihm herauszuführen. Siehe Klaus Peter Japp und Thomas Olk, Identitätswandel und soziale Dienste: Thesen zur Reorganisation behördlicher Sozialarbeit. In: Soziale Welt 32 (1981), S. 143-167; Klaus Peter Japp, Kontrollfunktionen in der Sozialarbeit. In: Thomas Olk und Hans-Uwe Otto (Hrsg.), Gesellschaftliche Perspektiven der Sozialarbeit 4: Lokale Sozialpolitik und Selbst-

hilfe. Neuwied: Luchterhand, 1985, S. 95-115; ders., Wie psychosoziale Dienste organisiert werden: Widersprüche und Auswege. Frankfurt a. M. und New York: Campus, 1986; Thomas Olk, Abschied vom Experten: Sozialarbeit auf dem Weg zu einer alternativen Professionalität. Weinheim und München: Juventa, 1986.

4 Siehe Erving Goffman, Stigma: Über Techniken der Bewältigung beschädigter Identität. Aus dem Amerikanischen von Frigga Haug. Frankfurt a. M.: Suhrkamp, 1975, S. 10f.

5 Siehe Howard S. Becker, Outsiders: Studies in the Sociology of Deviance. 2. Aufl. New York: Free Pr., 1973; und Edwin M. Schur, Labeling Deviant Behavior: The Sociological Implications. New York: Harper & Row, 1971.

6 Siehe dazu reichhaltige und durchaus parasitenfreundliche Bemerkungen bei Theodor M. Bardmann, Parasiten – nichts als Parasiten! Einführende Bemerkungen zu einer Parasitologie der Sozialarbeit. In: Delfin XIV (1990), S. 69-76, der sich mit Recht keine Gesellschaft ohne Parasiten, kein System ohne Störung vorstellen möchte.

7 Vgl. Stephan Wolff, Die Produktion von Fürsorglichkeit. Bielefeld: AJZ, 1983; Dorothy Scott, Meaning Construction and Social Work. In: Social Service Review 63 (1989), S. 39-51; dies., Practice Wisdom: The Neglected Source of Practice Research. In: Social Work 35 (1990): S. 564-568.

8 So Gerald Caplan, Support Systems and Community Mental Health. New York: Behavioral Publ., 1974; James K. Whittaker, James Garbarino and Associates, Social Support Networks: Informal Helping in the Human Services. New York: Aldine, 1983; Frank Nestmann, Die alltäglichen Helfer: Theorien sozialer Unterstützung und eine Untersuchung alltäglicher Helfer aus vier Dienstleistungsberufen. Berlin und New York: de Gruyter, 1988.

9 Siehe Thomas Olk und Hans-Uwe Otto (Hrsg.), Der Wohlfahrtsstaat in der Wende: Umrisse einer zukünftigen Sozialarbeit. Weinheim und München: Juventa, 1985; dies. (Hrsg.), Soziale Dienste im Wandel 3: Lokale Sozialpolitik und Selbsthilfe. Neuwied und Frankfurt a. M.: Luchterhand, 1989.

10 Im Sinne von Guido Calabresi und Philip Bobbitt, Tragic Choices. New York: Norton, 1978.

11 Siehe zu den erforderlichen Umstellungen im Inklusionsbegriff Niklas Luhmann, Politische Theorie im Wohlfahrtsstaat. München und Wien: Olzog, 1981, S. 25ff.; ders., Inklusion und Exklusion. In: Bernd Giesen (Hrsg.), Nationale und kulturelle Identitäten. Bd. 2. Frankfurt a. M.: Suhrkamp, 1993; Rudolf Stichweh, Inklusion und Exklusion: Studien zur Gesellschaftstheorie. Bielefeld: transcript, 2005.

12 Man kann dazu auch auf neuere, bei Durkheim bereits angelegte Theorien der Individualisierung zurückgreifen, die die Person als das ausgeschlossene Dritte der Differenz von Konformität und Abweichung behandeln und Individualisierung dementsprechend als Sprengung der Differenz. Siehe dazu mit explizitem Bezug auf Parsons; Niklas Luhmann, Soziale Systeme: Grundriß einer allgemeinen Theorie. Frankfurt a. M.: Suhrkamp, 1984, S. 312f. Siehe ferner ders., Die gesellschaftliche Differenzierung und das Individuum. In: Thomas Olk, Hans-Uwe Otto (Hrsg.), Soziale Dienste im Wandel 1: Helfen im Sozialstaat. Neuwied und Frankfurt a. M.: Luchterhand, 1987, S. 121-137; ders., Individuum, Individualität, Individualismus. In: ders., Gesellschaftsstruktur und Semantik: Studien zur Wissenssoziologie der modernen Gesellschaft. Bd, 3, Frankfurt a. M.: Suhrkamp, 1989, S. 149-258; sowie Ulrich Beck, Risikogesellschaft: Auf dem Weg in eine andere Moderne. Frankfurt a. M.: Suhrkamp, 1986, S. 115ff. Individualisierung wird dabei nicht in Differenz zur Gesellschaft gedacht, sondern in ein wechselseitiges Steigerungsverhältnis zu dieser gebracht, in das dann auch Referenzen auf Funktionssysteme, Organisationen und Interaktionen eingetragen werden können.

13 Stephan Wolff, Die Produktion von Fürsorglichkeit, S. 12, denkt die Sozialarbeit explizit als abweichendes Handeln, das in dem Maße, in dem es gelingt, »wirkliche Abweichung« zu vermeiden erlaubt. Das ist unverkennbar ein souveräner Begriff der Sozialarbeit und darüber hinaus auch ein Begriff, der den Eingriff der Sozialarbeit in die Gesellschaft als Abweichungsverstärkung auf beiden Seiten, auf den Seiten der Sozialarbeit wie der Gesellschaft, deutlich zu machen versteht. Allerdings eignet dieser Abweichungsverstärkung, da niemals klar sein kann, was

»wirkliche« Abweichung wäre, ein Zug der Fatalität, der wiederum vieles von der Karriere der Sozialarbeit in der modernen Gesellschaft einfängt, gleichzeitig jedoch der Sozialarbeit nur die Hoffnung auf die Pragmatik von »tragic choices« lässt.

14 Siehe zur Begrifflichkeit von operationaler Schließung, struktureller Kopplung und Irritation beziehungsweise Perturbation Humberto R. Maturana, Biologie der Realität. Aus dem Englischen von Wolfram K. Köck, Frankfurt a. M.: Suhrkamp, 2000. Obwohl Maturana seine Theorie der Kognition als eine biologische Theorie angelegt hat, ist sie bisher überwiegend in Bereichen rezipiert worden, die an der Eigendynamik von Kommunikation interessiert sind, nämlich in der soziologischen Theorie, in der Familientherapie und in der Organisationsberatung.

15 Siehe dazu auch Niklas Luhmann, Das Recht der Gesellschaft. Frankfurt a. M.: Suhrkamp, 1993, S. 236, Fn. 54.

16 Siehe Niklas Luhmann, Gesellschaftliche Struktur und semantische Tradition. In: ders., Gesellschaftsstruktur und Semantik: Studien zur Wissenssoziologie der modernen Gesellschaft. Bd. 1. Frankfurt a. M.: Suhrkamp, 1980, S. 9-71, hier: S. 27 f.; und Renate Mayntz, Funktionelle Teilsysteme in der Theorie sozialer Differenzierung. In: dies. u.a., Differenzierung und Verselbständigung: Zur Entwicklung gesellschaftlicher Teilsysteme. Frankfurt a. M.: Campus, 1988, S. 11-44.

17 Im Sinne von Johannes Berger und Claus Offe, Die Entwicklungsdynamik des Dienstleistungssektors. In: Leviathan 8 (1980), S. 41-75.

18 Siehe Niklas Luhmann, Formen des Helfens im Wandel gesellschaftlicher Bedingungen. In: ders., Soziologische Aufklärung 2: Aufsätze zur Theorie der Gesellschaft. 2. Aufl. Opladen: Westdeutscher Verl., 1982, S. 134-149, hier: S. 135.

19 Luhmann, Formen des Helfens, nennt verschiedene Formen, in denen Helfen gesellschaftlich institutionalisiert wurde und wird, erwägt jedoch nicht die Möglichkeit, es mit einem Funktionssystem zu tun zu haben.

20 Siehe Luhmann, Soziale Systeme, S. 624 f.

21 Vgl. Helmut Willke, Systemtheorie: Eine Einführung in die Grundprobleme der Theorie sozialer Systeme. 4., überarb. Aufl. Stuttgart: G. Fischer, 1993, S. 103 ff.

22 Siehe zum zugrunde liegenden Kommunikationsbegriff Luhmann, Soziale Systeme, Kap. 4.

23 Siehe Niklas Luhmann, Das Kind als Medium der Erziehung. In: Zeitschrift für Pädagogik 37 (1991), S. 19-40, hier: S. 35 f.

24 Siehe Niklas Luhmann, Ökologische Kommunikation: Kann die moderne Gesellschaft sich auf ökologische Gefährdungen einstellen? Opladen: Westdeutscher Verl., 1986, S. 75 ff.

25 Siehe Walter Benjamin, Zur Kritik der Gewalt. in Gesammelte Schriften. Band II. 1. Frankfurt a. M.: Suhrkamp, 1977, S. 179-203, hier: S. 200.

26 Siehe Rudolf Stichweh, Professionalisierung, Ausdifferenzierung von Funktionssystemen, Inklusion: Betrachtungen aus systemtheoretischer Sicht. In: Bernd Dewe, Wilfried Ferchhoff und Frank-Olaf Radtke (Hrsg.), Erziehen als Profession: Zur Logik professionellen Handelns in pädagogischen Feldern. Opladen: Leske & Budrich, 1992, S. 36-48, hier: S. 41.

27 Siehe William E. Gordon, Basic Constructs for an Integrative and Generative Conception of Social Work. In: Gordon Hearn (Hrsg.), The General Systems Approach: Contributions Toward an Holistic Conception of Social Work. New York: Council on Social Work Education, 1969, S. 5-11; Gordon Hearn, General Systems Theory and Social Work. In: Francis J. Turner (Hrsg.), Social Work Treatment: Interlocking Theoretical Approaches. New York: Free Pr., 1974, S. 343-371.

28 Siehe William John Ickes und Robert F. Kidds, An Attributional Analysis of Helping Behavior. In: John H. Harvey und dies. (Hrsg.), New Directions in Attribution Research, Bd. 1. Hillsdale, N.J: Erlbaum, 1976, S. 311-334.

29 Vgl. Alan Keith-Lucas, The Helping Art of Social Work. In: Arthur E. Fink, Jane H. Pfouts, Andrew W. Dobelstein (Hrsg.), The Field of Social Work. 8. Aufl. Beverly Hills: Sage, 1985, S. 33-49.

30 Siehe Talcott Parsons, The Social System. New York: Free Pr., 1951, S. 299 f.

31 So Stanley Wenocur und Michael Reisch, From Charity to Enterprise: The Development of American Social Work in a Market Economy. Chicago: Illinois UP, 1989, S. 30 ff. und 92 ff.

32 Vgl. Thomas Walz und Victor Groze, The Mission of Social Work Revisited: An Agenda for the 1990s. In: Social Work 36 (1991), S. 500-504.

33 So Luhmann, Formen des Helfens im Wandel gesellschaftlicher Bedingungen, S. 141.

34 So Hauke Brunkhorst und Hans-Uwe Otto, Soziale Arbeit als gerechte Praxis. In: Neue Praxis 19 (1989), S. 372-374, hier: S. 372.

35 So Peter Lüssi, Systemische Sozialarbeit: Praktisches Lehrbuch der Sozialberatung. Bern und Stuttgart: Haupt, 1991, S. 127.

36 Siehe dazu Luhmann, Das Recht der Gesellschaft, S. 214 ff.

37 So Micha Brumlik, Reflexionsgewinne durch Theoriesubstitution? Was kann die Systemtheorie der Sozialpädagogik anbieten? In: Jürgen Oelkers und Heinz-Elmar Tenorth (Hrsg.), Pädagogik, Erziehungswissenschaft und Systemtheorie. Weinheim und Basel: Beltz, 1987, S. 232-258, hier: S. 245 ff., im Anschluss an Wolff, Die Produktion von Fürsorglichkeit, S. 3 und 70 ff.

38 Siehe zu einem aus der Differenz von loser und fester Kopplung gewonnenen Medienbegriff Fritz Heider, Ding und Medium. Berlin: Kulturverlag Kadmos, 2005. Niklas Luhmann, Die Wissenschaft der Gesellschaft. Frankfurt a. M.: Suhrkamp, 1990, S. 186, diskutiert eine Möglichkeit, diesen Medienbegriff mit dem von Talcott Parsons entwickelten Begriff symbolisch generalisierter Tauschmedien zu kombinieren.

39 Siehe Japp, Wie psychosoziale Dienste organisiert werden, S. 62 und öfter.

40 Siehe Schur, Labeling Deviant Behavior, S. 82 ff.; Karlheinz Wöhler, Behinderung als Systemerzeugnis. In: Günter Albrecht, Manfred Brusten (Hrsg.), Soziale Probleme und Soziale Kontrolle: Neue empirische Forschungen, Bestandsaufnahmen und kritische Analysen. Opladen: Westdeutscher Verl., 1982, S. 112-123; Wolff, Die Produktion von Fürsorglichkeit, S. 121 f.; Olk, Abschied vom Experten, S. 170 f.; Laura A. Schmidt, Problem Drinker and the Welfare Bureaucracy. In: Social Service Review 64 (1990), S. 390-406.

41 Siehe Charles Perrow, Demystifying Organizations. In: Rosemary C. Saari, Yeheskel Hasenfeld (Hrsg.), The Management of Human Services. New York: Columbia UP, 1978, S. 105-120.

42 Vgl. Japp, Wie psychosoziale Dienste organisiert werden, S. 193 f.

43 Siehe Wolff, Die Produktion von Fürsorglichkeit, S. 21 f.

44 Siehe Luhmann, Ökologische Kommunikation, S. 90 f.

45 Siehe dazu vorsichtig ermutigend Adrienne Windhoff-Héritier, Selbsthilfe-Organisationen: Eine Lösung für die Sozialpolitik der mageren Jahre? In: Soziale Welt 33 (1982), S. 49-65.

46 Vgl. Michael R. Sosin, Decentralizing the Social Service System: A Reassessment. In: Social Service Review 64 (1990), S. 617-636

47 Siehe Hans Geser, Gesellschaftliche Folgeprobleme und Grenzen des Wachstums formaler Organisationen. In: Zeitschrift für Soziologie 11 (1982), S. 113-132, hier: S. 116 ff.

48 So Helmut Willke, Strategien der Intervention in autonome Systeme. In: Dirk Baecker u.a. (Hrsg.), Theorie als Passion: Niklas Luhmann zum 60. Geburtstag. Frankfurt a. M.: Suhrkamp, 1987, S. 333-361, hier: S. 333.

49 Dieser Interventionsbegriff forciert somit genau den Typ von Problemwahrnehmungen, nämlich den umwelt- (also system-)bezogenen Typ in Differenz zum akteurszentrierten Typ, der auch in der Sozialarbeit nach einer Untersuchung von Aaron Rosen und Shula Livne, Personal versus Environmental Emphases in Social Workers' Perceptions of Client Problems. In: Social Service Review 66 (1992), S. 85-96, gegenwärtig zu wenig genutzt wird.

50 Dieser Interventionsbegriff wurde im Zusammenhang einer Theorie selbstorganisierender Systeme ausgearbeitet und wird in der Familientherapie und Organisationsberatung bereits vielfach getestet. Siehe dazu grundsätzlich Heinz von Foerster, Wissen und Gewissen: Versuch einer Brücke. Frankfurt a. M.: Suhrkamp, 1993, S. 233-268; und für den Fall von Sozialarbeit Heinz Jürgen Kersting, Intervention – Die Störung unbrauchbarer Wirklichkeiten. In: Theodor M. Bardmann u.a., Irritation als Plan: Konstruktivistische Einredungen. Aachen: Kersting, 1991, S. 108-133.

51 Siehe dazu vor allem Wenocur und Reisch, From Charity to Enterprise.

52 Reinhard Kreissel, Simulating Social Order: Community and Crime Control. In: Klaus Hurrelmann, Franz-Xaver Kaufmann, Friedrich Lösel (Hrsg.), Social Intervention: Potential and Constraints. Berlin und New York: de Gruyter, 1987, S. 363-379, macht auf die Paradoxie aufmerksam, die in einer sozialarbeiterischen Intervention liegt, die auf eine Gemeinschaft zielt, von der behauptet wird, sie liege aller Gesellschaft voraus, die ihrerseits jedoch in Anspruch genommen werden muss, um Areale für Gemeinschaftsbildung (bis hin zum Gefängnis) auszuweisen.

53 Siehe Luhmann, Die Wissenschaft der Gesellschaft, S. 646.

54 Siehe dazu grundlegend Ranulph Glanville, Inside Every White Box There Are Two Black Boxes Trying To Get Out. In: Behavioral Science 27 (1982), S. 1-11.

55 Siehe Edwin M. Schur, Radical Nonintervention: Rethinking the Delinquency Problem. Englewood Cliffs, N.J.: Prentice-Hall, 1973.

56 Siehe Goffman, Stigma, S. 59.

Zur Krankenbehandlung ins Krankenhaus, bisher unveröffentlicht. Erscheint auch in: Irmhild Saake, Werner Vogd (Hrsg.), Moderne Mythen der Medizin: Studien zu Problemen der organisierten Medizin. Wiesbaden: VS Verlag für Sozialwissenschaften, im Druck.

1 Siehe Johann Jürgen Rohde, Soziologie des Krankenhauses: Zur Einführung in die Soziologie der Medizin. 2., überarb. Aufl., Stuttgart: Enke, 1974, S. 63 ff.; George Rosen, The Hospital: Historical Sociology of a Community Institution. In: Eliot Freidson (Hrsg.), The Hospital in Modern Society. London: Free Pr., 1963, S. 1-36; Dieter Jetter, Grundzüge der Hospitalgeschichte. Darmstadt: wb, 1973; Lindsay Granshaw, Introduction. In: dies. und Roy Porter (Hrsg.), The Hospital in History. London: Routledge, 1989, S. 1-17; Michael Arnold, Die Rolle des Akutkrankenhauses im Versorgungssystem der Zukunft. In: Bernhard Badura, Günter Feuerstein und Thomas Schrott (Hrsg.), System Krankenhaus: Arbeit, Technik und Patientenorientierung. Weinheim: Juventa, 1993, S. 15-27.

2 Siehe dazu Jacques Attali, Die kannibalische Ordnung: Von der Magie zur Computermedizin. Dt. Frankfurt a. M.: Campus, 1981; Michel Foucault, Die Geburt der Klinik: Eine Archäologie des ärztlichen Blicks. Dt. Frankfurt a. M.: Fischer, 1988; Hans-Heinrich Raspe, Institutionalisierte Zumutungen an Krankenhauspatienten. In: Herbert Begemann (Hrsg.), Patient und Krankenhaus. München: Urban & Schwarzenberg, 1976, S. 1-23.

3 So Arnold, Die Rolle des Akutkrankenhauses im Versorgungssystem der Zukunft, S. 16.

4 So Gunnar Stollberg und Ingo Tamm, Die Binnendifferenzierung in deutschen Krankenhäusern bis zum Ersten Weltkrieg. Stuttgart: Steiner, 2001.

5 Jürgen von Troschke, Das Kind als Patient im Krankenhaus: Eine Auswertung der Literatur zum psychischen Hospitalismus. München: Reinhardt, 1974; Ivan Illich, Die Nemesis der Medizin: Die Kritik der Medikalisierung des Lebens. 4., überarb. u. erg. Aufl. Dt. München: Beck, 1995; Charles Perrow, Demystifying Organizations. In: Rosemary C. Saari und Yeheskel Hasenfeld (Hrsg.), The Management of Human Services. New York: Columbia UP, 1978, S. 105-120; J. P. Martin und Debbie Evans, Hospitals in Trouble. Oxford: Blackwell, 1984; David Armstrong, Decline of the Hospital: Reconstructing Institutional Dangers. In: Sociology of Health and Illness 20 (1998), S. 445-457; Alfons Labisch und Reinhard Spree, Krankenhausträger, Krankenhausfinanzierung, Krankenhauspatienten: Zur Einführung in den »Krankenhaus-Report 19. Jahrhundert«. In: dies. (Hrsg.), Krankenhaus-Report 19. Jahrhundert: Krankenhausträger, Krankenhausfinanzierung, Krankenhauspatienten. Frankfurt a. M.: Campus, 2001, S. 13-37; Matthias Schrappe, Patientensicherheit und Risikomanagement. In: Medizinische Klinik 100 (2005), S. 478-485.

6 So Charles Rosenberg, The Care of Strangers: The Rise of America's Hospital System. New York: Basic Books, 1987, S. 4.

7 Siehe Johannes Sigrist, Arbeit und Interaktion im Krankenhaus: Vergleichende medizinsoziologische Untersuchungen in Akutkrankenhäusern. Stuttgart: Enke, 1978; Bernhard Badura, Systemgestaltung im Gesundheitswesen: das Beispiel Krankenhaus. In: Bernhard Badura, Günter Feuerstein und Thomas Schrott (Hrsg.),

System Krankenhaus: Arbeit, Technik und Patientenorientierung. Weinheim: Juventa, S. 1993, 28-40; Jürgen M. Pelikan und Ernst Halbmayer, Gesundheitswissenschaftliche Grundlagen zur Strategie des Gesundheitsfördernden Krankenhauses. In: Jürgen M. Pelikan und Stephan Wolff (Hrsg.), Das gesundheitsfördernde Krankenhaus: Konzepte und Beispiele einer lernenden Organisation. München: Juventa, 1999, S. 13-36; Stephan Wolff, Organisationswissenschaftliche Grundlagen: Das Krankenhaus als Organisation. In: Jürgen M. Pelikan und Stephan Wolff (Hrsg.), Das gesundheitsfördernde Krankenhaus: Konzepte und Beispiele einer lernenden Organisation. München: Juventa, 1999, S. 37-50; Ralph Grossmann und Klaus Scala, Krankenhäuser als Organisationen steuern und entwickeln. In: dies. (Hrsg.), Intelligentes Krankenhaus: Innovative Beispiele der Organisationsentwicklung in Krankenhäusern und Pflegeheimen. Wien: Springer, 2002, S. 12-31.

8 Siehe hierzu W. Richard Scott, Martin Ruef, Peter J. Mendel und Carol A. Caronna, Institutional Change and Healthcare Organizations: From Professional Dominance to Managed Care. Chicago: Chicago UP, 2000.

9 Siehe Paul Atkinson, Medical Talk and Medical Work: The Liturgy of the Clinic. London: Sage, 1995.

10 Siehe Werner Vogd, Professionalisierungsschub oder Auflösung ärztlicher Autonomie: Die Bedeutung von Evidence Based Medicine und der neuen funktionalen Eliten in der Medizin aus system- und interaktionstheoretischer Perspektive. In: Zeitschrift für Soziologie 31 (2002), S. 294-315; und Bernhard Badura (Hrsg.), Gesundheitsmanagement in Krankenhäusern und Pflegeeinrichtungen. Berlin: Springer, 2005.

11 Vgl. Talcott Parsons, The Social System. New York: Free Pr., 1951; Niklas Luhmann, Soziale Systeme: Grundriß einer allgemeinen Theorie. Frankfurt a. M.: Suhrkamp, 1984; ders., Die Gesellschaft der Gesellschaft. Frankfurt a. M.: Suhrkamp, 1997.

12 Siehe vor allem Harrison C. White, Identity and Control: A Structural Theory of Action. Princeton, NJ: Princeton UP, 1992.

13 Siehe Dirk Baecker, Form und Formen der Kommunikation. Frankfurt a. M.: Suhrkamp, 2005.

14 So Johannes Sigrist, Der Doppelaspekt der Patientenrolle im Krankenhaus: Empirische Befunde und theoretische Überlegungen. In: Herbert Begemann (Hrsg.), Patient und Krankenhaus. München: Urban & Schwarzenberg, 1976, S. 25-48, hier: S. 44.

15 Ebd., S. 29 ff.

16 Siehe nur Edmund A. M. Neugebauer et al., Akutschmerztherapie: Ein Curriculum für Chirurgen. Bremen: Uni-Med Verlag, 2003.

17 Vgl. Eric A. Havelock, Preface to Plato. Oxford: Blackwell, 1963.

18 Siehe etwa Urban Wiesing (Hrsg.), Ethik in der Medizin: Ein Arbeitsbuch. 2., überarb. und erw. Aufl. Dietzingen: Reclam, 2004; Norbert Steinkamp und Bert Gordijn, Ethik in Klinik und Pflegeeinrichtung: Ein Arbeitsbuch. 2., überarb. Aufl. Newied: Luchterhand, 2005.

19 Siehe zur Ausarbeitung der Grundlagen einer entsprechenden Sprach- und Kommunikationstheorie Kenneth Burke, A Dramatistic View of the Origins of Language. In: The Quarterly Journal of Speech 38 (1952), S. 251-264, und 39 (1953), S. 446-460; im Kontext von ders., A Grammar of Motives. Reprint Berkeley: California UP, 1969. Und allgemein Paul Watzlawick, Wie wirklich ist die Wirklichkeit? Wahn, Täuschung und Verstehen. Dt. München: Piper, 1976.

20 Siehe hierzu die Überlegungen zur Homöopathie von Werner Vogd, Systemtheorie und rekonstruktive Sozialforschung: Eine empirische Versöhnung unterschiedlicher theoretischer Perspektiven. Opladen: Budrich, 2005, S. 199 ff.

21 Siehe Talcott Parsons, Some Theoretical Considerations Bearing on the Field of Medical Sociology. In: ders., Social Structure and Personality. New York: Free Pr., 1964, S. 325-358.

22 Siehe Paul Ridder, Patient im Krankenhaus: Personenbezogener Dienst auf der Station. Bd. I: Die Trauer des Leibes, Bd. II: Die Teilung der Arbeit. Stuttgart: Enke, 1980, vor allem Bd. I, S. 67 ff.

23 Vgl. Erving Goffman, Wir alle spielen Theater: Die Selbstdarstellung im Alltag. Aus dem Amerikanischen von Peter Weber-Schäfer. München: Piper, 1969, S. 99 ff. und 189 ff.

24 Nach Chester I. Barnard, The Functions of the Executive. Reprint Cambridge, Mass.: Harvard UP, 1968.

25 Siehe Armstrong, Decline of the Hospital, S. 447 f.

26 Siehe nur Arnold Gehlen, Die Seele im technischen Zeitalter: Sozialpsychologische Probleme in der industriellen Gesellschaft. Hamburg: Rowohlt, 1957; und Luhmann, Die Gesellschaft der Gesellschaft, S. 517 ff.

27 Siehe hierzu Erving Goffman, Asyle: Über die soziale Situation psychiatrischer Patienten und anderer Insassen. Dt. Frankfurt a. M.: Suhrkamp, 1977; und vgl. Michel Foucault, Wahnsinn und Gesellschaft: Eine Geschichte des Wahns im Zeitalter der Vernunft. Dt. Frankfurt a. M.: Suhrkamp, 1969.

28 Siehe Marc Berg, Practices of Reading and Writing: The Constitutive Role of the Patient Record in Medical Work. In: Sociology of Health and Illness 18 (1996), S. 499-524; ders. und Geoffrey Bowker, The Multiple Bodies of the Medical Record: Toward a Sociology of an Artifact. In: The Sociological Quarterly 38 (1997), S. 513-537.

29 Siehe hierzu Robert Rosen, Anticipatory Systems: Philosophical, Mathematical and Methodological Foundations. Oxford: Pergamon Pr., 1985.

30 Siehe Anselm Strauss, Leonarda Schatzman, Danuta Ehrlich, Rue Bucher und Melvin Sabshin, The Hospital and Its Negotiated Order. In: Eliot Freidson (Hrsg.), The Hospital in Modern Society. London: Free Pr., 1963, S. 147-169; Anselm Strauss, Shizuko Fagerhaug, Barbara Suczek und Carolyn Wiener, Social Organization of Medical Work. Chicago: Chicago UP, 1985.

31 Siehe Werner Vogd, Ärztliche Entscheidungsprozesse des Krankenhauses im Spannungsfeld von System- und Zweckrationalität: Eine qualitativ-rekonstruktive Studie unter dem besonderen Blickwinkel von Rahmen (»frames«) und Rahmungsprozessen. Berlin: VWF, 2004; ders., Ärztliche Entscheidungsfindung im Krankenhaus bei komplexer Fallproblematik im Spannungsfeld von Patienteninteressen und administrativ-organisatorischen Bedingungen. In: Zeitschrift für Soziologie 33 (2004), S. 26-47.

32 Vogd, Ärztliche Entscheidungsfindung, unter Verweis auf Niklas Luhmann, Zweckbegriff und Systemrationalität: Über die Funktion von Zwecken in sozialen Systemen. Neuausgabe Frankfurt a. M.: Suhrkamp, 1977.

33 Siehe Luhmann, Zweckbegriff und Systemrationalität, S. 101 f.

34 Siehe Guido Calabresi und Philip Bobbitt, Tragic Choices. New York: Norton, 1978.

35 Im Sinne von Dirk Baecker, Wozu Systeme? Berlin: Kulturverlag Kadmos, 2002, S. 126-169.

36 Siehe Paul Valéry, Reflexions simples sur le corps. In: Œuvres. Edition établie et annotée par Jean Hytier, Bd. 1. Paris: Gallimard, 1957, S. 923-931.

37 Nach wie vor maßgebend: Herbert A. Simon, Administrative Behavior: A Study of Decision-Making Processes in Administrative Organization. 4., kommentierte Aufl., New York: Free Pr., 1997.

38 In: Gregory Bateson, Mind and Nature: A Necessary Unity. New York: Dutton, 1979, S. 208.

39 Siehe George Spencer-Brown, Die Gesetze der Form. Aus dem Englischen von Thomas Wolf, Lübeck: Bohmeier, 1997.

40 Siehe hierzu Baecker, Form und Formen der Kommunikation.

41 Anregend: Louis H. Kauffman, Network Synthesis and Varela's Calculus. In: International Journal of General Systems 4 (1978), S. 179-187.

42 Im Sinne von Heinz von Foerster, Wissen und Gewissen: Versuch einer Brücke. Hrsg. von Siegfried J. Schmidt, Frankfurt a. M.: Suhrkamp, 1993.

43 Vgl. Warren Weaver, Science and Complexity. In: American Scientist 36 (1948), S. 536-544; Edgar Morin, Complexity. In: International Social Science Journal 26, 1974, S. 555-582.

44 So W. Ross Ashby, Requisite Variety and Its Implications for the Control of Complex Systems. In: Cybernetica 1 (1958), S. 83-99.

45 Siehe Claude E. Shannon, A Mathematical Theory of Communication. In: Bell System Technical Journal 27 (July und October 1948), S. 379-423 und S. 623-656;

und Norbert Wiener, Cybernetics, or Control and Communication in the Animal and the Machine. 2. Aufl., Cambridge, Mass.: MIT Pr., 1961.

46 So Ranulph Glanville, The Question of Cybernetics. In: Cybernetics and Systems 18 (1987), S. 99-112.

47 So Niklas Luhmann, Der medizinische Code. In: ders., Soziologische Aufklärung 5: Konstruktivistische Perspektiven. Opladen: Westdeutscher Verl., 1990, S. 183-195; vgl. auch Jost Bauch, Gesundheit als sozialer Code: Von der Vergesellschaftung des Gesundheitswesens zur Medikalisierung der Gesellschaft. Weinheim: Juventa, 1996.

48 Siehe Vogd, Professionalisierungsschub oder Auflösung ärztlicher Autonomie.

49 Ich danke Julia Pütz für ihren Hinweis auf diesen Sachverhalt.

50 Siehe Parsons, The Social System, S. 297 ff.; und vgl. Irmhild Saake, Die Performanz des Medizinischen: Zur Asymmetrie in der Arzt-Patienten-Interaktion. In: Soziale Welt 54 (2003), S. 429-460.

51 Siehe Pelikan und Halbmayer, Gesundheitswissenschaftliche Grundlagen; und Werner Vogd, Medizin und Gesundheitswissenschaften: Rekonstruktion einer schwierigen Beziehung. In: Soziale Systeme 11 (2005).

52 Siehe Mary E. W. Gross, Patterns of Bureaucracy among Hospital Staff Physicians. In: Eliot Freidson (Hrsg.), The Hospital in Modern Society. London: Free Press, 1963, S. 170-194; und Strauss et al., Social Organization of Medical Work.

53 Im Sinne von Giorgio Agamben, Homo Sacer: Die souveräne Macht und das nackte Leben. Dt. Frankfurt a. M.: Suhrkamp, 2002.

54 Siehe Andrew Abbott, The System of the Professions: An Essay on the Division of Expert Labor. Chicago: Chicago UP, 1988, insbes. S. 280 ff.

55 Siehe Peter Fuchs und Andreas Göbel (Hrsg.), Der Mensch – das Medium der Gesellschaft? Frankfurt a. M.: Suhrkamp, 1994; N. Katherine Hayles, How We Became Posthuman: Virtual Bodies in Cybernetics, Literature, and Informatics. Chicago: Chicago UP, 1999.

56 Siehe auch die Vorstellung einer die Ungewissheit der Krankenbehandlung adressierenden und bewältigenden »Liturgie« der Klinik bei Renée C. Fox, The Sociology of Medicine. Englewood Cliffs, NJ: Prentice-Hall, 1989; und Atkinson, Medical Talk and Medical Work.

57 Siehe White, Identity and Control, S. 30.

58 Vgl. Jetter, Grundzüge der Hospitalgeschichte.

59 Siehe dazu den Rationalitätsbegriff bei Luhmann, Die Gesellschaft der Gesellschaft, S. 171 ff.

60 Siehe Helmut Schelsky (Hrsg.), Zur Theorie der Institution. Düsseldorf: Bertelsmann Universitätsverl., 1970.

61 Siehe Cyril Elgood, A Medical History of Persia and the Eastern Caliphate from the Earliest Times until the Year A.D. 1932. Cambridge: Cambridge UP, 1951, S. 125 ff.

62 Vgl. Arthur L. Stinchcombe, When Formality Works: Authority and Abstraction in Law and Organizations. Chicago: Chicago UP, 2001.

63 Siehe Niklas Luhmann, Die Weltgesellschaft. In: Archiv für Rechts- und Sozialphilosophie 57 (1971), S. 1-35.

64 Vgl. Dirk Baecker, Wozu Soziologie? Berlin: Kulturverlag Kadmos, 2004, S. 125 ff.

65 Von der »next society« spricht Peter F. Drucker, The next society. In: The Economist, 3. November 2001, und trifft damit den wichtigen Punkt, dass die Sozialordnung der Gesellschaft sich umzustellen beginnt von der »modernen« Orientierung an den Modalitäten der Sache auf eine je aktuelle Orientierung an temporalen Fragen der Sicherung von Anschlussfähigkeit (»Nachhaltigkeit«).

66 Vgl. The Economist, The Computer Will See You Now, 8. Dezember 2005.

67 Siehe nicht nur skeptisch: Marc Berg, Rationalizing Medical Work: Decision-Support Techniques and Medical Practices. Cambridge, Mass.: MIT Pr., 1997.

68 Siehe Tim O'Reilly, What Is Web 2.0? Design Patterns and Business Models for the Next Generation of Software, 2005, http://www.oreillynet.com/pub/a/oreilly/tim/news/2005/09/30/what-is-web-20.html.

[69] Siehe Susan Leigh Star, The Structure of Ill-Structured Solutions: Boundary Objects and Heterogenous Distributed Problem Solving. In: Les Gasser und Michael N. Huhns (Hrsg.), Distributed Artificial Intelligence, Bd. 2. London: Pitman, 1989, S. 37-54. – Das müsste sich als ein reiches Feld für die ethnologische, ethnomethodologische und kulturanthropologische Forschung erweisen, wenn diese sich angewöhnen könnte, nicht nur Narrationen zu untersuchen, so als sei damit, dass man belegt, wie wir unsere Praxis mit Geschichten begleiten, bereits eine Erkenntnis gewonnen, sondern auch zu fragen, um welche Objekte diese Narrationen typischerweise kreisen. Siehe zur Kulturanthropologie das Lehrbuch von Carol Delaney, Investigating Culture: An Experiential Introduction to Anthropology. Malden, Mass.: Blackwell, 2004.

[70] Im Sinne von Manuel Castells, Die Internet-Galaxie: Internet, Wirtschaft und Gesellschaft. Aus dem Englischen von Reinhart Kößler. Wiesbaden: VS Verlag für Sozialwissenschaften, 2005.

[71] Vgl. dem Problem angemessen: Michael Giesecke, Der Buchdruck in der frühen Neuzeit: Eine historische Fallstudie über die Durchsetzung neuer Informations- und Kommunikationstechnologien. Frankfurt a. M.: Suhrkamp, 1991.

[72] So Foucault, Wahnsinn und Gesellschaft; ders., Die Geburt der Klinik; Stinchcombe, When Formality Works.

[73] Siehe David Stark, Heterarchy: Distributing Authority and Organizing Diversity. In: John Henry Clippinger III (Hrsg.), The Biology of Business: Decoding the Natural Laws of Enterprise. San Francisco: Jossey-Bass, 1999, S. 153-179.

[74] Siehe Granshaw, Introduction, S. 10.

[75] Siehe Robert G. Eccles und Harrison C. White, Firm and Market Interfaces of Profit Center Control. In: Siegwart Lindenberg, James S. Coleman und Stefan Nowak (Hrsg.), Approaches to Social Theory. New York: Russell Sage, 1986, S. 203-220.

[76] Siehe Warren S. McCulloch, A Heterarchy of Values Determined by the Topology of Nervous Nets. In: ders., Embodiments of Mind. 2. Aufl., Cambridge, Mass.: MIT Pr., 1989, S. 40-45; Weaver, Science and Complexity; Barbara Herrnstein Smith und Arkady Plotnitsky, Networks and Symmetries, Decidable and Undecidable. In: South Atlantic Quarterly 94, no. 2 (1995), S. 371-388.

[77] Vgl. Kauffman, Network Synthesis and Varela's Calculus.

[78] Mit Werner Vogd, Ärztliche Entscheidungsprozesse, S. 411 f., ist zu vermuten, dass dieses Netzwerk sich selbst bestimmender Entscheidungen von einer Form der personalisierten und hierarchisierten Unsicherheitsabsorption abhängig ist, die er auf den Begriff des »Chefarzts als Joker« bringt.

[79] Siehe noch einmal Scott et al., Institutional Change and Health Organizations.

[80] Siehe Michael D. Cohen, James G. March und Johan P. Olsen, A Garbage Can Model of Organizational Choice. In: Administrative Science Quarterly 17 (1972), S. 1-25; und Carol A. Heimer, und Arthur L. Stinchcombe, Remodelling the Garbage Can: Implications of the Origin of Items in Decision Streams. In: Morten Egeberg und Per Lægreid (Hrsg.), Organizing Political Institutions: Essays for Johan P. Olsen. Oslo: Scandinavian UP, 1999, S. 25-75.

[81] Dieses Schicksal teilen die Krankenhäuser mit fast allen Organisationen der Gegenwart. Siehe zur gegenwärtig typischen Kluft zwischen der lose gekoppelten Netzwerkpraxis der Organisationen auf der einen Seite und ihrer institutionellen Einheitsbeschreibung auf der anderen Seite auch Tim Hindle, The New Organisation: A Survey of the Company. In: The Economist, 21. Januar 2006.

[82] Siehe hierzu Donald T. Campbell, Variation and Selective Retention in Socio-Cultural Evolution. In: General Systems 14 (1969), S. 69-85; Karl E. Weick, Der Prozeß des Organisierens. Aus dem Amerikanischen von Gerhard Hauck. Frankfurt a. M.: Suhrkamp, 1985.

[83] Vgl. Michael Power, The Audit Society: Rituals of Verification. Oxford: Oxford UP, 1997; und Grossmann und Scala, Krankenhäuser als Organisationen steuern und entwickeln.

Erziehung im Medium der Intelligenz, Erstveröffentlichung in: Yvonne Ehrenspeck, Dieter Lenzen (Hrsg.), Beobachtungen des Erziehungssystems: Systemtheoretische Perspektiven. Wiesbaden: VS Verlag für Sozialwissenschaften, 2006, S. 26-66.

1 Siehe Dieter Lenzen und Niklas Luhmann (Hrsg.), Bildung und Weiterbildung im Erziehungssystem: Lebenslauf und Humanontogenese als Medium und Form. Frankfurt a.M.: Suhrkamp, 1999; und vgl. dazu Niklas Luhmann, Das Kind als Medium der Erziehung. In: Zeitschrift für Pädagogik 37 (1991), S. 19-40; sowie ders., Das Erziehungssystem der Gesellschaft. Frankfurt a.M.: Suhrkamp, 2002, S. 82ff.

2 Siehe Jochen Kade, Lebenslauf – Netzwerk – Selbstpädagogisierung: Zum Zusammenhang von Medienentwicklung und institutioneller Strukturbildung bei der Ausdifferenzierung eines Funktionssystems für Erziehung. In: Dieter Lenzen (Hrsg.), Beobachtungen des Erziehungssystems. Im Erscheinen.

3 Im Sinne von Dirk Rustemeyer, Enttäuschende Theorie. In: Zeitschrift für pädagogische Historiographie 7 (2001), S. 106-115.

4 Siehe Dieter Lenzen, Lebenslauf oder Humanontogenese? Vom Erziehungssystem zum kurativen System – von der Erziehungswissenschaft zur Humanvitologie. In: ders. und Luhmann (Hrsg.), Bildung und Weiterbildung im Erziehungssystem, S. 228-247.

5 Siehe hierzu mit der entsprechenden Skepsis Jürgen Wittpoth, Grenzfall Weiterbildung. In: Lenzen und Luhmann (Hrsg.), Bildung und Weiterbildung im Erziehungssystem, S. 71-93.

6 Siehe hierzu die Beiträge »The University ›Bundle‹: A Study of the Balance Between Differentiation and Integration« und »Some Considerations on the Growth of the American System of Higher Education and Research«, in: Talcott Parsons, Action Theory and the Human Condition. New York: Free Pr., 1978, S. 133-153 und S. 115-132; sowie Talcott Parsons und Gerald M. Platt, Die amerikanische Universität: Ein Beitrag zur Soziologie der Erkenntnis. Aus dem Amerikanischen von Michael Bischoff, Frankfurt a.M.: Suhrkamp, 1990.

7 So Parsons, The University »Bundle«, S. 136.

8 Siehe zu Parsons' action-is-system theory: Talcott Parsons, A Paradigm of the Human Condition. In: ders., Action Theory and the Human Condition, S. 352-433.

9 Siehe Daniel Bell, The Coming of Post-Industrial Society: A Venture in Social Forecasting. New York: Basic Books, 1973.

10 Siehe dazu mit einem wachen Sinn für die Ambivalenz von »Theorie« auch Herbert Marcuse, Bemerkungen zu einer Neubestimmung der Kultur. In: ders., Kultur und Gesellschaft 2. Frankfurt a.M.: Suhrkamp, 1965, S. 147-171, hier: S. 161f.

11 Siehe hierzu Parsons, Some Considerations on the Growth of the American System of Higher Education and Research; und vgl. Rudolf Stichweh, Wissenschaft, Universität, Professionen: Soziologische Analysen. Frankfurt a.M.: Suhrkamp, 1994.

12 Siehe Jacques Derrida, Some Statements and Truisms about Neologisms, Newisms, Postisms, Parasitisms, and Other Small Seismisms. In: David Carroll (Hrsg.), The States of »Theory«: History, Art, and Critical Discourse. New York: Columbia UP, 1990, S. 63-94.

13 Siehe Parsons und Platt, Die amerikanische Universität, insbes. S. 403ff.

14 Siehe dazu Talcott Parsons, Social Structure and the Symbolic Media of Interchange. In: ders., Social Systems and the Evolution of Action Theory. New York: Free Pr., 1977, S. 204-228, hier: S. 220ff.

15 Parsons und Platt, Die amerikanische Universität, S. 446ff.

16 Siehe nur, allerdings eher mit Stoßrichtung auf »Intellektuelle« und deren Interesse an Paradoxien, Niklas Luhmann, Gibt es ein »System« der Intelligenz? In: Martin Meyer (Hrsg.), Intellektuellendämmerung. München: Hanser, 1992.

17 Vgl. Parsons und Platt, Die amerikanische Universität, S. 100ff. Siehe zur Einschätzung der Theorieleistung von Parsons auch, als eine Art Nachruf, Niklas Luhmann, Talcott Parsons – Zur Zukunft eines Theorieprogramms. In: Zeitschrift für Soziologie 9 (1980), S. 5-17.

18 Siehe mit diesen Beispielen Parsons, Social Structure and the Symbolic Media of Interchange, S. 217.

19 Im Anschluss an die Unterscheidung von »Ding« und »Medium«, die Fritz Heider, Ding und Medium. Neudruck Berlin: Kulturverlag Kadmos, 2005, vorgeschlagen hat.

20 Siehe dazu Talcott Parsons, The School Class as a Social System: Some of its Functions in American Society. In: ders., Social Structure and Personality. New York: Free Pr., 1964, S. 129-154.

21 Siehe dazu im Einzelnen Robert M. Dreeben, On What is Learned in School. Reading, Mass.: Addison-Wesley, 1968

22 Siehe Parsons, Social Structure and the Symbolic Media of Interchange, S. 220 ff.

23 So, leider ohne die explizite Prüfung von Rollenasymmetrien, Niklas Luhmann, Die Gesellschaft der Gesellschaft, Frankfurt a. M.: Suhrkamp, 1997, S. 370.

24 Vgl. zum folgenden Luhmann, Die Gesellschaft der Gesellschaft, S. 316 ff.; ferner ders., Einführende Bemerkungen zu einer Theorie symbolisch generalisierter Kommunikationsmedien. In: Zeitschrift für Soziologie 3 (1974), S. 236-255 (wiederabgedruckt, in: ders., Soziologische Aufklärung 2: Aufsätze zur Theorie der Gesellschaft. 2. Aufl., Opladen: Westdeutscher Verl., 1980, S. 170-192).

25 Siehe zu einem hier ansetzenden allgemeinen Kommunikationsverständnis Jurgen Ruesch und Gregory Bateson, Communication: The Social Matrix of Psychiatry. Reprint New York: Norton, 1987; und Paul Watzlawick, Janet H. Beavin und Don D. Jackson, Pragmatics of Human Communication: A Study of Interactional Patterns, Pathologies, and Paradoxes. New York: Norton, 1967.

26 Siehe zu einer entsprechenden Unterscheidung zwischen Sozialisation und Erziehung Niklas Luhmann, System und Absicht der Erziehung. In: ders. und Karl Eberhard Schorr (Hrsg.), Zwischen Absicht und Person: Fragen an die Pädagogik. Frankfurt a. M.: Suhrkamp, 1992, S. 102-124; ders., Das Erziehungssystem der Gesellschaft, S. 54 ff.

27 So in Luhmann, Das Kind als Medium der Erziehung, S. 28 f.

28 Siehe Luhmann, Die Gesellschaft der Gesellschaft, S. 336.

29 So Luhmann, Das Erziehungssystem der Gesellschaft, S. 55.

30 Nämlich in: Das Kind als Medium der Erziehung. Vgl. jedoch Niklas Luhmann, Takt und Zensur im Erziehungssystem. In: ders. und Karl Eberhard Schorr (Hrsg.), Zwischen System und Umwelt: Fragen an die Pädagogik, Frankfurt a. M.: Suhrkamp, 1996, S. 279-294.

31 Im Sinne von George Herbert Mead, Mind, Self, and Society from the Standpoint of a Social Behaviorist. Reprint Chicago: Chicago UP, 1962, hier: S. 73 f.

32 Siehe dazu Talcott Parsons, The Social System. New York: Free Pr., 1951, etwa S. 297 ff.

33 Siehe etwa präzise in Szene gesetzt im Theaterstück von David Mamet, Oleanna. New York: Pantheon Books, 1992.

34 Siehe, noch ohne Kenntnis von Begriff und Phänomen der Kommunikationsmedien geschrieben, Emile Durkheim, L'éducation morale. Paris: Alcan, 1925, etwa S. 37 ff.

35 Siehe Luhmann, Das Kind als Medium der Erziehung, S. 34 f.; vgl. jedoch die Diskussion der Unterscheidung Kindsein/Erwachsensein in Luhmann, Erziehung als Formung des Lebenslaufs, S. 11 f.

36 So bereits in Niklas Luhmann und Karl-Eberhard Schorr, Reflexionsprobleme im Erziehungssystem. Stuttgart: Klett-Cotta, 1979.

37 Siehe Luhmann, Erziehung als Formung des Lebenslaufs, S. 18 f.; und ders., Das Erziehungssystem der Gesellschaft, S. 96 ff.

38 Siehe die Andeutung in Luhmann, Die Gesellschaft der Gesellschaft, S. 358; und vgl. den früheren Versuch in Niklas Luhmann, Die Wissenschaft der Gesellschaft. Frankfurt a. M.: Suhrkamp, 1990, S. 181 ff.

39 Siehe Luhmann, Die Gesellschaft der Gesellschaft, S. 976 f.

40 Siehe Luhmann, Das Erziehungssystems der Gesellschaft, S. 94 ff.

41 So der Intelligenzbegriff von W. Ross Ashby, What is an Intelligent Machine? In: ders., Mechanisms of Intelligence: Ross Ashby's Writings on Cybernetics. Hrsg. von Roger Conant, Seaside, Cal.: Intersystems, 1981, S. 295-306.

42 Siehe jedoch auch die mit Parsons' Verständnis von Intelligenz kompatible Beschreibung von Jean Piaget, La psychologie de l'intelligence. Paris: Armand Colin, 1947,

die auf équilibration, adaptation, assimilation und accomodation abstellt und in diesen Hinsichten nicht nur die Psychologie interessiert.

43 Siehe dazu Michael Robinson, Classroom Control: Some Cybernetic Comments on the Possible and the Impossible. In: Instructional Science 8 (1979), S. 369-392.

44 Vgl. hierzu und zum folgenden Luhmann, Die Gesellschaft der Gesellschaft, S. 359 ff.

45 Im Sinne des Intelligenzbegriffs von Allen Newell und Herbert A. Simon, Computer Science as Empirical Inquiry: Symbols and Search. In: Communications of the ACM 19 (1976), S. 113-126.

46 So der Intelligenzbegriff von Ashby, What Is an Intelligent Machine? A.a.O.; und Paul E. Weston und Heinz von Foerster, Artificial Intelligence and Machines that Understand. In: Annual Review of Physical Chemistry 24 (1973), S. 353-378.

47 Siehe auch Dirk Baecker, Über Funktion und Verteilung der Intelligenz im System. In: ders., Wozu Systeme? Berlin: Kulturverlag Kadmos, 2002, S. 41-66.

48 Siehe Jacques Derrida, The Principle of Reason: The University in the Eyes of its Pupils. In: Diacritics 13 (Fall 1983), S. 3-20; ders., L'Université sans condition. Paris: Galilée, 2001.

49 Siehe zu dieser Unterscheidung auch Jochen Kade, Vermittelbar/nicht-vermittelbar: Vermitteln: Aneignen. Im Prozeß der Systembildung des Pädagogischen. In: Lenzen und Luhmann (Hrsg.), Bildung und Weiterbildung im Erziehungssystem, S. 30-70.

50 Siehe etwa Fritz B. Simon, Die Kunst nicht zu lernen: Und andere Paradoxien in Psychotherapie, Management, Politik. Heidelberg: Carl-Auer-Systeme Verl., 1997.

51 Siehe zu verschiedenen Praktiken des Nichtwissens Dirk Baecker, Wozu Systeme? Berlin: Kulturverlag Kadmos, 2002, S. 134 ff.

52 Im Sinne von Parsons und Platt, Die amerikanische Universität, S. 11 ff.

53 Vgl. etwa Michael Smithson, Ignorance and Uncertainty: Emerging Paradigms. New York: Springer, 1989; Niklas Luhmann, Ökologie des Nichtwissens. In: ders., Beobachtungen der Moderne. Opladen: Westdeutscher Verl., 1992, S. 149-220; Klaus P. Japp, Die Beobachtung von Nichtwissen. In: Soziale Systeme: Zeitschrift für soziologische Theorie 3 (1997), S. 289-312.

54 Siehe zu einem weiteren Fall Dirk Baecker, Ökonomen sind Gentlemen. In: Merkur 56, Heft 1, Januar 2002, S. 46-52.

55 Siehe Ulrich Oevermann, Theoretische Skizze einer revidierten Theorie professionalisierten Handelns. In: Arno Combe, Werner Helsper (Hrsg.), Pädagogische Professionalität: Untersuchungen zum Typus pädagogischen Handelns. Frankfurt a. M.: Suhrkamp, 1996, S. 70-182, hier: S. 141 ff.

56 Im Sinne von George Spencer-Brown, Laws of Form. New York: Julian, 1972.

57 Die Gesellschaft der Gesellschaft, S. 364.

58 Siehe wiederum Dreeben, On What Is Learned in School.

59 Luhmann, Die Gesellschaft der Gesellschaft, S. 375.

60 Siehe nur Parsons, The School Class as a Social System, S. 135.

61 Die beiden prominentesten Autoren sind hier Niklas Luhmann und Karl E. Weick. Siehe Luhmann, Die Gesellschaft der Gesellschaft, z. B. S. 19; und Karl E. Weick und Kathleen M. Sutcliffe, Managing the Unexpected: Assuring High-Performance in an Age of Complexity. San Francisco: Jossey-Bass, 2001.

62 Siehe Michel Foucault, Histoire de la Folie. Paris: Plon, 1961; ders., Naissance de la clinique. Paris: PUF, 1963; ders., Surveiller et punir: La naissance de la prison. Paris: Gallimard, 1975; ders., Histoire de la sexualité. 3 Bde., Paris: Gallimard 1976 und 1984.

63 So Gilles Deleuze, Unterhandlungen: 1972-1990. Aus dem Französischen von Gustav Roßler, Frankfurt a. M.: Suhrkamp, 1993, S. 254 ff., unter Bezug auf Foucault und William Burroughs.

64 Siehe zum Beispiel Klaus Harney und Stefanie Hartz, Beruf, Organisation und Aneignung: Betriebliches Geschehen zwischen Expertise, Management und mentaler Mitgliedschaft. In: Thomas Kurtz (Hrsg.), Aspekte des Berufs in der Moderne, Opladen: Leske & Budrich, 2001, S. 149-178; Thomas Kurtz, Form, strukturelle Kopplung und Gesellschaft: Systemtheoretische Anmerkungen zu einer Soziologie des Berufs. In: Zeitschrift für Soziologie 30 (2001), S. 135-156.

65 So Heinz von Foerster, Der Anfang von Himmel und Erde hat keinen Namen: Eine Selbsterschaffung in 7 Tagen, hrsg. von Albert Müller und Karl H. Müller. Neudruck Berlin: Kulturverlag Kadmos, 2002, S. 21 f.

66 Siehe auch Dirk Baecker, Plädoyer für eine Fehlerkultur. In: Organisationsentwicklung 22, Nr. 2 (2003), S. 24-29.

67 Vgl. Die Gesellschaft der Gesellschaft, S. 387 ff. und 393 ff.

68 So Luhmann, Die Gesellschaft der Gesellschaft, S. 118.

69 Siehe: Die Gesellschaft der Gesellschaft, S. 409 ff.

70 Zitiert wird in diesem Zusammenhang immer Geoffrey E. R. Lloyd, Reason and Experience: Studies in the Origin and Development of Greek Science. Cambridge: Cambridge UP, 1979. Siehe auch Jean-Pierre Vernant, Die Entstehung des griechischen Denkens. Aus dem Französischen von Edmund Jacoby, Frankfurt a. M.: Suhrkamp, 1982.

71 Im Sinne von W. Ross Ashby, Requisite Variety and Its Implications for the Control of Complex Systems. In: Cybernetica 1 (1958), S. 83-99, hier: S. 97 f.

72 Siehe dazu Erich Gutenberg, Grundlagen der Betriebswirtschaftslehre, Bd. 1: Die Produktion. 24. Aufl., Berlin: Springer, 1983; und Niklas Luhmann, Zweckbegriff und Systemrationalität: Über die Funktion von Zwecken in sozialen Systemen. Neuausgabe Frankfurt a. M.: Suhrkamp, 1977.

73 Siehe Luhmann, Die Gesellschaft der Gesellschaft, S. 230 ff., 249 ff. und 291 ff.

74 Siehe zur Universität Dirk Baecker, Die Universität als Algorithmus: Formen des Umgangs mit der Paradoxie der Erziehung, in: Stephan Laske et al. (Hrsg.), Universität im 21. Jahrhundert: Zur Interdependenz von Begriff und Organisation der Wissenschaft. München: Hampp, 2000, S. 47-76.

75 Siehe zum Exempel Friedrich Kittler, Daten – Zahlen – Codes: Vortrag. Leipzig: Institut für Buchkunst, 1998.

76 Siehe Luhmann, Die Gesellschaft der Gesellschaft, S. 304 f.

77 Vgl. Dirk Baecker, Niklas Luhmann in der Gesellschaft der Computer. In: Merkur 55, Heft 7 (Juli 2001), S. 597-609.

78 Siehe dazu, mit eingebauter Skepsis gegenüber dem Systembegriff (S. 289), die Grundlagenarbeit von Harrison C. White, Identity and Control: A Structural Theory of Action. Princeton, NJ: Princeton UP, 1992.

79 Vgl. dazu Niklas Luhmann, Frühneuzeitliche Anthropologie: Theorietechnische Lösungen für ein Evolutionsproblem der Gesellschaft. In: ders., Gesellschaftsstruktur und Semantik: Studien zur Wissenssoziologie der modernen Gesellschaft, Bd. 1. Frankfurt a. M.: Suhrkamp, 1980, S. 162-234.

80 Im Sinne von Philippe Ariès, Geschichte der Kindheit. Aus dem Französischen von Caroline Neubaur und Karin Kersten, München: Hanser, 1975.

81 Siehe Herbert Marcuse, Zur Kritik des Hedonismus. In: Zeitschrift für Sozialforschung 7 (1938), S. 55-89.

82 Siehe Max Horkheimer und Theodor W. Adorno, Dialektik der Aufklärung: Philosophische Fragmente. Frankfurt a. M.: Fischer, 1969, S. 128 ff.

83 Im Sinne von Walter Benjamin, Das Kunstwerk im Zeitalter seiner technischen Reproduzierbarkeit. In: ders., Illuminationen: Ausgewählte Schriften. Frankfurt a. M.: Suhrkamp, 1961, S. 148-184.

84 So Luhmann, Die Gesellschaft der Gesellschaft, S. 302 ff.

85 Siehe für Beispiele White, Identity and Control

86 So etwa Michel Serres, Les cinq sens. Paris: Grasset, 1985; Gilles Deleuze, Le pli: Leibniz et le baroque. Paris: Minuit, 1988; Bruno Latour, Nous n'avons jamais été modernes: Essai d'anthropologie symétrique. Paris: La Découverte, 1994; Bernadette Bensaude-Vincent, Eloge du mixte: Matériaux nouveau et philosophie ancienne. Paris: Hachette, 1998.

87 Siehe dazu Oliver E. Williamson, The Economic Institutions of Capitalism: Firms, Markets, Relational Contracting. New York: Free Pr., 1985; und zum Begriff der »Risikostruktur« Dirk Baecker, Womit handeln Banken? Eine Studie zur Risikoverarbeitung in der Wirtschaft. Frankfurt a. M.: Suhrkamp, 1991, S. 135 ff.

88 Siehe Niklas Luhmann, Organisation und Entscheidung. Opladen: Westdeutscher Verl., 2000, S. 420; vgl. grundsätzlich zum Rechenmodus in Labyrinthen ders., Die Kontrolle von Intransparenz. In: Heinrich W. Ahlemeier und Roswita Königswieser

(Hrsg.), Komplexität managen: Strategien, Konzepte und Fallbeispiele. Wiesbaden: Gabler, 1997, S. 51-76; und vgl. Dirk Baecker, Rechnen lernen. In: Soziale Systeme 9 (2003), S. 131-159.

89 So Luhmann, Das Erziehungssystem der Gesellschaft, S. 39; und vgl. Niklas Luhmann, Die Form »Person«. In: Soziale Welt 42 (1991), S. 166-175.

90 Siehe zur pädagogischen Kommunikation als »flüchtige, rudimentäre und netzwerkartige Figur« auch Jochen Kade und Wolfgang Seitter, Von der Wissensvermittlung zur pädagogischen Kommunikation: Theoretische Perspektiven und empirische Befunde. In: Zeitschrift für Erziehungswissenschaft 3 (2003), S. 602-617.

91 So Luhmann, Das Erziehungssystem der Gesellschaft, S. 111 ff.

92 So ebd., S. 156.

93 Vgl. ebd., S. 182 f.

94 Siehe dazu Hans-Georg Gadamer, Wahrheit und Methode: Grundzüge einer philosophischen Hermeneutik. 6. Aufl., Tübingen: Mohr, 1990, S. 15 ff.

95 Siehe hierzu ebd., S. 24 ff.

96 Siehe hierzu zum Beispiel Konrad Schily, Der staatlich bewirtschaftete Geist: Wege aus der Bildungskrise. Düsseldorf: Econ, 1993.

97 Siehe dazu Georg Bollenbeck, Bildung und Kultur: Glanz und Elend eines deutschen Deutungsmusters. Frankfurt a. M.: Insel, 1994.

98 Siehe dazu wiederum Kade, Vermittelbar/nicht-vermittelbar

99 Vgl. Niklas Luhmann, Die Wirtschaft der Gesellschaft. Frankfurt a. M.: Suhrkamp, 1988, S. 13 ff.; und Dirk Baecker, Die Preisbildung an der Börse. In: Soziale Systeme 5 (1999), S. 287-312.

100 Im Sinne von Jochen Kade, Erziehung als pädagogische Kommunikation. In: Dieter Lenzen (Hrsg.), Irritationen des Erziehungssystems: Pädagogische Resonanzen auf Niklas Luhmann. Frankfurt a. M.: Suhrkamp, 2003.

101 Vgl. Luhmann, Das Erziehungssystem der Gesellschaft, S. 191.

102 Siehe dazu Bill Readings, The University in Ruins. Cambridge, Mass.: Harvard UP, 1996.

103 Vgl. dazu Dirk Baecker, Wozu Kultur? 2., erw. Aufl., Berlin: Kulturverlag Kadmos, 2001, S. 98 ff.

104 Siehe zu letzterem Birger P. Priddat, Nachlassende Bildung: »Picht II« oder Anmerkungen zu einer Misere. Marburg: Metropolis, 2002, S. 101 ff.

105 So formuliert in Anspielung auf den re-entry-Gedanken von Spencer-Brown, Laws of Form, S. 56.

106 Vgl. Talcott Parsons, Some Problems of General Theory in Sociology. In: ders., Social Systems and the Evolution of Action Theory. New York: Free Pr., 1977, S. 229-269, hier: S. 251 ff.

107 So, wie gesagt, Niklas Luhmann, System und Absicht der Erziehung; und ders., Das Erziehungssystem der Gesellschaft, S. 54 ff.

108 Im Sinne von Erving Goffman, On Cooling the Mark Out. In: Psychiatry: Journal of Interpersonal Relations 15 (1952), S. 451-463.

109 Siehe Helmut Lethen, Verhaltenslehren der Kälte: Lebensversuche zwischen den Kriegen. Frankfurt a. M.: Suhrkamp, 1994.

110 Im Sinne von Michel Serres, Der Parasit. Aus dem Französischen von Michael Bischoff, Frankfurt a. M.: Suhrkamp, 1981, S. 235 ff.

Zu Funktion und Form der Kunst. Erstveröffentlichung in: Christine Magerski, Christiane Weller, Robert Savage (Hrsg.), Moderne Begreifen: Zur Paradoxie eines sozioästhetischen Deutungsmusters,S. 13-35.

1 Siehe Niklas Luhmann, Die Kunst der Gesellschaft. Frankfurt a. M.: Suhrkamp, 1995; Dirk Baecker, Die Adresse der Kunst. In: Jürgen Fohrmann und Harro Müller (Hrsg.), Systemtheorie der Literatur. München: Fink, 1996, S. 82-105; ders., Etwas Theorie. In: ders., Wozu Soziologie? Berlin: Kulturverlag Kadmos, 2004, S. 43-49.

2 Siehe Humberto R. Maturana und Francisco J. Varela, Autopoiesis and Cognition: The Realization of the Living. Dordrecht: Reidel, 1980; Niklas Luhmann, Soziale Systeme: Grundriß einer allgemeinen Theorie. Frankfurt a. M.: Suhrkamp, 1984;

Francisco J. Varela, Kognitionswissenschaft – Kognitionstechnik: Eine Skizze aktueller Perspektiven. Aus dem Englischen von Wolfram Karl Köck. Frankfurt a. M.: Suhrkamp, 1990; und speziell zum Problem der Wahrnehmung Christine A. Skarda, Perception, Connectionism, and Cognitive Science. In: Francisco J. Varela, Jean Pierre Dupuy (Hrsg.), Understanding Origins: Contemporary Views on the Origin of Life, Mind and Society. Dordrecht: Kluwer, 1992, S. 265-271.

3 So Heinz von Foerster, Bemerkungen zu einer Epistemologie des Lebendigen. In: ders., Wissen und Gewissen: Versuch einer Brücke. Frankfurt a. M.: Suhrkamp, 1993, S. 116-133.

4 Siehe Humberto R. Maturana, »Information – Mißverständnisse ohne Ende«. In: Delfin VII (1986), S. 24-27.

5 Dazu Niklas Luhmann, Die Autopoiesis des Bewußtseins. In: Soziale Welt 36 (1985), S. 402-446.

6 Hierzu Niklas Luhmann, Soziologische Aufklärung 6: Die Soziologie und der Mensch. Opladen: Westdeutscher Verl., 1995.

7 Vgl. Francisco J. Varela, Evan Thompson, und Eleanor Rosch, Der Mittlere Weg der Erkenntnis: Die Beziehung von Ich und Welt in der Kognitionswissenschaft – der Brückenschlag zwischen wissenschaftlicher Theorie und menschlicher Erfahrung. Aus dem Amerikanischen von Hans Günter Holl. Bern: Scherz, 1992.

8 So John Locke, An Essay Concerning Human Understanding. Hrsg. Alexander Campbell Fraser, 2 Bde., New York: Dover, 1959, Bd. 2, S. 8 ff.

9 Siehe Alexander Gottlieb Baumgarten, Theoretische Ästhetik: Die grundlegenden Abschnitte aus der »Aesthetica«, übers. und hrsg. von Hans Rudolf Schweizer. Lateinisch-Deutsch. Hamburg: Meiner, 1983; und Immanuel Kant, Kritik der Urteilskraft. Werke V, hrsg. von Wilhelm Weischedel. Frankfurt a. M.: Suhrkamp, 1968; und vgl. Alfred Baeumler, Das Irrationalitätsproblem in der Ästhetik und Logik des 18. Jahrhunderts bis zur Kritik der Urteilskraft. Neudruck Darmstadt: wb, 1974; Hans Graubner, »Mitteilbarkeit« und »Lebensgefühl« in Kants ›Kritik der Urteilskraft‹: Zur kommunikativen Bedeutung des Ästhetischen. In: Friedrich A. Kittler und Horst Turk (Hrsg.), Urszenen: Literaturwissenschaft als Diskursanalyse und Diskurskritik. Frankfurt a. M.: Suhrkamp, 1977, S. 53-75.

10 Siehe Pierre Bourdieu, Die feinen Unterschiede: Kritik der gesellschaftlichen Urteilskraft. Aus dem Französischen von Bernd Schwibs und Achim Russer. Frankfurt a. M.: Suhrkamp, 1982, und vgl. Baltasar Gracián, Handorakel und Kunst der Weltklugheit. Deutsch von Arthur Schopenhauer. Mit einer Einleitung von Karl Voßler. Stuttgart: Kröner, 1978; Werner Krauss, Graciáns Lebenslehre, Frankfurt a. M.: Klostermann, 1947.

11 Siehe Michel Serres, Les cinq sens. Paris: Grasset, 1985.

12 Siehe Luhmann, Die Gesellschaft der Gesellschaft, S. 307.

13 Siehe Paul Watzlawick, Janet H. Beavin, und Don D. Jackson, Menschliche Kommunikation: Formen, Störungen, Paradoxien. Bern: Huber, 1969, S. 61 ff. und 96 ff.

14 Vgl. Matthias Varga von Kibéd, Aspekte der Negation in der buddhistischen und formalen Logik. In: Synthesis Philosophica 10 (1990), S. 581-591.

15 Vgl. Niklas Luhmann, Die Wissenschaft der Gesellschaft. Frankfurt a. M.: Suhrkamp, 1990, S. 19 ff.

16 Siehe Maurice Merleau-Ponty, Sens et Non-Sens. Paris: Nagel, 1948; ders., L'Œil et l'Esprit. Paris: Gallimard, 1964; ders., Le Visible et l'Invisible. Hrsg. von Claude Lefort. Paris: Gallimard, 1964.

17 Vgl. Pierre.-P. Grassé, La Reconstruction du nid et les Coordinations Inter-Individuelles chez Bellicositermes Natalensis et Cubitermes sp: La théorie de la Stigmergie: Essai d'interprétation du Comportement des Termites Constructeurs. In: Insectes Sociaux 6 (1959), S. 41-82; Eric Bonabeau, Marco Dorigo, und Guy Theraulaz, Swarm Intelligence: From Natural to Artificial Systems. New York: Oxford UP, 1999.

18 So Niklas Luhmann, Organisation und Entscheidung. Opladen: Westdeutscher Verl., 2000, S. 148; vgl. Dirk Baecker, Organisation und Gesellschaft. In: ders., Organisation und Management: Aufsätze. Frankfurt a. M.: Suhrkamp, 2003, S. 293-326.

19 Siehe für ein Beispiel Joanne Martin und Caren Siehl, Organizational Culture and Counterculture: An Uneasy Symbiosis. In: Organizational Dynamics 12 (1983), S. 52-68.

20 Mit viel Material: Jean-Christophe Agnew, Worlds Apart: The Market and the Theater in Anglo-American Thought, 1550-1750. Cambridge: Cambridge UP, 1986.

21 Siehe für ein Beispiel: W. G. Sebald, Luftkrieg und Literatur. München: Hanser, 1999.

22 Siehe Harrison C. White, Careers and Creativity: Social Forces in the Arts. Boulder: Westview Pr., 1993.

23 Luhmann, Die Kunst der Gesellschaft, S. 177f.

24 Siehe Aristoteles, Poetik. Griechisch/deutsch, übersetzt und hrsg. von Manfred Fuhrmann. Stuttgart: Reclam, 1982; Friedrich Schiller, Über die ästhetische Erziehung des Menschen in einer Reihe von Briefen. In: Werke, Bd. 4. Frankfurt a. M.: Insel, 1966, S. 193-286; Martin Heidegger, Der Ursprung des Kunstwerks. In: ders., Holzwege, 6. Aufl. Frankfurt a. M.: Klostermann, 1980, S. 1-72; Theodor W. Adorno, Ästhetische Theorie. Frankfurt a. M.: Suhrkamp, 1970; Jacques Derrida, La verité en peinture. Paris: Flammarion, 1978.

25 Siehe David Roberts, Art and Enlightenment: Aesthetic Theory after Adorno. Lincoln, Nebr.: Nebraska UP, 1991.

26 Siehe Kant, Kritik der Urteilskraft, A7, A16.

27 Siehe noch einmal Graubner, »Mitteilbarkeit« und »Lebensgefühl«.

28 Siehe Jean Paul, Vorschule der Ästhetik. Nach der Ausgabe von Norbert Miller herausgegeben, textkritisch durchgesehen und eingeleitet von Wolfhart Henckmann, Hamburg: Meiner, 1990, § 43, S. 171ff.

29 So Bianca Theisen, Die Gewalt des Notwendigen: Überlegungen zu Nietzsches Dithyrambus ›Klage der Ariadne‹. In: Nietzsche-Studien 20 (1991), S. 186-209, hier: S. 187.

30 Vgl. Karlheinz Barck, Peter Gente und Stefan Richter (Hrsg.), Aisthesis: Wahrnehmung heute oder Perspektiven einer anderen Ästhetik. Leipzig: Reclam, 1990.

31 Heidegger, Der Ursprung des Kunstwerks, S. 33ff.; Adorno, Ästhetische Theorie, S. 292.

32 Siehe André Malraux, Das imaginäre Museum. Aus dem Französischen von Jan Lauts. Baden-Baden: Klein, o.J. (1949).

33 Siehe Watzlawick, Beavin und Jackson, Menschliche Kommunikation, S. 100.

34 So Paul Valéry, Lettre sur Mallarmé. In: Œuvres. Hrsg. von Jean Hytier, Bd. I. Paris: Gallimard, 1957, S. 633-643, hier: S. 637.

35 Siehe David Roberts, Die Paradoxie der Form in der Literatur. In: Dirk Baecker (Hrsg.), Probleme der Form. Frankfurt a. M.: Suhrkamp, 1993, S. 22-44.

36 Siehe Gérard Genette, Paratexte: Das Buch vom Beiwerk des Buches. Mit einem Vorwort von Harald Weinrich, aus dem Französischen von Dieter Hornig. Frankfurt a. M.: Suhrkamp, 2001; und vgl. Georg Stanitzek und Klaus Kreimeier (Hrsg.), Paratexte in Literatur, Film, Fernsehen. Berlin: Akademie Verl., 2004.

37 Siehe Heidegger, Der Ursprung des Kunstwerks, S. 1f.; und Hans-Georg Gadamer, Wahrheit und Methode: Grundzüge einer philosophischen Hermeneutik, 6. Aufl. Tübingen: Mohr, 1990, S. 270ff.

38 Siehe Wolfgang Ullrich, Tiefer hängen: Über den Umgang mit der Kunst. Berlin: Wagenbach, 2003.

39 Siehe Susanne Anna, Wilfried Dröstel und Regina Schultz-Möller (Hrsg.), WertWechsel: Zum Wert des Kunstwerks. Köln: Verlag der Buchhandlung Walther König, 2001.

40 Siehe Clement Greenberg, Homemade Esthetics: Observations on Art and Taste. New York: Oxford UP, 1999.

41 Siehe Heinz von Foerster, Prinzipien der Selbstorganisation im sozialen und betriebswirtschaftlichen Bereich, in: ders., Wissen und Gewissen: Versuch einer Brücke. Frankfurt a. M.: Suhrkamp, 1993, S. 233-268.

42 Siehe Donald T. Campbell, Variation and Selective Retention in Socio-Cultural Evolution. In: General Systems 14 (1969), S. 69-85.

[43] Luhmann, Die Kunst der Gesellschaft, Kap. 6.

[44] Siehe Charles S. Peirce, Phänomen und Logik der Zeichen. Herausgegeben und übersetzt von Helmut Pape. Frankfurt a. M.: Suhrkamp, 1983, S. 64 ff.

[45] Vgl. Klaus Oehler, Das Zeichen als dynamisches Ereignis. In: ders., Sachen und Zeichen: Zur Philosophie des Pragmatismus. Frankfurt a. M.: Klostermann, 1995, S. 94-101; Dean MacCannell und Juliet Flower MacCannell, The Time of the Sign: A Semiotic Interpretation of Modern Culture. Bloomington: Indiana UP, 1982.

[46] Siehe Niklas Luhmann, Zeichen als Form. In: Dirk Baecker (Hrsg.), Probleme der Form. Frankfurt a. M.: Suhrkamp, 1993, S. 45-69.

[47] Siehe Kunihiko Kaneko, Chaos as a Source of Complexity and Diversity in Evolution. In: Artificial Life 1 (1994), S. 163-177.

[48] Vgl. www.aboriginalartonline.com.

[49] Vgl. www.thewoostergroup.org/twg/projects/poortheater.

[50] Vgl. Walter Benjamin, Versuche über Brecht, hrsg. und mit einem Nachwort von Rolf Tiedemann. Frankfurt a. M.: Suhrkamp, 1978.

[51] Vgl. Heiner Müller, Der Schrecken die erste Erscheinung des Neuen. In: ders., Rotwelsch. Berlin: Merve, 1982, S. 94-98.

[52] Siehe George Spencer-Brown, Gesetze der Form. Dt. Lübeck: Bohmeier, 1997.

[53] Siehe Niklas Luhmann, Weltkunst. In: ders., Frederick D. Bunsen und Dirk Baecker, Unbeobachtbare Welt: Über Kunst und Architektur. Bielefeld: Haux, 1990, S. 7-45.

[54] Siehe Willard Van Orman Quine, Epistemology Naturalized. In: ders., Ontological Relativity and Other Essays. Cambridge, Mass.: Columbia UP, 1969, S. 69-90.

[55] Siehe exemplarisch und interessanterweise am Fall einer künstlerische Konventionen zitierenden Pressefotografie: Gerd Blum, Ein Bild schreit: Komposition als Bedeutungsträger in Nick Uts Fotografie »Vietnam Napalm« (8.6.1972). In: Gottfried Jäger und Jörg Boström (Hrsg.), Kann Fotografie unsere Zeit in Bilder fassen? 25 Jahre Bielefelder Symposium über Fotografie und Medien, Bielefeld: Kerber, 2004, S. 31-34.

[56] So Hannah Monyer et al., Das Manifest: Elf führende Neurowissenschaftler über Gegenwart und Zukunft der Hirnforschung. In: Gehirn & Geist, Heft 6 (2004), S. 30-37.

[57] So Heinz von Foerster, Der Anfang von Himmel und Erde hat keinen Namen: Eine Selbsterschaffung in 7 Tagen, hrsg. von Albert Müller und Karl H. Müller. Nachdruck Berlin: Kulturverlag Kadmos, 2002, S. 109.

[58] Im Sinne von Dirk Baecker, Die Ellipse der Kultur. In: ders., Wozu Kultur? 2., erw. Aufl. Berlin: Kulturverlag Kadmos, 2001, S. 18-192.